高等学校公共基础课系列教材

教育部人文社会科学研究规划项目资助

大学生积极心理健康教育
——理论与实践

（第三版）

主　编　宋宝萍

副主编　丁兰艳　王博韬

西安电子科技大学出版社

内 容 简 介

　　本书依据作者多年心理健康教育教学经验及对学生心理的了解，基于积极心理教育理念与方法，紧密结合大学生的心理、学习和生活实际，阐述了大学生心理健康方面的基本理论和基础知识，提供了丰富的案例和操作细则。本书将知识传授、心理体验与行为训练相结合，可使学生明确心理健康的重要性，增强自我心理保健与心理危机预防意识，切实提高心理素质，促进全面发展。

　　本书既可作为高校大学生心理健康教育课程的教材，也可供广大心理学工作者、教育工作者和家长等参考，还可作为大学生和青年朋友提高自己心理素质的自学参考书。

图书在版编目(CIP)数据

大学生积极心理健康教育：理论与实践 / 宋宝萍主编. —3 版. —西安：
西安电子科技大学出版社，2022.8(2025.9 重印)
ISBN 978－7－5606－6591－7

Ⅰ. ①大…　Ⅱ. ①宋…　Ⅲ. ①大学生—心理健康—健康教育—高等学校—教材
Ⅳ. ①G444

中国版本图书馆 CIP 数据核字(2022)第 147193 号

策　　划　高　樱
责任编辑　高　樱
出版发行　西安电子科技大学出版社(西安市太白南路 2 号)
电　　话　(029)88202421　88201467　　　　邮　　编　710071
网　　址　www.xduph.com　　　　　　　　电子邮箱　xdupfxb001@163.com
经　　销　新华书店
印刷单位　陕西天意印务有限责任公司
版　　次　2022 年 8 月第 3 版　　2025 年 9 月第 8 次印刷
开　　本　787 毫米×1092 毫米　1/16　印 张 17.5
字　　数　412 千字
定　　价　42.00 元
ISBN 978－7－5606－6591－7
XDUP 6893003 －8
如有印装问题可调换

前　言

　　心理健康是一个举世瞩目的问题。随着时代的发展和社会的进步，各国公民越来越意识到享有心理保健是自己的权利，政府也越来越意识到维护公民的心理健康是政府的义务。2010 年中共中央、国务院《国家中长期教育改革和发展规划纲要(2010－2020)》强调要加强心理健康教育，指出心理健康对学生全面发展的重要意义。2012 年党的十八大、2017 年党的十九大报告均提出要培育自尊自信、理性平和、积极向上的社会心态。2017 年 1 月19 日，中宣部、教育部等 22 部委颁布《关于加强心理健康服务的指导意见》。2018 年 7 月4 日教育部印发了《高等学校学生心理健康教育指导纲要》，明确提出把心理健康教育课程纳入学校整体教学计划，实现大学生心理健康教育全覆盖，并明确提出原则上应设置 2 个学分的心理健康公共必修课，同时完善心理健康教育教材体系等。本书旨在对学生进行系统的心理健康知识教育，塑造学生的健康心理、健全人格，引导学生关注自身心理健康、学习心理健康知识、了解心理调适方法、能识别并正确认识心理困惑与心理问题、在遇到心理问题时能及时寻求帮助。

　　本书是在 2019 年第二版的基础上，依据国家要求，紧扣学生思想心理实际修订而成的。全书保留了原书的主要章节，去掉了"走出无助的怪圈"一章，增加了"积极应对挫折""压力与压力管理"及"大学生团体心理辅导"三章，通过精选案例和活动，增加了学生的直观感受。第三版对第二版的每一章节都进行了一定的修改完善，删减了部分内容，增加了最新的理论研究成果与调适方法，更适合学生阅读与实践。

　　本书由宋宝萍、魏萍拟定大纲及写作思路，宋宝萍、丁兰艳最后修改定稿。宋宝萍撰写绪论、第十二章、十三章和附录，陈洁楠撰写第一章，张文娟撰写第二章，周桂莲撰写第三章，武成莉撰写第四章，同雪莉撰写第五章，王竞婕撰写第六章，辛怡萱撰写第七章，王博韬撰写第八章，毛志宏撰写第九章，丁兰艳撰写第十章，王雪微撰写第十一章，王博韬和丁兰艳撰写第十四章。在编写本书的过程中，我们参考了诸多学者、专家的相关著作，还有很多老师付出了辛勤的劳动，在此一并致谢。

　　感谢使用本书的广大读者，本书虽已是第三版，但仍需不断完善，持续改进，恳请大家及时将意见和建议反馈给我们。联系 E-mail：865903328@qq.com。

编　者

2022 年 5 月于西安

目　录

绪　论

　　党和国家高度重视大学生的心理健康工作，以习近平同志为核心的党中央高度重视学生心理健康工作，习近平总书记对学生心理健康教育作出了系列重要批示指示。2016 年，习近平总书记在全国卫生与健康大会上就提出把人民健康放在优先发展战略地位，要加大心理健康问题基础性研究，做好心理健康知识和心理疾病科普工作，规范发展心理治疗、心理咨询等心理健康服务；在全国高校思政工作会上，习近平总书记指出要坚持不懈促进高校和谐稳定，并指出培育理性平和的健康心态，是高校育人的重要方面，要加强人文关怀和心理疏导，不断提升心理健康素质。同年，国家 22 个部委联合发文《关于加强心理健康服务的指导意见》明确指出，高等院校要积极开设心理健康教育课程，开展心理健康教育活动，重视提升大学生的心理调适能力，保持良好的适应能力。2021 年 11 月 29 日，教育部召开全国高校学生心理健康教育工作推进会，教育部部长怀进鹏指出，把全面加强和改进学生心理健康教育工作作为培育担当民族复兴大任的时代新人的重要内容。怀进鹏强调，教育是培养人的事业，让广大学生更加健康阳光，是落实立德树人根本任务的应有之义，要加强源头治理，全面培育学生的积极心理品质。一是育德育心要更加有机结合，把对学生的人文关怀和心理疏导贯穿于思想政治工作全过程各环节。二是知识普及要更加全面到位，科学设置课程、生动开展活动，切实增强学生的心理韧性。三是积极引导要更加立体多维，进一步发挥体育、美育、劳动教育以及校园文化活动的重要作用。四是压力疏导要更加及早及时，主动采取针对性措施，避免学生因压力无法缓解而造成心理危机。

一、积极心理健康

　　20 世纪 80 年代，在美国兴起了以人的积极心理品质作为研究内容的积极心理学运动，这是心理学发展过程中首次对以病态心理为主要内容的研究范式的矫正。以马丁•塞利格曼等人为代表的美国心理学家第一次将人的乐观、幸福感、好奇、心理弹性、利他及智慧和创造的能力等作为实证研究的课题。在这个时代精神的影响下，心理健康教育不再是仅仅关注人的弱点和病态，而是关注和建设人的优势和正面的力量。心理学不再仅仅与健康和疾病有关，而是更关心人的教育、成长、游戏、爱和智慧。

　　"积极心理学是致力于研究人的发展潜力和美德的科学。"积极心理学把研究的重点放在人自身的积极因素方面，主张心理学要以人实际的、潜在的、具有建设性的力量、美德和善端为出发点，提倡用一种积极的心态来对人的许多心理现象(包括心理问题)作出新的解读，从而激发人自身内在的积极力量和优秀品质，并利用这些积极力量和优秀品质来帮助有问题的人、普通人或具有一定天赋的人最大限度地挖掘自己的潜力并获得良好的生活。

　　积极心理学的研究内容主要集中在三个方面。一是主观层次上的积极情绪与体验研究，包括幸福感和满足、希望和乐观主义、快乐，重点是对人的主观幸福感的研究，强调人要满意地对待过去、幸福地感受现在和乐观地面对将来。二是个人层次上的积极人格特质研究。人类的积极品质是人类赖以生存和发展的核心要素，幸福、希望、信心、快乐、满意等是人类成就的主要动机,积极人格特质研究已经涉及好奇、乐观、宽容、爱、毅力、感受力、创造力、天赋、灵性等范畴。积极心理学强调人的本性是偏爱积极的,认为每个人都蕴藏着积极的人格品质;肯定人是具有自我生成、自我管理、自我导向和适应性的整体;认为每个人都期待有积极的心理体验,包括主观幸福感、乐观主义,深信积极的情绪可以促进机体的健康。三是群体层次上的积极组织系统的研究。积极心理学非常重视积极团体和社会机构对于个人健康成长的重要意义,家庭、学校和社会等组织系统的建立要有利于培育和发展人的积极力量和积极品质。

早在 20 世纪 50 年代末,美国心理学家贾霍达(M.Jahoda)在其著作《积极心理健康的当代理解》中,第一次提出了"积极心理健康"这一命题。心理学家霍里斯特(W.G.Hollister)创造了一个新的英语单词——stren(stren 其实是 strength 的变形词),并以此来表示人的积极活力过程。积极心理健康强调心理健康并不仅仅是指没有任何问题,还包括个体各种积极品质和积极活力的产生与增加。积极心理健康认为,消除或摆脱了各种心理疾病的人并不一定就意味着心理健康,心理健康应该包括两个方面:一是指没有各种心理问题的困扰,二是指各种积极品质(virtues)和积极活力(positive strength)的产生与增加。积极心理健康把自己的价值重心转到发掘和培养积极品质上,认为一个没有任何心理问题的人至多只是处于零状态,零状态下的人不能被称为健康而只能被称为没有问题。从根本上说,这种对心理健康概念的界定其实是一种健康理念的转向,意味着积极心理健康是在健康与问题之间划出了一个非健康也非问题的中间状态,并主张这个中间状态不应该被当做心理健康相关学科的终极目标。

积极心理健康所蕴含的"积极"的核心概念其实是心理健康理念转向,这种转向不仅使它成为一股新的健康潮流,更重要的是它把心理学提升到了一个新的高度。因此,它是对心理学根本价值的一种守护,它在使心理健康相关学科重新回到正确的道路上时仍然表现出了巨大的价值意义。积极心理健康专家关注对象的积极品质。他们深信,积极品质或积极活力的培养过程就是一个克服各种心理问题的过程,也就是说,积极品质或积极活力在积极心理健康专家们的心目中不仅是一种默认的规则——成为心理健康相关学科领域的通用语言,而且也是用来克服心理问题的凭借工具和时时追求的价值高度。积极心理学认为,在人的成长过程中总会经历各种不同的问题,有成功也有失败,有快乐也有痛苦,积极心理学的实践能够帮助人对问题做出积极的解释。从本质上说,积极心理健康在研究对象上的这种转向是其健康理念转向后的一个直接结果。

上述积极心理健康的观点在许多心理学研究中可以得到佐证。例如,在情绪研究领域,心理学家艾丽思(M.Alice)等的研究表明,人的消极情绪的去除并不意味着积极情绪的生成,人只有通过有意识地培养自己的积极情绪,才能使自己真正战胜消极情绪。不仅如此,积极的情绪体验还能使人产生一种更广泛的、有弹性的认知组织系统,这一系统能整合个体所具有的各方面资源,从而使个体在面对困难时会有更多的行为选择。相反,消极情绪体验则会使个体的认知组织系统变得更狭窄,它使人在面临困难时处于见木不见林的境地。现代神经医学研究也为上述观点提供了生理性依据。

积极心理健康关于转变研究对象的主张不仅仅只是停留在理论探讨上,还运用于各种实践。当积极心理健康理论出现后,康复心理学就开始把积极心理健康理念应用于临床实践,迅速开始实践重建传统的以缺陷、痛苦和治疗为核心的学科领域,并且成绩斐然。例如，在美国兴起了一种生活质量疗法(Quality Of Life Therapy，QOLT)，其核心在于使康复对象获得一些增强自己生活满意度的理论、方法、技巧和知识等，从而帮助对象辨清、追求或实现(包括部分实现)自己生活价值领域的目标、需要或希望等。同样，户外教育者和治疗师们也开始通过帮助对象创造自主性(au-totelic)积极体验来增加他们获得心理健康的动机，而不是通过增加其恐惧体验来促使对象发生改变。

贾霍达提出了一个新概念"积极心理健康"，并认为积极心理健康要从 6 个方面来定义其性质：① 积极的自我态度；② 全面地成长、发展和自我实现；③ 整合性——一种集中统合的心理功能；④ 自主发挥功能的能力；⑤ 对现实的准确认知；⑥ 能掌控自己周围的环境。

☞ 思考讨论

如果把世界上最幸福、最快乐的人集中到一起，你认为这些人具有哪些特点：

　　A. 外表很漂亮　　B. 事业成功　　　　C. 非常有钱　　D. 经常得到别人的赞赏

可能很多人会想：如果我长得漂亮，我就是最幸福的人；如果我事业成功，我就是最快乐的人……但实际上，所有这些，都不是给人带来快乐的根本条件。世界上最快乐的人，是那些有着良好心态的人，即心理健康的人。改变心态——心情就会变得越来越轻松，越来越快乐。

✍ 小练习

造句：写出几个你必须要做，但并不想做的事情，不想做，但你还是做了，以"我不得不"开头造句。例如：

我不得不每天早早起床

我不得不准备考英语 4 级

我不得不参加考试

……

看看自己写了几个？3 个、5 个？大声读出你的句子，体会一下你的心理感受。你在大声读出你不得不做的事情时，你的心情是平静的，愉快的？还是沮丧的，无奈的，生气的，憋屈的，烦躁的？

接下来，自我评估一下，是否可以不做？不做会怎么样？

其实，仔细分析，你的所有"不得不"，都是你自己经过权衡、比较后的选择，也许有些许无奈，但你之所以选择如此去做，肯定比不做感觉要好一些。不做的后果是你更不愿意看到的。

重新修改你的造句，把其中每个"不得不"改成"我选择"，再大声朗读每个句子，对比前后两种状态的感受。当把"我不得不"改成"我选择"时，大声朗读，体味一下自己的心态有哪些变化，心情与刚才比较有无些许的积极？

在"我不得不"句式下，个体体会到被动、无力、无法掌控等负性情绪。而在"我选择"句式下，个体体会到主动、有力、可以自己完成等主动、积极情绪。

既然必须要做，为何不主动"选择"去做！

"既然选择了远方，便只顾风雨兼程"，汪国真的诗句给多少青年以启迪与力量，传递着正能量。

积极心理健康教育理论吸取了古今中外在心理健康教育中的思想精华,摒弃了传统心理健康教育偏重病理式要害的弊端。它以积极和发展为取向,提出对人性要坚持积极的评价取向,重视人自身的积极因素和潜能的开发,以人固有的、实际的、潜在的和具有建设性的力量、美德和善端为出发点。积极心理健康教育以一系列激发人自身内在的积极品质为基本体系,一切从"积极"出发,即用积极的视角来发现和解读各种现象,通过积极的内容和有效的途径培养积极健康的心态,用积极的过程体验诱发积极的情感,用积极的反馈强化积极的效果,用积极的态度塑造积极的人生,让每个人学会创造幸福、分享快乐,保持生命最佳状态,塑造洋溢着积极精神、充满乐观希望和散发活力的心灵。

二、大学生心理素质发展与心理健康

大学阶段是一个人心理发展与成熟的关键时期,在这一时期,自我意识的发展、个性人格发展、社会性发展、应对方式发展、价值观发展是大学生心理发展的重要课题与阶段。

心理学家张大均等人通过大量的调查,提出了学生心理素质发展的目标系统,如表0.0.1所示。

表0.0.1　学生心理素质发展的目标系统[①]

发展目标	二级子目标	三级子目标
着眼于梳理学生的主体意识,引导学生主动参与、亲身实践、合作探究,在自由愉悦的氛围中开发心智潜能,发展个性特长,促进心理素质各成分及其整体结构的健全、健康发展	健全发展的个性	1. 具有不怕困难、追求成功的倾向(抱负水平) 2. 能独立思考,有独立见解,不依赖于他人(独立性) 3. 能持之以恒,坚持到底(坚持性) 4. 具有主动积极探求知识的欲望(求知欲) 5. 能控制调节和支配自己的思想、情绪和行为(自制力) 6. 能确信自己的能力(自信心) 7. 能对自己的行为负责(责任感)
	积极的动机	1. 培养高尚的远景性和社会责任感的学习动机 2. 培养学生的专业兴趣,增强学生的内在学习动机
	合理的自我发展	1. 正确认识自我,全面评价自我 2. 欣然接受自我,恰当评价自我 3. 有效控制自我,不断超越自我
	有效的应对方式	1. 用主动的态度和积极的行为来对待各种压力 2. 面对各种压力,要主动寻求社会支持 3. 学会调节情绪和控制情绪 4. 用积极的认知模式来对待压力 5. 适应挫折,并能战胜挫折
	科学归因	1. 成功时尽量归因于努力和能力强,失败时尽量归因于努力不够和策略不当等因素 2. 采取信任、合作、鼓励等积极态度,增强其自尊心和自信心 3. 通过讲解、讨论、诱导、个案咨询等多种手段促使学生积极正确地归因

① 张大均,陈旭. 中国大学生心理素质调查[M]. 北京,北京师范大学出版社,2009:245-246.

　　具有良好心理素质的人通常具有合理的自我认知、积极稳定的情绪、良好的适应能力、乐观积极的人生态度和坚强的意志。在遭遇挫折困难时，他能迅速调整自我，以积极的方式应对问题，而不是纠缠在不良情绪之中。发展良好的心理素质，提升自我心理健康水平，是每一个人，尤其是肩负重任与压力的大学生需积极学习的。以下整理了与大学生活密切相关的积极心理学的理论成果，可用于指导大学生的日常行为及心理。

你知道吗？

不同流派心理学家说心理健康

　　1. 精神分析学派——弗洛伊德的心理健康观

　　弗洛伊德认为，个体的人格是由"本我、自我、超我"三部分组成的。当三者平衡和谐时，人格就趋于完善，如果三者关系失调乃至被破坏，就会出现心理冲突和焦虑，严重的会出现心理疾病。心理不健康的人与健康人之间并无本质的不同，即健康与不健康是连续的。健康人蕴涵着不健康的因素，不健康的人也包含着健康的素质，健康的人若自处不当会变成不健康的，不健康的人只要能有效处理自己问题就能重新拥有健康。因此，如果个人要实现心理健康，则必须：① 学会正视并接纳自己；② 学会爱；③ 学会工作。

　　2. 人本主义学派——马斯洛与罗杰斯心理健康观

　　马斯洛是美国著名心理学家，也是人本主义心理学的主要代表。在马斯洛看来，心理健康的人就是自我实现的人。只有充分实现个人的潜能、实现人生全部价值的人，才能成为真正的心理健康的人，即自我实现者。自我实现是一个需要付出代价的过程。马斯洛的自我实现者也并不是完美无缺的，他们只是比其他人更接近完善。

　　罗杰斯是继马斯洛之后，人本主义阵营中最具号召力的美国心理学家，他认为心理健康的人就是机能健全的人。在罗杰斯看来，要成为机能健全的人，关键在于自我结构与经验的协调一致。这就需要有一个"无条件地积极关注"的成长环境。只要人与人之间无条件地真诚地关怀，个体就能调节自己的经验，朝向自我实现，使自我更趋向理想自我。自我实现的倾向是生命的驱动力，使自我更完善，更成熟，更具社会责任感，从而形成机能健全的人。

　　3. 存在分析学派——帕尔斯的心理健康观

　　帕尔斯是著名的存在分析学家。他认为心理健康的人就是"生活在此时此地"的人。此时此地的人不追求幸福而只是努力体验幸福。真实的幸福感就存在于当前。如果以幸福为目标，就会使他们的注意力和精力都脱离当前。也就是说，健康的人不去追求虚无缥缈的幸福而是努力体验此时此地的幸福。在帕尔斯看来，只要关注当前，体验当前，实现自立，并独立地对当前负起责任，用自我支持取代环境支持，人就能自动自发地实现真实的自我，而所有人的真实自我都是美好而健康的。

　　4. 建构主义学派——凯利的人格建构心理健康观

　　凯利认为，一个人是否心理健康，主要看他选择生活的方式是开放创造的，还是封闭的。而选择主要是受个体预期的影响及其建构系统的效用。按照凯利的观点，一个人一生中主要的目的是降低不确定性而不是寻求强化或回避痛苦，也就是说，如果一个人预测某些不愉快的事情要发生，后来出现了，即使这种体验是消极的，但是他的健康系统已被证实有效，个体就会依然采取这种行为。

5. 社会文化派——库布斯的心理健康观

美国学者库布斯认为，一个心理健康、人格健全的人应有四种特征。第一，具有积极的自我观念。能悦纳自己，也能为他人所悦纳；能体验到自己的存在价值，能面对并处理好日常生活中遇到的各种挑战；虽然有时也可能会觉得不顺心，也并非总为他人所喜爱。但是，肯定的、积极的自我观念总是占优势。第二，恰当地认同他人。能认可别人的存在和重要性，既能认同别人而又不依赖或强求别人，能体验自己在许多方面与大家是相同的、相通的；而且能和别人分享爱与恨、乐与忧，以及对未来美好的憧憬，并且不会因此而失去自我。第三，能面对现实和接受现实。即使现实不符合自己的希望与信念，也能设身处地、实事求是地去面对和接受现实的考验，并能多方寻求信息，倾听不同的意见，把握事实真相，相信自己的力量，随时接受挑战。第四，主观经验丰富，可供取用。能对自己、周围的事及环境有较清楚的知觉，不会迷惑和彷徨。在自己的主观经验世界里，储存着各种可用的信息、知识和技能，并能随时提取使用，以解决所遇到的问题，从而提高自己行为的效率。

认识与接纳自我

　　知人者智，自知者明。胜人者有力，自胜者强。

——老子

故事赏析

认识自己，看清自己

　　古刹里新来了一个小和尚，他积极主动地去见方丈，殷勤诚恳地说："我新来乍到，先干些什么呢？请方丈支使指教。"

　　方丈微微一笑，对小和尚说："你先认识和熟悉一下寺里的众僧吧。"

　　第二天，小和尚又来见方丈，殷勤诚恳地说："寺里的众僧我都认识了，下边该去干些什么呢？"

　　方丈微微一笑，洞明睿犀地说："肯定还有遗漏，接着去了解、去认识吧。"

　　三天过后，小和尚再次来见方丈，蛮有把握地说："寺里的所有僧侣我都认识了。"

　　方丈微微一笑，因势利导地说："还有一人，你没认识，而且这个人对你特别重要。"

　　小和尚满腹狐疑地走出方丈的禅房，一个人一个人地询问着、一间屋一间屋地寻找着。在阳光里、月光下，他一遍一遍地琢磨、寻思着。

　　不知过了多少天，一头雾水的小和尚，在一口水井里忽然看到自己的身影，他豁然顿悟了，赶忙跑去见方丈……

　　世界上有一个人，离你最近也最远；世界上有一个人，与你最亲也最疏；世界上有一个人，你常常想起，也最容易忘记……这个人，就是你自己。

　　人这一生最难做到的就是认识自己，所以古希腊人在太阳神阿波罗的神庙门上留下了这样的警训："人啊，认识你自己！"

　　看不清自己，不认识自己，结果往往就是活不明白，不明白自己为什么要活着，不明白人活着有什么意义。如果活了一辈子，连自己真正想要的是什么、自己应该去干些什么都没搞清楚，又何谈活得幸福、做出成就呢？

　　人生第一要事：认识自己，看清自己，才能懂得人生的意义。

　　很多人活得够用心、够努力、够忙碌、够辛苦，但就是活得不快乐、不幸福、不成功，因为他们看不清自己，不知道自己真正需要的是什么，不知道什么该坚持什么该放弃。

　　人们总是喜欢去关注别人，却忘了花时间去审视自己，于是便有了诸多烦恼。其实人这一生应付自己就够忙碌的了，何苦再把别人的烦恼加于自己身上呢？

　　要开心每一天，我们就需要更多的"觉悟"。如何去做呢？借一双慧眼，看清自己，认识自己。只要能对自己有清醒的认识，就能活得明白，活得真实，活得从容，活得快乐。

正确地认识自我，是愉快地接受自我、积极地发展自我的前提，也是大学生心理健康的基石。

第一节　概　论

马克思曾说过这样一句话："你所以感到巨人高不可攀，只是因为你跪着。"其深刻地表明人充分认识自己的重要性。大多数情况下，人们总对自己不满意，对事情不如意，都是因为他们不能很好地认识自己。正如马克思所说，如果我们能够正确地认识自己，你便会发现，其实巨人并不是高不可攀，我们自己也并不是那么弱小。

人对自己的认识并不是一种抽象的概念，它本身伴有自我评价的感情，即对自己是好感还是恶感，是满意还是不满意，这取决于个人对自己的态度是排斥还是接纳。要正确认识自己必须对自己采取接纳的态度，也就是说，人对自己的一切不但要充分地了解、正确地认识，而且要坦然地承认、欣然地接受，不能欺骗自己、排斥自己、拒绝自己，更不能怨恨自己。

从心理学的角度看，生而为人，我们首先要正确认识自己，这是我们快乐的源泉，更是成功的源泉。人无完人，每个人都不可能尽善尽美，在认识自我的基础上则需要我们再做一件事情，即接纳自己。事实上，能接纳自己之人总是心情开朗，反之，不能接纳自己则常自苦、自危、自惭、自卑、自惑乃至自毁。接纳自己、悦纳自己是一种心理状态，与客观环境并不完全相关。有些人虽有生理缺陷，但很乐观；有些人五官端正，相貌堂堂，却总是自我怀疑；有些人并不富裕，却知足常乐；有些人有钱有势，却并不深感快意。

其实，深究现实生活中的诸多案例不难发现，大多时候人们不开心并不是自己真的太差，自己不能成功并不是真的能力差，只是自己不能依据自身特征、自身才华、自身优势去择事而为。尼克·胡哲并没有因为四肢残缺而影响他乐观的人生态度与战胜困难的决心，也更没有影响他成功；邓小平同志不会因为他的个头不高而影响他伟人的高度。事实上很多你自以为的缺陷或缺点都不足以阻止你前进，换个角度你会发现这些缺陷、缺点根本不算什么，甚至有些时候，这些正是你成功的主要促进因素。很多时候试着转个身、换种做法，你便会发现其实一些缺点会成为优点，而你需要做的是正确认识自己，进而在认识的基础上接纳自己。

故事赏析

换个方向，人生一样很精彩

13岁的麦瑞梦想有一天能做一个出色的医生。圣诞节这天，麦瑞许下心愿，希望能拥有一套完整的人体骨骼模型。爸爸听到女儿的心愿，微笑不语，但到了晚上却变戏法似的拿出了一副处理过的骨架模型。这副模型是用金属挂钩把人体的骨骼组装起来的。麦瑞只用了两周时间，就把它完全拆卸，然后组装得毫无瑕疵。

麦瑞出于对人体的痴迷，总喜欢在手里攥一块白骨揣摩，这让她失去了不少朋友。孩子们当中，没有几个人喜欢这种阴森森的东西。

19岁那年，麦瑞被霍普金斯医学院录取，虽然没有实际坐诊经验，但就对疾病的深入研究来说，麦瑞或许不亚于一些在医学院学习了四年的学生。她的特殊，让霍普金斯医学院决定破例允许一个新生提前跟随教授们研究课题，到医学院附属医院去坐诊，学习实际诊断技术与经验。

当有人对此提出异议时，院长说："为什么不呢？既然她已经为到达自己的目标付出了那么多努力，我们不妨让她的速度更快一些。"然而，在一次手术中，麦瑞发现自己竟然晕血。当看到医生的手术刀割开伤口，鲜血涌出时，她四肢冰冷，头晕目眩，还没听清楚医生在说什么，她就昏迷过去了。

麦瑞认为自己不能就此止步。为洗刷耻辱，弥补缺陷，私下里，她在实验室解剖青蛙、白鼠。她戴上墨镜，想通过看不到殷红色的鲜血来缓解自己的紧张。可是，这也失败了，她闻到血腥的味道，仍然会出现晕血的症状。

学校建议麦瑞转修内科，这不需要与鲜血和手术接触。可是大家都忽略了一点，内科的病人也有咯血等症状。在一次查房时，她再次晕倒，这让麦瑞彻底无法把握自己的前途了。她心灰意冷，休学回到家中，常常在卧室里一待就是一天，甚至想过自杀。

难道自己的人生就此完结了吗？麦瑞悲哀地想。最疼爱麦瑞的奶奶决定找她谈一谈。一天下午，奶奶拿着从《国家地理》上精心找出的一摞图片来到麦瑞的卧室。她一张张地把那些美丽的风景展示给麦瑞看。麦瑞不理解奶奶想向自己表达什么。看完最后一张图片后，奶奶抚摩着她的头发，慈爱地说："傻孩子，在这个世界上，人生并不只有一条道，只要愿意，选择适合你的另一条路，你完全可以到达同样美丽，甚至更加美丽的境地。"

看着奶奶温暖的目光，麦瑞哭了起来。

之后，麦瑞重新选择了一所大学就读。毕业后，她在报纸上看到关于芭比娃娃的讨论，集中的意见是，芭比娃娃的身体实在是太僵硬了，能活动的关节不多，眼睛不够大，与大家期待她越来越像真人的愿望相差太远。

忽然，麦瑞想起了组成人体的那些骨骼，想起了自己积累的知识。她进入玩具公司，创造性地发明了骨瓷环，让芭比娃娃更接近真实的人体，赋予了芭比娃娃更宽的额头、更大的眼睛和更灵活的各种活动部位。芭比娃娃迅速风靡了全世界。

麦瑞无法想象，那个曾经固执的自己如果坚持下去，现在会是什么样子。现在，她确确实实地感觉到了生活中真的不只一条路，有时候换个方向，人生一样很精彩，一样可以到达梦想的顶峰。

麦瑞的故事对你有什么启发？你曾经是否也怀疑过自己，怀疑过生活？此刻，你走出来了吗？请相信，生活不会欺骗智者，你所需要做的就是静下来，去睡个美觉，等到明天，当你对自己进行一次剖析后，一定会豁然开朗。

一、认识自我

1. 什么是认识自我

认识自我即自我认知，是自己对自己的认识，它是自我意识的首要成分，也是自我调节控制的心理基础。它包括自我感觉、自我概念、自我观察、自我分析和自我评价。自我认识是一个动态的过程，它会随着时间的变动而不断改变，即随着时间的推移不断完善。自我认知不仅要认识自己的长相、外貌、身体特征等，更要认识自己的性格品质、气质类型与人格特征，不仅要认识自己的长处，也要认识自己的短处，要全面地认识自我。

2. 为什么要认识自我

知人者智，自知者明。胜人者有力，自胜者强。认识自我是一个理解自我的过程。应该站在一个客观的角度来评价自己，以自我的能力来估量自己的性格特征，发挥自我特长及优势。如果人有方向性地去训练自己，就可以达到近乎完美。认识自己，才能更好地了解他人所求。认识自我，发现自己的优点和缺点，才能更好地向幸福出发，迎接成功的未来。

(1) 认识自我是人区别于其他存在物的重要表现。兰德曼(Michael Landmanm)说："人不像其他存在物，人并不是简单地存在着。"我们都知道，我们每个人从出生的一刻起就对世间万物充满了无限好奇，因此在每个人的人生轨迹中，我们需要时时刻刻不断认识自己，从而将自己与他人、与别的种群区别开来。

(2) 认识自我是更好地指导自己生活的前提。世界是相互联系的有机整体，并且是社会关系的总和。我们都知道，人是世界上最高级的动物，人之外的其他存在物仅仅依靠本能，在一种低水平状态下进行静态的、重复性的适应性生存。人则不同，人不仅生活，还要指导自己的生活。如何指导自己的生活？这首先就需要人能够正确地认识自己。我们的一切决定，无论是认识上的，还是道德上的或美学上的，都取决于我们关于自己的概念。因此我们必须不断增强对自我的认识，从而更好地指导自己的生活。

(3) 认识自我是自身发展与完善的前提。如果你不去认识自己，你可能永远不了解真实的自己，永远不会知道自己在某些方面并不擅长，你也永远不会知道自己在哪些方面有多优秀。因为很多时候，我们会为自以为的优点而沾沾自喜，我们也会被自以为的缺点折磨得抬不起头。事实上，你真正了解自己吗？我们应该全面地认识自己，不断改变自己的缺点，发扬自己的优点。我们应该在认识自己的基础上，在一个动态过程中不断调整自己，完善自己。从这一层面来讲，更好地认识自己是自身不断发展与完善的前提。

3. 如何正确认识自我

(1) 正确评估自己：每个人都是独一无二的。

认识你自己，首先要肯定自己的价值。在这个世界上，没有一个人是卑微的，任何人都有存在的意义。不要认为自己是无用的，不要认为自己没有价值。你诞生在了这个世界上，就是世界给你的礼物。

其次，我们要去发现和塑造自己的价值。认识自己，必然是慢慢去发现自我的天赋是什么，自己喜欢的是什么，社会需要什么。当你对自我评估更清楚的时候，你就会慢慢知道自己是谁，自己能做什么。

我们要把自己放到一个大的坐标与格局下去审视。我们需要深刻地明白，真正地认识自己一定要去观察与探索，把自己放到的一个大的系统中，把"小我"深深嵌入社会与环境这个大的系统中，你就会慢慢看清环境对你的影响与塑造，也会看到你自己的选择如何带领你走向更远。

所以，认识自我首先要做的就是客观地评价自己——从小时候直到现在的自己。我们既有自己的天性，也有很多被他人影响的过程。

我们必须学会在审视自己的时候，不带有太多的个人情感，也不过分高估自己的能力。如果身边的人的评价与自己的期待相差甚远，那就需要认真地思考一下这是为什么，找到问题的根源，接下来的事情才会顺利。

(2) 不断提升自己：路是一步步走出来的。

在正确评估自己之后，会对自己有了更深的理解，接下来不断地努力提升自己是很重要的。没有一个人生下来就注定优秀，也没有任何人注定一生平庸，所有的路都是我们一步一步走出来的，只要你努力不断提升自己，你就会变得优秀。

如果一时之间你还找不到施展的空间，那么不要着急、不要害怕，生活中这样的情况很常见，若时机不佳就耐心等待厚积薄发。同样，如果你才华横溢并且遇到机会，那么就大方地施展才华，让智慧的光芒展示出来，让自己变得瞩目。所以说，与其抱怨，不如不断提升，让自己更优秀。

(3) 挖掘自己的潜质：大胆去尝试。

小学时班里有个歌唱比赛，要求每个人都参加。可是有个叫乐乐的小女孩十分胆小，不敢说话更不敢唱歌，无论老师怎么劝她都不开口，后来老师放弃了，就让她在一边观看。

可是突然有一天，她就开口唱歌了，没想到，她唱得那么动听，让人心情舒畅。后来她走上了艺术这条道路。其实，虽然我们不知道为什么她会有这样的转变，但我想说，如果一开始她就尝试一下张开嘴唱歌，那么她会更早发现自己的天赋吧。

古语云，千里马常有而伯乐不常有。现实的确是这样，有些时候我们不能总是等着别人来发现我们的闪光点，我们还要自己挖掘自己的潜质。机会永远把握在自己手上，一定要大胆去尝试。

了解自己并不难，为什么很多人都做不到呢？那么，就从现在开始，认真地思考你想要什么，你的目标是什么，你能做什么？一步一步开始了解自己，挖掘自己的潜质并大胆去尝试，你就会变得越来越优秀。

以上三种认识自我的方式，我们需要引起关注的是第三种。第三种的自我认识，我们可以通过全方位的评价去收集信息，比如向家人、好友、同事、上司等询问。如何开发人的潜能，是很多心理学家和成功学家一直在研究的问题。从某种意义上来看，潜能的自我发现和发挥还需要一种外界的刺激信号，即契机。很多研究表明，人们发挥出过去没有意识到的能力，大部分是由自身的各种主观需求促成的，少部分是由外界特定的刺激环境激发的。这些主观需求包括人的欲望、好奇心和感受心理等，通过外界的刺激和激励(契机)的不断积累，当达到一定的质和量的程度，便形成了内外结合的动因，促使潜能作为刺激的反应而爆发出来。而且这种心理上的内在需求与外界的刺激越大，潜力的爆发强度也越高。

二、接纳自我

1. 什么是接纳自我

所谓接纳自我，是指个体对自己及其一切特征采取一种积极的态度，简而言之就是能欣然接受现实自我的一种态度。接纳自我包含两个层面的含义：一是能确认和悦纳自己身体、能力和性格等方面的正面价值，不因自身的优点、特长和成绩而骄傲；二是能欣然正视和接受自己现实的不足，不因存在的某种缺点、失误而自卑。自我接纳是个体心理健康的一项重要标准。

每个人都是不完美的，每个人身上都有自己不愿意触碰的一面——阴暗面，亲人朋友不愿意接受，我们自己也无法面对。于是，我们不惜代价、竭力伪装成人人喜欢的好人，活得很累。

事实上，我们的每个缺点背后都隐藏着优点，每个阴暗面都对应着一个生命礼物：好出风头只是自信过度的表现；邋遢说明你内心自由；胆小能让你躲过飞来横祸；泼妇在有些场合是解决问题的最好方式……阴暗面也是生命的一部分，只有真心拥抱它，我们才能活出完整的生命。

(1) 自我接纳不需要条件。

近些年来，随着心理学的快速发展，"自我接纳"这个词语出现的频率越来越高。可是有些对这个词语一知半解的人始终心存疑惑：对自我的一切都采取积极的态度？意思就是一股脑地接纳自己的所有？可是如果他做过很多的错事乃至是坏事呢？可是如果他性格上有很多让人难以容忍的缺点和毛病呢？可是如果他实在没有一丝优点，差劲到极致呢？可是如果他一辈子都没有做过一件有价值的事呢？可是如果他……

人们的疑问完全可以理解，因为大部分人已经习惯了有条件地爱和被爱。当一个人还是小婴儿的时候，他不知道什么是好什么是坏，他理所当然地认为自己应该得到爱，并且那时候他确实是完美的，无论他是不是满脸满手都沾着米粒，无论他是不是将大便拉在裤子里，甚至是他把黏黏的口水沾满妈妈的衣襟，一切都不会影响他的可爱和他存在的价值。随着小婴儿逐渐长大，他的父母和社会逐渐告诉他：如果你这样做，我就爱你，否则我就冷落你；如果你那样做，我就赞美你，否则我就惩罚你。天长日久之后，他便开始明白：事情有对错好坏，如果我做对或做好了某事，就是可爱的和有价值的；如果我做错或弄糟了某事，就是不可爱的并且失去了价值。

正是这些判断好和坏的标准不知不觉中禁锢了人们的心灵。于是人们总要与周围人进行比较，却忘了每个人都是没有可比性的；误以为自我批评是大大的美德，却忘了自我批评的前提是先对自我有足够的接纳；过于关注别人对自己的看法，却没想过别人是按照你希望别人看到的样子来看你的；总以为所有人都在看着你的表现，却不知道每个人都在盯着自己其实根本无暇去看别人。

每个人都应该明白的一件事是：爱自己和接纳自己不需要任何条件。无论你曾经做过什么，无论你拥有什么样的外貌特征、声音体味，无论你来自什么样的文化和家庭背景，作为这个世界的一分子你都是独一无二的，你的使命是让这个世界因你的存在而更多元更丰富，所以你天然地就应该被接纳被珍爱，尤其是被你自己所接纳和珍爱。

(2) 自我接纳不是自我欺骗。

有些人在自我接纳的道路上步入歧途。比如明明对自己极不满意，内心里充满对自己的抱怨和批评，却每天自我催眠般地只看自己愿意看的部分，一遍遍地强化自己的优越之处，而将那些自认为的缺点忽视或掩藏起来。这种做法实则是一种自我欺骗，除了给当事人带来各种焦虑和不安的情绪，还常常让他不得不纠结于面具被戳穿的担忧之中。

(3) 自我接纳需要经历漫长的过程。

首先是坦然正视真实的客观的自我，包括身体特征、家庭背景、成长经历、个性特点等一切与自我相关的内容，此时仅仅是正视，不做任何好或者坏的评价。就像是看着一棵树，仅仅是看到它的高度、大小、枝丫数量等，而不去评论它是否高大是否葱绿。

其次，在正视真实自我的基础上，再审视自己还可以做得更好的地方，甚至不怕来一场自我批评，但之后就要将这种不满转化为对自己的合理寄望。就像承认你内心里确实嫌弃那棵树的枝丫不够整齐漂亮，树叶不够繁茂，同时将这种"嫌弃"转化为你对那棵树的寄望，你期待它的枝丫可以更加整齐，期待她的树叶能够更加繁茂。

再次，真正的自我接纳是一系列的行动，在真实自我的基础上，按照自己喜欢的样子，一步一步去塑造期待中的自己。就像是给那棵树浇水施肥、修剪枝丫，以使它长成你期待的枝繁叶茂的样子。

最后，真正的自我接纳，除了要接纳自我本来的样子，要接纳对自己的寄望，还要接纳完成对自己的寄望是一个并不短暂的过程这一事实，更要接纳在完成对自己的寄望的过程中，那个可能时进时退或者原地徘徊的自我。也就是说，当你在给那棵大树浇水施肥时，你需要接纳那棵大树不是"立刻"枝繁叶茂的，而是一点一点地成长而来。

2. 为什么要接纳自我

接纳自我，不管自己的状况是什么样子，不管自己的生活有多么不如意，你所要做的就是面对现实、接受现实。你要把自己的楼层建设好，要考虑你的地基问题，地基有多深，地质构造怎么样，这些决定了你人格的大厦能建多高。别人的大厦和设计蓝图你是没有办法照搬的。因为生活中很多事情你是没法改变的，你力所能及的就是接纳自我。

澳大利亚人尼克·胡哲天生没有四肢，可是却成为"走"遍世界的励志演讲大师。就是这位被称为"海豹人"的小伙子，凭借自己的努力获得了会计和财务规划双学位，并创办了两家非营利机构和一个基金会，以帮助更多有需要的人。

积极乐观的尼克·胡哲给许多人带去信心和勇气，用他平凡的人生给世界注入了不平凡的声音。不少人都感叹他由内而外的自信幽默——有些身体健全的人尚且自怨自艾，悲叹生活的艰难与不易，为什么他却能笑对与生俱来的身体残缺，并绽放出让人惊叹的生命光彩呢？

究其原因，主要是尼克·胡哲对自己足够接纳。他接纳自己的所有，尤其是接纳自己的身体，接纳身体带给自己的种种不便，以及接纳因此与他人完全不同的特别的生活方式。而正是这种对自己的无条件接纳，使尼克·胡哲迸发出令人吃惊的人格魅力，激励了全球无数在痛苦和黑暗中迷茫的生命。

(1) 你并不比其他人差。

一个人并非要有突出的优点或成就，才能被接纳。接纳自我是人天生就拥有的权利，因为人无完人，每个人都有两方面，有缺点也有优点，有短处也有长处，有失败的时候也有成功的时候。有句话说，所谓废物不过是放错地方的好东西。生活的真谛正是这样。我们每个人身上很少有绝对的缺点。所谓缺点，换一个角度就会变成优点。

(2) 与其他人一样，你的生命也是有意义的。

你是否觉得自己非常渺小，你是否总是在想这样一个问题：我个人太渺小了，能干什么，我又凭什么接纳自我？但是你是否认真想过，芸芸众生大多数人都是小人物。尽管我们有着不一样的家庭背景、长相、工作、学历、成就，但是，我们的生命都是一样有意义的。

(3) 接纳自我是每个人进一步完善自我的前提。

接纳自我是一个人健康成长不断发展的前提。一个人如果不接纳自我，连自己的问题都不敢正视，那他怎么能引导自己向上呢？更何况，在生活中，不接纳自我的人常会把很多能量用在自我否认和排斥上，带着那么多对自己的不满和失望，甚至否认和拒绝，又怎么可能成长？有了自我接纳，有了不断自我完善的动机和行为，总有一天，自我就会得到发展，得到完善。所以，接纳自我是成功的起点。

3. 如何接纳自我

其实我们每个人都有优点，只是你可能没有发现，亦或许未将优点很好地发挥。认识自己是接纳自我的前提，那么在认识自己之后，如何更好地接纳自我呢？首先要停止与自己对立，对自己友善一点并且足够地尊重自己。不要再严厉地苛求自己，不要紧盯着自己的错误不放。要敢于面对自己，敢于面对自己的不良情绪，并试着去调节它。这样你会发现，事实上你很优秀，你也会发现，你最应该做的是静下心来，做最好的自己。

(1) 换个角度思考问题。

试着列举一下自己身上的优点，越多越好。开始你可能觉得这很难，因为你习惯了去寻找自己的缺点，没有关注过自己的优点，甚至没有想过自己还有优点。那么，你现在开始列举吧，如果你还是感到很困难，可以找朋友、家人、同事帮忙，"当局者迷，旁观者清"，有时反而是别人能够清晰地看到我们的优点。列出优点，每天抽时间默念自己的优点，可能开始的时候很不习惯，甚至觉得虚假，但别放弃，坚持做。一段时间后，你会发现不仅自己可以坦然接受自己的优点，而且你会发现自己有越来越多的优点。

(2) 减少抱怨。

人无完人，没有人是十全十美的，但是现实生活中，总有一些人就喜欢和自己较劲，不能接受和不喜欢自己，对自己的所作所为、能力和做事的结果不满意。这种人总是看到和扩大自己的缺点和不足。认为自己长相不如人、学习能力差、找不到帅气的男朋友、经常做错事等，但是，在抱怨过后他们依然按照之前的生活方式、思维模式、处世方法去生活。可见，抱怨并不能使人变好。

(3) 接受自己的失败。

人非圣贤，孰能无过，每个人都有犯错误的时候。胜败乃兵家常事，谁都有失败的时候，这些本身都是符合常理的。既然符合常理，我们就应该接受它。更为重要的是，不为失败找借口，多为失败寻求方法，一旦失败，在不能挽回局面的情况下，我们最应该做的是欣然接受它。

(4) 停止自欺欺人。

有的人不愿承认自己贫穷，反而以挥霍浪费来满足自己的虚荣心，结果是越来越贫穷，终免不了给自己心理上造成更大的痛苦。有的人明明知道自己的能力有限，却做出一些力所不能及的决定，结果招致失败。有的人在困境面前，不是通过努力工作战胜困境，取得最后的胜利，而是盲目快乐，在不适宜的场所寻欢作乐，醉生梦死。这种自欺欺人的"快乐"是不真实的，终究会被更大的痛苦所取代。

(5) 重新审视自我、认识自我。

要想接纳自我，首先要认识自我，既要认识到自己的优势、优点，看到自己的成绩，还要认识到自己的劣势、缺点，看到自己的失误和失败。比如到一个安静的地方，认真剖析一下自己，并拿出笔和纸，在一边记下你个性中的优点和长处、能力上的优势、曾经做出的成绩、比较得意的举措等值得称道的方面；在另一边列上你的缺点、短处、劣势、曾遭遇到的挫败等不好的方面。你可能会发现，你的优点、长处、优势和成绩这一边比另一边要多，只是还没有发挥出来，或者平时都没有在意。至此你也许会恍然大悟：原来我有这么多优点，原来我是这么优秀!

(6) 扬长补短。

每个人都有各自独特的个性，都有各自的优点和缺点、长处和短处。发扬自己的优势、优点和成绩，改正自己的缺点，改变自己的困境，走出失败，走向成功。这样，你就会越来越完善，对自己越来越满意了。

(7) 审视周围，自我对比。

你可以选择几个你比较熟悉，并认为很有自尊的人，列出他们的优缺点、优劣势、成功和失败的地方，然后将自己与他们比较。你可能会发现，原来自己总体上并不比他们差。你可能会因此而发问：我有什么理由不喜欢自己呢？

第二节 走 进 自 我

你是否迷茫过，突然不知道自己是谁？正如黄舒骏的《我是谁》歌中唱：

我是谁？为何我在这里出现？
我是谁？为何我长得这副嘴脸？
如果换个时间地点出生，我会变成谁？
如果我不叫作这个名字，我又会是谁？
我是谁？我用什么证明我是谁？我是谁？
如果过去一切统统改变，我会变成谁？
如果未来命运可以改变，我想变成谁？
我是谁？我这辈子又该守着谁？
我对我自己的了解 是真？是假？还是误解？
你给我所有的安慰 是真？是假？还是谎言？

小练习

每位同学以下列题干造句，5～9 人组成一组，每人给大家交流分享自己的造句及其含义。

假如我是一种花，我希望成为_____，因为_____。
假如我是一种动物，我希望成为_____，因为_____。
假如我是一种乐器，我希望成为_____，因为_____。
假如我是一种食物，我希望成为_____，因为_____。
假如我是一种交通工具，我希望成为_____，因为_____。

你是否因为自己的长相、外貌嫌弃过自己？你是否因为自己某些特殊的方面责怪过自己？你是否因为自己很胖、长得不好看、性格奇特等而愁眉不展？其实你不曾想到，这些东西可能正是你与众不同的标记。也正是因为这些不一样，你才是你自己，你才能真正地做自己。

一、认识自己的外貌形象——生理上的唯一性

我们认识自己与他人，最基本的方法就是认识外貌，即通过外形认识自己与他人。世界上没有两个完全相同的人。一些人有看似相同的样貌(眼睛、鼻子、嘴巴、四肢)，生活在相同的地方，长着相似的样子，但细细区分，我们常常会惊奇于大自然的力量，地球上现有的70多亿人，竟然没有任何两个人的长相是完全一样的；从古到今人口众多，竟然也各不相同；即使外貌极其相似的同卵双胞胎，熟悉他们的人依然可以将他们轻松分辨。

上苍造人，总要让你与众不同，让你有独特的样貌，你的身高、长相独一无二。不仅如此，你的指纹、血液、头发甚至走路的姿势、说话的声音，无不是独特的你所独有的。你带有你的种族、家族的遗传基因，你拥有个体独特的遗传密码。上苍让你区别于其他人，赋予你独特的生物特性。

二、认识自己的气质特征

你不仅具有独特的外在特征，同样，你还具有自己的秉性特点——先天遗传的精神特质，高级神经活动类型——气质。

气质(Temperament)是不以人的活动目的和内容为转移的心理活动的典型的、稳定的动力特征。所谓心理活动的动力，是指心理过程的速度和稳定性(如知觉的速度、思维的灵活程度、注意力集中时间的长短)、心理过程的强度(如情绪的强弱、意志努力的程度)以及心理活动的指向性特点(有的人倾向于外部事物，从外界获得新印象，有的人倾向于内部，经常体验自己的情绪，分析自己的思想和印象)，等等。气质仿佛将一个人的整个心理活动表现都涂上个人独特的色彩。孩子刚一出生，最先表现出来的差异就是气质差异，有的孩子爱哭好动，有的孩子平稳安静。

心理学根据气质是人的高级神经活动类型的特点和其在行为方式上的表现，揭示出兴奋过程和抑制过程的三种特性：① 兴奋过程和抑制过程的强度；② 兴奋过程和抑制过程的均衡度；③ 兴奋过程和抑制过程的灵活性。这些特征把高级神经活动分为四种类型：① 强而不均衡的；② 强的、均衡的、灵活的；③ 强的、均衡的、惰性的；④ 弱型的。这些高级神经活动的类型，是人的气质形成的生理基础。

人的气质可分为四种类型：多血质(活泼型)、胆汁质(兴奋型)、黏液质(安静型)和抑郁质(抑制型)。气质类型与高级神经活动类型的对照见表1.2.1。

表 1.2.1　气质类型与高级神经活动类型对照表

气质类型	神经系统的基本特点	高级神经活动类型
多血质	强、平衡、灵活	活泼型
胆汁质	强、不平衡	兴奋型
黏液质	强、平衡、不灵活	安静型
抑郁质	弱	抑制型

(1) 多血质：这种气质的人灵活性高，易于适应环境变化，善于交际，在工作、学习中精力充沛而且效率高；对什么都感兴趣，但情感兴趣易于变化；有些投机取巧，易骄傲，受不了一成不变的生活。代表人物：韦小宝、孙悟空、王熙凤。

(2) 胆汁质：这种气质的人情绪易激动，反应迅速，行动敏捷，暴躁而有力；性急，有一种强烈而迅速燃烧的热情，不能自制；在克服困难上有坚忍不拔的劲头，但不善于考虑能否做到，工作有明显的周期性，能以极大的热情投身于事业，也准备克服且正在克服通向目标的重重困难和障碍，但当精力消耗殆尽时，便失去信心，情绪顿时转为沮丧而一事无成。代表人物：张飞、李逵、晴雯。

(3) 黏液质：这种气质的人平静，善于克制忍让，生活有规律，不为无关事情分心，埋头苦干，有耐久力，态度持重，不卑不亢，不爱空谈，严肃认真，但不够灵活，注意力不易转移，因循守旧，对事业缺乏热情。代表人物：鲁迅、薛宝钗。

(4) 抑郁质：这种气质的人具有高度的情绪易感性，主观上把很弱的刺激当做强作用来感受，常为微不足道的原因而动感情，且有力持久；行动表现上迟缓，有些孤僻；遇到困难时优柔寡断，面临危险时极度恐惧。代表人物：林黛玉。

人的气质类型可以通过一些方法加以测定(附录 3 中有经典的气质测量题，可供参考)。但属于某一种类型的人很少，多数人是介于各类型之间的中间类型，即混合型，如胆汁-多血质、多血-黏液质等。

气质类型只是给人们的言行涂上某种色彩，但不能决定人的社会价值，也不直接具有社会道德评价含义。它不能决定一个人的成就，任何气质的人只要经过自己的努力都能在不同实践领域中取得成就，也可能成为平庸无为的人。

三、认识自己的性格特点

性格是个性心理特征中的核心部分，它是一个人稳定的态度系统和相应习惯了的行为风格的心理特征。人与人的个性差别首先表现在性格上。性格是在社会生活实践过程中逐步形成的。由于各人所处的客观环境不一样，先天的素质不同，形成了各种各样的性格类型。

人的性格分为很多类型，不同的心理学家有不同的分类。

(1) 根据心理机能优势分类：这是英国的培因(A. Bain)和法国的李波特(T. Ribot)提出的分类方法。他们根据理智、情绪、意志三种心理机能在人的性格中所占优势的不同，将人的性格分为理智型、情绪型和意志型。理智型的人通常以理智来评价周围发生的一切，并以理智支配和控制自己的行动，处世冷静；情绪型的人通常用情绪来评估一切，言谈举止易受情绪左右，这类人最大的特点是不能三思而后行；意志型的人行动目标明确，主动、积极、果敢、坚定，有较强的自制力。除了这三种典型的类型外，还有一些混合类型，如理智-意志型，在生活中大多数人是混合型。

(2) 根据心理活动的倾向分类：这是瑞士心理学家荣格(C. G. Jung)的观点。荣格根据一个人里比多的活动方向来划分性格类型，里比多指个人内在的、本能的力量。里比多活动的方向可以指向于内部世界，也可以指向外部世界。前者属于内倾型，其特点是处世谨慎，深思熟虑，交际面窄，适应环境能力差；后者为外倾型，其特点是心理活动倾向于外部，活泼开朗，活动能力强，容易适应环境的变化。这种性格类型的划分，在国外已应用于教育和医疗等实践领域，但它仍未摆脱气质类型的模式。

(3) 根据个体独立性程度分类：美国心理学家威特金(H. A. Witkin)等人根据场的理论，将人的性格分成场依存型和场独立型。前者也称顺从型，后者又称独立型。顺从型的人倾向于以外在参照物作为信息加工的依据，他们易受环境或附加物的干扰，常不加批评地接受别人的意见，应激能力差；独立型的人不易受外来事物的干扰，习惯于更多地利用内在参照即自己的认识，他们具有独立判断事物、发现问题、解决问题的能力，而且应激能力强。可见这两种人是按两种对立的认知方式进行工作的。

(4) 根据人的社会生活方式分类：德国的心理学家斯普兰格(E. Spranger)从文化社会学的观点出发，根据人认为哪种生活方式最有价值，把人的性格分为六种类型，即经济型、理论型、审美型、宗教型、权力型和社会型。

① 经济型的人：一切以经济观点为中心，以追求财富、获取利益为个人生活目的。实业家多属此类。

② 理论型的人：以探求事物本质为人的最大价值，但解决实际问题时常无能为力。哲学家、理论家多属此类。

③ 审美型的人：以感受事物美为人生最高价值，他们的生活目的是追求自我实现和自我满足，不大关心现实生活。艺术家多属此类。

④ 宗教型的人：把信仰宗教作为生活的最高价值，相信超自然力量，坚信永存生命，以爱人、爱物为行为标准。神学家是此类人的典型代表。

⑤ 权力型的人：以获得权力为生活的目的，并有强烈的权力意识与权力支配欲，以掌握权力为最高价值。领袖人物多属此类。

⑥ 社会型的人：重视社会价值，以爱社会和关心他人为自我实现的目标，并有志于从事社会公益事务。文教卫生、社会慈善等职业活动家多属此类型。

在现实生活中，通常是多种类型的特点集中在某个人身上，但以一种类型特点为主。

四、认识自己的人格特征

人格是作为社会的人的最本质的、概括的心理现象，它在很大程度上决定着一个人的生活方式和为人处世之道。大学生处于人生中人格发展的再造期，塑造健全的人格对大学生的人生发展具有全面的终生的积极意义。

1. 什么是人格

人格是心理学家假设的一种内在的心理组织与系统，每个人的这种精神组织都具有独特的形态与结构，使一个人的行为表现出鲜明的特色。对这种内在的组织和系统，基于不同的理论背景和研究方法，人格心理学家有着完全不同的理解，因此，对人格也缺乏一个公认的定义。如"人格心理学之父"阿尔波特认为："人格是个体内在身心系统的动力组织，决定了一个人行为和思想的独特性。"而行为主义创始人华生则认为："人格是外在的一整套行为习惯而已，根本就不存在所谓的内在精神世界。"我国学者黄希庭认为："人格是一个人的才智、情绪、愿望、价值观和习惯性行为方式的有机整合，他赋予个体适应环境的独特模式。这种知情意行的复杂组织是遗传与环境交互作用的结果，包含着个体受过去的影响以及对现在和未来的构想。"

2. 人格的结构

人格是一个复杂的结构系统，不同学者的看法具有很大的差异。

(1) 弗洛伊德的人格结构说。弗洛伊德认为：人格由本我、自我、超我三部分组成。本我(Id)是由位于潜意识中的本能、冲动与欲望构成的，是人格的生物面，遵循"快乐原则"。自我(Ego)介于本我与外部世界之间，是人格的心理面。自我的作用是一方面能使个体意识到其认识能力；另一方面使个体为了适应现实而对本我加以约束和压抑，遵循的是"现实原则"。超我(Superego)是人格的社会面，是"道德化的自我"，由"良心"和"自我理想"组成。超我的力量是指导自我、限制本我，遵循"理想原则"。

本我、自我和超我之间不是静止的，而是始终处于冲突—协调的矛盾运动之中。本我在于寻求自身的生存，寻求本能欲望的满足，是必要的原动力；超我在监督、控制自我按照社会道德准则行事，以保证正常的人际关系；而自我既要反映本我的欲望，并找到途径满足本我欲望又要接受超我的监督，并反映客观现实，分析现实的条件和自我的处境，以促使人格内部协调并保证与外界交往活动顺利进行，不平衡时则会产生心理异常。

(2) 大五人格理论。近年来，有研究者提出了人格的大五模式，高德博格(Goldberg, 1992)称之为人格心理学中的一场革命，研究者通过词汇学的方法，发现大约有五种特质可以涵盖人格描述的所有方面。

① 外倾性(Extraversion)：好交际对不好交际，爱娱乐对严肃，感情丰富对含蓄，通常表现出热情、社交、果断、活跃、冒险、乐观等特点。

② 神经质或情绪稳定性(Neuroticism)：烦恼对平静，不安全感对安全感，自怜对自我满意，包括焦虑、敌对、压抑、自我意识、冲动、脆弱等特点。

③ 开放性(Openness)：富于想象对务实，寻求变化对遵守惯例，自主对顺从，具有想象、审美、情感丰富、求异、创造、智慧等特点。

④ 宜人性(Agreeableness)：热心对无情，信赖对怀疑，乐于助人，易于合作，包括信任、利他、直率、谦虚、移情等特点。

⑤ 尽责性(Conscientiousness)：有序对无序，谨慎细心对粗心大意，自律对意志薄弱，包括胜任、公正、条理、尽职、成就、自律、谨慎、克制等特点。

本书倾向于人格主要由人格倾向性(需要、动机、信念、价值观、自我意识、理想等)和人格心理特征(能力、气质、性格)构成，即人格是一个多因素整合的系统结构。综合人格研究的主要成果，我们认为其核心因素包括性格、自我意识和价值观。

第三节　接　纳　自　我

故事赏析

接纳自我，做自己的朋友

小时候，我对自己很不满意。我总以为自己是世界上最无能、最孤僻、最不懂得如何结交朋友的孩子。有些时候,我真的非常讨厌自己。

长大以后,我的情况也没发生什么变化。我搬到了另一个城市,以为这样就可以彻底抛开我的过去。我以为,那里没人认识我,也不会有人知道我喜欢吹牛,不会有人知道我浮躁的毛病,不会有人知道我随便走进哪个房间,就会抢尽风头,让别人连句话都插不上;我以为,这样我所有的缺点就都不会被人发现。

结果发现我错了。无论我搬到哪里,总还是原来的那个我。

到了新的城市之后,我在一家公司的培训部工作。有一天,我所在的部门举行了一场心灵成长主题讲座,主讲者的一段话让我至今仍然难以忘怀。她说,你那些所谓的"缺点",你身上那些自己都不喜欢的特质,其实是你最宝贵的财富,只不过表达的程度有点过于强烈了。这就好比放音乐,如果音量开得太大,就会让人感觉有些不适应。只要你能把这种特质的"音量"调回去,你自己以及你周围的所有人就会意识到,你的"缺点"其实正是你的优点。它们可以为你所用,而不是成为你的绊脚石。你唯一需要做的,就是在适当的时候以适当的方式把这些特质表现到适当的程度,不要过度。

我当时感觉仿佛被雷击了一样。过去,我从来没有听到过这样的话。我本能地感觉到,她说的每一个字都是对的。我所谓的吹牛,其实是自信心的过度表达;我所谓的浮躁,其实是积极思考过度的结果;至于我所谓的爱出风头,其实是我的领导力、说服力和表现欲过度表达的结果——这些东西本身并没有任何问题。

我意识到,我这些所谓的"缺点",其实也是别人经常夸奖我的优点。怪不得我总也没法彻底把它们改掉!

当我能够正视自己内心的阴暗面,正视自己的所有缺点时,也就意识到了这些"缺点"的积极意义。我只需要引导自己的行为,既不刻意压抑自己,也不刻意否定自己,这样就可以化缺点为优点。

现在我知道,承认和接纳不完美的自己,拥有完整的人生,是一件非常重要的事情。我们每个人都是矛盾的统一体,是各种积极与消极的特质彼此调和的结果,无论少了哪一方面都称不上完整。

最终,我学会了承认自己,接纳自己,做自己的朋友。

你有过相同的经历吗?你是如何处理的?

不管你怎么努力,你都无法逃避成为自己。你可以扮演和假装,但进行扮演和假装的人还是你自己。如果你都无法接纳自己,没有努力挖掘自己已有的东西,那么谁有义务接纳你呢?也许你貌不惊人,也许你语不出众,也许你没有别人的才华,也许你没有辉煌的过去,也许你有先天的缺陷,也许你为此而伤感,为此而自卑、自弃。但是你必须记住一点:没有人可以看轻我们,除非我们自己赋予别人这样的权力;没有人可以让我们感觉不快乐,除非我们自己放弃快乐的权利。

现实生活中,我们每个人可能都有过这样的经历,因为自己的性格、因为自己的长相……我们可能歇斯底里地与现实抗争过,但是,后来发现无济于事。我们也曾经以为搬到了另一个城市、换个生活环境,亦或许随着时间推移,我们就顿悟了,然而并没有。突然有一天,当我们静下心来,实事求是地去思量自己的时候,却突然一下子明朗了。

一、无条件地接纳自己

绝大多数人从小就受到种种有条件的关注或者严格的管束，致使很多人以为只有具备某种条件，如漂亮的外表、优秀的学习成绩、过人的专长、出色的业绩等，才能获得被自己和他人接纳的资格。于是，很多人因此背上了自卑的包袱。由于曾经被挑剔，也就逐渐习惯于用挑剔的目光看待自己，越看越觉得无法接受。所以我们要学习做自己的朋友，站在自己这一边，接受并且关心自己的身体和心理状况，不附加任何条件地接纳自己的一切。

自我接纳(Self-acceptance)最早由美国心理学家 G. W. 奥尔波特提出，他指出自我接纳是自我意识的一项重要内容，自我接纳不仅包含个体对自我的接纳程度、认可程度，也包括个体对自我外貌、品德、能力等方面的客观认识与认可。

相关研究表明，一个人的自我接纳水平与个人人际关系、心理健康水平等有着显著的相关性，因此，接纳自己便是每个人成长过程中必须完成的使命。

1. 通过测试找问题

本测试所使用的自我接纳问卷引用的是我国著名学者丛中、高文凤(1999)编制的《自我接纳问卷》。量表 Cronbach a 系数为 0.8573，问卷共有自我接纳和自我评价两个维度，涉及 16 个题项，选项有 A、B、C、D。选项 A 代表非常相同，B 代表基本相同，C 代表基本相反，D 代表完全相反。其中自我接纳维度包括 8 个题项(正向计分，即选择 A、B、C、D 时依次计 1、2、3、4 分)，分别为题项(1)、(4)、(7)、(8)、(11)、(13)、(14)、(16)；自我评价维度包括 8 个题项(反向计分，即选择 A、B、C、D 时依次计 4、3、2、1 分)，分别为题项(2)、(3)、(5)、(6)、(9)、(10)、(12)、(15)。量表的总分在 16 至 64 分之间，各维度分在 8 至 32 分之间，量表的评分标准即对量表所有题项总分进行相加，依照总分高低进行评判，分数越高表示个体自我接纳水平越高，分数越低则表示个体自我接纳水平越低。

(1) 我内心的愿望从不敢说出来。

(2) 我几乎全是优点和长处。

(3) 我认为异性肯定会喜欢我的。

(4) 我总是因害怕做不好而不敢做事。

(5) 我对自己的身材相貌感到很满意。

(6) 总的来说，我对自己很满意。

(7) 做任何事情只有得到别人的肯定我才放心。

(8) 我总是担心会受到别人的批评或指责。

(9) 学新东西时我总比别人学得快。

(10) 我对自己的口才感到很满意。

(11) 做任何事情之前我总是预想到自己会失败。

(12) 我能做好自己所有的事情。

(13) 我认为别人都不喜欢我。

(14) 我总担心自己会惹别人不高兴。

(15) 我很喜欢自己的性格特点。

(16) 我总是担心别人会看不起我。

📝 **小练习**

从以上测试中进一步认识自己，思考哪些方面需要改正，并填写在表 1.3.1 中。

表 1.3.1　自 我 完 善

存在问题	如何改正

2. 通过测试寻方法

在认识自我与接纳自我的基础上，是否发现了自己的很多缺点，同时也发现了自己的很多优点。你是否逐渐发现，其实你不笨、其实你不傻，你所需要做的就是面对现实，找出自身所拥有的一些东西并且很好地利用它，而这些可能恰巧是别人没有的，或者是别人未曾发现的。但是偶尔我们也会迷惑，因为在不断实践过程中，你会发现有志者不一定事竟成。其实我们忽视了，有些东西你可以做到，有些则不是。同样，有些事情你可以改变，有些则不是。究竟是为什么呢？无数实践、时间以及事实会告诉你答案，其实很多时候你不必去刻意改变什么，最应该的就是做最好的自己。

📖 **故事赏析**

只要不放弃　希望就在

——澳大利亚无四肢励志青年尼克·胡哲在西北工业大学的励志演讲稿

亲爱的朋友们：

不要放弃，希望永远都在。从我 6 岁起，父亲就教我如何用脚趾往电脑里输入文字。如今，我每分钟已经可以打 43 个字母了。我的母亲告诉我，在任何环境下都要微笑。这个世界是公平的，虽然我没有胳膊和双腿，但是上帝绝不会带走我美丽的眼睛。我父母教我不要因没有而生气，反而要为已拥有的感恩。我没有手脚，但我很感恩还有这只"小鸡腿"(左脚掌及相连的两个趾头)，我家小狗曾误以为是鸡腿差点吃了它。(大笑)我用这两个宝贵的趾头做很多事，走路、打字、踢球、游泳、弹奏打击乐……我待在水里可以漂起来，因为我身体的 80% 是肺，"小鸡腿"则像是推进器；因为这两个趾头，我还可以做 V 字，每次拍照，我都会把它翘起来。

(说着说着，尼克便翘起他的两个趾头，绽出满脸笑容！)

我喜欢各种新挑战，例如刷牙，我把牙刷放在架子上，然后靠移动嘴巴来刷，有时确实很困难，也很挫败，但我最终解决了这个难题。我们很容易在第一次失败后就决定放弃，生活中有很多我没法改变的障碍，但我学会积极地看待，一次次尝试，永不放弃。如果别人没有给你奇迹，你就去成为奇迹。所以，不要去抱怨自己所没有的，要学会感谢自己所拥有的。

17岁时，我发现自己"特别能说"，萌生了做演讲家的想法。第一次演讲，打了52家学校的电话都被拒绝，但我绝不放弃，拨打第53家学校的电话后，实现了我的第一次演讲。一个人跌倒了怎么办？站起来。如果我尝试了100次，但都不能起来，是否代表就是个失败者呢？NO.如果我不放弃，我仍然能起来。

（尼克整个身体趴在讲台上，然后用头努力顶着桌子，并用脚将身体撑起来，在大家持续不断的掌声中，他终于直起了身，重新站立起来。）

看，跌倒了可以站起来，一次不行可以再次尝试。你每天都会面临选择，可以选择放弃，也可以选择站起来。不要让羞耻感杀害你，不要让歉疚感杀害你，让爱帮助你。没有朋友，去找朋友；没有奇迹，去创造奇迹。你可以跌倒，但你不可以成为一个失败者。

我的乐观源于我的不断尝试，在不断的失败中又不断取得成功，并最终发现自己所具备的潜能。

人生的意义在于发挥最大的潜能，把自己最美的东西呈现给世界。活着，就要面对挫折，但挫折也是挑战，是机遇，是学习与思考的机会，是接受培训的机会。因此，对待人生的原则是：确立正确的人生观，确立正确的人生宗旨，确立正确的人生结果。

人生中，爱与感恩是最重要的。我们要相信爱是最重要的，要对所拥有的一切感到庆幸和感恩。生命很短暂，但爱可以让短暂的生命永生。我们要爱自己、爱他人、爱世界。

生命是一个不断成熟的过程，有人是显性的残障，有人是隐形的残障。我们要相信，每天向前走一小步就一直可以往前走。我想要说的就是，请不要放弃你自己，也请你们的父母不要放弃，就像我的爸爸妈妈对我一样。所以我想告诉那些残疾人的父母和朋友们，你们要鼓励他们赞扬他们肯定他们，要给予他们爱和力量。就像你种花，要浇水，要有好的阳光，种子自然就会从泥土里迸发出来，只要不放弃，希望永远都在！谢谢大家！

尼克·胡哲的演讲词对你有何启发？

每个人都是独立的个体，但是每个人都几乎是有缺点的存在。有的人觉得自己长得不好看，以化妆来改变；有的人觉得自己长得矮，以增高鞋来改变；有的人觉得自己太胖，以节食来改变；可是有些总是我们无力、没有办法去改变的，比如尼克，他能够创造我们常人无法创造的伟绩财富，但是他却不能改变自己的残疾。生活中，我们也有很多事情是无能为力的，怎么办？其实答案很简单，接受它。正如尼克所说："你无法改变自己，那就让自己变成奇迹。"

✎ 小练习

此刻你是否正在尝试一些改变，为什么？

(1) 因为_____改变自己。

结果是_____

(2) 因为_____改变自己。

结果是_____

(3) 因为_____改变自己。

结果是_____

◆ **自我思考**

(1) 改变自己之后，获得了什么？

_____

(2) 你的每一次改变、发展都成功了吗？

_____

我们很多人都相信这样一句话，"只要付出了，就一定会有回报"，但是真的是这样吗？在现实生活中，也不乏这样一些情况：付出了，但是并没有收获或是越来越糟糕。是否曾经因为努力无法获得回报而倍感失落呢？是否因为这样而怀疑过自己的能力？其实不是你不够努力，可能只是因为，无论你怎么努力，有些事情是改变不了的。

试着写下你认为可以改变的事情，也写下你认为无法改变的事情，并与同伴交流。

你可以改变的事情：

1.

2.

3.

4.

5.

你无法改变的事情：

1.

2.

3.

4.

5.

二、不要刻意去改变，做最好的自己

你不必去刻意改变什么，有些东西你可以改变，有些则不可以。你所需要做的就是做最好的自己。从这一刻起，请认准现实、学会宽容，做一个有自主性、自觉性的人，试着宽容一点、努力一点。在实践中，为自己确定一个目标，并为之不懈努力。

1. 你其实是最棒的

你跑赢了三亿精子才出生，一路狂奔才有了今天的自己，所以再艰难也不要轻言放弃。

这句心灵鸡汤乍一听是不是很动人？你们内心是不是在咆哮：天呐！原来我还是个精子的时候就这么勇猛了，简直不能想象。

2．珍惜自己所拥有的

每个人都是独立的个体，正如世界上不可能出现一模一样的两片树叶一样，我们的境遇、经历、成长史、家庭背景都有差异，所以没什么可值得比较的。我可以没有你优秀，但是我有爱我的父母，我可以通过努力更优秀；我认为自己长得不好看，是啊，这是现实，也是自己不能改变的，可是我可以在其他方面弥补；我善良、我勇敢、我乐于发现、我有创造力、我敢于直面不足，而且最重要的，我能清醒地认识自己，并能欣然接受自己，这便是我最大的财富。

3．改变不了的，就别刻意

当然，我们所说的改变不了的并非我们不愿意去改变，而是一些客观因素影响，我们无能为力的，比如身体发肤、已经发生了的且无法改变的现实等，这些是我们改变不了的。那就别刻意，我们需要欣然接受，即接纳自己的经历、自己的境遇、自己的失败……无条件地接纳自己，只有在接纳自己的基础上，我们才能不彷徨、不沮丧、不前功尽弃。

✍ 小练习

你对自己目前的状态满意吗？为什么？与同伴探讨，并写下答案。

_____

_____

_____

_____

你是否曾经努力过，但某些事情就是无法完成或是成功，是否也埋怨过自己无能，其实并不是这样的，我们不能改变的事情不只是这些，其实还有很多。事实上，不是你无能，而是你选错了方向、方法。

学习了本节内容，我们应该明白，很多时候不是所有的努力都会成功。例如，利用节食减肥，不仅不能瘦身，还可能带来一些病痛。不是所有的改变都会有结果，因此我们在遇到无法改变的事情时，当务之急是找出自己有哪些东西是不能改变的，并不是到此就结束了，通常还有许多应对的方法可以帮助我们改善。

👉 课后拓展

活动名称：认识自我　悦纳自我

活动程序：

1．在下面横线上写出与自己有关的相应的描述性词语，写出至少 20 个我是谁，要求选择一些能反映个人风格的语句，避免出现类似"我是一个男生"这样的句子。

我是一个_____的人。

我是一个_____的人。

……

2. 将陈述的 20 项内容作下列归类。

(1) 身体状况(你的体貌特征，如年龄、身高、体型、是否健康等)。

编号: _____

(2) 情绪状况(你常持有的情绪情感状况，如乐观开朗、振奋人心、烦恼沮丧等)。

编号: _____

(3) 才智情况(你的智力、能力情况，如聪明、灵活、迟钝、能干等)。

编号: _____

(4) 社会关系状况(与他人的关系，如何和别人应对进退，对他人常有的态度、原则，如乐于助人的、爱交朋友的、坦诚的、孤独的等)。

编号: _____

(5) 其他。

编号: _____

这些分类是为了测试自己对自己各方面的关注和了解程度，某一类项目多，说明你对这方面关注和了解多；某一类项目少或没有，说明你对这方面关注和了解少或根本就没有关注、不了解。健全的自我意识应能较为全面地关注和了解自己。

3. 评估你对自己的陈述是积极的还是消极的。在你列出的每句话的后面加上正号(+)或负号(−)。正号表示"这句话表达了你对自己肯定满意的态度"，负号的意义则相反，表示"这句话表达了你对自己不满意、否定的态度"。看看正号与负号的数量各是多少。

如果你正号的数量大于负号的，说明你的自我接纳状况良好。相反，你的负号接近一半或者超过一半，则表示你不能很好地接纳自己，你的自尊程度较低。这时你需要内省一番，寻找问题的根源，比如是否过低地评价了自己？是什么原因使你成为这样？有没有改善的可能？

4. 分组交流。将团体成员分成 4～6 人的小组，在组内进行交流。交流对自己的认识以及对活动的感受。

5. 团体内分享。每组派一名代表在团体内进行小组情况交流或个人体会的发言，供大家分享。

积 极 情 绪

> 快乐是生命的意义，也是人存在的全部目标和终极目的。
>
> ——亚里士多德

情绪在生活中扮演着十分重要的角色，它是每个人的心情晴雨表。大学生的情感体验丰富复杂，情绪波动较大，经常会面临各种各样的情绪困扰。这些情绪困扰如果不能得到及时的处理，就会影响大学生的心理健康。调查发现，影响大学生心理健康的因素依次为：情感挫折、人际关系不良、生涯困惑、睡眠障碍等。其中情感挫折排在第一位。60%左右的年轻人表示自己的心理素质差表现在情绪化上面。之前的研究大多强调情绪对个体身心健康的不良影响，尤其是焦虑、恐惧、愤怒、抑郁等对个体身心健康造成的伤害。随着积极心理学的发展，情绪对个体身心健康的积极作用被不断发现，即积极情绪为个体带来积极效应。本章将带你感受积极情绪，理解积极情绪，评估自己的积极情绪状态，并在生活中分享和运用你的积极情绪。希望通过本章的学习，你会变得更加积极上进，获得更多的积极情绪和幸福感。

第一节 什么是积极情绪

人们对积极情绪的认识早在古希腊时期就已经开始了。古希腊哲学家亚里士多德将快乐(Joy)和愿望(Desire)看作最基本的情绪种类，认为快乐与高兴一样，都是一种愉悦体验。他还提出生命的意义在于快乐。我们每个人一生中所做的任何事情都是为了追求快乐或者逃避痛苦。换句话说，我们做事情的动机和目的都只有一个终极目标，就是寻找快乐，拥有愉悦的情绪和感受。

一、情绪的类型

1. 情绪的定义

在日常生活中，我们每时每刻都处于一定的情绪状态下。当我们情绪高涨时，做什么事都感觉自己信心十足，得心应手，看到什么都感到赏心悦目。相反，当我们情绪低落时，做什么都感觉自己无能笨拙，很不顺手，看到什么也提不起精神，甚至觉得生活也变得阴暗凄凉。因此，情绪与我们每个人的生活息息相关。

每个人都知道情绪这个词，但是如果要具体解释这个词的意思，不是每个人都能解释清楚的。通常所说的情绪是指快乐、愤怒、悲伤、厌恶等。一般发生时间短暂，而且容易变化。生活中我们常用愤怒、悲伤、恐惧、快乐、爱、惊讶、厌恶、羞耻等反应来表达情绪。中国人常说的喜、怒、哀、惧、爱、恶、欲七情，也可以称为情绪。心理学中对情绪的定义为："情绪是指伴随着认知和意识过程产生的对外界事物的态度，是对客观事物和主体需求之间关系的反应，是以个体的愿望和需要为中介的一种心理活动。"情绪主要由主观体验、外部表现和生理唤醒三个方面构成。首先，情绪是一种主观体验，或者说是一种内心感受，是以人的需要为中介的一种心理活动，它反映的是客观外界事物与主体需要之间的关系。外界事物符合主体的需要，就会引起积极的情绪体验，否则便会引起消极的情绪体验。其次，表情是情绪的外部表现形式。表情包括面部表情、身段表情和言语表情等，面部表情是面部肌肉活动所组成的模式，面部的 42 块表情肌能作出大约 22 万种不同的表情。身段表情是指身体动作上的变化，包括手势和身体的姿势。言语表情是情绪在说话时的音调、速度、节奏等方面的表现。第三，情绪会引起一定的生理变化，包括心率、血压、呼吸和血管容积上的变化。比如恐惧时心跳加快、手脚发抖等。当个体处于一定的情绪状态时，这三者都会伴随发生。可见，情绪是一种多成分、多维量、多种类、多水平整合的复合心理过程。情绪的每一次发生，都包含了生理和心理、本能和习得、自然和社会诸因素的交叠。

了解情绪如何产生可以帮助我们进一步认识自身的情绪。情绪是如何产生的呢？一般而言，情绪的产生主要包括两个方面：一方面，情绪的产生是由于个体受到某种刺激以后产生的身心激动状态。这种刺激可能是我们在生活中所遇到的各种人和事，比如亲人相见、朋友来访、美丽的校园、干净的房间，得到帮助、被处罚等。外界的任何事物都会让我们产生各种情绪体验。另一方面，情绪的产生是我们每个人内在的心理活动所引发的。比如回忆起快乐的童年、想象一个美好的未来、联想到自己的悲惨经历等，或者是一些生理性刺激等。所以，外界的刺激是情绪产生的客观原因，而内部的主观认知是情绪产生的内在原因。

外界刺激能否满足个体的需要决定了产生情绪的性质和内容。如果需要得以满足，个体就产生肯定性质的体验(如快乐、满意、振奋等积极情绪)；反之就产生否定性质的体验(如忧虑、悲伤、恐惧、愤怒、痛苦等消极情绪)。因此，情绪在性质上可以分为积极情绪和消极情绪。情绪不仅有性质差别，还有强度的差异。情绪体验的强度有生理反应和行为反应上的差异。行为在身体动作上表现得越强，说明情绪的强度越高。比如手舞足蹈的喜、咬牙切齿的怒、茶饭不思的忧、痛心疾首的悲等。积极的情绪会为我们提供一种向上的力量，对我们的人生发挥促进作用，而消极情绪则相反。

每个人都能够体验到情绪状态的发生，但是在情绪状态下所伴随的生理和行为反应是我们无法控制的。个体处于某种情绪状态时，自己是可以感觉到的。别人固然可以通过察言观色去揣摩当事人的情绪，但并不能直接地了解和感受。

情绪的发展和变化是因人、因时、因地、因事而产生的。不同的情绪有不同的作用。有些情绪可以给人带来鼓励和力量，有些情绪可以让人被动和放弃，有些情绪帮助人取得进步和获得成功，有些情绪可以让人退缩和逃避……总之，不同的情绪对我们产生不同的作用。情绪可能制约人，可能成就人，可能损害人，更可能激励人…… 获取更多情绪有利的一面对我们尤其重要。情绪渗透在大学生生活的方方面面，显著地影响着大学生的学习、生活和健康。因此，培养良好的情绪是增进心理健康的有效途径。

2. 积极情绪和消极情绪

积极情绪这个名词来自情绪维度理论。该理论认为人类所有的情绪都由几个基本维度构成。不同情绪之间的相似性和差异性是根据彼此在维度空间中的距离来显示的。较为公认的维度模式是二维模式,认为情绪是由两个维度组成:一个维度是效价(valence)或愉悦度,分为正负两极;另一个维度是唤起度(Arousal),其由弱到强。在效价维度上,由正到负,愉悦度依次降低。位于正效价一端,有愉悦感受的情绪称为积极情绪(正情绪);位于负效价一端,有不愉悦感受的情绪称为消极情绪(负情绪)。

积极情绪可以为我们提供一种向上的进步力量,对我们的人生发挥促进作用,而消极情绪则恰恰相反。比如在人际交往中,积极情绪表现为:和别人握手时,表现出热情、诚恳、可信和自信。谈话时,轻松自如,不吞吞吐吐、慌慌张张,没有相互敌视和防范的心理和行为等。消极情绪表现为:初次见面时被动握手,接触时距离保持过远,不太注意倾听对方的谈话,在对方说话时心不在焉地干一些别的事等。

1) 积极情绪

积极情绪存在不同的定义。Russell 认为积极情绪是当事情进展得顺利时,你想微笑时产生的那种好的感受。情绪的认知理论认为积极情绪是在目标实现过程中取得进步或得到他人积极评价时产生的感受。积极心理学领军人物、最杰出的积极情绪研究者芭芭拉·弗雷德里克森(Barbara Fredrickson)认为,积极情绪是对个人有意义的事情的独特即时反应,是一种暂时的愉悦。本书中我们采用弗雷德里克森的定义。

积极情绪是蕴藏在我们每个人身体里的能量。当我们开启了积极情绪模式,虽然我们不能阻止所有坏事情的发生,但是我们仍然可以获得好的心态,并让生活充满阳光和正能量。不是因为我们身体健康、学业或事业成功、生活幸福才能感受到积极情绪,而是积极情绪帮助我们获得了健康的身体、成功的学业或事业和幸福的生活。积极情绪让我们的生活走入一个良性循环。

我们可以试着回想一下,在生活中有哪些时刻和场景让我们体验到了积极的情绪。比如当父母和朋友为我们过生日时,我们感到开心;当见到期盼已久的亲人时,我们感到欣喜;当被眼前的美景吸引时,我们感到美妙;当对某些事物充满好奇时,我们充满了兴趣;当与恋人拥抱,说着贴心的话时,我们体验到幸福;当想到一个创意的方法解决了面临的难题时,我们兴奋激动……

你也可以试着回顾自己的生活,写出 5 到 10 个你体验到积极情绪的时刻和场景:

_____

_____

_____

_____

_____

_____

2) 消极情绪

消极情绪，也称为负面情绪，是与积极情绪相对的一个概念，指在某种具体行为中，由外因或内因影响而产生的不利于个体继续完成工作或者正常思考的情感，通常包括悲伤、愤怒、紧张、焦虑、痛苦、恐惧、厌恶、压抑等。生活中，我们常常会因为各种原因陷入到消极情绪中：失去亲人让我们感到悲伤，恶意行凶的杀人犯让我们感到愤怒，上台演讲让我们感到紧张，临近考试让我们感到焦虑，和朋友吵架让我们感到痛苦，黑暗中的尖叫声让我们感到恐惧，垃圾堆散发出的臭味让我们感到厌恶，考试总是不及格让我们感到压抑……生活中的各种不如意都会让我们感受到各种各样的消极情绪。

消极情绪都是坏的吗？当然不是，某些消极情绪对我们的生存具有重要意义。比如恐惧让我们可以逃离危险，远离伤害，适度的紧张有利于调动全身的力量来应对面临的问题，适度的焦虑可以帮助我们更好地为未来做好准备，悲伤和愤怒可以帮助别人更好地看到我们的情绪体验，并改变他们的行为……但是，当消极情绪长期占据头脑的时候，个体就会出现问题。长期的压抑可能造成抑郁，长期的悲伤会让人丧失信心和勇气，长期的恐惧可能会让身体发生病变……在当代社会环境下，个体面临的生活压力比较大，常常会陷入到消极情绪当中。消极情绪也常常会超出个体的承受力。所以，个体才需要不断地增加积极情绪。

✎ 课堂练习

消极情绪有很多种，请写出你所体验过的消极情绪，对那些你认为需要改善的消极情绪做标记。

_____

_____

_____

_____

_____

_____

二、积极情绪的形式

弗雷德里克森根据人们最常感受到的积极情绪形式，列出了 10 种积极情绪：喜悦、感激、宁静、兴趣、希望、自豪、逗趣、激励、敬佩和爱[①]。每种积极情绪的来源各不相同。

1. 十种常见的积极情绪

1) 喜悦(Joy)

生活中最常见的积极情绪是喜悦。喜悦是一种轻快而明亮的感觉。当一切按照我们

---

① Barbara Fredrickson. 积极情绪的力量[M]. 王珺，译. 阳志平，校. 北京：中国人民大学出版社，2010.

预想的方式来发展，结果符合我们的期望，甚至比我们期望得更好，我们通常会感受到愉悦。例如和家人聚餐时，不仅享用了美食，而且聊了很多开心的事情等。在很多个场景中我们也都能感受到喜悦：家人朋友为你办生日聚会；你打开邮箱，发现一个意想不到的老朋友的来信；好朋友陪你一起出去游玩……当我们感受到喜悦时，我们会浑身轻松，甚至周围的事物看起来也更顺眼，我们甚至会想加入他人的谈话、对接下来的事情跃跃欲试。

2) 感激(Gratitude)

当我们意识到他人对我们的付出，我们会体验到感激：老师温和地给我们提出学习建议，让我们把自己的学习方法和计划调整得更好；爸爸妈妈为我们准备一顿丰盛的晚餐；生病时，室友帮我们买药打饭；清洁工将校园道路打扫得干干净净；有人归还了我们丢失的钱包……很多时候，我们体验到的感激不一定来自某个具体的人，也可能是感受到某种事物带给我们益处。健康的身体、早上起来看到初升的太阳、呼吸到新鲜的空气等，也都能让我们体验到感激。

感激会带给我们"想要付出回报"的冲动，我们会希望对帮助过我们的人做点好事，也会想通过帮助其他人来把自己受过的恩惠传递出去。感激和"亏欠"是不同的，"亏欠"会强迫我们，让我们觉得必须回报，否则就会不安、自责，但感激让我们由衷、自发地给予赞赏和回馈。

3) 宁静(Serenity)

宁静是一种低调、放松版本的喜悦，通常发生在感觉深处安全而美好的环境中。当我们叹出长长的、舒爽的一口气，感到目前的状况是如此舒服和顺畅；当我们经过辛苦而有意义的一天劳动后，躺在花园里林荫遮蔽的吊床上小憩；在一个明媚的早晨，随着大海的声音撞击脑海、凉爽的微风轻触肌肤，我们在沙滩上散步；当我们捧着一本好书蜷缩在沙发上，腿上趴着一只温暖的猫咪，身边放着一杯最爱的清茶时，我们都能体验到宁静。弗雷德里克森把宁静称作夕阳余晖式的情绪，低调而绵长。宁静会让人们更加愿意沉浸在当下，去品味当前的感受。

4) 兴趣(Interesting)

兴趣是当我们处在安全的环境中，被一些新颖或奇怪的事物吸引了我们的注意时，我们内在体验到一种可能性和神秘性的感觉。与喜悦和宁静不同的是，兴趣需要努力和更多的关注。兴趣会牵引着个体沉浸在正在接触的事物当中去探索。我们想探索树林中的一条陌生小路的去向；我们想探索自己不熟悉的一项新挑战，无论是烹饪还是赛车；我们会废寝忘食地去阅读一本新书。兴趣会牵引着我们去探索未知世界，做出新的尝试，去消除神秘，了解更多。

5) 希望(Hope)

和其他积极情绪不同，我们往往在事情发展不利或者存在不确定性时更容易感受到希望。希望的核心是我们相信事情能好转、好事有可能发生的信念和愿望。也许，我们刚刚在一次重要的考试中失利了，刚刚获知自己失去了工作，或者在我们的身体上发现了肿块。希望，就是在绝望的情况下产生的。在希望的核心深处，是相信事情能够好转的信念。无论目前它们是多么恶劣或不确定，事情都可以变得更好，可能性是存在的。希望支撑着我们，免于在绝望中崩溃。它激励我们发掘自己的潜力来扭转局面，启发我们规划更美好的未来。

6) 自豪(Pride)

自豪是自我价值得到认可时产生的情绪。和以上积极情绪不同，自豪是"自我意识情绪"(self-conscious emotions)的一种。自豪对应的是羞耻和内疚。自豪一般伴随着个人成就而产生。自豪感可以是完成某项任务带给我们的良好感受。比如烹煮晚餐、期末考试得了高分、在班级演讲、帮助了别人等，我们都会产生自豪的感觉。

7) 逗趣(Amusement)

逗趣和笑是联系在一起的。有时一些意想不到的事情就让我们发笑。朋友品尝了最新创作的菜式后，做了个有趣的鬼脸；我们指导孩子洗衣服时，出现了失误；朋友分享了她听到的一个笑话，或者同事迟到了，他做了一个幽默的解释，这些都让我们想笑，而感受到逗趣。

8) 激励(Inspiration)

激励也是一种重要的积极情绪。当看到运动员在赛场上拼搏、获得胜利为国争光时，我们会感受到激励；当我们看到着急上学的中学生耐心地帮助一位年迈的老人过马路时，我们会感受到激励；当我们阅读一部名著，被主人公坚忍不拔的精神感动时，我们会感受到激励；当我们看到父母辛苦劳作只为给我们提供更好的生活条件时，我们会感受到激励。激励的感受常常能带给我们内心的触动，进而产生行动的动力。

9) 敬佩(Awe)

敬佩与激励密切相关，往往激励我们的对象，也是让我们深深敬佩的对象。我们敬佩那些在人类历史上留下丰功伟绩的大人物们，比如秦始皇、毛泽东、爱因斯坦、曹雪芹等。我们也敬佩那些默默无闻的普通劳动者，当我们参观了长城、故宫、金字塔、兵马俑等人类奇迹时，内心久久感叹工程的宏大，劳动人民的伟大。敬佩的对象可以是人，也可以是伟大的事物。比如我们敬佩大自然，被它的壮丽景观所打动：美丽的夕阳、浩瀚的大海、挺拔的山峰等。

10) 爱(Love)

爱由多种积极情绪所组成，包括兴趣、喜悦等。爱是最丰富多彩的一种积极情绪。它可能包含了上面所有的积极情绪感受。在生活中，我们会将上面的种种积极情绪转变为爱。当这些积极情绪所带来的美好感受和一种安全的、亲密的关系相联系，扰动我们的心灵时，爱就产生了。

2. 感受积极情绪

生活中有很多人，尤其是乐观的人，常常能体验或享受积极情绪所带来的美好感觉。我们每个人都可以打开和关闭自己的积极情绪。我们可以来设想一下：无论我们在家里、宿舍、自习室、图书馆、卫生间、公交车、地铁、火车、超市等，问问自己：我现在的学习生活中有哪些方面是正确的？是什么让我有幸得到今天的生活？目前的生活中有哪些是值得我珍惜的？这些值得珍惜的方面如何让我或他人获益？感受一下，当你用这样的方式思考时，内在的感激是不是被激发出来了？

感受一下我们当下所创造的良好感受。当我们把积极情绪关闭，消极情绪就会立刻浮现在脑海中：我很烦躁，是什么让我烦恼？谁让我产生了不舒服的感觉？尝试问自己这一类问题。追随你的答案以及它们所产生的思维链，注意当我们这样想的时候，我们的积极情绪消失得有多快。

第二节　积极情绪可以带来什么

我们能感受到情绪时刻在影响着我们的生活。消极情绪会对生活产生消极影响，积极情绪则会对生活产生积极的影响，但是积极情绪究竟给个体带来了哪些影响呢？弗雷德里克森创立的积极情绪的扩展和建构(Broaden-and-build)理论对此进行了说明。他这样描述积极情绪带给个体的改变："把你自己想象成春天里的一朵花，你的花瓣聚拢，紧紧围绕着你的脸。即使你还可以看到外面，也只有一点点光线。你无法欣赏发生在你身边的事情。然而，一旦你感受到阳光的温暖，情况就变了。你开始变得柔软，你的花瓣放松，并开始向外伸展，让你的脸露了出来，并拿掉了厚实的眼罩。你看见的事物越来越多。你的世界相当明确地扩展着，可能性不断增加。"他认为积极情绪就像让花儿开放的阳光，让我们每个人的人生变得更加开放，并获得更多的可能性。积极情绪就像人间天堂，充满了阳光和希望；而消极情绪就像监狱，充斥着阴暗和绝望。情绪左右着我们的人生，早上起来先给自己一个笑脸，一天你都会有好心情。积极情绪可以让人与人之间的关系变得融洽，让生活充满欢声笑语。无数的事实说明，抑郁、沮丧、愤怒等消极情绪是通往成功和幸福路上的障碍，而积极情绪则是帮助我们拥有成功事业和幸福生活的好帮手。所以，想要事业成功、生活幸福，应随时随地把自己调整到自信、乐观、快乐等良好的积极情绪状态。弗雷德里克森认为人类的向积极情绪类似于植物的向光性。积极情绪对于所有人的成长都是必不可少的。我们朝向积极情绪，将我们的思维延伸开来，尽量获取积极情绪。弗雷德里克森称此为扩展效应(broaden effect)。

小测试 ✍

积极情绪扩展思维训练

准备一张白纸和一支笔，写下一个简单问题的答案。这个问题可以是"在纸上画了一个圆圈，看到这个圆圈你想到了什么"，也可以是"写下一个词语，尽可能多地写出相关词语"等。问题很简单，但是你需要尽可能罗列出所想到的事物，越多越好。分别在积极和消极两种情绪下来回答问题，比较哪种状态下你写出的答案多。

一、积极情绪的扩建理论

在积极情绪扩展思维的测验中，绝大多数人是积极情绪下回答的答案更多。在积极情绪下，个体的思维更容易发散，容易联想到更多的事物。消极情绪则相反，容易使个体思维受限。弗雷德里克森认为某些积极情绪如快乐、兴趣、满意、自豪和爱，虽然表现出来的现象不同，但它们都有拓展人们短暂的思维行动倾向的功能。从进化的角度来说，积极情绪不是为了解决迫切的生存问题,而是为了解决个人的成长和发展问题,因而积极情绪能拓展个体的思维行动倾向。研究发现积极情绪能扩展人们的注意力,使人们在同一时间注意到更多的事物。测验表明,当学生处在积极情绪中的时候,考试也会表现得更好。在职场中,具有积极情绪的管理人员做决策往往更加准确、仔细,在人际关系上也更游刃有余。在人际交往当中,当人们感觉良好时,更有可能对他人表现出友好和提供帮助。积极情绪的扩展效应,意味着心态好的人更加富有创造力,面对问题时有更多的解决办法。正能量的人更容易吸引到他人,不仅仅因为他们身上所拥有的正能量本身,同时也是因为他们表现出了更多的友好和善意。

弗雷德里克森推出的积极情绪扩建理论认为,积极情绪对个体的益处多多:可以建构心理优势、建构良好的心智习惯、建构社会联系、建构健康的身体、帮助我们阻止抑郁的恶性循环、提高坚韧水平等。

如图 2.2.1 所示,积极情绪体验能够扩展认知行为指令系统,建构持久的个人发展资源,改变人们原有的思想和行为模式并实现螺旋式上升。提升个体的积极情绪,可以创建美好的未来。螺旋式上升意味着:积极情绪同思维拓展、资源建构的关系并不是单向的,它们是相互影响、相互引发的。早期的积极情绪体验拓宽了个体的注意和认知范围,这有利于个体应对逆境和建构资源,而良好的应对又预示着未来积极情绪的产生。这是一个循环的过程,对个体发展而言,通过不断地螺旋式上升的过程,个体的心理幸福感不断增加并实现个人的成长。

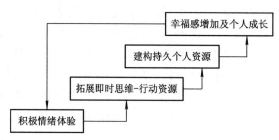

图 2.2.1　积极情绪体验扩展图示

二、积极情绪带来健康、成功和幸福

故事赏析

情 绪 与 健 康

有这样一个故事,曾经有两个人同时去了一家医院做检查,其中一个人查出来患有癌症,另一个则是健康的。但是,因为医生的粗心,他们的诊断报告被交换了。结果原本健康的人拿到了癌症报告,整日忧心忡忡,郁郁寡欢,情绪极度不稳定。而原本有癌症的人拿到了健康的报告,整天都很开心,心情也比较愉悦。不久之后,医院发现了诊断报告被错误交换了,通知双方再来医院重新进行检查,结果发现原本健康的人却查出了癌症的倾向,而原本有癌症的人病情已经好转。

治病时,无论是中医、西医还是心理医生,都会嘱咐病人要保持心情舒畅,说明情绪的变化对健康状况的影响非常大。消极情绪会破坏我们的身心和谐状态，让我们陷入绝境，甚至导致生命丧失，犹如毒药。积极情绪对我们的身心有舒缓而有益的影响，犹如补品。

1. 积极情绪与身心健康

研究发现有更多积极情绪的人更长寿。积极情绪有利于构建更强健的免疫系统。拥有更多积极情绪的人也是乐观的人，常能看到希望的人。乐观是健康的需要，也是生活和生命的需要。许多研究证实：长寿老人的最大特点之一是具有乐观情绪。美国一份对300名受试者所做的长期研究显示：笑会改善生理健康，爱笑和具有良好幽默感者，活得更健康。美国 Danner(2001)等对 80 名修女的回溯研究中发现，在自我报告最幸福的四分之一的被试中，有90%的人寿命超过了 85 岁；相比之下，自我报告最不幸福的四分之一的被试中，只有 34%的人活到了这个年龄。也有研究表明，对自己外貌乐观的病人，比对自己外貌不乐观的病人寿命要长得多。因为快乐、笑不仅克服压力，更能促进呼吸和血液循环，分泌有益于身体的激素，并会抑制压力产生的有害激素。积极情绪可以提高人体内的多巴胺的水平，增加人体的免疫力；降低人体对压力的炎症反应；降低血压，缓解疼痛，带来更好的睡眠等。正如马克思所说："一种美好的心情比十服良药更能解除生理的疲惫和痛楚。"

著名的生理心理学教授科斯说："不良的情感对于人体的肌肉有着相应的化学作用。良好的情感对人生有着全面的有益的影响。脑神经中的每一个思想，都因细胞的组织而更改，而这种更改是永久性的。"大量研究也证明，一切健全、愉悦、和谐、友爱的思想都有益于全身的细胞，有益于增进细胞的活力。而相反的思想，如偏激、绝望、悲伤等，都有损于细胞的活力。弗雷德里克森等假设积极情绪能加快个体由消极情绪引发的心血管激活的恢复。实验通过心率、收缩压、舒张压等 6 个生理指标对被试的心血管活动进行连续不间断的记录。实验中首先通过布置一个演讲任务诱发个体的焦虑情绪，并伴随心率、外周血管收缩、心脏收缩等心血管活动的显著增加。随后将被试分成 4 组，通过观看不同的影片，使其分别产生不同的情绪状况：积极情绪(快乐、满足)、中性情绪和消极情绪(悲伤)。再把此三种状态下由被试的焦虑引发的心血管活动恢复到基线水平的耗时作为指标。结果显示，心血管激活恢复耗时从短到长的排列为：满足、快乐、中性、悲伤，其中积极情绪间差异不显著，积极情绪和中性情绪，中性情绪和消极情绪间差异明显，证实了实验假设。大量的临床研究结果显示：乐观和希望对于健康非常重要，在心脏移植手术后，积极的期望预示着更佳的康复。外科手术和其他疾病之后乐观者比悲观者恢复得更快。在对失去配偶的人研究中发现，能发现生活意义的人更能战胜以后的生活，甚少死亡。因此乐观、希望、意义不仅能保护心理健康，而且能促进生理健康。

积极情绪促进身体健康主要基于积极情绪可以提高人体的免疫功能，这主要体现在对笑和幽默的研究中。笑是一剂良药，它能增加人的积极情绪和促进人的免疫系统功能的改善，更重要的是，这种免疫系统功能的改善是通过积极情绪的主观体验来调节的，尤其对于老人。笑和幽默常常连在一起，不过更多的是把笑视为一种行为，幽默则视为一种认知结构。人们常用幽默来应对生活中的压力，幽默的人更容易有积极心境。而且，在应对压力时，经常使用幽默的人增加了唾液-免疫球蛋白 A 的水平，该蛋白是呼吸系统疾病的第一道防线，因而增强了免疫功能。这些研究表明能获得和维持积极情绪的人面对生活压力时，通过笑、幽默来改善了免疫功能，促进身体健康。

现代科学也进一步证明，情绪可以通过大脑影响心理活动和全身的生理活动。积极情绪可以使人体内的神经系统、内分泌系统自动调节机能处于最佳状态，有利于促进身体健康。心情愉快、心态平和更能促进个体做弹性与复杂思考，有助于开拓思路与自由联想，有助于提高智能，所以积极情绪能够促成积极状态，是身心健康的灵丹妙药。

2. 积极情绪与成功

如图 2.2.2 所示，这是一个三角形还是三个正方形？显然，这两者都是。没有正确或错误的答案。为了推断积极情绪对人们的注意范围的影响，研究者要求被试描述出图 2.2.2 中图片的形状：他们将这种布局看作一个大三角形，还是三个小正方形？在使用这样一些图片进行实验时，弗雷德里克森发现人们是否能看见大局——图中的三角形，取决于他们当前的情绪状态。当人们处于积极情绪状态时，他们的眼界就会扩展，他们能看见大的画面，更有机会看到三角形。而

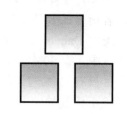

图 2.2.2　一个三角形还是三个正方形

当人们处于中性或者消极情绪状态时，他们的视野边界就会缩窄了，他们看不到大的画面，也没有连接点，他们也就看不到三角形。

布兰迪斯大学的科学家利用先进的眼动跟踪技术，也重复验证了弗雷德里克森的发现，即积极情绪可以扩展人们的注意力。被试在计算机屏幕上看图片时，一部摄像机以每秒 60 次的频率记录了他们的眼球运动以及他们头部做出的任何运动。被试随机分配到注入积极情绪组和未注入积极情绪组。每一幅图片都包括三张照片，一张放在中间，两张放在旁边。被试自然地观看幻灯片放映，随意地看他们感兴趣的任何东西。通过追踪他们眼睛定向的位置，研究证实，在积极情绪的影响下，人们更多地环顾四周，并更频繁地注视周边的照片。所以，积极情绪可以开阔个体对生活的视野，扩大个体的世界观，使个体能注意到更多的资源，从而帮助个体获得成功。

积极情绪可以拓宽注意力和信息获取，加快思考速度，提高记忆力，提高效率和准确率，增加包容性和抗挫能力，使人具有更强的创造力。艾施(Ashy，1999) 提出了积极情绪对认知影响的神经心理学理论。该理论认为，适度的积极情绪状态会使中脑边缘皮层、前扣带皮层的多巴胺水平升高，而这种神经递质会提高思维的灵活性，使个体克服习惯化反应的能力增强。这个理论很好地解释了一系列发现积极情绪促进了问题解决、决策制定等任务成绩的研究。你是否有过这样的经历：当你情绪高涨，处于兴奋、愉悦状态的时候，就会感觉自己所向无敌，做起事情来也得心应手，特别顺畅。而当你感觉情绪低落、沮丧、灰心失望的时候，即使是很简单的事情，也会变成挡住去路的障碍，让你感到无能为力。当一个人的积极性受到挫伤时，就常常会"闹情绪"，或闷闷不乐，工作懒散；或愤愤不平，牢骚一大堆。一个积极性不高的人，什么都不想做；而一个积极性高涨的人会觉得劲头十足，对周围的事物充满了新鲜感。例如在情绪障碍中，抑郁是一种对人们造成很大伤害的消极情绪，患有抑郁症个体的最大特征是缺乏积极性，对任何事物都没有兴趣，心境低落。

积极情绪并不能保证事情成功，但是拥有积极情绪可以改善我们的生活。在积极情绪的帮助下，我们能够给自己创造一个充满阳光的心灵空间，引导我们走向成功之路。一个

拥有积极情绪的人，他的人生态度是积极的，不管是在学习工作还是生活中，他都能很好地完成任务。因此，这类人的人生价值的实现就相对较多。自我价值实现得越多，自我肯定的成就感就越多，之后也能拥有更多的积极情绪，形成一个良性循环。相反，一个情绪消极的人，心情忧郁，整天愁眉苦脸地面对生活，不管做什么事情都消极被动，甚至常常错误百出，那么人生中的自我价值实现得就越来越少，自我否定等经历就不断增加，情绪也会更加消极抑郁，形成一个恶性循环。

随着社会生活节奏不断加快，消极情绪常常不请自来，占据我们的头脑。它们像毒菌一样侵害我们的心灵。如果不加抵制，它们便会迅速繁殖扩散，使我们的人生走向困顿和失败。长期受消极情绪影响的人，几乎像得了癌症一样，从里到外，都表现出"我不能""我不行""我不要"等症状。古今中外，能有所成就的人，无一不是乐观地与消极情绪作斗争。消极情绪会让你感到焦虑、紧张和压抑等，导致身体不舒服或疾病。消极情绪总是造成一种分离的感觉，一种被孤立的感觉。它们就像一堵石墙——阻碍了通往快乐真我的通道。消极情绪会非常有效地阻碍积极的能量流向你的生活，而且只会吸引更多的消极能量，甚至有人因为消极情绪放弃了自己的生命。

消极情绪给我们带来种种不利。如果你已经深深地陷入到消极情绪当中，那么继续关注你的消极情绪，只会继续将更多消极和不健康的因素拉进你的生活。所以现在就要赶紧行动起来，放开消极情绪，释放这些旧有的思想和行为模式，需要为你想要吸引的积极情绪和经历预留空间。你的情绪点燃你的能量，你的能量点燃你的未来。美好的降临并非不可能，失误也是成功的前奏。当你下意识地品尝生命的欢愉时，美好就会出现。当你积极地看待生活，并以此作为日常准则时，你就会找到生活的真谛。

3. 积极情绪与幸福

面对一个微笑的人，我们会感觉到他的友好。同时这种自信和友好也会感染我们，使我们的自信和友好也油然而生，和对方亲近起来。积极的情绪可以帮助我们营造和谐的人际关系。研究发现，积极情绪会孕育有益和富有同情心的行为。当我们帮助别人的时候，我们会感到欣慰和自豪。而被我们帮助的人会因为收到意想不到的帮助而产生感激，他也会将自己的积极情绪外化，为社会增加善意。而周围看到我们帮助别人的人，也会受到鼓舞和激励，他们也会为这种助人行为感到振奋，进而为社会增添更多的善意。当积极情绪在我们和周围的人之间传递开来，就是一种良性循环，这种良性循环改变了整个群体，从而营造出和谐的人际关系，而和谐的人际关系则是我们幸福感的重要源泉。

幸福就是一种主观感受，拥有积极情绪的人更容易感受到幸福。生活是一面镜子，你对它笑，它便对你笑；你对它哭，它也便对你哭。拥有更多的积极情绪能够帮助我们拥有幸福快乐的人生。不要忽视积极情绪的作用，积极情绪就像在寒冷的冬天看到了太阳，心也会跟着温暖起来。许多人的幸福感很大程度上来源于他的个性、魅力和亲和力。而个性中，最吸引人的就是亲和的笑容。在适当的时候、恰当的场合，他们一个简单的微笑就可以创造无穷的价值。笑是人类的本能，俗话说得好："一笑解千愁。"有一副对联也说："眼前一笑皆知己，举座全无碍目人。"的确，没有人能轻易拒绝一个笑脸。个体的笑容可以感染到别人，让他人感受到幸福。

【课堂活动】　　回忆积极情绪曾经带给你的好处，并写下来：

_____

_____

_____

_____

_____

_____

_____

第三节　如何获得最佳的积极情绪比例

　　积极情绪拥有神奇的魔法，但是想真正拥有积极情绪却很困难，因为它往往很短暂，转瞬即逝。美国密歇根大学心理学家南迪·内森的一项研究发现，一般人的一生平均有十分之三的时间处于情绪不佳的状态。因此，人们常常需要与消极情绪作斗争。比如：当你听到自己失去了一次本该到手的奖励机会时，你就会怒气冲冲，坐卧不安，随时准备找人评评理，或者"讨个说法"。我们的心灵就像一个大花园，自信、快乐、热情、振奋、感恩等积极情绪就是其中的花朵，而抑郁、恐惧、愤怒、绝望等消极情绪就是其中的杂草。美丽的花朵能促进我们身心的健康，而杂草则会对我们的身心造成严重伤害。我们需要经常给这些花朵施肥、浇水，而将那些杂草铲除。否则，那些杂草就会长得又快又好，逐渐挤占花朵的生存空间，最终变成一片荒草滩。我们不能指望播下几粒积极乐观的种子，然后就能一劳永逸。我们必须不断给这些种子浇水，给幼苗施肥。要是疏忽这些，消极情绪的杂草就会丛生，夺取土壤的养分，甚至让花朵枯死。

一、积极情绪与消极情绪的最佳比例

　　积极情绪可以帮助我们拥有健康的身心、成功的事业和幸福的生活，那么我们该拥有多少积极情绪呢？弗雷德里克森通过统计人们每天体验到的积极情绪的数量发现，无论个人、家庭或组织，能够促进个体蓬勃发展的积极情绪和消极情绪的比例都是3∶1，这个比例也称为积极率。如果缺失了消极情绪，个体就会变得轻狂、不踏实、不现实。如果缺失了积极情绪，个体则会在痛苦中崩溃、压抑、甚至绝望。比如抑郁症患者的积极情绪和消极情绪的比率是1∶1，过多的消极情绪让抑郁症患者时常处于低落、痛苦的状态。生活中，人们常常存在"消极情绪偏见"(Negativity Bias)，即坏事总是比好事给我们带来更强烈的情绪感受。然而，人们在生活中大多数时候感觉还是良好的，糟糕的感觉还是比较少见的，

这种不对称性，称为"积极情绪抵消"（Positivity Offset）。3∶1 的临界点揭示了这个有意思的现象：当积极情绪和消极情绪的比例小于 3∶1 时，积极情绪很可能是惰性的，淹没在消极情绪当中。也许只有当积极情绪和消极情绪的比例大于 3∶1 时，积极情绪才拥有了足够的力量表达出来，并压倒消极情绪。只有在这个时候，积极情绪的扩展和建构效应才能显现出来。也只有这时，人们才能在自己的生活中看到积极情绪所展现出来的惊人效应。

弗雷德里克森认为个体可以将 3∶1 的积极率作为目标。我们在日常生活中如果遭受了一次痛彻心扉的消极情绪，那么我们就需要体验至少三次振奋人心的积极情绪才能抵消那次消极情绪带来的不良状态。所以 3∶1 的临界点对于我们的生活具有重要意义，能够帮助我们摆脱不良状态，并且预示我们在今后的生活中是积极上进还是萎靡不振。对个体而言，在生活中争取积极率高于 3∶1，那么就有足够的积极情绪帮助其积极上进。这个比值不仅适用于个体，也适用于家庭或者团队。虽然积极情绪可以为我们带来诸多好处，但是积极情绪并不是越多越好，消极情绪也并非越少越好。数学模型发现，积极情绪与消极情绪的比值上限是 11∶1 左右。积极率超过 11∶1 可能会让人轻浮、傲慢，反倒会阻碍个体的成长。所以，当我们将积极率维持在 3∶1 到 11∶1 这个范围内时，积极情绪就能够对我们的人生起到正向的促进作用。而让生活中充满更多积极情绪的方法，是有意识地将积极情绪融入生活的不同方面。

 【课堂活动】 测测你的积极率。

下面是一个积极情绪的自我测试，通过测试我们可以了解自己的积极率。

积极情绪自我测试

你在过去的 24 个小时中感觉如何？回顾过去的一天，利用下面的量表，填写你体验到的下列每一种情绪的最大程度。

0＝一点都没有　　1＝有一点　　2＝中等　　3＝很多　　4＝非常多

1. 你所感觉到的逗趣、好玩或可笑的最大程度有多少？　　＿＿＿＿＿＿
2. 你所感觉到的生气、愤怒或懊恼的最大程度有多少？　　＿＿＿＿＿＿
3. 你所感觉到的羞愧、屈辱或丢脸的最大程度有多少？　　＿＿＿＿＿＿
4. 你所感觉到的敬佩、惊奇或叹为观止的最大程度有多少？　　＿＿＿＿＿＿
5. 你所感觉到的轻蔑、藐视或鄙夷的最大程度有多少？　　＿＿＿＿＿＿
6. 你所感觉到的反感、讨嫌或厌恶的最大程度有多少？　　＿＿＿＿＿＿
7. 你所感觉到的尴尬、难为情或羞愧的最大程度有多少？　　＿＿＿＿＿＿
8. 你所感觉到的感激、赞赏或感恩的最大程度有多少？　　＿＿＿＿＿＿
9. 你所感觉到的内疚、忏悔或应受谴责的最大程度有多少？　　＿＿＿＿＿＿
10. 你所感觉到的仇恨、不信任或怀疑的最大程度有多少？　　＿＿＿＿＿＿
11. 你所感觉到的希望、乐观或备受鼓舞的最大程度有多少？　　＿＿＿＿＿＿
12. 你所感觉到的激励、振奋或兴高采烈的最大程度有多少？　　＿＿＿＿＿＿
13. 你所感觉到的兴趣、吸引注意或好奇的最大程度有多少？　　＿＿＿＿＿＿
14. 你所感觉到的快乐、高兴或幸福的最大程度有多少？　　＿＿＿＿＿＿
15. 你所感觉到的爱、亲密感或信任的最大程度有多少？　　＿＿＿＿＿＿

16. 你所感觉到的自豪、自信或自我肯定的最大程度有多少？　　＿＿＿＿＿

17. 你所感觉到的悲伤、消沉或不幸的最大程度有多少？　　　　＿＿＿＿＿

18. 你所感觉到的恐惧、害怕或担心的最大程度有多少？　　　　＿＿＿＿＿

19. 你所感觉到的宁静、满足或平和的最大程度有多少？　　　　＿＿＿＿＿

20. 你所感觉到的压力、紧张或不堪重负的最大程度有多少？　　＿＿＿＿＿

计分：

你会注意到，"积极情绪自我测试"在每个项目中都撒下了一张宽大的网。每个项目都包含了相互联系、却又不完全一样的三个词。通过这种方式，每一个项目都描述了一组具有重要相似性的情绪，使得这个简短的测试更加准确。为了计算你在过去一天中的积极率，须遵循下列五个简单步骤：

(1) 回顾并圈出反映积极情绪的 10 个项目，即包含下列词语的项目：逗趣、敬佩、感激、希望、激励、兴趣、快乐、爱、自豪和宁静。

(2) 回顾并画线标出 10 个反映消极情绪的项目，即包含下列词语的项目：愤怒、羞愧、轻蔑、厌恶、尴尬、内疚、仇恨、悲伤、恐惧和压力。

(3) 数一数圈出的积极情绪项目中，被你评定为 2 或以上的有多少。

(4) 数一数画线的消极情绪项目中，被你评定为 1 或以上的有多少。

(5) 将你的积极情绪得分除以你的消极情绪得分，算出你今天的积极率。如果你今天的消极情绪数量为 0，用 1 来代替它，以避免除数为零的问题。

如果你测试后得到的积极率没有在 3：1 到 11：1 这个范围内，那么，你需要付出长期的努力和决心来改变自己的积极率。积极率小于 3：1 意味着你需要学习如何从生活中获取更多的积极情绪，积极率大于 11：1 意味着你需要审视自己过于乐观的性格，以及对你的成长造成的不利影响。

注意：通过该测试所得到的积极率只是一个参照。因为我们每个人的情绪随着小时、分钟、秒、甚至毫秒都在发生着变化，任何测量的单一指标都只能描述个体积极率的大致情况。

为了更精确地计算积极率，普林斯顿大学心理学家、诺贝尔奖获得者丹尼尔·卡尼曼 (Daniel Kahneman)开发了"昨日重现法"(Day Reconstruction Method)，该方法曾发表在权威杂志《科学》(Science)上。下面，我们可以用昨日重现法来重新计算一下自己的积极率：

(1) 准备好纸和一支铅笔，在手边放大约 10 到 30 份积极情绪自我测试表。

(2) 回顾昨天一天自己是如何度过的，并完成片断记录。

从昨天早上睁开眼睛醒来到晚上躺到床上那一刻为止，回想昨天一天中自己的经历，并且通过事件或经历，将昨天一天 24 个小时的时间划分为一系列的片断。片断可以根据地点、参与活动、互动人物等的变化来划分，类似电影里的剪辑场景。一个片断结束就是下一个片断的开始。你需要将一天 24 小时拆分成一系列连续的片断，不跳过，不重叠。

写下每个片断开始和结束的大致时间，给每个片断标上数字，并写上你对这个片断的描述。比如"晨读""上自习""上课"或"吃午饭"，保证片断上的时间是连续而无重叠的。每个片断时间的长度一般为 10 分钟到 2 个小时。所以昨天 24 个小时，你可以划分为至少 10 个片断。片断过少，不能准确反映你的情绪状态。片断过多，也有可能让你绞尽脑汁难以完成记录，所以 10 到 30 个片断是比较合适的。表 2.3.1 的示例可供参考。

表2.3.1 昨日重现法中的片断记录

时间	我的昨日重现
6:05～6:15	起床和着装
6:15～7:00	慢跑
7:00～7:35	冥想
7:35～8:00	吃早餐
8:00～9:40	在家里的书房中写作
9:40～9:55	休息一下，吃零食
9:55～11:30	继续写作

注意：划分片断时可以跳过一些琐碎的场景，比如上厕所之类。

(3) 针对昨天24小时的每一片断完成一份积极情绪自我测试。

当昨天所有片断被确认后，看着每个片断，重新体会当时情境中自己的情绪状态，并针对每个片断完成一份积极情绪自我测试。为了更好地重新回到当时情境中进行体会，片断中的关键人物、事物、活动等的记录就显得非常重要。

(4) 利用昨日重现法计算积极率的两种方法。

第一种方法和积极情绪自我测试的计分方法类似：统计积极情绪和消极情绪的项目，用前者除以后者，具体方法如下：

① 圈出积极情绪项目，画线标出消极情绪项目。

② 在报告的所有片断中，数一数圈出的积极情绪项目中评分高于2的项目数。

③ 在报告的所有片断中，数一数画线的消极情绪项目中评分高于1的项目数。

④ 用一天的积极情绪除以一天的消极情绪。所得的数值即是积极率。

我们可以将昨日重现法得到的积极率与第一次积极情绪自我测试得到的积极率进行比较，看看哪次计算更符合自己的感受。

对于昨日重现法而言，第二种计算方法更重要，更能体现昨日重现法的精确性和优势，即利用片断来计算积极率，不仅能够得到每个片断的积极率，还能帮助我们确定积极情绪和消极情绪的来源，具体方法如下：

① 圈出积极情绪项目，画线标出消极情绪项目。

② 在每一个片断中，数一数圈出的积极情绪项目中评分高于2的项目数。

③ 在每一个片断中，数一数画线的消极情绪项目中评分高于1的项目数。

④ 用每个片断中积极情绪的统计数字，除以相同片断中消极情绪的统计数字。

如果消极情绪为0，就用1来代替，所得数值就是该片断的积极率。

⑤ 利用每个片断的简短的描述性标签，将片断按照积极率的比值从最不积极到最积极进行排序。

如果我们利用的"昨天"是自己典型的日常生活写照，那么通过对片断的排序，我们就可以找到积极情绪和消极情绪的来源。识别出这些来源对我们意味着什么呢？意味着我们可以更加精细地觉察到日常生活中哪些事情让我们精神振奋、心情愉悦，哪些事情让我们萎靡不振、情绪低落，可以察觉出积极情绪与消极情绪之间变化的转折点，并且能够自我评估一天中情绪变化的重要转折点。所以，经常使用昨日重现法，不仅帮助我们得到自己的积极率，还可以帮助我们更好地识别和控制自己的情绪变化，进而为我们获得更多的积极情绪提供帮助。

二、如何获取积极情绪

故事赏析

"乐"由心生

　　有个老婆婆非常疼爱她的两个女儿，这两个女儿均为小贩，一个卖雨伞，一个卖布鞋。这个婆婆晴天担心大女儿的伞卖不出去，整天哭泣，雨天又担心小女儿的布鞋卖不出去，又整天泪流，街邻叫她"哭婆婆"。后来一位先生开导她说："我为你感到高兴。雨天您的大女儿的伞卖得好，晴天小女儿的鞋卖得俏。"婆婆听后，脸色马上转阴为晴，由哭到笑，街邻又叫她"笑婆婆"。"哭婆婆"变为"笑婆婆"的故事说明：同一件事，但是因为改变了想法，人的心情也就随之改变了。

　　生活是一面镜子，你对它笑，它便对你笑；你对它哭，它便对你哭。很多时候我们就像老婆婆一样，内心会有一些不愉快，但是我们可以让自己将不愉快转变为愉快，从消极情绪状态转变为积极情绪状态。许多人想要获得积极情绪，尤其是被消极情绪占据的个体，但是到了具体的问题又总是知难而退："获取积极情绪实在太难了。"这种自我否定就很容易让我们丧失战胜自我的决心。其实获取积极情绪并没有那么困难，只要掌握一些正确的方法和途径，我们就能得到积极良好的情绪状态。

　　积极率是积极情绪和消极情绪的比例，要想获取积极情绪，可以通过三种方法来增加积极率：增加积极情绪、减少消极情绪或者两者同时进行。

1. 增加积极情绪

　　如何增加积极情绪呢？弗雷德里克森提出了 11 种方法来帮助个体增加积极情绪，在这里分享其中的 10 种方法：

　　(1) 真诚是重要的。当代生活节奏不断加快，人们往往关注外界，而远离了自己的内心。假装的积极情绪和消极情绪一样是有害的。所以为了增加积极情绪，我们需要让自己的步伐慢下来，带着真诚用心去看、去听、去感受周围的世界。这种真诚的态度能够给我们带来积极的情绪体验。

　　(2) 找到生命的意义。提升积极情绪的第二个方法是在日常生活中建构和寻找更多的积极意义。人生不如意十之八九，所以我们常常要面临生活的磨难和考验，我们无法将消极情绪完全驱除，但是我们仍然可以用积极的方式来定义不愉快或磨难，建构和提升生活的积极意义，这样才会增加我们的积极情绪。

　　(3) 品味美好。品味生活中的美好能够帮助我们获得积极情绪。品味美好实际上就是在好的事情中寻找好的方面，让原本积极的事物变得更加积极。比如欣赏准备一顿美餐所包含的每个积极方面，感受新鲜的瓜果蔬菜，各种调料的香气，烹饪的成就感，和朋友家人一起分享美食的美好心情等，一顿美餐可以让我们品味到许许多多的美好。注意品味不是分析，而是整体的欣赏和感受。通过品味美好，可以让我们的积极情绪得到强化和延长，增加积极情绪的感受。

(4) 数数福气。将生活中的一些平凡事情视为福气可以提升我们的积极情绪。尤其是我们习以为常的事情，比如享受到妈妈做的可口早餐、校园里盛开的花朵等。常怀感恩的心，可以让我们发现生活中自己的福气多多，积极情绪也会随之而来。

(5) 计算善意。研究发现，有意识地增加个体的善意可以提升积极情绪。当我们计算善意时，可以促使我们对周围的人表现出更多的善意，关注他人，乐于助人。一旦我们表现出善意，我们也能从周围的人那里感受到更多的善意，促使善意和积极情绪之间形成良性循环，而更多的善意也就意味着更多的积极情绪。

(6) 梦想未来。另一种提高积极情绪的简单方法是更加频繁地梦想自己的未来。为你自己构想最好的将来，并非常详细地将之形象化。通过这种形象化地梦想未来，可以获得更多的积极情绪。

(7) 利用优势。了解和应用自己的优势，可以让我们获得生活中更多的积极意义，并感受到更多的积极情绪。能够利用自己的优势做事或者可以做自己擅长的事情的人，更容易获得积极情绪。利用优势可以让我们发现自己对生活的独特影响和贡献，让我们体验到人生的价值。

(8) 与他人走在一起。和谐的人际关系和积极情绪之间是一种相互依赖的关系。与亲人、爱人、朋友等周围的人建立和谐的、温暖的和可依赖的关系，往往能给我们带来积极情绪。而拥有积极情绪的个体，更容易与人建立联系，易于沟通，带给别人美好的感受，从而也更容易建立更深入和更令人满意的人际关系。

(9) 享受大自然的美好。与大自然的相处，让我们可以获取积极情绪。而户外运动和活动是比较好的途径。当我们沉浸在大自然的怀抱中时，感受到大自然的魅力。大自然的广阔让我们的视野变得开阔，头脑变得丰富，也让我们将许多烦恼抛之脑后，从而拥有更多的积极情绪。

(10) 打开心灵。保持开放性，能够提升我们的积极情绪。打开心灵，我们就会进入积极情绪所产生的开放性思维空间。当我们的心灵对美好保持开放，练习接受它而不是分析它时，积极情绪就会增加。

2. 减少消极情绪

消极情绪并不是来自我们遭遇的不幸，而是来自我们如何看待所遭遇的不幸。美国心理学家阿尔伯特·艾利斯(Albert Ellis)提出的情绪 ABC 理论是能够帮助我们减少消极情绪的重要方法。其中 A 是诱发事件(Activating Event 的第一个英文字母)，B 是个体对诱发事件 A 的认知和评价而产生的信念(Belief 的第一个英文字母)，C 是消极情绪和行为障碍结果(Consequence 的第一个英文字母)。通常，我们会认为自己的情绪和行为是直接由诱发事件引起的，即 A 引起 C。ABC 理论则认为，A 诱发事件只是引起情绪及行为反应的间接原因，而 B 即我们对诱发事件所持的信念、看法、解释才是引起我们情绪及行为反应的更直接的原因。

我们的情绪和行为与我们对事物的看法和想法有关，不同的想法导致不同的情绪和行为反应。在这些看法和想法背后，是我们对某些事物的共同观念，即信念。比如甲同学和乙同学一起报考了英语考试,两个人的成绩都没通过。甲同学觉得无所谓,下次再努力。而乙同学却伤心欲绝,无法振作。同样是考试没通过,两个同学的情绪和行为反应却大相径庭,原因是两个同学对考试没通过这个事件的看法和解释导致的。甲同学认为,这次考试只是尝试一下,考不过也没关系,下次再考。而乙同学对自己通过这次考试信心满满,觉得这是背水一战,必须通过。所以同样的事件,如果是不同的信念,将会引发不同的情绪和行为结果。甲同学所持有的是合理信念,引发的是适当的情绪和行为反应,而乙同学所持有的是不合理信念,引发的是不适当的情绪和行为反应。如果我们长期持有某些不合理信念,就会经常陷入消极情绪,甚至导致情绪障碍。

什么样的信念是不合理的呢?埃利斯总结出不合理信念主要具有以下三个特征:

(1) 绝对化要求。绝对化要求是以自己的意愿为出发点,认为某一事物必须发生或不该发生。通常与"必须""应该"这类字眼相联系。比如"我必须考第一名""别人应该对我好"等。有绝对化要求特征信念的不合理之处在于客观事物的发生发展都有一定的规律,不可能按个人意志去运转。持有绝对化信念的个体,当事情没有像他想象的那样发生时,个体就会觉得难以接受现实,极易陷入到情绪困扰当中。

(2) 过分概括化。过分概括化,即以偏概全,以一概十,从一两件事情来评判自己和别人。过分概括化的信念,一方面让我们对自己产生不合理的评价,一旦出现错误,就会认为自己一无是处,毫无价值,从而产生悲伤、自卑、自责、自暴自弃等。另一方面,我们对别人也会产生不合理的评价,一旦别人出现失误,我们就会认为其很差劲,是个失败者,从而产生愤怒、敌意等不良情绪。过分概括化特征的信念常常让我们求全责备。因此,我们应该认识到金无足赤,人无完人。无论是评价自己还是别人,都应该做到对事不对人。

(3) 糟糕至极的信念。糟糕至极,即某件事情的发生必定会非常可怕和不幸,糟糕透顶。比如失恋了,认为自己这辈子都无法从这段感情中走出来了,失恋是人生中最糟糕的事情。糟糕至极的信念常常与绝对化要求的信念相继出现。比如我必须在比赛中获胜,一旦失败,就是糟糕至极的事情。

持有糟糕至极的信念往往让我们陷入到抑郁、焦虑、悲观甚至绝望的消极情绪当中。没有最糟糕只有更糟糕,任何事情都不是百分之百糟糕的,一定还有比它更糟糕的情况。

为了减少消极情绪,我们要学会找到自己的不合理信念,并用合理的信念代替它。首先,从一个典型的事件出发找到诱发事件,然后体会该事件发生后自己的情绪和行为反应。通过反思分析自己在该事件中持有了哪些不合理的信念,与之辩论并用合理信念代替它。反驳辨析不合理的信念是核心。反驳分析不合理信念,并不是制止它们,把它们推出脑海或者粉饰它们。相反,对照现实来反思它们时,我们就可以真正地在生活中化解它们。当我们辨析不合理信念时,需要从各个角度审视它们,质疑它们,进而用合理的信念替换它们。我们不仅需要从思维上改变不合理的信念,还需要在行为上作出改变。长期坚持下去,不合理的信念就会越来越少,由它所引发的消极情绪也会随之减少。

除此之外,将注意力转移到愉快的事情上,也可以帮助我们减少消极情绪。比如做一些喜欢的运动,如慢跑、游泳、做瑜伽、冥想等。还可以做一些活动让自己完全投入其中,比如和朋友聊天、旅行、读书、玩一些轻松的小游戏等,都可以帮助我们从消极情绪中跳出来。

📖 小练习

回忆自己经历过的一次消极情绪体验，列出 ABC，对不合理的信念进行辨析，并用合理信念来替代它，然后感受自己的情绪体验的变化。

3. 两者并行提高积极率

每个人的情绪都随时在变化着。同样的事件，不同的认识可能产生不同性质的情绪。事物对我们的意义往往是多方面的，通常是既有消极的一面，也有积极的一面。因此积极情绪和消极情绪之间是相对的，可以相互转化。我们可以通过改变自己的想法和对事物的态度而将消极情绪转变为积极情绪，使得减少消极情绪和增加积极情绪成为可能。因此，在第三种方法中，我们可以通过改变环境中的消极因素，加入积极情绪的因素，或者改变事物对我们的意义，从而减少消极情绪感受，增加积极情绪感受。

每个人都是自己生活的主人，选择积极还是消极都是自己来决定的。如果总是看到事物不好的一面或者总是看到消极的事物，那只会让自己感到悲伤、压抑、自卑。如果换个角度，多尝试看到事物好的一面或者多关注那些积极的事物，多想想高兴的事情，就会自觉地用积极情绪代替消极情绪。而积极情绪一旦被调动起来，会使大脑皮层处于兴奋状态，逐渐减少或者抵消消极情绪的影响。拥有积极情绪的人往往是乐观的人，他可以变通地看待事物，感受事物的美好。生活的遭遇给了我们消极情绪，但我们可以创造积极情绪。正如哈佛教授亨利·霍夫曼所说："你是否快乐或痛苦，不完全取决于你得到什么，更多地在于你用心去感受到了什么。"

✍ 课后拓展

1. 建立积极情绪档案袋

把那些带给你积极情绪的事物放到一起，装进一个档案袋。把每种情绪做成一个任务，投入时间完成任务，一周关于喜悦，一周关于感激，依此类推，直到完成关于爱的档案袋的建立。档案袋中可以包含照片、信件、卡片，或者带有深刻个人意义的物品。

例如，为了建立喜悦档案袋，想一想：

当你觉得安全、轻松和喜悦，那一刻发生的事情让你感到绝对的高兴，是在什么时候？

当事情完全按照你的心意发展，甚至比预期还要好，是在什么时候？

当你感到脚步轻快、止不住地微笑，是在什么时候？

当你觉得好玩，想要一跃而入并参与其中，是在什么时候？

……

我们可以把积极情绪档案袋看作是生活的记录，要不断更新它们。另一个关键是带着感知力与它们互动，认准一个目标，即唤醒你的心去面对你所寻求的积极情绪。

创建和使用积极情绪档案袋的 10 个窍门：

(1) 保持真诚。让你的积极情绪是由衷的，而不是强迫的。

(2) 拓展你的积极情绪档案袋的深度，收纳多种物品。

(3) 制作多个档案袋。不要单独地依赖于特定的一种积极情绪。

(4) 让你的档案袋随着时间的推移而不断发展，不断地对它们进行添加。

(5) 始终把你的档案袋放在手边。

(6) 当你感到被一种恶性循环情绪拖累时，拿出你的档案袋。

(7) 带着觉知力和开放的心态来对待你的档案袋。

(8) 保持一种轻松的、心理上的接触。不要特意分析它。

(9) 当一个档案袋失去功效的时候，换另一个。

(10) 问自己："为了培养这种感觉，我现在可以怎么做？"

2. 记录生活中快乐的小事

科学证明记录生活中的好事是培育和增加积极情绪简单直接的方法。一开始可能会比较困难，但坚持一段时间就会逐渐变得容易，让我们拥有一颗善于发现快乐的眼睛。

具体做法：每晚睡觉前，用10分钟记下今天发生的三件好事，以及它们发生的原因。这三件好事不一定很大，也可以很小，比如今天上自习看书，有人冲我微笑或者朋友来看我，并请我吃饭。在每件好事的下面都写清楚它为什么会发生。如果今天发生的好事是朋友来看我，并请我吃饭，可以把原因写成朋友很关心我或者我们之间有深厚的友谊。

积 极 体 验

生活，就应当努力使之美好起来。

　　　　　　　　　　　　　　　——列夫·托尔斯泰

　　从达尔文物竟天择的理论来讲，消极情绪的进化是比较优先的，当我们在你死我活的竞争中时，恐惧和焦虑是我们能够活下来的向导；当我们挣扎着要避免失败或反抗暴力时，悲伤和愤怒是我们的武器。当我们的祖先在恶劣的环境中和其他物种竞争存亡时，消极情绪的意义非常重大。塞利格曼在书中这样总结道："消极情绪是我们应对外界威胁的第一道防线，它使我们进入战斗准备，使我们战胜或远离危险、失落或者侵犯。"而很多证据显示：积极情绪带给我们的幸福感让我们更健康，更聪明，有更多的朋友。

　　心理学家们发现，积极情绪体验，即积极体验，在人类进化过程中是有其重大的作用的：它扩展了我们的心智视野，增加了我们的包容性和创造力；使我们更健康，更长寿；让我们拥有更多更好的人际关系。积极体验是培养健康心理的一条最佳途径。

第一节　什么是积极体验

一、积极体验的概念

　　积极(Positive)一词源自拉丁文字"Positum"，原意是指"实际而具有建设性的"或"潜在的"意思，因而现代意义上的"积极"，既包括人外显的积极，也包括人潜在的积极，而在当代心理学中所谓的"积极"，一般指"正向的"或"主动的"含义。体验，是指人对外界各种刺激做出的一种心理反应，它通常以情绪的方式表现出来，所以又称为情绪体验。

　　积极情绪体验是一个有争议的概念，这种争议主要来自对积极的理解不同。一部分人认为积极就是一种愉快和快乐的特性，如拉尔森和狄纳。而另一部分心理学家则认为积极情绪体验不一定就具有正向价值，它指的是能激发人产生接近行为或行为倾向的一种情绪。所谓接近行为或行为倾向，就是指产生情绪的主体对情绪的对象能够出现愿意靠近或想行动的趋向。按照这种标准，一些价值中性化的情绪就被认为是积极情绪，如兴趣是一个中性化价值的情绪，但它能产生接近行为或行为趋向，因此，它被认为是积极情绪。而另外有些具有正向价值的情绪则被认为不是积极情绪，如满足、放松等情绪。满足、放松都是具有正向价值的情绪，但他们不能引起主体的接近性行为，因此就不能被看作是积极情绪体验。现在看来，积极情绪体验概念的这两种争论都有一定的道理，前者从价值功能上来定义，具有明显的价值意义，容易与我们的生活常识相结合；后者具有操作意义，便于在心理学研究中得到控制和应用。本书中的积极情绪主要指后者，强调情绪研究的操作意义，这也是现在大多数心理学研究的共同趋势，即所有能激发个体产生接近性行为或行为倾向的情绪都被称为积极情绪。

积极体验即人在经历外界各种刺激时，体验到的具有正向的、主动的，给人以心灵享受的内心反应。积极体验，被积极心理学视为培养个体积极人格特质的一条最佳途径，是积极心理学的研究重点。当前，心理学界也普遍认为积极情绪体验是心理健康的主要指标之一。

二战以后，心理学主要致力于研究人的消极情绪体验，以期通过研究消极情绪体验来解决人类的心理问题，达到心理健康。积极心理学家把这种心理学称为消极心理学。消极心理学确实为人类和人类社会的发展做出了很大贡献。以往的心理学过多地注重对消极情绪体验的研究，将一般的心理问题当做心理疾病来对待。通过对心理疾病的诊治来实现心理健康，而事实并非如此。因为心理健康主要包括两个方面：一是没有心理疾患；二是具有积极乐观向上的心态。前者是消极情绪所致，后者只有在体验到积极情绪时才产生。积极心理学使心理学的许多领域转向对人的积极层面的研究，改变了过去人们总是认为心理学仅仅是解决心理问题、治疗心理疾病等片面认识，引导人们积极关注乐观、满足等幸福感体验，从而形成了一场积极心理学运动。为此，通过研究探寻积极心理学中关于积极情绪体验的缘起、内容、功能以及丰富内涵，将心理学的积极情绪体验相关理念引进学校心理健康教育工作中，致力于提高学生的心理素质水平，促进学生的身心健康发展，力求为学校心理健康教育提供一些理论参考和支持，从而更好地服务于学校的教育教学工作，这也是本书研究的目的和意义所在。随着人们对情绪、情感等心理因素对个体影响的日益关注，把积极情绪体验等理念作为心理健康教育探究的新视角，用积极的观念鼓舞人，用积极的方法塑造人，对促进人类社会进步与和谐具有现实和深远的意义。

积极体验(Positive Experience)，如快乐(Happiness)、幸福感(Well-being)、愉快、兴趣、满意、爱、乐观、希望等，主要指积极的主观体验。积极体验可以使人的情绪高涨、思维活跃、富有创造力，是一种对生活满意、充满希望并感受到幸福的情绪体验。

二、积极体验的表现形式

现代积极心理学常用的一种分类是把积极体验分为感官愉悦和心理享受，这种分类是依据积极的不同特性标准来进行的，这更有利于人们对积极进行有效的把握。

感官愉悦(Sensory Pleasure)是积极体验的一种较重要的形式，指机体消除自身内部紧张力后的一种主观体验，它来自某种自我机体平衡的保持，是人感觉器官放松的结果，如饥、渴、性等的满足后的体验就属于感官愉悦。而心理享受(Psychological Pleasure)则来自对个体固有的某种自我平衡的打破，即所做的超越了个体自身的原有状态而体验到的心理满足。如运动员超越自己而创造新的纪录，艺术家达到前所未有的最好表演，学生解决了某个百思不解的难题等。与感官愉悦相比较，心理享受更有利于个体的成长和积极品质的培养，因此积极心理学主要以培养或增进个体的心理享受为核心。但在生活中，如果有机会对感官愉悦和心理享受做出选择的话，大多数人却会选择感官愉悦，这是因为感官愉悦更接近人的本能，它的作用形式更直接，几乎是一种自动化的反应。比如大多数人宁可选择看电视而不是去阅读对他们有用的书，尽管他们知道看电视只是带来一时的感官快乐而看书则可以给他带来长久的生活享受。因此积极心理学在实际中也不能忽视个体感官愉悦的培养。许多时候人们常常会把心理享受和感官愉悦相混淆，更多时候是把感官愉悦归入心理享受，其实感官愉悦和心理享受二者之间除了概念区别外，还存在一些其他区别。

1. 感官愉悦和心理享受的区别

(1) 心理享受是由相互关联的多个成分组成，它的产生必须要以主体的认知评价为先导，是一种与知觉结果相伴随的心理现象。主体在产生积极情绪之前，必须先把握对象对于自己的意义，拉扎鲁斯称之为"个人情景关联"或"适应性接触"。如一个运动员在创造了一个新的个人成绩记录之后，他一定会很高兴(产生积极情绪)，但当他在较长的一段时间内总是获得这一成绩时，他就不会再因这一成绩而高兴了，同样的成绩引起了不同的情绪，这就是认知评价的结果。对于这一认知评价过程有时主体是能清醒地意识到，有时则是无意识的，但不管怎样，这种认知性评价是个体随后的机体变化、面部表情和主观体验的基础。感官愉悦则没有认知性评价这一环节，它是由外在刺激引发的一种直接感官反映，是一种感觉类的心理现象。

(2) 心理享受持续的时间长，不同的外在刺激可能引起同一种心理享受，而同一种外在刺激也可能引起不同的心理享受。如个体的心理享受既可能由自己工作上的成就所致，也可能是由于彩票中奖而引起，而同样的成就由于场合的不同、时间的不同、对象的不同而可能导致不同程度的心理享受，运动员在平时训练中跑出世界纪录后的感受肯定和在奥运会上跑出世界纪录后的感受不一样。个体一旦产生了某种心理享受，它一般能持续相当长的一段时间，并能迁移到自己生活或工作的其他方面，这一点有点类似于积极心境。感官愉悦持续的时间较短，具有专门化的特性，它一般是随着外在刺激的消失而消失，随着外在刺激的改变而改变。但尽管两者之间存在着这些区别，但感官愉悦与心理享受都属于积极体验的范畴，因此，两者之间也存在着密切的联系。

2. 感官愉悦和心理享受的联系

(1) 心理享受与感官愉悦许多时候是同时发生的，而且它们之间能相互促进，也就是说，心理享受状态下，人可能会体验到更多的感官愉悦(在同等程度的刺激条件下)，而感官愉悦的增多也利于心理享受的形成。如一个处于成就后快乐状态的人，他吃饭会更香，喝水会更甜；一个经常吃可口饭菜、喝香甜清水的人更容易出现心理享受。而一个经常吃不到可口饭菜、无香甜清水喝的人，在一次获得后，可能不一定有享受感。

(2) 感官愉悦在一定条件下能转化为心理享受，特别是某种感官愉悦和个体的自我实现的需要相匹配时，这种转化就能形成，如只要经济、时间等条件许可，有些人在饥饿时会到环境条件比较优越的高级餐馆，而不是路边环境条件比较差的大排档，这是因为前者和个体的自我实现有一定的联系，它在满足饥饿感的同时还能体现出一定的价值意义，因而原本是满足饥饿感的感官愉悦就转化为了心理享受。

3. 高峰体验

心理享受的高级状态，我们称为"高峰体验"。美国的心理学家马斯洛在调查一批有相当成就的人士时，发现他们常常提到生命中曾有过的一种特殊经历，"感受到一种发自心灵深处的颤栗、欣快、满足、超然的情绪体验，"由此获得的人性解放、心灵自由，照亮了他们的一生。马斯洛把这种感受称之为高峰体验(Peak Experience)，一种从未体验过的兴奋与欢愉的感觉，那种感觉犹如站在高山之巅，那种愉悦虽然短暂，但却尤其深刻，是语言无法表达的，但却深刻地影响着人的认知与行为。如一个学生在百思不得其解、刻苦钻研后终于解决一道难题后的愉悦感，获得难得的竞赛奖励后心理的幸福感和对自己能力、努力、智慧的认可感等都属于高峰体验。

(1) 处于高峰体验中的人有一种比其他任何时候更加整合(统一、完整、浑然一体)的自我感觉。他们更少分裂或者分离，更少自己与自己作战，对自己更加心平气和，体验的我与观察的我之间更加一致，目标更加集中，更加协调有机化，自身各部分更加有效地组织起来，非常良好地运作，具有更加有效的协同作用，更少有内在的摩擦等。

(2) 处于高峰体验中的人通常感到正处于自身力量的顶峰，正在最佳地、最充分地发挥自己的潜能。他感到自己比其他任何时候更加聪明、更加敏锐、更加机智、更加强健、更加有风度。他处于自身的最佳状态，一种如箭在弦、跃跃欲试的状态，一种最高的竞技状态。

(3) 处于高峰体验中的人比其他任何时候更富有责任心、更富有主动精神和创造力，更加感到自身就是自己行动和感知的中心。他更加真切地感到自己就是第一推动者，自己决定着自己的一切，而不再是被动的、被决定的、被支配的、无能为力的、暮气沉沉的、只能够守株待兔的弱者。他感到自己就是自身的主宰，自己就是自己命运的主人，他充分体会到自己的"自由意志"，他既感到重任在肩、责无旁贷，又感到信心百倍、无坚不摧……

(4) 他在一种特殊的意义上更加具有创造性。由于更大的自信以及疑虑的消除，他能够以道家那种顺其自然的方式，或者格式塔心理学家所描述的那种灵活的方式来把握自己的认知和行为。他能够根据行为本身固有的"外在于我"的要求，而不是根据自我中心和自我意识，根据其任务、天职或者游戏的本质让自己的行为处于某种状态。他的行为更具有即兴发挥、兴之所至、斐然成章的特色，更具有无中生有、鬼斧神工的特色，更加新颖独特、远离平庸、不再缩手缩脚。他也更少准备、计划、设计、预谋、练习、预测等，总而言之，绝非三思而后行。

三、积极体验对人生的意义

积极体验是发展积极人格和积极力量的一条基本途径。人的成长是一个探索外界的过程，同时也是一个探索自我的过程。一个人并不完全清楚自己会成长到什么程度，也并不完全清楚自己的潜能有多大。这是一个自我探索与外界环境共同作用的过程。那些获得积极体验的探索和经历，会给予个体肯定和激励的反馈，让自我获得内化意义的成长。

(1) 积极体验使我们对新思想和新活动保持开放的心态。进化论认为，消极体验如恐惧或愤怒，是我们面临威胁时的第一道防线。消极体验将我们的注意力收缩到危险的来源上，并且动员我们准备战斗或逃离。相反，积极体验告诉我们好事即将发生，扩大了我们的视野，使我们能对更广泛的物理环境和社会环境保持清晰的意识。消极体验使得人思维、行动范畴变窄，总是采取一种自我防御的方式。相反，积极体验的人们则更多会高估自己的能力，对积极事件记忆更多，更擅长做生活的规划决策等，积极体验促使人们更宽容地思考。

(2) 积极体验有助于纠正消极体验形成的消极认识。对于一个学习能力不足、整体表现不佳的学生来说，最好的改变办法不是说上一百次"我能行"，而是让其感受到一次微小的改变带来的积极体验。这种体验可以是一次竞技夺冠，可以是一个特长展示，还可以是一次助人行为。在某方面获得的积极体验有一种迁移的作用，会促进一个人自我形象的整体改善。

(3) 积极体验能够提高主观幸福感。积极体验扩展了心理活动空间，扩展了个体的瞬间思维活动序列，而心理活动空间的扩展增加了个体对于后来有意义事件的接受性，进而增加了体验积极情绪的机会和可能性。积极体验不仅促进了挑战的应对，缓解了消极情绪，而且积极情绪的反复体验，增加了个体的心理弹性，提高了社会关系的质量，能够增进个体的主观幸福感。积极情绪高于消极情绪的个体具有更高的心理弹性，更有活力，生活得更幸福。

(4) 积极体验对学习、兴趣等有积极的促进作用。"阿尔卑斯山谷有一条汽车路，两旁景物极美，路上插着一个标语牌劝告游人说：'慢慢走，欣赏啊！'许多人在这车如流水、马如龙的世界过活，匆匆忙忙地急驰而过，无暇回首流连风景，于是这丰富华丽的世界便成了一个了无生趣的囚牢。这是一件多么可惋惜的事啊！朋友，'慢慢走，欣赏啊！'"这一段文字，是著名美学家朱光潜先生《文艺心理学》缩写本《谈美》中的一段。朱光潜先生年轻的时候在英国和法国留学，当时他的生活陷入窘境，然而，心中充满着对美好未来向往的他，还是长时间地待在图书馆里，大量阅读，勤奋写作，完成了一系列的著作。

积极体验如快乐、兴趣、知足、自豪和喜欢等，都有拓宽与延长个体瞬间的行为的能力，并能构建和增强个人的各种资源，如增强人的体能、智力、社会协调性等。在持续压力中，积极体验能够帮助人们减缓压力，能够拓宽人们的思考技能，能服务于持久体力和心理资源的个人资源构建，拓宽与构建理论拓宽了思维技能方面的积极情绪形式，以及它们在构建持久个人资源方面的作用。积极体验引发了通过社交和智慧活动或者意识活动完成游戏和进行创造的强烈愿望，有助于个人的改变和发展。

(5) 积极体验对健康有促进作用。积极体验能够促进身心健康。许多研究表明情绪表达对健康有显著的促进功能，特别是把积极体验的内容写下来时，如运用积极情绪词汇记录比较温和的压力和创伤，有利于个体面对创伤和压力，使个体感受到更多的积极气氛和更少的抑郁心境。积极体验对于身体康复、疾病的预防和治愈等都起着重大的作用。

① 积极体验有利于疾病康复。研究表明乐观和希望对于健康非常重要，在心脏移植手术后，积极的期望预示着更佳的健康。外科手术和其他疾病之后也发现乐观者比悲观者恢复得更快。能发现生活意义、有积极情绪的人更能战胜以后的困难，寿命更长。

② 积极体验有预防疾病作用。坚强、乐观、自信和冷静地对待疾病，可以通过大脑对丘脑、胸腺的调节，影响体内植物神经和内分泌的功能，增加细胞免疫，体液免疫和体内其他功能，从而增强体内抵抗疾病的能力。在情绪与癌症的大量实践中都证明了积极情绪不仅能有效预防癌症的发生，而且对于癌症的治疗以及降低复发率都有很明显的作用。

③ 积极体验促进生理健康。研究发现，积极和消极的情绪都与一种免疫抗体 S-lgA 的

分泌水平变化有关。积极的情绪状态可以相应地提高免疫系统的活动。Taylor 等人研究发现，感染 AIDS 的那些人，其中对于自身的康复能力抱有不切实际的乐观的人，在康复锻炼中表现更好。研究还显示积极体验还可通过健康的归因方式、良好的人际关系、社会支持、正确的应激与心理防御系统、神经中枢的结构和功能的改变影响人格，从而实现对人类健康的呵护。"正气存内，邪不可干。"有强大的免疫系统保卫着身体的各个器官，癌细胞必然望而却步。保持积极的情绪，感受积极的心态，会使你的生命获得更大的能量。有不少报道称某些艾滋病或癌症患者由于拥有相当积极良好的情绪，能够有效地抑制病情发展和恶化，从而延长了有限的寿命。

第二节　积极体验的分类

根据时间的不同，积极体验可以分为与过去有关的、与现在有关的和与未来有关的积极体验。与过去有关的积极体验主要包括满意、满足、充实、骄傲和安详。与现在有关的积极体验可以分成两类，即时的快感和长久的欣慰。与未来有关的积极体验包括乐观、希望、信心、信仰和信任。

本节主要介绍最具有代表性的几种积极体验：针对过去的积极体验——满意感、针对现在的积极体验——福乐感、针对将来的积极体验——乐观和希望。它们使我们满意地体会过去、快乐地感受现在和满怀希望地面对未来。

一、对待过去的积极体验——提高生活满意度

每个人都有自己的过去，而这个过去了的生活对每一个人的现在和将来意味着什么？心理学的相关研究给出了两种不同的结论。一种观点认为人的过去就意味着现在，也即过去与现在有着必然的因果关系，他们之间是线性的发展关系。另一种观点则认为过去就是过去，现在就是现在，他们之间并没有必然联系。

1. 过去与现在的关系

(1) 过去对现在的因果决定论。

这一理论以弗洛伊德的精神分析理论为代表。弗洛伊德的精神分析论认为，人的心理由三个部分组成，即潜意识、前意识和意识(潜意识和前意识合并起来被称为无意识)。在这三个组成部分中，潜意识是人所有意识行为的基础和出发点，人的一切行为都是人潜意识演变的结果。弗洛伊德理论其实就是强调人过去的情感体验、经历、经验等对人现在的行为或思想的影响。

(2) 过去与现在无关论。

对于过去的体验是建立在回忆的基础上，心理学研究的事实告诉我们，当人们回忆某一事件时，他并不是准确无误地再现事件本身，回忆是对实际发生了的事件的重新建构。美国女心理学家洛夫斯特是一个卓越的记忆研究者。她发现：人们在回忆时都会用自己的认知信息去填补回忆某种经历时出现的遗漏，人的记忆并不像我们通常以为的那么稳定，

经过一段时间以后，它会做出一定调整和发生改变，如图 3.2.1 所示。

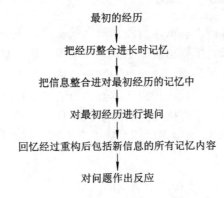

图 3.2.1 洛夫斯特关于事件回忆理论

这一理论告诉我们，真实的过去与现在回忆的过去可能是两回事，任何人即使是在回忆过去，他也可能是叙说了一个全新的"现在对过去的解释"。

2. 满意地面对过去

对于过去和现在的关系，目前的心理学研究得出的一个折中的结论是过去对现在肯定会有影响，在一定意义上说，一个人之所以是现在这种状态，在很大程度上是这个人过去的经历所为，但影响肯定不像弗洛伊德及其追随者说的那么大，更不存在过去的问题必然导致现在和将来问题的说法。

个体童年期的经历确实对长大后的人格会产生一定影响，但这种影响并不是起决定作用的。人过去的经历对现在或者将来产生影响其实是通过人回忆过去产生的情绪体验来起作用的，并不是过去了的事件仍在真实地起着作用。每个人都有过去，对于回忆过去的这些事，有些会让我们感到愉快，有些则会让我们感到伤心。但不管是愉快的还是伤心的，这些事件本身都已发生，即使我们总对过去的那些事耿耿于怀，这些事件本身也不会改变，但由此产生的消极体验却可以使我们现在的生活更不幸。因此，对于我们来说，我们应该积极地面对过去，不管过去怎样，我们现在走过来了，能坚强地走过来就是胜利。

拿破仑·希尔说："人的一生就像一趟旅行，沿途有数不尽的坎坷泥泞，但也有看不完的春花秋月。如果我们的心总是被灰暗的风尘所覆盖，干涸了心泉，黯淡了目光，失去了生机，丧失了斗志，我们的人生轨迹岂能美好？"

3. 提高生活满意度

生活满意度是指个体基于自身设定的标准对生活质量做出的主观评价，是衡量某一社会人们生活的重要参数。目前张兴贵等人通过研究并结合我国国情将生活满意度分为六个维度，分别是家庭满意度、友谊满意度、学校满意度、学业满意度、环境满意度和自由满意度，分别涉及亲子关系、家庭气氛、家庭教养方式的满意度；对友谊现状的满意度；对学校生活、教师及其教育方式的满意度；对目前学习成绩及学业成就的满意度；对自然和社会环境的满意度；对个人状况的满意度。

生活满意度是个体对自己生活的综合判断，作为认知因素，它影响着个体的情绪体验，从而影响到个体生活目标的定位和行为追求的取向，对个体乃至社会都会产生重要影响。

二、对待现在的积极体验——福乐

福乐是心理学的一个术语"Flow, 沉浸体验"的音译。福乐是一种非常重要的积极体验, 它是最早由西卡森特米哈伊提出的一个概念。福乐是指对某一活动或事物表现出浓厚的兴趣并能推动个体完全投入某项活动或事物的一种情绪体验, 这是一种包含愉快、兴趣等多种情绪成分的综合情绪, 而且这种情绪体验是由活动本身而不是任何外在其他目的引起的。当人们从事一种可控而富有挑战性的活动, 而且这种活动需要一定技能并受内在动机所驱使, 就会产生"沉浸体验"。福乐的感觉就像字面所告诉我们的那样——幸福且快乐。

1. 福乐状态的主要特征

(1) 个体强烈地把注意力集中在当前从事的活动上;

(2) 意识与正在从事的活动合二为一;

(3) 自我意识暂时失去, 如一个人忘记了自己的社会身份;

(4) 能意识到自己有能力掌控自己当前的行为活动, 也就是说, 一个人能认识到自己大致能应对即将出现的后续行为并能对它们作出适当的反应;

(5) 出现暂时性体验失真。典型的情况: 比如觉得时间过得比通常情况下要快;

(6) 活动体验本身成为活动的内在动机, 通常情况下完成活动就是进行活动的最好理由。

2. 福乐产生的基本条件

(1) 挑战与才能的相互平衡。所谓挑战就是指本人通过一定的努力, 并克服一定的困难能完成的一种任务或能胜任的一种活动。才能是指与从事活动相匹配的技能、技巧等。但挑战和才能本身并不一定能形成福乐, 只有当二者之间形成一种平衡之后, 即经过努力后的才能正好能够胜任相应的挑战, 福乐才会产生。

(2) 从事的活动要有一定的结构性特征。所谓结构性特征, 就是指一个活动应该具有明确的目标、明确的规则和相应的评价标准, 也就是说活动要具有可操作性和可评判性。

(3) 主体自身的特点。除了活动本身的特性能影响福乐体验的产生之外, 人本身的性格特点, 主要是人格方面的一些特征, 也会影响福乐的产生。西卡森特米哈以把更容易产生福乐体验的人格称为"自带目的性人格"。自带目的性人格的人把生活本身看作是一种享受, 他"做任何事情总的来说是因为自我的原因, 而不是为了获得任何其他外在的目的"。

度日如年不会有福乐, 那叫无聊; 度年如日很可能就有福乐的产生。福乐活动要求全神贯注, 全身投入, 无暇于忧虑与挫折。根据心理学家的研究, 日常生活中易发生福乐体验的活动依次为: 爱好、运动、电影、社交活动、学习、工作、饮食和美容。而极少发生福乐体验的活动有做家务、看电视和闲逛。

3. 福乐状态——体味幸福

幸福是什么? 它是一种情绪, 就像快乐一样? 还是没有痛苦? 还是好运气? "快乐""好运""狂喜""满足"这些字眼经常被视为"幸福"的代名词, 但是他们都不完全符合幸福的含义。这些情绪稍纵即逝, 的确, 它们让人感觉良好, 但是他们无法成为衡量幸福的标准, 更不能成为幸福的支柱。幸福是"快乐与意义的结合"。真正快乐的人, 能够在自己觉得有意义的生活方式里感受它的点点滴滴，真正的幸福不应该是绝不掺杂任何不良情绪，而是经得起困难和挫折的考验。我们永远都可以更幸福，与其因为还没有达到内心设定的幸福境界而垂头丧气，与其浪费力气苦思冥想自己到底有多幸福，不如认真地去体会和挖掘幸福的宝藏，"让自己更幸福"应该是我们终生追求的目标。

增强幸福感的最好方法就是尝试，汲取经验，同时关注内心感受。一味地快马加鞭向前迈进，那就等于只是简单地对每日的生活作出反应。

我们要获取幸福就要给自己设立一个幸福的目标，目标是意义而不是结局，目标被当做意义时，才会帮助我们规划生活中的每一步，如果我们盲目地去实现幸福，那么其中的过程肯定不会很快乐，我们会在每一个岔路口前犹豫矛盾，而忽视了过程中美丽的风景。

人的一生不可能时时刻刻都是幸福快乐的，有的时候会平淡甚至在某一刻忽然变得非常糟糕；幸运的是，我们可以调整自己的状态来渡过可怕的日子。事情没有绝对的好和坏，重要的是我们选择什么样的视角去看待。

一个因为不善言辞而闷闷不乐、苦于如何与同学沟通的大一新生，可以通过参与其他事情，如打篮球、参加读书会等活动来提升自己的幸福感，而不应该天天纠结在无法大胆说话的事情上。

一个漆黑的房子，看起来什么都不好，但是只需要一小根蜡烛就可以照亮全部。幸福也是如此，当你感觉你的人生毫不顺心、一片混乱的时候，你只需要发觉一点点幸福的光源就可以照亮自己。失意沮丧的时候，你可以尝试做一些曾经令你觉得很幸福的事情，这样能在熟悉而又快乐的环境中振作你的情绪。

幸福不会主动来到你身边，主动地感知幸福、争取幸福，人生才会变得更加有意义。

故事赏析

西安电子科技大学 2011 级学生谢泽平非常热心于公益事业。他入学的第一年，就加入了学院成立的滴水爱心站，经常帮助别人，还经常献血。2011 年 9 月 21 日，他加入到了中国造血干细胞捐献者资料库，成了其中一名志愿者。2014 年 2 月 12 日，谢泽平的 HLA 分型资料与美国一名亚裔白血病患者配对成功，在随后的血样复验化验中完全配型，身体健康检查各项指标也都完全符合捐献条件。2014 年 11 月 26 日他成功为那名 4 岁的美籍亚裔小女孩捐献了自己的造血干细胞。谢泽平说，"能挽起手臂传递爱心，为远在美国的白血病患者捐献造血干细胞，不仅是缘分，更是一场生命的接力，希望她能健康长大并且好好生活。"

西安电子科技大学 2012 级学生朱志成从 2014 年暑假开始，就和好友王提一起，在信远楼的教室里开办"助学班"，讲授数电、模电、信息安全和信号与系统等基本课程，帮助身边的同学掌握基础知识，培养学习信心，提高学习成绩。"前世的几百次回眸，才能换来今生一遇"，朱志成说，"能与别人相遇是一种很难得的缘分，而能成为同学就是更难得的缘分了。""构建一个爱的环境，你就必须主动伸出橄榄枝。像我现在伸出了这个橄榄枝，我帮助别人，别人感谢我。这就给了我动力，继续帮助大家，其他方面可以互帮互助，我们的圈子充满了正能量，都是正反馈。"

西安电子科技大学 12 级学生李志宇和他的同学们坚守三年，温暖残疾老人。当被问到这三年的帮扶对于自己人生未来的发展有什么帮助的时候，李志宇说："我们变得不再拘泥于自己，而是有一种引领，这种引领是不计回报地帮助别人。正如看到两位老人生活艰辛，我们没有那么多的奢求，而是更愿意脚踏实地去做出实质性的工作，这种无私与踏实助人的习惯，会一直影响我。"

福乐之所以能让人们幸福并快乐，是因为它让人们发现了"自我"，能够引发福乐体验的活动必须是"自主活动"。福乐不是为了得到某种预期的、将来的利益，而是因为福乐活动本身就能激发内在动机，并且得到及时回报。古人云："不吃苦中苦，难得甜上甜"，即"无痛无获"，而福乐则把"无痛无获"变成了"现在的快乐即未来的成果"，让你体验一种"快乐且有意义"的生活。

三、对待未来的积极体验——乐观和希望

1. 乐观

社会学和人类学家泰格认为："当评价者把某种社会性的未来或物质性的未来期望视为社会上需要的、对他有利的或能为他带来快乐时，那么与这种期望相关的心境或态度就是乐观"。首先，乐观不是客观的，而是人的一种主观心境或态度，这种心境或态度与一个人的期望紧密相连。其次，尽管乐观是指向未来的，但它会对现在或今后一段时间内的行为产生一定的影响。20 世纪 70 年代末以前，人们一直把乐观视为心理缺陷、性格弱势或不成熟的标志。乐观在今天更主要的是指个体对自己的外显行为和周围存在的客观事物能产生一种积极体验，体现了一种坚信美好必将战胜邪恶的信念。

1) 乐观生成的两种理论

(1) 天性论：天性论认为乐观是人的一种天性，是与生俱来的，人类的社会环境或文化只是助长或限制了这种天性的发展。天性论乐观的最坚定支持者是心理学家泰格，他在著作《乐观：希望的生物学》中明确指出，乐观是我们这个物种的一种属性，是人类在进化过程中形成的一种机制，这种机制随着人类认知能力的提高和社会文化的进步而不断发展。

(2) 学习论：另一部分心理学家则认为乐观是后天学习造成的一种个体差异，他们把后天学习看作是乐观形成的根本条件。

2) 乐观的测量取向

乐观的测量取向主要基于两大理论。一种理论认为，乐观是一种人格特质，以普遍的人格期待为特征；另一种理论认为，乐观是种解释风格。

(1) 气质性乐观。

气质性乐观是总体上期望未来好事多于坏事。Michael Scheier 教授和 Charles Carver 教授等人于 1985 年首次提出了"气质性乐观"这一概念，认为气质性乐观是对未来好结果的总体期望。他们认为，乐观是一种人格特质，拥有较高气质性乐观的个体对未来的事件报以积极的期待，相信结果会向好的方面发展。研究者认为，这种乐观的特质会帮助个体更好地处理挫折，也会使个体具有更高的挫折承受力。

(2) 乐观解释风格。

Martin Seligman 教授和 Chris Peterson 教授以及他们的同事认为，乐观不是一种人格特质，而是一种解释风格。根据这个观点，乐观的人把消极事件或体验归因于外部的、暂时的和特殊的因素。乐观型解释风格者，无论是面对失败还是成功，其解释的结果总是能对

自身情绪起到积极的作用。因此，他们会努力去改变现状，争取成功。比如面对考试没考好这个问题，乐观的人会说，考试没考好是今天状态不够好影响了正常发挥，今后要好好复习，争取考个好成绩。

故事赏析

一

有一则小笑话：螳螂家的两个儿子性格不同，老大悲观，弟弟乐观。一天老大哭着对父亲说："生活还有什么意思，别人都说我是害虫。"弟弟回来了，高兴地对父母亲说："别人对我真好，见到我都和我打招呼，Hi，虫！"

二

有一个故事是讲述 A、B 两位男子艰难地穿越大沙漠的经历。当时 A、B 两位男子行走在一片广袤的沙漠上，头上是炎炎的烈日，脚下是滚烫的沙子，眼前是一望无尽的路程。行程中，A 男子在喝水的时候，不小心把水壶给打翻了，手忙脚乱中把水洒了一半。随即，A 男子陷入深深的自责，"我怎么会这么倒霉""水已经空了一半，这可怎么办，我还能不能走出沙漠，我会不会渴死呢？"在自责中还夹杂着疑问，A 男子似乎看见一场大难即将临头。

而 B 男子恰巧也遇到了同样的问题。面对洒去一半的水，B 男子却感到很庆幸："我的运气还不错""水没有全部漏光，瓶里还有一半水呢""太好了，我有希望走出沙漠。"

我们可以预测这个故事的结尾，悲观主义的 A 男子很可能在劫难逃，而乐观主义的 B 男子最后肯定会走出沙漠。因为乐观是成功的基石。

乐观型解释风格的人在面对失败时，会更多地关注事情好的方面，会把失败解释成暂时性的。他们会倾向于从外部寻找原因："这次考试失利，并不是我的能力不行，而是交通堵塞，没能准时进入考场""我这次没做好，但并不是每次都做得不好"。在面对挫折时，他们会认为"这只是暂时的困境，以后会越来越好的""我只是这件事没做好，我在其他方面还是挺优秀的。"具有乐观解释风格的人，并不是无知地盲目乐观，只是更乐意去关注好的方面，愿意花精力去经营自己的优点，不会轻易把自己的一些过错，归因于自己的能力不行。乐观的人很少感到孤单。他们追求个人成长，并愿意与别人建立亲密关系；他们以自己的标准来衡量自己，从来不管别人做什么或拥有什么。

2. 希望

希望是一个和乐观密切相关的概念。当代心理学比较认可的是希望中认知成分与情绪成分并存的观点，其中以 Snyder 关于希望的看法以及在此基础上产生的测量工具最具代表性。在总结前人研究的基础上，Snyder 研究者认为希望是一种非常普遍的心理现象，这种现象可以解释人类的许多行为。过去对希望的看法只指出了希望的目标导向性以及目标的适应性，并没有说明有希望的人是如何实现目标的。据此，Snyder 等人将希望定义为"一种积极的动机性状态，这种状态是以追求成功的路径(指向目标的计划)和动力(指向目标的活力)交互作用为基础的"，这是一种认知取向的观点，其中包括三个最主要的成分：目标

(Goals)、路径思维(Pathways Thoughts)和动力思维。

目标是希望理论的核心概念。Snyder假设人类的行为，包括日常生活中的普通活动，都是有一定目标的。这是人们精神活动的支点。目标有时间长短之分，也有具体与抽象之别。一般可以将其分为两类，即积极的"趋近"目标和消极的"回避"目标。对于设定目标的个人来说，目标都具备一定的价值，个人为达到目标所付出的努力与其对结果价值的评估(Outcome Value)是分不开的。关于目标与希望的关系，他强调，实现目标的概率与希望水平关系不大，即使实现的可能性微乎其微，一个人对此也可能抱有很高的希望，并且还有可能完成任务。他用猜字谜实验证明了这一点。这就是说，与认为至少中等水平的成功概率才有希望这种常见的看法不同，实际上即使是目标达成的概率很低也可以有希望，也需要有希望。

目标会促进行为系列的产生，其中有两个主要成分，即路径思维和动力思维。所谓路径思维，即达到目标的具体方法和计划，这是希望的认知成分。一般地，高希望水平的人形成的路线比低希望的人更加具体可行，而且还善于形成备选路线。大脑有一种自然的倾向去了解和预期某种可能的结果，路径思维就是开发大脑中的预测能力系统。动力思维是指执行路线的动力，即个体认识到自己有根据已有的路径达到所期望的目标的能力，属于希望的动机成分。类似于意志力，其重要作用尤其体现在人们追求目标的过程中遇到障碍(Barriers)和困难，感受到压力(Stressor)时，希望水平高的人通常有足够的毅力去战胜挫折，并且将这种挫折看成是成长的契机，而低希望的人则可能在面对困难时唯唯诺诺，止步不前。希望的这两个成分缺一不可，在追求目标的过程中是紧密联系相互配合的，两者"不仅反复出现而且相辅相成"。任何一个成分过高或过低都不利于目标的达成。

此外，希望模型中还有情绪情感的成分，但是，Snyder没有将之作为希望的必要成分之一，因为在他看来，情绪情感是希望行为系列个体对目标认知的附属产物，在整个系列中对行为起反馈与调节作用。由此可见，Snyder将希望看作一种稳定的特质，不仅是一种能力特质，还是一种动力特质。

第三节　增进积极体验的策略

一、增强对学校和专业的认同感

了解自己所学专业的重要性和意义。多听相关专家的报告，为自己所学能服务社会、服务大众而感到骄傲。多读一些关于本专业的书籍，多参加相关的实践活动等。在学校里寻找自己感兴趣的事，激发自己的热情，找到归属感。对生活、对学校、对专业充满热情，时刻做最好的自己。

1. 认真接受专业教育

无论你当初的理想学校是哪一所、理想专业是哪一个，既然来到现在的大学，就读现在的专业，就既来之则安之，踏踏实实，好好学习，做最好的自己。用心感受学校的环境，体验学校的光荣历史、文化传承，向优秀毕业生学习，向先进榜样学习。没有哪一个人是一出生就擅长做什么事情的，只有努力才能培养出技能。任何人都不是在第一次接触一项体育运动时就成为校队的代表，任何人都不是在第一次唱一首歌时就找准每一个音，一切都需要熟能生巧。对于专业学习也是一样的，任何事情，都需要你的汗水、训练与学习。

2．了解专业前景及社会应用

了解自己所学专业的专业前景，正如"三百六十行，行行出状元"，每一门专业都是应社会的需求所开设的，都是为社会、为人民大众服务的，都有它的价值，不能只看眼前，眼光要长远。了解自己所学专业的社会应用，在学习过程中，更多地与实际结合，增加自己的自信心。

3．多参加专业实践活动，在实践中发现不足并提升专业学习愿望

多听相关专家的报告，为自己所学能服务社会、服务大众而感到骄傲。多读一些关于本专业的书籍，多参加相关的实践活动，在社会实践中发现自己的不足并针对性地提升自己等。当今社会的竞争是人才的竞争，更是能力的竞争，社会实践是大学生得到锻炼的好机会，是从校园向社会过渡的重要一环。更多地参与学校社团活动、文艺比赛、歌咏比赛、星火杯、挑战杯等活动。从事有趣且有挑战性的工作，并且获得成功和认可。如参加各种竞赛并得到成长。幸福与苦难、挑战与机遇总是相伴相生。积极情绪源自从坏事情中找到好的方面，源自将消极的事物转变为积极的事物。提高积极情绪的一种策略是从好事情中寻找好的方面，将积极的事物变得更加积极。

二、获得高峰体验

1．心灵观想

"感受到一种发自心灵深处的颤栗、欣快、满足、超然的情绪体验"，由此获得的人性解放，心灵自由，照亮了他们的一生。

获得高峰体验的途径：

(1) 开始精神灌注。用一个不短的时间来思索生命的意义、价值、目的，思索有限与无限、自由与约束、现实与永恒之间的关系。你需要积攒一定的情绪压力，感觉到自我的无助、无能和渺小。

(2) 选择一个非常自然的地方。山水、林间、旷野、海岸、峰顶，把心智长久地集中于凝视眼前的一草一木、一沙一石、草地、星空、流水、海潮、山峦、地平线上……

(3) 感觉自然的力量。闭上眼睛，让风吹拂着你，水流冲刷着你，山林的气味、虫鸟的声音、宇宙的深邃包裹着你。感受自然神奇的力量、活力，感受生命中你理解的或不理解的一切。

(4) 缓慢地思索。无意识地去思索我是谁？我从哪里来？一百年后，或者一千年后如果我存在，会是什么？如果我只有一天的生命，什么对我是最重要的？但不要立即给出答案。

(5) 放松自己。深深缓慢地呼吸，放弃那些难以回答的问题，放弃自己，让自己完全融入自然之中，无意识地随风而去，随浪而流，物我两忘。

(6) 寻找心灵。用内视的方法，探索心灵深处那一丝光亮，在它的指引下，你游走在宇宙的深处，感觉自然的博大、广阔、神圣、恒久，感受人性的温暖、和谐、博爱于一体……

(7) 体验高峰。体验这一时刻内心的宁静、畅然、平和、舒缓和由此而引发一种缓慢的喜悦、涌动和心灵振荡，任凭这样的感觉席卷而来，并带来身心轻轻的颤栗、激动和欣喜。

(8) 高峰体验过后，重新思索生命的意义、价值、目的，思索有限与无限、现实与永恒之间的关系。在很长的一段时间里，你有了对自我的满足、积极的心态、丰富的灵感和创造力，以及充沛的精力和饱满的热情。所以，不管你是第一次或第 N 次，是否获得那种超然的感觉，你都要牢牢记住，当这种心灵的提升训练到了某一个境界，高峰体验便会突如其来，并终身伴随和照耀着你。

2．挑战自我

寻找自己擅长的活动、学习、实践、竞赛等，并参与其中，经过长时间的艰苦与辛勤劳动，获得属于自己的成就，并体验由成就带来的高峰体验。

三、接触大自然，获得美的感受与心灵的愉悦

我们怎样才能获得积极体验？回归自然，学会享受自然的给予。大自然的一切：新鲜的空气、纯净的蓝天、迷蒙的烟雨、柔和的月光、连绵的青山、潺潺的流水……这一切就在我们的周围。大自然的美对每个人都是平等的，愈是自然的东西，就愈接近生命的本质。"春有百花秋有月，夏有凉风冬有雪。若无闲事挂心头，便是人间好时节。"这是一首告诉我们如何享受自然、如何拥有良好心态的禅诗。其实，世间最甜美的享受始终是那些最古老的享受——享受自然的美好。自然界的生物是形形色色的，是魅力非常的。它们既很渺小，又很伟大。如果与大自然交流，不仅可以放松心情，还可以净化灵魂。"师法自然"，雄奇的山峰、广袤的原野、欢快的溪流、深沉的海洋，都会引起我们深思；朝晖夕阴、寒来暑往、花开叶落、鸟语虫鸣，都会引起我们遐想。高山无语，但阅尽世事沧桑；大海怒吼，却源自细流无声。鲜花绽放、枯叶凋零、金蝉脱壳、蜘蛛结网……大自然的一山一水、一草一木、一鱼一虫，无不充满智慧，深蕴哲理，富有灵性。当你沉浸在大自然中时，大自然的魅力不由自主地吸引你的注意，高山仰止，大河滔滔，大自然的广阔让你的注意力不断扩展和丰富。对于大自然的体验，能带来积极情绪和开放性，并让你在大自然中获得愈合和恢复的能力。

四、健康身体和灵魂

俗话说健康是革命的本钱，健康的身体是一切的根本。戒除有损健康的习惯，早睡早起，有规律地锻炼身体，跑步、游泳、打球等。学校宽敞的体育场、游泳馆等是大学生锻炼身体的好地方。

(1) 要有良好的心情。要培养自己的幽默感，经常运用幽默的人，健康问题比较少；增加愉快的生活体验，可以减弱消极情绪状态，从而提高免疫球蛋白，提高免疫反应能力。这样，即使偶尔遇到不愉快的事情，也不至于发生过于强烈的情绪反应；使情绪获得适当表现的机会，情绪是生活的组成部分，对起伏的情绪不必也不可能一概予以抑制，而应选

择适当的方式，如运动、旅游、倾诉等，给情绪适当的发泄机会。有机会倾诉自己的痛苦并得到他人的安慰，能够极大地改善健康功能，增强免疫系统功能；换一个角度看事情，用另外一种眼光去看，常常可发现一些正面的、具有积极意义的东西；要有自己的人生目标和追求，并积极地为之奋斗，人就会体验到一种发自内心的满足，进而产生积极的情绪；积极参与社会交往，社会交往能使人产生积极的情绪体验，积极的情绪体验又会使人们更积极地与人交往，更好地适应环境、应对突发事件，从而形成良性循环。

(2) 要有充足的睡眠。虽然对一个人来说，偶尔有一天失眠，这并不是一个大问题。但是长期睡眠不足，就会对人体产生多方面的不良影响。日积月累的睡眠不足，会加深白天的疲惫。不管是长期还是暂时的睡眠不足，都会造成不良的情绪，包括烦躁、易怒、思想不能集中、承受疼痛的能力下降等。要建立良好的作息习惯，早睡早起，不要经常熬夜，更不要因为看电视或玩乐而搞得日夜颠倒。为了让自己容易入睡，要保持宿舍空气清新，并有一定的湿度，温度也不宜过高。经常性的体育锻炼有助于改善睡眠的质量。但是在入睡前 3 个小时应避免剧烈运动

(3) 适当地运动。流水不腐，户枢不蠹，运动能促进机体内部的新陈代谢，加速有害物质的排除，增强体质，提高耐受力，保持人体的健康和活力。运动要适当，要得法，循序渐进，逐渐增加运动量，找到最适合自己的锻炼项目。各人有各人的兴趣爱好和兴奋点，所以我们要在运动的过程中尝试着找到自己最感兴趣的项目。兴趣是最好的老师，有了兴趣更容易长期坚持。让运动成为自己生活的一部分，不能三天打鱼，两天晒网。

(4) 不过度追求物质，要有精神追求。多读一些好书充实自己，深化灵魂。大学里的图书馆不仅仅是好看的建筑，里面更藏有无数知识的宝藏。别让图书馆只是远远地望着你，它其实非常欢迎你的到来。腹有诗书气自华，从书中学习借鉴别人的好品质，汲取面对困难的勇气，修养身心，提升自己。保持一颗宽容坚韧的心，用言语表达感激，感受善意。发展一种眼光来欣赏自己的善意是一种心理转变，你会注意到更多的方面。你能够通过增加你的善意举动，使你的积极情绪大幅提升。实验表明，有意识地增加善意可以提升积极情绪。原谅曾经无意冒犯你的人，接受他们的致歉，得饶人处且饶人。向你曾经冒犯过的人们致歉，不要让自己的歉意留在心里，要将它们公开表达出来，摆脱内心的消极感受，心胸开阔天地宽。

(5) 真诚地生活。不必太羡慕别人的辉煌，也不必太叹息自己的卑微，只要真诚地生活，真诚地去想、去做，便能拥有真诚的人生。当代生活的步伐毫不停歇，让我们不断地关注外界，远离了自己的内心，麻痹了我们的心。我们要让自己足够地慢下来，带着一种真诚的态度用心去看、去听和去感受，而不仅仅是用眼睛、耳朵和思维。这种减慢的速度会帮助我们拥有更多的积极情绪。

五、学会娱乐

(1) 拥有良好的业余爱好，放松身心。"张而不弛，文武弗能也；弛而不张，文武弗为也；一张一弛，文武之道也。"科学、合理、有度，找到适合自己的休闲方式，善于发现生活中的乐趣。可以参加一些自己喜欢的活动，如打球、下棋、欣赏音乐等，以满足个人在文娱、体育方面的特殊兴趣爱好。可以阅读课外书报杂志、收听广播、收看电视节目，或

上网、参观、旅游以开阔眼界、增长知识。可以根据自己的条件，通过练习书法、绘画、音乐、舞蹈，搞科技小制作、小发明、进行体育锻炼等休闲活动以增加积极体验。还可以逛动物园、到游乐场活动、听听音乐、逛逛街、走亲访友等放松心情，娱乐消遣。娱乐休闲活动可以解除体力上的疲劳，恢复生理的平衡，获得精神上的慰藉，使我们紧张的心情得到放松。休闲行为不只是寻找快乐，也是寻找生命的意义，增进积极体验。

(2) 用心建立良好的人际关系。朋友是人们一生中不可或缺的部分，通常如果一个人不能处理好人际关系，容易产生心理问题。人际关系是影响生活满意度的因素之一，提高大学生人际交往能力能够提高其生活满意度。良好的人际关系是大学生丰富知识经验的重要手段，有利于促进大学生的社会化进程，是大学生个性发展与完善的重要条件，是维持大学生身心健康的重要保证。因此大学生有必要学习如何改善自己的人际关系。拥有良好的人际关系，生活处处会感到满意。

积极人际关系

个人魅力胜过任何介绍信。

——亚里士多德

有人曾经要求积极心理学的创始人之一克里斯托弗·彼得森用两个字来描述积极心理学是讲什么的，他回答说："他人。"彼得森指出，进化给了人类爱与被爱的本能："婴儿柔弱无助，因而要求父母天生就要有爱心，这样婴儿才能生存。我们的祖先不仅需要吸引配偶来繁衍后代，而且需要建立起爱的纽带，保护和抚养孩子……爬行动物在刚孵出来的时候，都静悄悄一声不吭，而哺乳动物刚生出来的时候，都会大哭大叫。从进化的角度看，这是因为如果幼小的爬行动物动静太大，父母也许会把它当食物吃了。但一只哭叫的哺乳动物——小猫、小狗、婴儿，却是在告诉父母：我需要你们的爱！这是哺乳动物和爬行动物的巨大区别。"

显然，爱不仅存在于父母、夫妻之间，广义的爱——积极的人际关系，深深地根植在每个人的心中。除了家人之爱外，还有朋友之间的友情、乡邻之间的乡情，乃至陌生人之间的同情。这里的每一种感情，都有着强大的进化原因。换句话说，人之所以进化出爱情、亲情、友情、乡情、同情，就是因为它们能够给我们的祖先带来巨大的生存和繁衍优势。爱的基因传递到今天的每一个人身上，让我们天生就拥有渴望爱、渴望被爱的本能。

同样，现代人也必须建设积极的人际关系，积极的人际关系可以促进快乐、健康、幸福和成就。当你和家人在一起时，那是天伦之乐；当你和朋友一起投入到共同的爱好中时，你能体验到心流；而当人们都喜欢你时，你就会获得更大的成就感。

第一节　积极人际关系的作用

许多心理学家认为，人类生来就是需要其他人的。人类有一个很长的成长时期(从婴儿期到青春期)，在这段时期内，我们非常依赖他人。而即使在我们成人后，能力提高很多，但我们还是需要社交所提供的合作、支持和乐趣。

我们需要社会关系，尤其需要亲密的关系。那什么是"亲密关系"呢？带来最大快乐感的亲密关系，其特点是相互理解、关心，以及认可彼此的价值。在这种社会关系中，人们会有安全感，且往往能够彼此分享私密信息。尽管熟人和泛泛之交也能给你带来快乐，但只有能给予你支持的亲密关系才是带来快乐的重要因素。

一、社会支持越多，越快乐

持续时间最长的心理学研究之一是科学家们追踪了 268 名哈佛学生，从他们 20 世纪 30 年代末上大学一直到现在。从这一丰富的数据中，科学家们能认识到哪些生活环境和个人特征能让人最快乐、最充实。2009 年夏天，领导这项研究的心理学家乔治·瓦利恩特告诉《大西洋月刊》，他能用一个词来总结这一研究成果——"爱"。它真的如此简单吗？瓦利恩特 70 年的证据显示，我们与他人的关系很重要，比世界上其他一切事物都更重要。

这一研究成果已经一再得到了证明。在《改变人生的快乐实验》一书中，埃德·迪纳和罗伯特·比斯瓦斯迪纳回顾了过去几十年来关于幸福的大量跨文化研究，他们总结道："正如需要食物和空气一样，我们似乎需要社会关系才能生存和发展。"这是因为当我们有一些可以依靠的人，比如爱人、家人、朋友和同事时，我们的情感资源、智力和身体能量就会倍增。我们就可以更快地从挫折中奋起，取得更多成就，感受到更大的目标感。而且，它对我们的快乐产生的影响是立竿见影的。首先，社会互动赋予了我们积极的力量；其次，每一个单独的联结都会随时间而加强一段关系，这能够永久地提高我们的幸福基准线。因此当一位同事向你打招呼时，这一简短的交往实际上引起了快乐持续螺旋式上升，并带来了快乐的内在回报。

在一项题为"非常快乐的人"的研究中，研究者鉴别出了最快乐的 10% 的人的特点。他们都生活在温暖的气候中吗？他们都富有吗？他们的身体都健康吗？研究结果表明，有一个特点，而且只有一个特点，使得这最快乐的 10% 的人与其他人不同：他们的社会关系的力量。

相比其他因素，比如家庭收入、成绩、年龄、性别或者种族，社会支持更能预测快乐。实际上，社会支持与快乐的相关系数是 0.7。这听起来也许不像一个大数字，但对研究者来说，这一相关系数相当大。大部分心理学研究的相关系数达到 0.3 就被认为是显著相关了。你拥有的社会支持越多，你就越快乐；你越快乐，你获得的优势就越多。

二、亲密关系与健康

支持性的亲密关系——感到被亲密的朋友和家人所喜欢、肯定以及鼓励——能预测健康和幸福。

亲密关系能预测健康。孤独的人受到健康问题困扰的危险性更大，他们常常体验到更大的压力、睡眠质量更差、自杀行为更多。与那些有较少社会关系的人相比，那些与朋友、亲戚，或者宗教或社团组织的其他成员有亲密关系的人较少早逝。而失去人际纽带则加大了患病的危险性。芬兰一个对 96 000 个丧偶者的研究发现，在配偶去世后的一周之内，他们死亡的危险性加倍了。美国国家科学院的一个研究显示，那些新近丧偶的人变得更易患病和死亡。一项对 30 000 名男子的研究显示，当一段婚姻破裂时，男性会更多地喝酒、吸烟，蔬菜的摄入量减少而油炸食品的摄入量增加。

在《孤独是可耻的》一书中，芝加哥大学心理学家约翰·卡乔波研究发现，社会联结很少的人患抑郁症的可能性是有强大社会联结的人的 2～3 倍。另一方面，当我们享受强大的社会支持时，我们就能获得迅速恢复的能力，甚至延长我们的寿命。一项研究发现，那些在心脏病发作后 6 个月内获得情感支持的人，活下来的概率比其他人大 3 倍。另一项研究发现，参加乳腺癌支持小组使得患病妇女术后的预期寿命提高了一倍。实际上，研究者发现，社会支持对预期寿命的影响就如同抽烟、高血压、肥胖和日常锻炼一样。

三、倾诉与健康

超过 80 个研究中，心血管及免疫系统的良好运行与社会支持成正相关。因此，当我们因某人的不喜欢或失去工作而受伤害的时候，朋友的建议、帮助和安慰，的确是一剂良药。即使问题没有被提及，朋友也可以使我们分心，并给我们一种感觉，就是无论发生什么事情，我们都会被接受、被喜欢、被尊重。

为了分离出亲密关系中倾诉、忏悔方面的作用，彭尼贝克让丧偶的人叙述一直折磨着他们心灵的伤心事。最初，被要求描述一些小事的人在生理上很紧张。他们一直保持这种紧张的状态，直到倾诉完他们的问题，他们变得轻松了。将个人创伤在日记中写下来，似乎也是有用的。当另一个实验的参与者这样做了的时候，他们在接下来的 6 个月中较少地出现健康问题。一个参与者解释道："尽管我没有向任何人说我写了什么，但我终于能够处理它、解决它，而不是逃避它。再想到它也不会使我受伤害。即使只是与日记对话，甚至只是写下自己未来的梦想和人生的目标，倾诉也都是大有裨益的。"

其他一些实验也证实了积极应对的好处，而不是抑制充满痛苦的体验。在一个实验中，勒普尔和他的同事让学生们看一个有关大屠杀的充满痛苦的幻灯片和录像，看完后立即谈论，或者不谈论。两天后，那些谈论过的人感到的痛苦较小，突然闯入脑海的想法也较少。即便是在头脑中再次思考那些令人压抑的场景，生动地重现事件以及相关的感觉，也可以增进主动的应对，并改善心情。

四、亲密关系与幸福感

倾诉痛苦感受不仅对身体有好处，对精神状态同样也有好处。许多研究表明，拥有朋友和家人支持的人更幸福。一些研究将竞争性的、个人主义的文化中的人们(如美国、加拿大和澳大利亚的人)与集体主义文化中的人们(如日本和许多发展中国家的人们)进行了比较。个人主义文化提供了独立性、隐私和个人成就中的自豪感。而集体主义文化中，更为紧密的社会联系则保障人们避免遭受孤独、疏远、离婚和与压力有关的疾病。即使在个人主义的国家，那些相对而言对生活持群体中心取向的人，比起个人主义者也得到了更高的生活满意度。

1. 友谊与幸福

还有一些研究比较了那些几乎没有亲密人际关系和有很多亲密人际关系的个体。17 世纪的哲学家弗朗西斯·培根认为，和可以与之分享秘密的朋友交流有两个作用："它将欢乐变成两倍，将不幸分成两半。"因此这看起来像美国民意调查中心对美国人所提的一个问题的答案："回顾过去的 6 个月，谁是你与之讨论重要问题的人?"相比那些写不出这样知心朋友的名字的人，那些写了 5 个或 6 个这样名字的人感到"非常幸福"的比例要多出 60%。

其他一些研究证实了社会网络的重要性。在人的一生中，友谊培养了自尊，促进了幸福感。那些享受亲密人际关系的人能更好地应对各种压力,包括亲人去世、遭遇强暴、失去工作和患上疾病。

当被问及"什么东西对你的幸福是必要的"或者"是什么东西使得你的生活有意义"时,大部分人提到,比起其他任何东西更重要的是与家人、朋友或爱人的令人满意的亲密关系。幸福与家庭紧密联系在一起。

2. 婚姻与幸福

世界上每 10 个人当中,有超过 9 个人的亲密人际关系最终的一种结果是婚姻。婚姻与幸福感呈正相关吗? 或者说追求快乐的单身生活比婚姻的"束缚"和"枷锁"有更多的幸福吗?

不计其数的数据揭示,大部分有依恋关系的人比起没有的人更为幸福。针对成千上万的欧洲人和美国人的一次次调查研究,得出了一个一致的结果:相比那些单身或丧偶的人,尤其是与那些离婚或者分居的人相比,已婚者报告感到更幸福,对生活的满意度也更高。一项自 1972 年起对 42 000 名美国人的一个具有代表性的调查中,从未结婚的成年人中 22% 报告"非常幸福",而在已婚的成年人中此类报告的比例是 40%。这种婚姻与幸福的关系,是普遍存在于不同种族当中的。另外,对婚姻的满意度比起对工作、收入或社区的满意度,能更好地预测整体的幸福感。而在未婚者当中,自杀率和抑郁比例更高。确实,与最好的朋友之间亲近、关心、平等、亲密、相伴一生的友谊,几乎没有什么比这个能更好地预测幸福了。与是否结婚相比,更重要的是婚姻的质量。说他们的婚姻令人满意的人——那些发现自己仍然与他们的伴侣相爱的人——很少报告自己不幸福、对生活不满意或者抑郁。幸运的是,大部分已婚者的婚姻确实是幸福的。在美国,近 2/3 的人说他们的婚姻"非常幸福",3/4 的人说他们的配偶是他们最好的朋友,4/5 的人说他们愿意再次与同一个人结婚。因此,大部分这样感觉的人,生活总体来说非常幸福。

为什么已婚的人普遍更加幸福? 是婚姻促进了幸福,还是幸福促成了婚姻呢? 是否幸福的人对伴侣有更大的吸引力? 是否不满或者抑郁的人更常保持单身或者经历离异呢? 的确,与幸福快乐的人相处更有意思。他们也对人更加友好,令人信赖,富于同情心,以及更加关注于他人。不快乐的人,正像我们自己说过的那样,更容易被社会拒斥。抑郁通常引发婚姻压力,而婚姻压力又加深了抑郁。因此,积极的、快乐的人更容易形成幸福的人际关系。但是奥斯陆大学社会学家马斯特卡萨报告:研究者中盛行的观点是"婚姻幸福关系主要源于婚姻的有益作用"。

试想一下,如果最幸福快乐的人更快且更易于进入婚姻生活,那么随着人们年龄的增长(而且逐渐地,较不幸福的人越来越多地走入婚姻),已婚和未婚者当中的平均幸福感都将下降(年龄较大、较少幸福感的新婚夫妇会降低已婚者的平均幸福感,而且未婚群体将越来越多地由不幸福的人组成)。但是数据并不支持这个预测。这说明对于大多数人来说,夫妻直接的亲密关系确实能带来积极的情绪体验。拉特格斯大学一项超过 15 年的针对 1380 名新泽西州成年人的追踪研究,证明了相同的观点。即使是在控制了结婚前的个人幸福感之后,研究也发现了已婚者抑郁变少的趋势。

婚姻促进幸福感至少有两个原因。第一,已婚者更可能享受一种持久的、支持性的、亲密的人际关系,且更少地感到孤独。加州大学洛杉矶分校的库姆斯做的一个研究表明,男性医科学生如果已婚，则他们从医学院毕业时会感到较少的压力和焦虑。一个良好的婚姻给予伴侣一个可依赖的同伴、情人和朋友。第二个原因更实际。婚姻提供了配偶和伴侣的角色，这可以提供自尊的额外来源。的确，多重角色会带来多重压力。我们的"线路"可能确实超载了，但是每个角色同时也提供了回报，它使人生更为丰富，使我们从人生中其他部分的压力中解脱出来。一个有许多身份的自我，就像一个有着许多房间的大厦。例如，在大火袭击了温莎城堡的一栋侧楼后，城堡的大部分仍然可以供王室成员和旅游者观赏。当我们的个人身份依靠许多基石来支持时，那么在失去其中任何一个时，它也仍然可以继续挺立。

第二节　如何获得积极人际关系

　　与人沟通是每个人发自内心的需要，而每个人都具有与他人沟通的潜能。这种发生在两个个体之间的交流，通过言语和非言语的形式进行，最终要达到感同身受的理解。它不能通过纸上谈兵学会，也没有某种可以被称作唯一适合的方式。因此，有人说这是一门艺术，也有人说它是科学。无论怎么说，人与人的沟通是包含有许多知识和技巧的一门学问，它值得我们去学习和实践。

小测试 ✍

　　你的沟通能力怎么样？

　　仔细阅读每一条，根据你的实际情况，在右侧相对应的字母上打上一个√。A 表示没有或很少时间是这样；B 表示偶尔如此；C 表示常常是这样。

　　1. 如果我发现了别人的优点，我会称赞他/她。　　　　　　A B C

　　2. 别人乐于向我诉说。　　　　　　　　　　　　　　　　A B C

　　3. 我情绪不好的时候，根本不想理任何人。　　　　　　　A B C

　　4. 与人交谈时，我会问：为什么？　　　　　　　　　　　A B C

　　5. 与人发生冲突后，我会主动言归于好。　　　　　　　　A B C

　　6. 我觉得人心难测不可交。　　　　　　　　　　　　　　A B C

　　7. 我会主动征求别人的意见。　　　　　　　　　　　　　A B C

　　8. 与别人看法不同时，我很想让对方听我的。　　　　　　A B C

　　9. 我认为各人干各人的事，关系好坏无所谓。　　　　　　A B C

　　10. 别人说我说话口气咄咄逼人。　　　　　　　　　　　　A B C

　　11. 我会打断别人的话。　　　　　　　　　　　　　　　　A B C

　　12. 我会换个角度将心比心来看别人的做法。　　　　　　　A B C

　　13. 我能委婉地表达我的建议或反对的观点。　　　　　　　A B C

　　14. 交谈时，我会注视对方的眼睛。　　　　　　　　　　　A B C

　　15. 我很注意人们无意间身体姿态所流露的心情。　　　　　A B C

　　16. 别人跟我讲话时，我会东张西望。　　　　　　　　　　A B C

　　17. 别人说我表情太严肃了。　　　　　　　　　　　　　　A B C

18. 别人不听我的劝告，我并不生气。　　　　　　　　　A B C

分析说明：对于 1、2、4、5、7、12、13、14、15、18 题(共 10 题)，选 A 得 1 分，选 B 得 2 分，选 C 得 3 分。对于 3、6、8、9、10、11、16、17 题(共 8 题)，选 A 得 3 分，选 B 得 2 分，选 C 得 1 分。

将 18 道题的得分相加，即得到你的人际沟通得分 X。

X 在 40 分以上，说明你的人际沟通能力较好。如果 X 在 30 分以下，则说明你的人际沟通存在一些问题，需要改进。

一、吸引力

人与人产生吸引力的基本假设是：他人的出现对于我们有奖赏意义。影响吸引力的奖赏有两种类型：与他人交往产生的直接奖赏，和他人有关的间接利益。直接奖赏指的是他人提供给我们的所有显而易见的愉悦。如果他人给予我们兴趣和赞美，我们会对这种关注和接纳感到高兴。如果对方聪明又美丽，我们会享受这些赏心悦目的个人特征。如果他人能给我们带来物质利益如金钱或地位，我们更会乐于接受这些好处。多数情况下，人们提供的直接奖赏越多，对我们的吸引力就越强，反之我们给别人的奖赏越多，我们对别人的吸引力就越强。研究表明，吸引力具有以下一些特征。

(1) 临近：喜欢身边的人。心理学家费斯汀格有一个经典的研究发现：人们住得越近，就越容易成为朋友。这是因为由于物理上的接近，能够提高人们接触的频率，如果经常见到某人，那么你们之间交往和沟通的频率也会变多，自然容易成为朋友。为什么物理的接近有那么大的影响力呢？答案之一是，如果他人在我们身边，我们能很容易得到他人提供的奖赏。中国有一句话叫远亲不如近邻，其实也就是这个道理。空间上的临近也能使两个人更可能相遇，彼此变得更加熟悉。我们倾向于喜欢见过很多次的面孔而不是陌生的面孔。在信息社会，虽然我们与有些朋友不能够经常见面，但是如果我们通过微信、QQ 等信息手段增加沟通频率，也能维持很好的朋友关系。异地恋的同学，只要增加沟通频率，也能够维持良好的恋爱关系。

(2) 长相吸引力：喜欢长得可爱的。爱美之心，人皆有之。我们都喜欢美好的事物，漂亮的女性和帅气的男性在与人交往的过程中，具有很大的优势。心理学当中也有著名的光环效应。光环效应是指人们会认为那些外表有吸引力的人一定也具有高尚的品格，而且聪明、热情、机智、友善等，会把好印象扩大化。光环效应在恋爱关系中表现得尤为明显，研究证明女性容貌的美丽程度与约会的频率有很强的联系，但男性的容貌与约会频率之间关系不大。实际上外在的美和内在的品质之间并没有必然的联系，人们并不会因为对方长得漂亮，就一定会和他成为很好的朋友。容貌上的美，只会在交往初期有优势，而在交往的后面的阶段中，最重要的影响因素是个性品质。

(3) 礼尚往来：喜欢那些喜欢我们的人。大多数人会用下面的公式来衡量自己对他人的实际兴趣，以及接近伴侣和建立亲密关系的可能性：

$$对未来伴侣的期望值 = 伴侣的长相吸引力 × 伴侣接纳自己的可能性$$

对方能否接纳自己，是大多数人在择偶时需要认真思考的重要问题。比如对威斯康辛大学的男生调查发现，如果他们发现了漂亮的女生，在拿不准该女生的反应之前，很少有人(只有 3%)会请她约会。在请女生约会之前，几乎所有的男生都表示，他们或许会再等等，看看彼此是否有共同的兴趣爱好，或者如果没有自信的话，干脆什么都不做就放弃了。

(4) 相似性：喜欢与我们相像的人。首先是在年龄、性别、种族、受教育程度、宗教信仰和社会地位等人口统计学上的相像。其次是态度和价值观的相像。共同点越多，彼此越喜欢。最后，或许还可能有相似的性格，特别是长期相处时，性格相像的夫妻比性格不同的夫妻的婚姻更加幸福。遇到与我们相似的人通常令人心安、具有奖赏价值，发现他人与自己相像会令人快慰，这提醒我们这样子是没有问题的。有一句话叫"物以类聚，人以群分"，和我们相似的人让我们感觉更亲切和容易接近。研究也表明，跟我们的生活背景、年龄、兴趣、态度、信仰等方面相似的人，容易成为我们的朋友。特别是在宿舍和班级里面，可能出现这样的情况，北方的人容易跟北方人在一起玩，农村的孩子可能容易跟农村的孩子在一起玩，城市的孩子可能容易跟城市的孩子在一起玩，这就是地域背景。有共同兴趣爱好的人，能够有更多的话题，有爱好带给他们的相同的情绪和情感体验，找到认同感和归属感。当然，如果你有很多的兴趣爱好，和这几个人一起打球，和那几个人一起打游戏，和喜欢学习的几个人一起自习，那么你的朋友会很多。也就是说可以通过培养自己的兴趣爱好而扩大自己的交际圈。研究表明，相爱的人在态度和观点方面的相关系数是 5，在心理能力方面的相关系数为 4，在社会经济地位、身高、体重等方面的相关系数为 3。如果教育背景、年龄或价值观方面有很大的差别，则离婚率是非常高的。中国有一句古话叫门当户对，从相似性来理解是有一定道理的。

(5) 才能：喜欢优秀的人。才能是一个人表现出来的能力水平或技能的熟练程度。一般而言我们总是被有天分和有才能的人所吸引。

但是下面的例子说的却是一种有趣的怪现象。

在一个有关吸引力的实验中，大学生们被要求，通过听磁带选出一位智力竞赛主持人。磁带总共有四盒，实际都是一个人录的声音。在其中两盒录音当中，两位候选人都表现得非常聪明，另外两位候选人表现得能力一般。此外，在一位聪明候选人和一位一般候选人的录音中，被试能够听到候选人在讲话的时候，笨拙地把咖啡洒到了自己的身上。你们可以猜一下，大学生们选出的最受欢迎的主持人是哪位呢？最后的评选结果是，聪明而笨拙的候选人被评为最受欢迎者，一般而笨拙的候选人，被评为最不受欢迎者。可见聪明但不甚完美的人，比聪明而完美的人更有吸引力。实验最终结论是，人们对那些有才能但不完美的人情有独钟，可能因为有一些小毛病，反而使他们显得更有人情味。

那么两性相互吸引会由哪些因素决定呢？研究表明，男性和女性的择偶标准，排在前六位的是：善解人意、有才华、有激情、身心健康、适应能力强、外表有魅力。但是男性跟女性的看法也有差别，比如男性把外表有魅力排在第 3 位，而女性把它排在第 6 位，男性能把高收入排在第 11 位，而女性把它排在第 8 位。也就是说，男性更在乎女性的外貌，而女性不太在乎男性的外貌；男性不在乎女性的收入，但是女性却在乎男性的收入。

二、第一印象

卡耐基说过："良好的第一印象是登堂入室的门票。"不可否认，给他人第一印象的好坏直接影响着你在他人心目中受欢迎的程度。美国心理学家亚瑟所做的有关第一印象的研究中指出，人们在会面之初所获得的对他人的印象，往往与以后所得到的印象相一致。

日常生活中，我们常会遇到这样的情形：在某些场合，突然感到自己的穿着很别扭，与周围的人或环境格格不入，觉得自己举手投足间窘态百出。更让人担忧的是，一些人在和他人初次见面后，通常都会被别人评头论足，在不知不觉中就被人戴上"此人很不友善""此人很直爽"之类的帽子。这是人们拿对方跟自己已有的经验相对照，并以其体格、外貌、服装等为基准，对对方产生的一种观念。如果对对方的第一印象不是很好，就很难修正我们给对方下的结论。

其实，第一印象并不是指第一次见面过程中所有的时间观察对方所得的印象，而是最初几秒所留印象的结果，切勿小看这短短几秒的表现，它对你的办事效果有着很重要的影响。

心理学中有个专业术语叫"初次效果"，意思是初次见面的一瞬间就能够决定你胜利与否。如果你留给别人的第一印象是聪明、稳重的，那么下次见面时即使你们双方有较激烈的争执，对方也会把第一印象融合进来，认为你是个他比较认可的人。相反，如果第一印象是穿着随便、毫无气质、工作态度散漫的，第二次见面即使诚心交谈，对方也一定认为你固执己见、目中无人。

第一印象就是一个人的门面，别人对你或你对别人都是一样。如果留给他人的第一印象很糟糕，要想挽回是非常困难的。因此，在与他人初次接触时必须注意多争取印象分。

初到一个新环境，人人都有紧张、陌生之感，但只要抓住人人都爱"先入为主"这个特点，我们可以从"一开始就树立良好的第一印象"这个策略入手，与别人进行有效交往。

当然，要给人留下良好的第一印象，不仅要注意在外在形象上魅力迷人，还要注意修炼你的行为举止及从中流露出你独特的气质。让自己神采奕奕，洋溢着生命的活力，这就是风度。风度是气质的外化，这是一种精神上的高度洒脱、自由，它比清秀的面目更有魅力。

日本早稻田大学心理学讲师东清和先生曾说："用来形容对某人印象的基本词汇有五六十个，而形容第一印象的则只有五六个，因为第一印象只能用极表面的词语来形容。诸如令人讨厌、有智慧、漂亮、温柔、有干劲等。"

想赢得五六句好的评语并不困难，只要稍加努力就能享受提升第一印象的成果。那么，怎样才能给对方留下良好的第一印象呢？

(1) 发挥自己的长处。尺有所短，寸有所长。如果你发挥自己的长处，别人就会喜欢跟你在一起，并愿意同你合作。所以，与人交往，要充满自信，并尽可能地发挥自己的长处。

(2) 适应不同的场合。懂得与人交往的人，会因场合不同而改变自己的表现。一成不变的状态会使人显得没有朝气，从而不会给人留下美好印象。不管是与人亲密地倾谈，还是发表演说，都要在保持言行一致的前提下，因时因地地有所变化。

(3) 放松心情。要想别人喜欢你，就要使别人在与你相处时感到轻松自在。这种氛围只有你自己表现得轻松自如才能创造出来。因此，遇事时自己的心理要尽量放松。学会幽默，不要总是神色严峻，或做出一副苦闷的样子。

(4) 善于使用眼神。不管是跟一个人还是跟一百个人说话，一定要记住用眼睛望着对方。进入坐满人的房间时，应自然地举目四顾，微笑着用目光照顾到所有的人。这会使你显得轻松自若。

戴尔·卡耐基在《怎样赢得朋友和影响他人》一书中给出了六条建议：① 做一个耐心的倾听者，鼓励别人多谈他自己；② 微笑；③ 多提别人的名字；④ 谈符合别人兴趣的话题；⑤ 以真诚的方式让别人感到他很重要；⑥ 真诚地对别人感兴趣。

其实，只要用心，获得好的第一印象这张登堂入室的门票并不难。只要能正确认识自己，扬长避短，发挥自己独特的优势，形成个人与众不同的风格，就可塑造百万人之中的"这一个"，以自己独特的魅力引起别人的注意、重视。

在人际交往中，你留给别人的第一印象是好是坏，直接影响你与他人接下来的交往质量。有时候，第一印象甚至会决定你的命运，比如在求职面试中，第一印象往往能决定你是否能拿到这份工作。因此，给别人留下良好的第一印象非常重要，良好的第一印象会给你的事业、爱情、生活等打开一个亮丽的窗口。那么你给别人的第一印象如何呢？

小测试 ✍

1. 与人第一次见面，一番交谈之后，你能对他(她)的言谈举止、学识能力等方面作出积极、准确的评价吗？

A. 不能

B. 很难说

C. 我想可以

2. 你和别人约会结束之后，告别时约下一次再会的时间地点是？

A. 对方提出的

B. 谁也没有提这事

C. 我提议的

3. 初次见一个人，你的面部动作通常是？

A. 热情诚恳，自然大方

B. 大大咧咧，漫不经心

C. 紧张局促，羞怯不安

4. 你能在一番寒暄之后，很快就找到两人都感兴趣的话题吗？

A. 是的，对此我很敏锐

B. 我觉得这很难

C. 必须经过一段时间才能找到

5. 你跟人交谈时，坐姿通常是？

A. 两膝靠拢

B. 两腿叉开

C. 跷起二郎腿

6. 你同他(她)谈话时，眼睛放在何处？

A. 直视对方的眼睛

B. 看着其他的东西或人

C. 盯着自己的纽扣，不停地玩弄纽扣

7. 你选择的交谈话题是？

A. 两人都喜欢的

B. 对方感兴趣的

C. 自己热衷的

8. 第一次交谈时，你们分别占用的时间是？

A. 差不多

B. 他多我少

C. 我多于他

9. 跟人会面时，你说话时的音量总是？

A. 很低，以致别人听得较困难

B. 柔和而低沉

C. 声音高亢热情

10. 在说话时，你的身体语言是否丰富？

A. 偶尔做些手势

B. 从不指手画脚

C. 我常用姿势补充言语表达

11. 第一次交谈时，你说话的速度怎么样？

A. 相当快

B. 十分缓慢

C. 节律适中

12. 假若别人谈到了你不感兴趣的话题，你会？

A. 打断别人，另起一题

B. 显得沉闷、忍耐

C. 仍然认真听，从中寻找乐趣

计分标准(选项得分题号 ABC)：

1. 135   2. 315   3. 513   4. 513   5. 513   6. 513

7. 351   8. 351   9. 351   10. 351   11. 135   12. 135

分析说明：

0～22 分：你给人留下的第一印象不太好。是不是很吃惊？可能你觉得只是按照自己的兴趣习惯做事。虽然也许你本人也极愿意给别人留下好的印象，可是，你的各方面传达出漫不经心、言语无味的信号，所以别人会觉得你给他(她)留下的印象不是很好。必须记住，与人交往是一门艺术，艺术是要经过修饰的。

23～46 分：你给人留下的第一印象一般。你表现得有些部分让人很愉快，不过，也有不太好的地方，这不会让人对你产生厌恶感，不过，也不会让人觉得你很有魅力。如果你希望提高自己的魅力，首先必须从心理上重视，努力在"交锋"的第一回合显示出最佳形象。

47～60 分：你给人留下的第一印象非常好。你得体的体态、温和的谈吐、合作的精神，给第一次见到你的人留下了深刻的印象。无论对方是你工作范围内的人还是你私人社交生活中的接触者，他们都有与你进一步接触的愿望。

三、欣赏他人，赞美他人

1. 人人都在为赞美奋斗

亲人间的赞美，让家庭更加幸福；师生间的赞美，让教育更加融洽；同事间的赞美，让工作更加和谐；情人间的赞美，让爱情更加滋润。失败者因为赞美而点燃新的希望，成功者因为赞美而走向辉煌；小孩因为赞美而天天向上，大人因为赞美而悠然自得；员工因为赞美而积极努力，领导因为赞美而更有使命感；女人因为赞美而更有爱心，男人因为赞美而更有责任感；妻子因为赞美而漂亮开心，丈夫因为赞美而更加努力——赞美的好处无处不在。

赞美就像润滑剂，可以调节人际关系；赞美又像协奏曲，那和谐悦耳的声音让人如痴如醉；赞美犹如和煦的阳光，让每一个人都享受到世间的温情；赞美像播响的战鼓，时刻给人以鼓舞和激励。人人都喜欢被别人赞美，赞美是一首抒情歌曲，赞美是一首精美诗歌，如太阳般灿烂，温暖幸福心田。

我们需要赞美，如万物需要阳光。在生活中，人人需要赞美，人人喜欢赞美，这绝不是虚荣心的表现，而是渴求上进，寻求理解、支持与鼓励的表现。爱听赞美是出于人的自尊需要，是一种正常的心理。人们总是不自觉地在他人那里寻找自身存在的价值，其内心深处都有被重视、被肯定、被尊敬的渴望。当这种渴望得到实现时，人的许多潜能和真、善、美的情感便会被奇迹般地激发出来。

2. 赞美是一种精神嘉奖

世上除了物质嘉奖之外，还有一种普遍存在的嘉奖，它就是精神嘉奖。在所有的精神嘉奖中，赞美排名第一。赞美别人，并使他们进入一种你期望他们表达的行为方式，是最令人称心如意的。它不需要花费你一分钱，因此，你不必做预算。在你使用这种方法时，也不需要得到什么人的批准或者同意，同时也是风险最小的投资。

在所有的精神贿赂中，赞美是排名第一的贿赂形式。没有人会真正拒绝这种行贿形式，没有人会把送进来的赞美甩出去的。获取赞美是人的天性。

从呱呱坠地的那一刻起，我们就渴望这一辈子能够不断得到赞美。在家里我们希望得到父母的赞美；在学校我们渴望得到老师的赞美；在单位我们期望获得领导的赞美；在朋友交往中我们盼望得到异性的赞美……赞美是激励我们每一个人积极进取的催化剂；赞美是我们每一个人赖以生存的精神食粮。

3. 赞美是天下最美的语言

每个人内心深处最持久的、最深层的渴望，便是对赞美的渴望。既然如此，我们为何不将这种无需"成本"的"赞美"慷慨地赠与他人呢？其实赞美别人，就是肯定自己，由衷地表达对别人的欣赏，就是对自己有信心的表现。在别人的优点中，肯定了自己的眼光；在别人的特色中，肯定了自己的气度；在别人的表现中，肯定了自己的观察。每个人都是一道风景，是一首诗、一本书，懂得欣赏和赞美，会使风景更加优美；懂得赞美，会使故事更动人！

当你赞美别人时，你会发现自己拥有无限潜能去感动身边的人。用赞美试着去改变自己和别人的生活吧！竖起你的大拇指，把话说到对方心坎上！赞美是人际交往中最能打动人心的语言。赞美别人，是搞好人际关系最有效的"润滑剂"，是"于人有利、于己无损而有利"的事，何乐而不为呢！赞美是一种非常有效而且不可思议的推动力量。

4. 具体的赞美才能打动人

赞美的时候应从具体的事情入手，善于发现别人哪怕是微小的长处，并不失时机地予以赞美。赞美用语越具体，越说明你对他的了解、对他的长处越看重。让对方感到你的真挚、亲切和可信，你们之间的人际距离就会越来越近。

那么，我们如何观察才能发现对方具体的优点，并以恰当的语言表达出来呢？可以从以下几个方面入手：

(1) 指出具体部位，说明特点。

这适用于对外表的赞美。比如眼睛明亮、脸型好看、面带福相、气质儒雅、高贵洋气、身材苗条……我们可以从他的相貌、服饰等各方面寻找具体的闪光点，然后给予赞美。

(2) 列出事实，并给予具体的评价。

列出事实，并给予具体的评价，就是向对方表明，你的感言发自肺腑。比如：

"你的女儿真聪明，我刚才给她出了三道题，都答对了。"

"你这篇文章写得很好，特别是后面一个问题很有新意。"

"你这件衣服很好看，这种款式适合你的年龄。"

"你的歌唱得好，有专业歌手的水准。"

再如，看到同事挂在墙上的结婚照，可以对他说："你应该多送你太太聘礼。"对方不解地问："为什么？"你这样向他解释："因为你娶了一位电影明星。"他听到这样的赞许，肯定从心底里感到高兴。

四、自我表露

我们会从美满婚姻和亲密友谊中获得一种美好的体验，此时，信任取代了焦虑，使我们更容易展现自己，而不需要担心失去他人的友情或爱情。后来，这种特点就被人本主义心理学家西德尼·朱拉德归结为自我表露。随着相互关系的深入和发展，自我表露的伴侣会越来越多地向对方展现自我，他们彼此的了解越发深入，直到一个适当的水平为止。

研究发现，大多数人都会喜欢这样的亲密关系。如果一个平时很内向的人说我们的某些东西让他觉得"愿意敞开心扉"，并分享他的秘密，那么大部分人在这种情况下都会感到十分高兴。被他人挑选为自我表露的对象，是件令人高兴的事情。我们不仅喜欢那些敞开胸怀的人，而且也会向自己喜欢的人敞开我们的胸怀，而且在自我表露之后，我们会更加喜欢这些人。如果缺乏发展这种亲密关系的机会我们就会有孤独的痛苦感受。

很多实验试图探索自我表露的原因和效果。人们什么时候最愿意谈论这样的私密信息呢？比如"你喜欢自己的哪些方面，不喜欢自己的哪些方面?"或者"你最羞愧的事情是什么？最骄傲的事情是什么?"，这样的表露对双方有什么效果呢？

我们在沮丧的时候会更多地自我表露，比如生气和焦虑的时候。对于那些我们期望与之有更多交往的人，我们会更多地自我表露。而且安全型依恋的人会比其他类型的人自我表露得更多。最值得信赖的结论是，人们之间存在表露互惠效应：一个人的自我表露会引发对方的自我表露。我们会对那些向我们敞开胸怀的人表露更多。但是亲密关系的发展并不是随之即来的。如果亲密关系立即产生，那这个人就会显得不谨慎和不可靠。合适的亲密关系的发展过程就像跳舞一样：我表露一点，你表露一点，但不是太多；然后你再表露一些，而我也会做出进一步的回应。对于那些恋爱中的人们，亲密关系的不断加深会使他们兴奋。鲍迈斯特等人认为："亲密关系的增强会创造很强的激情感觉。"当亲密关系稳定时，激情就相对较少。

有些人，主要是女性，特别善于使人"敞开心扉"。她们可以轻易地引发他人进行亲密的自我表露，即使是那些通常很少表露自己的人。这样的人似乎都是好的倾听者。在交谈中，他们会一直保持高度注意的面部表情而且总是显得很乐意倾听。对方说话时，他们也会时不时地插些支持性的话语，以此表达自己对交谈的兴趣。心理学家罗杰斯把这些人称为"促进成长"的听众，她们是真正表露自己情感的人，接受他人情感的人，以及共情、敏感并且善于思考的人。

这样的自我表露有什么效果呢？朱拉德认为，这样的方式使我们扔掉我们的面具，真实地表现自己。他认为对他人敞开自我，同时将他人的自我表露当做是对自己的信任，可以使人们之间的交往更加愉快。例如，拥有一位亲密朋友，我们可以与他讨论我们对自我形象的恐惧，那么我们这方面的压力就得以缓解了。一段真正的友谊还可以帮助我们处理其他关系上出现的问题。罗马的戏剧作家塞内卡这样说道："当我和好友在一起时，就像跟我自己在一起一样，我可以想说什么就说什么。"推到极致，婚姻也正是这种友谊，它以彼此的忠诚为特征。

自我表露也是伴侣之爱所带来的快乐之一。那些经常敞开自己心扉的夫妇或情侣，他们会获得更高的满意度并且更容易保持长久的感情。那些认为自己"总是把自己最隐私的感情以及想法和自己的伴侣分享"的夫妻，往往对婚姻的满意度更高。

盖洛普进行的一项美国婚姻调查结果显示，共同祈祷的夫妇中有 75%(不共同祈祷的夫妇中只有 57%)的人报告说他们的婚姻非常幸福。在信徒中，发自内心的共同祈祷是谦卑的、私密的、触及灵魂的表露，那些共同祈祷的夫妇也更经常地讨论他们的婚姻，更尊敬自己的配偶，并把自己的配偶评价为善解人意的爱人。

五、微笑是最美的语言

使别人欢迎并喜欢自己最好的方法就是常常微笑。人际关系大师卡耐基说过："笑容能照亮所有看到它的人，就像穿过乌云的太阳，能带给人们温暖。"微笑比言语更具有力量，微笑所表示的是"我喜欢你，你使我快乐""我很高兴见到你"。

佛兰克·尔文·弗莱奇对微笑有过这样的赞美：

它不需要花什么，但可创造很多成果。

它丰富了那些接受的人，但却不会使那些给予的人贫瘠。

它产生于一刹那之间，但常常给人一种永远的记忆。

它是疲倦者的休息日、沮丧者的白天、悲伤者的阳光，又是大自然的最佳良药。但它却又无处可买，无处可求，无处可借，无处可偷，因为在你把它给予别人之前它并没有什么实用的价值。

人际交往是一个互动的过程，情绪是可以"传染"的。与人交流的时候，如果我们面带微笑,对方也会不自觉地被感染,而回馈给我们同样的微笑。这样,双方的心情都会变得愉悦起来,事情也就容易谈成。

相反,当我们愁云满面地对着他人,他人也会因为看到一张忧郁的脸而变得紧张、压抑,必然会想办法尽快溜之大吉。

古希腊哲学家苏格拉底说:"在世界上,除了阳光、空气、水和微笑,我们还需要什么呢?"换句话说,微笑同生活中的阳光、空气、水分一样重要。同时,微笑还是一种特殊的语言——情绪语言,它可以和有声语言及行动相配合,起到互补作用,给人以美好的享受。比如你进入一家酒店,服务员微笑着说道:"你好,欢迎光临!"你会感觉特别亲切,有了宾至如归的感受。反之,如果服务员面无表情地说道:"你好,欢迎光临!"你可能一点温暖的感觉都没有,还会担心自己是不是走错了地方,是不是来到木偶剧院,怎么说话的人都没有表情。

对人微笑是一种有礼貌的表现,它显示出一种力量、涵养和暗示。一个刚刚学会微笑的青年人说:"自从我开始坚持对周围的人微笑之后,大家由最初的非常迷惑、惊异,转变为后来的欣喜、赞许。现在,我已养成了微笑的习惯,而且我发现人人都开始对我微笑,过去冷若冰霜的,现在也热情友好起来。我真的感觉到自己得到的快乐比以往任何时候得到的满足感与成就感都多。"

有微笑面孔的人,就会有希望。对那些整天都皱眉头、愁容满面的人来说,你的笑容就像穿过乌云的太阳;对那些受到来自上司、客户、老师、父母或子女的压力的人,一个笑容就是最好的信使,能帮助人们相信一切都是有希望的、世界是有欢乐的。

要想成为一个受欢迎的人,就要学会微笑,而且只要你活着、忙碌着、工作着,就不能不微笑。

六、倾听:不只是听见

人们常常认为交际场上能说会道的人才是受欢迎的人,是善于交际的人。其实,善于聆听的人才是真正受欢迎的人,是真正会交际的人。

故事赏析

曾经有个国家派使臣来到中国,向皇帝进贡了三个一模一样的金人,同时提出一个问题:这三个金人哪个最有价值?

皇帝为了不丢大国的颜面,想了许多办法,称重量、看做工、检查纯度等,可是到最后只得出一个答案:在这些方面,三个金人都是分毫不差的。这可急坏了皇帝,他连连向大臣们征求好办法。一个已经退位的大臣听说后,就找到皇帝说:"请给老臣一个机会,让我用一根稻草试试吧。"皇帝不太相信,一根稻草怎么能试出来呢?由于没有别的办法,就只好让大臣试试看了。只见这个大臣拿着一根稻草来到三个小金人面前,当他把稻草插入第一个金人的耳朵时,稻草的另一端从金人另一个耳朵里冒了出来;当插入第二个金人耳朵里时,稻草从嘴巴里露出来了;当他把稻草插入第三个金人耳朵里时,稻草掉进了金人肚子里。老臣说道:"第三个金人最有价值!"站在旁边的使者赶紧点头,连连称赞。

这个故事告诉我们,最有价值的人,不一定是最能说的人。善于倾听,才是成熟的人最基本的素质。苏格拉底说过："自然赋予我们一张嘴，却给了我们两只耳朵，就是让我们多听少说。"聆听是一门学问，会聆听的人，才会把他人的话听到心里。

一位心理学家曾说："以同情和理解的心情倾听别人的谈话，我认为这是维系人际关系、保持友谊的最有效方法。"

有研究显示，大学生的沟通形态中，平均 14%的时间是花在书写上，16%的时间花在说话上，17%的时间花在阅读上，而有大部分人，将多达 53%的时间花在倾听上。倾听囊括了大众沟通媒体，例如手机与电视，以及倾听面对面的信息。大众沟通媒体占据了学生21%的沟通时间，而面对面沟通则占据了 32%，这比起其他沟通类型花费的时间都要多。

1. 倾听的过程

1) 听到

听到属于生理的范围，借由某一种频率和声量的刺激，振动空气以撞击内耳，就形成我们所听到的声音。听觉会受到噪音的影响，如果环境中有其他嘈杂的声音，尤其频率刚好与我们所欲接收的信息一样时，我们就会发现很难从所有的背景中整理出重要的信息。

另外，听觉也会因长期暴露在同一个音调或巨大的声响中而导致疲乏或暂时失聪。例如，如果你整个晚上都待在一个有巨大音响的舞会中，那么你的听觉状况可能就会出现问题，即使在之后远离了人群，这个状况仍然有可能持续存在着。当然，如果你经常让自己暴露在巨大的声音中，像许多摇滚乐师及其粉丝那样，就有可能造成永久的失聪。

在没有生理问题的前提下，听到也有可能是很困难的一件事。对许多沟通者来说，光是听这件事对他就是一个很大的挑战。一个研究中指出，每天在教室中有四分之一到三分之一的孩子没有办法正常听见或听到。要做一位出色的沟通者，你必须知道听你说话的那个人有可能无法有效地接收你所传达的信息，所以你必须调整你的说话方式，如说得慢点、大声一点、清晰一点，都是有效的方法。

2) 专注

听到是一个生理的过程，而专注则是一个心理的过程，知觉选择过程中如果对每一个所听到的信息都付出注意力的话，我们一定会疯掉，所以我们必须过滤掉一些信息，以便能够将注意力放在自己认为重要的信息上。我们的愿望、需求、欲望和兴趣等，都决定了我们选择的焦点。研究显示当有一些回馈出现时，我们会更小心地专注于信息上。如果你正计划去看一场电影，而当朋友在描述此部电影时，你就会更加专注地去倾听。当你想要与某人建立良好的关系时，你会更小心地倾听他所说的每一句话，以期增进彼此之间的关系。

3) 了解

了解是发生在我们能理解信息意义的时候。我们都有一个经验，当我们专心地倾听信息之后，我们仍然对这些信息一点也不明白，甚至可能会误解信息的意义。

4) 回应

对一个信息作出回应，就是对说话者给予清楚的反馈。通常倾听者并不会很明显地去回应说话者，但研究建议我们应该对说话者多给予一些反馈。一个针对银行界与医疗界的195 个危急关键时刻的研究发现，有效倾听与无效倾听的差异就在于反馈的呈现方式。好的倾听者会使用非语言行为来表达他们的专心，例如保持目光的接触、给予适当的脸部表情等。在语言行为方面，包括回应对方的问题、交换意见与想法，都可以证明倾听的专心程度。

倾听并不是一种被动的活动，作为一个聆听者在沟通交流中是一个积极的参与者。在接收到信息的同时，我们也在传送信息。回应是良好倾听极为重要的部分。

5) 记忆

记忆是记住信息的一种能力，如果我们无法记住我们听到的信息，便会枉费我们对倾听所做的努力。研究指出大部分的人在听完信息之后仅仅只会记得 50%的内容，不超过 8 小时会下降到只剩 35%，而两个月后平均只会剩下 25%。总的来说，每天在我们生活中所发生的信息，不论来自老师、朋友、广播、电视、网络或其他的资讯，能够被我们的记忆所保留下来的信息仅仅只是一小部分。

2. 倾听技巧

倾听其实也有技巧。倾听的技巧包括：开放式问题、鼓励和重复对方的话、无条件地积极接纳和关怀。开放式问题往往是最有用的倾听技巧之一，常常用包括"什么""怎么""为什么""能不能"等词在内的语句进行发问。

1) 开放式问题

"能不能告诉我，为什么这事使你感到那么伤心？"

"能告诉我你的想法吗？"

以"能不能……""能……"开始的这类问题，是最开放的问题，有助于谈话对方给予独特的回答。

"那么以后又发生了什么事情？"

"当时你的反应是什么？""还有什么人在场呢？"

这种包括有"什么……"在内的疑问句，可以帮助我们了解对方所谈的事情的真实情况。

"对这件事你是怎么看的？"

"你是怎么知道别人的这些看法的呢？""为什么你觉得这样做挺有意思(不公平、不对)呢？"

"为什么你说别人都看不起(喜欢、欣赏)你？"

"你感到很难过？"

"这件事情你现在想起来仍然很气愤？"

"你笑了，你觉得这件事很有趣是吗？"

这种带有"怎么""为什么……""你觉得……""你感到……"在内的疑问句，可以帮助我们更深一步了解对方的看法、做法和情绪的原因。

2) 鼓励和重复

鼓励是指对对方所说的话仅以某些词语来鼓励对方进一步说下去，如：

"嗯……嗯……""噢""是这样"或"那么，后来呢？"

这是最简单的技巧之一，却能使对方了解到你在认真地听他说话，并希望他继续讲下去。但因其简单，所以常常被认为是细枝末节而被忽视。然而正是这一简单的技巧，使我们进入对方的精神世界，这也是善于沟通的人所具有的一个特征。

在运用鼓励语句的同时，还应注意自己的身体语言。比如专注的眼神、倾听的姿势都是一种无声的鼓励，而点头所表示的含义就更明确了。

重复是简短重复对方所说的话，或强调所讲的某部分内容，看上去很简单，它却表达出感同身受的理解。

例如，对方说："我已经尝试了去和父亲和谐相处，但是不行，他对我太苛刻了。"我们可能的言语反应有以下几种，试比较哪种反应更有利于人际沟通和理解。

重复句A："你应该进一步努力去尝试。"(建议)

"为什么你们不能和谐相处？"(问题)

"我相信将来总会和谐相处的。"(安慰和否认)

重复句B："你与你父亲的关系正处于困难期。"

(只针对了对方所说的事件内容，忽视了情感成分)

重复句C："你想与父亲相处又不成功，你感到很沮丧。"

(既反映了问题又反映了情感)

重复句D："你好像无法接近你父亲，所以感到沮丧，你想让他对你宽容些。"

(既反映了事实和情感，还反映了对方潜在的意愿)

重复句E："你好像不能接近父亲，所以感到沮丧。你需要他对你宽容些。你是不是试着这样做，即向他表达出你对他的感情。"

(不仅包括以上三方面，还包括可能会有助于解决问题的建议)

以上五种重复句中，最有利于理解和沟通的是C、D、E三种，这三种重复句可以让你更能站在对方的角度来思考他/她的处境、体会他/她的感受。

用言语来表达感同身受的时候，最重要的是要记住：当对方发现你的言语反应中传递了"理解和兴趣"时，他/她就会正面作出回应。感同身受的反应提供了一种支持性的心理氛围，在这样的氛围下，对方感到自己看待事情的方式并没有受到批判，他们的方式是能够被接受的方式。

感同身受的反应的目的：通过表示理解，表示你与对方站在同一立场，鼓励他/她进行自我探索，可以建立起良好的关系，并引发对方讲述自己的问题。用言语表达出对方表达不明确的信息。理解他/她内心深处的想法和观点，特别是这些想法没有被说出来，或表达得不明确的时候，帮助他认清问题，形成线索，整理思绪，整合相关信息。也帮助你自己准确地了解对方的问题是什么、他的感受体验、问题的原因。

感同身受的理解包括以下几个成分：

(1) 表示你愿意站在对方的角度去理解他/她的问题，而且还表示你能够对他/她的问题准确地理解。

(2) 讨论对方认为最重要的事情。向对方表达你很清楚对他/她而言最重要的事情是什么。你的反应要与他/她的基本问题建立联系，要关联到他/她的问题和烦恼。

(3) 用语言表达出对方的情感情绪体验。

3) 无条件地积极接纳和关怀

卡尔·罗杰斯非常提倡以释义技巧来作为助人的工具。身为一个心理学家，罗杰斯关注的焦点是助人者如何协助别人，而他和他的追随者都确信这样的方法可以在所有的人际关系中发挥作用。罗杰斯使用几个词语来描述他所使用的方法，这种方法有时被称为"非指导性"，有时被称为"案主中心"，还被称为"个人中心"。所有的这些词语都反映了他的信念，他相信最好的助人方式就是提供一种积极的态度，在这种气氛下让当事人自己去寻找属于自己的答案。罗杰斯相信忠告、评断、分析和问话方式都不是协助人解决问题的最好方法。相反的，罗杰斯和他的追随者认为人是具有潜能的，人们会自己为自己找到最好的方式，接受自己并看重自己，而不需要他人的指导。

个人中心的基本助人要素是罗杰斯所称的"无条件地积极接纳和关怀"。助人者对来访者的想法给予尊敬和无评价式的关怀，去接纳人们如其所述的样子，即使你不同意对方的态度与想法，你都给予积极的尊重。但是这个意思并不是要你去同意来访者的想法、感觉或做法，而是提醒你不要去评价来访者的想法和行为的是非对错。

个人中心治疗法很重视倾听的技巧，在倾听中要正确地洞察、理解并对来访者的想法和感觉做出反应。它其实是一个很大的挑战，因为你要倾听、回应，但却不能评价，这会是多么困难的事呢！

这样的技巧所碰上的最大挑战就是，当我们面临一个信念、态度和价值观与我们全然不一样的人时仍然要给予无条件的积极接纳和关怀，这真的是非常困难的一件事。有一部叫《死囚漫步》的电影正说明了这样的情境，这部电影描述了海伦·普雷金修女的真实故事。她是一位天主教的修女，应一位已定罪的谋杀犯马修·庞谢特的要求与他通信，后来到监狱去拜访他。在面对庞谢特的可怕罪行时，海伦仍然能够保有她对一个人的真诚与关怀。很少人能够做到像海伦修女那样无条件地积极接纳和关怀。

七、同理心

同理心又叫作换位思考、神入、共情，指站在对方立场设身处地思考的一种方式，即人际交往过程中，能够体会他人的情绪和想法、理解他人的立场和感受，并站在他人的角度思考和处理问题。同理心主要体现在情绪自控、换位思考、倾听能力以及表达尊重等与情商相关的方面。

我们很容易将同理心与同情心混为一谈，观念上这两者在两个方面是不同的。第一，同情心表示你用自己的观点来看别人的困扰而产生的悲悯之心，而同理心是指你设身处地地思考对方的处境而产生的感同身受。想象一下对一个未婚妈妈或一个无家可归的人，同情心与同理心的差别何在？再想象一下，站在她(他)的立场会是什么样的？当你同情他们时，他们的困惑、喜乐和痛苦还只是他们自己的经验，但当你同理他们时，这些经验就好像变成你的经验(至少在此时此刻)。第二，只有在我们明确知道别人痛苦的原因后，我们才会产生同情，但没有同情也可能同理，不必有太多同情你仍然可以同理。例如，同理遭遇困难的亲戚、鲁莽的陌生人甚至罪犯。同理心让你了解别人的动机，而不需要赞同对方。同理之后，你几乎可以确定，你更加了解他们，但不见得会对他们产生同情。

某些人似乎因为遗传因素而比别人有更多的同理心，关于同卵双生和异卵双生的研究指出，女性同卵双胞胎比异卵双胞胎拥有较为类似的同理心能力。有趣的是，男性同卵双胞胎的同理心能力几乎没有差异。虽然同理心有生物性的基础，但环境仍然扮演着一个重要的角色。举例来说，对子女的感受较敏感的父母，倾向养育出对别人感受较敏感的孩子。

完全的同理是不可能达到的，对不同背景和沟通技巧有限的人来说，需要完全了解另一个人的观点实在太困难了。虽然如此，培养出感受性强、能通过别人的眼睛看世界的态度却是有可能的。

1．同理心六原则

(1) 我怎么对待别人，别人就怎么对待我。

(2) 想他人理解我，就要首先理解他人。将心比心，才会被人理解。

(3) 别人眼中的自己，才是真正存在的自己。学会以别人的角度看问题，并据此改进自己在他们眼中的形象。

(4) 只能修正自己，不能修正别人。想成功地与人相处，让别人尊重自己的想法，唯有先改变自己。

(5) 真诚坦白的人，才是值得信任的人。

(6) 真情流露的人，才能得到真情回报。

当我们要对他人表达同理心时，必须以"理解"为核心，拒绝"同情"，并且要抛开对他人的成见与判断，在理解他人的过程中，拒绝速成的答案。

2．表达同理心的七个步骤

(1) 问开放式的问句。问开放式的问句意欲让对话可以持续，不让谈话只停留在 0 与 1、黑与白、对与错的二元选项。让对方感受到被尊重，知道自己可以拥有一个暂时的空间，不被批判，只有接纳。

(2) 放慢脚步。放慢脚步意味着给朋友时间整理思绪，同时也是让自己能更准确地理解对方，也让同理心可以安抚对方。

(3) 避免太快下判断。朋友带来问题求助于自己，虽然期待建议，但更希望得到温暖的拥抱。因此，建议虽然可以给，但却需要留待最后当所有的故事都摊在阳光下，这时给的中肯建议才有可能被朋友听进去。

(4) 注意你的身体反应。当表达同理心时，最忌讳身体的行为出卖我们的语言。对朋友表达同理心时，一个不经意的手势与表情都可能让对方感觉自己被轻蔑因而失去信任感。留意个人身体反应，心口如一将同理心的力量发挥到极致。

(5) 了解过去。每个人都脱离不了过去的背景。了解过去，是希望对人有完整的理解，如面对朋友的外遇，可能他的父母一方也曾有过类似的经历，或者是因过往欠缺爱的关怀，而朋友能从外遇的对象中找到温暖，以至于陷入三角关系中。理解过往与现今的关联，将更可以为朋友找寻到问题的解药。

(6) 让故事说出来。每个人都有属于自己的人生故事，当故事说出来时，我们对一个人的理解将从表面的五官进入到内在的心情世界。

(7) 设定界限。同理心的最后步骤是设定界限。有这样一个故事，两个迎面而来的人，踏上了同一座桥，对面的来者手里拿着一根绳子，当两人交会时，来者将绳子的一端交给了另一个人，随即跳下桥，对桥上之人说："我是你的责任，你要将绳子抓牢！"桥上之人对此突兀之举深感错愕，一时间，不知如何是好。过了半晌，桥上之人对桥下之人说："这是你的选择，我将绳子系在桥柱上，你自己爬上来吧！"

心理知识 📖

1. 感同身受

人们喜欢那些喜爱自己的人。当你以友好、诚恳和接受的态度与别人交流时，就能促进对方自由地表达自己的情感体验。如果谈话的人把你当作一个能倾听和理解他/她的思想和感受的人，无论他/她所述说的内容多么不可思议，你都始终对他/她表示关注、感兴趣和理解，那么，他/她就会产生心理安全感，就会与你，同时也与他/她自己的内心交流，也就能更为自由地、坦率地表达自己的想法。渐渐地，他/她也会以同样的态度对待你。这就是交流中"同感"——感同身受的作用：创造良好的交流氛围，使交流的双方无拘无束地表达和探索自我，增进彼此之间的沟通。

感同身受的态度与理解可以从两个方面表现出来。一方面是非言语行为。人类的非言语行为非常丰富，例如人的身体姿势、面部表情、语气腔调、与对方的目光接触等，都可以反映出对交流对象的态度和理解。其作用也是相当大的：当言语及身体语汇所表达的信息不一致时，首先影响最大的是面部表情；其次是声音的音调；最后才是言语本身。因此，在两个人的交流中，一个善于沟通的人决不会忽视非言语行为所传递的信息，他们总是通过自己的面部表情、身体姿势、目光接触、语气声调这些身体语汇来表明对对方的关注、兴趣和理解；同时也有效地"倾听"和理解对方的非言语行为——身体动作、面部表情、声音特征及个人的生理特征——所传递的信息和情绪。另一方面，感同身受的理解也表现在谈话双方的言语交流之中。感同身受地理解就是要理解人的言谈话语里所反映的情感和信息。这包括许多技巧，例如如何鼓励别人表达和重复他的谈话内容，如何恰当地运用沉默，如何对对方的感情作出反馈等。其中最关键的是：避免将自己的价值观与偏见带入交流的过程，尤其是对对方的话语不做严厉的评判或指责，而应借助想象把别人的体验与自己的体验联系起来。这就如同儿童在听说同伴失去心爱的玩具时，他会在想象中产生相同的难过的情感体验一样，成人对他人情感的体验也是如此。一旦我们理解了对方的情感体验，将使自己更多地去喜欢、帮助和接受对方。这就是说，在人际交往中，一方对另一方内心体验的理解，会使彼此的感情相互作用：当一个人理智地理解到对方的某种情绪时，他便能预期他人的行为，从而准备恰当的反应。这在人际沟通中具有十分重要的意义。

2. 自我中心

与感同身受截然相反的是"自我中心"的交流方式。自我中心的人，常常认为自己的体验也就是别人的体验。他们无法想象自己处在对方的地位时如何感觉，也想象不出别人会如何感觉，不会注意别人通过身体姿态、面部表情和语气语调所表达的情绪反应。他们在看待别人的观点和做法时，往往从自己的价值观、需要、态度、地位和个人的经验、感受出发，作出判断、评价或者为对方提出自认为好的建议和忠告。因此，自我中心的人并不一定是一个自私的人，他/她也可能是一个相当乐于助人的人，只是他以自认为好的方式强加给对方，而没有考虑到对方的感受。因此，自我中心的人可能会觉得自己一片好心，别人却未必领情，真是"好心没好报"。

心理测试 ✍

同理心测试：

以下有 18 道题，每题只有一个正确答案(可能有些语句比较费解，那是测试的一部分，请按自己的理解回答)。它是英美两国社会心理学家曾经做过的实验，并且得出了相应的结论。虽然参加测试的人都是欧美人，其想法与中国人可能会有所不同，结果会有所偏差，但是人类的情感在更高的抽象层次上具有相通性，所以，基本上测试结果是可信的。

1. 一群自愿参加社会心理学家进行的有关电器治疗效果实验的人，在实验开始之前，他们之中有些人感到不安，有些人比较镇定。实验开始前 10 分钟，那些坐立不安的人会采取什么行动？

A. 希望实验开始之前到隔壁房间等候

B. 希望和同样感到不安的人一起等候

C. 希望和镇定的人一起等候

D. 既不想自己独处，也不想和别人一起等候

2. 美国某个研究团体正在进行一项研究，想知道团体工作时，其中的外来分子对民主化的工作方式和权利主导型的工作方式，哪一个反弹力较大。

A. 对权力主导型的反弹力较大

B. 对民主化的反弹力较大

3. 美国的社会科学工作者研究选举活动期间有选举权者的行动。他们想知道，有选举权者把注意力放在支持的政党的宣传上还是他党的宣传上。有选举权的人的行动是：

A. 注意所有政党的宣传

B. 主要注意他党的宣传

C. 特别注意自己支持的政党的宣传

4. 第一次碰面就非常讨厌这个人，如果再碰到他会如何？

A. 让关系改变

B. 本质不变

C. 更讨厌他

5. 社会心理学者想知道使人受影响的最有效的方法，因此召集一群人举办一场让人有印象的演讲，说明为了提升工作效率，"速读"的重要性。一方面又聚集另一些人，和他们讨论有效率的"速读"带来什么效果。然后社会科学工作者比较结果，看哪一种方法更适合速读。

A. 参加演讲的人愿意出席"速读"讲习会，但参加讨论的人少

B. 讨论的方式比较好，这群人也愿意参加"速读"讲习会

C. 看不出有何差别。不论是演讲还是讨论，都有一定数量的人数参加"速读"讲习会

6. 美国某个研究团体，和大学教授、一般民众、罪犯谈话并介绍他们，然后将这些完全相同内容的录音带放给不同人听。给听众最大影响的是谁？

A. 大学教授

B. 一般民众

C. 罪犯

7. 某个美国社会心理学家观察一个团体里的成员。团体评价最低的人在打自己擅长的保龄球时，水平慢慢超过评价最高的人。这时候团体中的成员反应如何？

A. 评价低者很高兴自己受到肯定，能够稳固在团体中的地位

B. 评价低者的成功受到批判性的排斥。评价低者必须降低保龄球的分数，回到原来的工作排名，接受嘲弄、讽刺的折磨。

8. 美国某个社会科学工作者想知道心情对观众有多大的影响。他要求被实验者画出正在玩沼泽的年轻人的背景，同时使用催眠术，让被实验者感到不安或幸福。在这两种心情影响下，他们会画出什么样的图呢？

A. 幸福的心情：幸福的画面。令人联想到那是夏天，那就是人生；在户外工作；真实的生活——种树，看着树长大。不安的心情：他们会不会受伤？应该有个知道如何应付灾难现场的老人和他们在一起才对，水究竟有多深呢？

B. 心情不会影响作画，能够很客观地描绘

9. 社会科学工作者想知道熟悉与未知之间，哪一个能让人感兴趣，因此，让买新车的人和长年开同型车的人大略翻一下杂志。谁会仔细看和自己的车同型的汽车广告呢？

A. 买新车的人中，看自己新买汽车的广告比看其他厂牌的汽车广告多 28%；本来就有车的人，看现有汽车广告的比看其他厂牌的汽车广告的只多 4%

B. 本来就有车的人，看现有汽车广告的比看其他厂牌的汽车广告的多 28%；买新车的人中，看自己新买汽车的广告比看其他厂牌的汽车广告多 4%

C. 二者是一样的，看其他厂牌的汽车广告都比看自己拥有的汽车的广告多 11%

10. 英国心理学家以"为什么青少年不能开车"为题，对青少年展开 10 分钟的演讲。但在演讲前先将青少年分成两组，一组知道题目，一组什么也不知道。哪一组比较会受演讲内容的影响？

A. 知道内容的那组

B. 什么都不知道的那组

C. 两组都受到强烈的影响

11. 英国心理学家让人看一群人的脸部画像。有几张让他们看过 20 次以上，其他的只让他们看两次。哪一边会获得善意的评价？

A. 比较少看的那一边

B. 看的次数多的那一边

C. 没有差别

12. 英国的心理学家对儿童进行下列实验。先在房间里布置几个好玩的玩具，再把儿童分两组。一组让他们直接进去玩耍；另一组在可以看到房内布置的窗口待一会儿之后才进去。哪一组易把玩具弄坏？

A. 两组都一样

B. 马上进房间的小孩破坏力较强

C. 在外等候的小孩破坏力较强

13. 美国的心理学家，让愤怒和心平气和的被实验者看拳击比赛的电影和没有攻击镜头的温和电影。看完之后，谁的反应最激烈？

A. 看拳击电影的愤怒者

B. 看温馨电影的愤怒者

C. 看拳击电影的平静者

D. 看温馨电影的平静者

14. 请被实验者尝尝某种液体是否有苦味。社会科学工作者已将带有苦味之物质用水稀释，有 70% 的人说苦，30% 的人说没有味道。然后把尝不出味的 9 个人和感觉很苦的 1 个人聚在一起，请尝出苦味的人说说那种苦的味道。结果，这 10 个人的感觉会有什么变化？

A. 感觉苦的人，他毫不动摇地肯定影响了其他人。第二次试饮时，那 9 个人也觉得苦

B. 9 个人不受影响

C. 感觉有苦味的人受其他 9 个人的影响，第二次试饮时也不觉得苦了

15. 处于不安状态和没有处于不安状态的人，谁会对陌生人感到强烈的不安？

A. 两者没有差别

B. 处于不安状态的人

C. 未处于不安状态的人

16. 英国的社会心理学家对看《007》电影和歌舞剧的观众，作攻击性倾向的调查。何者会表现出较强的攻击性？

A. 看《007》电影之前的观众

B. 看完《007》电影的观众

C. 看歌舞剧之前的观众

D. 看完歌舞剧的观众

E. 无法确认他们的差别

17. 美国的社会科学工作者要求初中生、高中生、大学生、社会人士(均受同等教育)判断几项陈述是否正确。4 周后，再要求他们对相同的陈述下判断，但这次却先告诉他们"你们之前的判断和大多数人不同"。这个补充说明会带来什么影响？

A. 64% 的初中生、高中生，55% 的大学生，40% 的社会人士会更改他们的意见

B. 64% 的社会人士，55% 的大学生，40% 的初、高中生会更改他们的意见

C. 每组中都只有少部分人更改他们的意见

18. 社会科学家想知道在讨论会中，使集体意见一致的人是不发言的沉默者还是参加讨论者。谁较容易受团体意见的影响？

A. 沉默者　　　　　B. 发言者　　　　　C. 无差别

标准答案：

1～5: BACBB　　6～10: ABAAB　　11～15: BCBAB　　16～18: BAB

每题 1 分，在表 4.2.1 中找出自己的年龄，然后看对应的得分，你就可以知道自己的同理心如何。

表 4.2.1　同理心测试结果

14～16 岁	17～21 岁	22～30 岁	1 岁以上	同理心
11～18 分	14～18 分	17～18 分	15～18 分	非常强
10 分	12～13 分	15～16 分	13～14 分	强
8～9 分	10～11 分	11～14 分	9～12 分	尚可
6～7 分	6～9 分	9～10 分	7～8 分	稍低
0～5 分	0～5 分	0～8 分	0～6 分	很弱

同理心非常强,说明你的社会共鸣能力十分出色,能站在他人立场想象当时的情况、当事人的反应。

同理心强,说明你有非常发达的社会共鸣能力,对社会状况的判断正确,亦能察觉别人预采取之行动。

同理心尚可,说明你的社会共鸣能力处于平均水平。

同理心稍低,说明你不常为他人设身处地地着想,很难正确预见他人之行动。

同理心很弱,说明你很少正确判断社会状况,很少站在他人立场,得知别人将采取之行动的能力稍差。你有必要改善你的共鸣能力,多与人交往对你有帮助。

社会共鸣力与是否聪明无关,他只反映了一个人的情商。自私的人没有共鸣能力,他们不愿费心考虑他人的立场,也不想了解和自己不同的看法与情绪,常以攻击性的语言(如"无聊""白痴")轻视别人的想法。

下面是有助于提高同理心的 10 条建议:

(1) 重视他人的感情、欲求、愿望。

(2) 学会耐心听完他人的意见,即使你不赞同。听对方说完,问清楚不懂的地方再下定论。

(3) 在路上、餐厅、公共汽车上,观察人的表情、动作,推测其心理状态。

(4) 不是光凭外表来看一个人,更重要的是知道那个人的基本精神状态。这可由交谈得知。

(5) 看电视、录像时关掉声音,想象剧中人物说什么。注意他们的情绪和口形。

(6) 和别人讨论事情时,遇到对方意见与自己的完全不同时,要想想个中原因。

(7) 弄清楚为什么自己在某些状况下会有特定的反应,了解自己的行为背景,有助于理解别人。

(8) 如果你讨厌一个人,则找出充足而合理的理由。

(9) 判断一个人,多搜集他的个人资料。明白他如何为人处世,就能做出正确的判断,有合适的反应。

(10) 不要忘记:所有人都会有情绪失控的时候,也会受到心情的影响,尽量不受干扰地判断一个人。

自尊与自我独立

　　确定一个人高贵地位的并不是其行动，也不是其作品。高贵的灵魂拥有的是
某种对自身的肯定，这是一种不能被迫求、不能被发现，或许也丢不掉的东西。
　　高贵的灵魂，乃自己尊敬自己。

——尼采

第一节　自　尊

　　心理学家在研究人的过程中总有各种侧重。精神分析学派的心理学家通过人的本我、自我与超我或意识与潜意识的概念对人进行探索；生物学流派的心理学家则关注人的生理与心理机制有关的气质类型的描述；行为主义流派心理学家强调行为塑造与矫正的过程；而人本主义的心理学家则会关注个体发展中的个体责任与自我成长等。人本主义心理学家研究发现，个体的自我实现与个体主观能动性关系密切，而能动性的一个重要限制因素则是个体对自己的看法，也就是自尊。

一、自尊的概念

　　美国学者布兰登提出，自尊也就是自我尊重，是个体对其社会角色进行评价的结果，是一种自信心和自我尊敬的整合性结构，是对自己生活能力的肯定和生活价值的确信。自尊在社会比较中形成，表现为对自我的尊重与爱护及要求他人对自己的尊重和期望。

　　自尊来源于自我概念的内涵，人们最初在自我认识过程中逐渐形成内涵丰富的自我概念，所以自我概念强调了一个人心目中对自己所有特征的描述，也就是说，个体究竟如何认识自己，认为自己是个什么样的人或什么类型的人等，这些都是自我概念的范畴。而自尊则是在自我认识基础上对自己的评价和看法，评价的标准则是基于好坏善恶的，其实质就是个体究竟是否喜欢自己。

　　人本主义心理学家罗杰斯认为，心理治疗的核心目的就是让来访者接受并欣赏真实的自己。而马斯洛则将自尊放在了人的需要层次理论中仅次于自我实现的地位，是人完成自我实现的过程中需要满足的基本需求。可见，人本主义对于个体自尊是非常强调的。

　　自尊在我们日常口语中也时常提及，然而究竟什么是自尊，如何测量一个人的自尊水平却并不容易。其中一个难题就是人们对自己的感受会因情境而发生变化。多数人在遇到不知如何着手的事情时，会对自己产生不满，而当别人对自己的行为赞不绝口时，又禁不住自鸣得意。当然这些感觉的波动不应该与自尊相混淆,这种波动在心理学家的字典中被称作自我价值感。相比之下,自尊与相对稳定的自我评价相关,如其他的人格特征一样,一些人更容易积极地评价自己,所以他们遇到不快时可能会偶尔对自己失望,但总体上他们对自己的所作所为感觉良好。同样也有一些人经常体验到消极的自我评价,虽然他们也有快乐的日子,也曾对自己的一些行为感觉良好,但总体而言,他们缺乏了对自己的基本信任和自我欣赏。

二、自尊与对失败的反应

评价在生活中处处可见。读小学没多久,学生就习惯了老师对自己的课堂表现和成绩打分。在其他各个领域,评价也都已成为人们生活中不可缺少的部分,如年终评估总结、文艺或体育比赛,任何形式的竞争中都存在着人们对自己能力或业绩与其他人进行的比较。当这种比较发生时,就有了成功和失败的可能,所以这些评价也意味着人们可能要经历成功或失败。

然而并非所有人都以同样的方式对这些评价做出反应。有学者用实验研究考察个体在被告知测验的成绩时,高自尊和低自尊的人面对成绩会做出怎样的反应。研究中实验者要求被试参加一个测验,并声称这个测验是测查个体的能力倾向的,或者测查个体完成某些任务所需要的特殊能力。然后,研究者给被试一个假反馈,如告诉他们测验的成绩很好或者很差。研究者想要观察这些人听到失败消息之后的反应。结果发现,当告诉人们成绩很差时,低自尊的个体一般不再进行努力或尝试,这样导致他们的成绩会更差,而且很可能放弃接下来的实验。相反,高自尊的个体不论自己在第一次测验中的结果如何,他们在接下来的实验中能够像之前一样努力。

这种发现在学习中是显而易见的。有学者对大学生期中考试成绩的反应进行研究。开学五周后,所有学生参加了第一次考试,一周后成绩公布,此时研究者发现,高自尊与低自尊学生的成绩不存在显著差异。之后研究者根据学习成绩将学生分为两组:好成绩组和坏成绩组。在第二次考试结束后研究者发现,与上面实验中的错误反馈一样,如图 5.1.1 所示,在第一次测验中好成绩组的低自尊学生会在后面的考试中继续取得好成绩,但是在第一次考试中坏成绩组的低自尊学生,在第二次考试中成绩更差了。

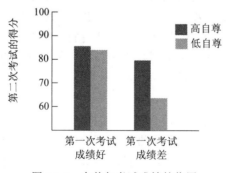

图 5.1.1　自尊与考试成绩的作用

有研究进一步发现,低自尊的个体并不需要真正经历失败,他们想象的失败同样能够产生消极影响。Campbell 等人让被试想象他们在一个包含 25 个字谜的测验任务中完成得好或者不好。想象失败情境的低自尊被试称，他们在预期中接下来的测验里会表现得很差，而且实际上比那些第一次想象成功情境的低自尊被试，他们的表现确实更差。

这是为什么呢？一种解释认为人们更愿意接受与自己自我概念一致的反馈。低自尊的个体也许更愿意接受他们比别人更为失败的事实，因此比起那些不符合自己预期的信息，低自尊者更能够相信符合其消极自我形象的反馈。另一种解释认为，消极反馈能引发低自尊者回忆起他们对自己的消极评价，促使他们想起自己的其他错误或不足。这个解释可以帮我们理解为何低自尊者仅仅是想象自己的失败都能够导致更差的任务结果。

那么反过来，高自尊者在经历失败后是怎么防止了自己的气馁？当考试失败时，他们为什么不选择放弃？答案就在于，高自尊的个体是依靠一种个人策略来削弱消极反馈的影响。这一策略就是通过关注自己的优点而非所犯的错误来对失败做出反应。所以，负面反馈让低自尊的个体想到他们的错误与失败，而高自尊的个体想到的却是自己的能力和成就。

另有研究发现，一旦给高自尊个体提供从事自己擅长事情的机会，他们会立刻放弃当前的困难任务。这并非表明他们认为自己完美，他们只是不愿意停留在失败当中。当工作陷入困境，高自尊个体可能会提醒自己"我有很多朋友"。如果他们在比赛中失败，他们会想自己的其他运动还表现不错。这一策略能使高自尊个体在面对生活中不可避免的失败时，也能保有良好的自我感觉。

三、自我价值组合

人们对自己的整体评价被称为整体自尊，也就是个体对自己总的看法。在群体中只有少数人会感觉自己是完全好或者完全不好的，即使是对自己最满意的人，也有自己不能满意之处，或相对于别人而言不够自信的方面。因此研究者发现，在特定领域里进行自尊研究会比较有益。比如，在学习、品德或外貌方面，人们对自己的感觉如何。这种研究也带来了一些问题。整体自尊是人们对自己在各个领域中自我感觉评价的简单相加吗？高自尊的个体是因为在多个方面(并非全部)都自我感觉良好吗？换句话说，在个体自我感觉良好之前，必须在很多不同领域都感到有能力且有才华吗？

答案当然是否定的。学者们发现，整体自尊是两个阶段过程的结果。第一阶段，人们会确定对他们来说很重要的、或决定自我价值的领域。这个领域对每个人而言是不同的，如对一个人来说可能是学习领域或道德行为，而对另一个人来说则可能是外貌或被家人接纳才最重要。学者们把个体用来评价自己的多个领域称为自我价值组合。第二阶段，人们根据自己在所选领域的表现对自己做出评价，从而形成整体自尊。根据学习成绩建立自尊的女生，当她在课堂中获得表扬时就会自我感觉良好。自我价值组合包括身体外貌的男生，在听到引人注目或外貌出众的反馈时会感受到高自尊。

从自我价值组合的角度来看待自尊，可以帮助我们理解为什么人们明明有各种缺点和不足，但仍能自我感觉良好。你或许在体育运动方面有缺陷，但只要不把自我价值建立在这些方面，它们就不会影响你的整体自尊。又有学者在对大学生的自我价值组合研究中，提出了大学生常用的七个价值领域，如表5.1.1所示。

表5.1.1 大学生的自我价值组合

自我价值组合的领域	描　　述
胜任力	在多个领域的能力和执行力,对大学生尤其指学习能力
竞争力	在各种竞技情境下优于他人
多数人的赞同	来自他人的赞同和接纳
家庭支持	从最亲密的人,尤其家人那里得到赞同和温情
外貌	我们认为别人怎样看我们的身体外貌
上帝之爱	我们被上帝关爱、重视,在上帝眼中具有唯一性
美德	坚持个人道德标准,认为自己是个善良而有道德的人

你现在可能会问,自我价值组合是怎么产生的?为什么有些人将自尊建立在胜任力上,有些人却把自尊建立在外貌或美德上?起初,人们常会将自己擅长的领域纳入自我价值组合,比如一个运动员会将自尊建立在体育成绩上,而一个好学生则依据自己的学习成绩建立自尊。但这只是问题的一部分,因为有些人会将难以实现的领域纳入自我价值组合。也有时候,父母和同伴会影响子女的这种选择,比如父亲说他爱他的女儿是因为她很漂亮,喜欢儿子是因为他的体育技能。文化在自尊的价值组合中也发挥着一定的作用,不同文化会以不同的价值观看待不同的个性特点,如西方社会中的女孩常从同伴或媒体中得到提示,她们的价值依赖于外貌。

使用自我价值组合来确定个体的自尊既有其优势也有不足。优势在于我们要自我感觉良好,不必在每个方面都具有胜任力。在课堂上轻松取胜的学生与努力挣扎的学生可以同样拥有高自尊,体育明星与不好运动的人都能自我感觉良好。用人本主义的理论来看,以什么标准进行评价完全取决于自己。不足则在于人们有时候会选择很难实现的组合,一个被家人和朋友赞赏的姑娘可能对自己感觉并不好,因为她觉得学习成绩不如同伴而自卑。

使用自我价值组合来看待自尊还有助于我们理解为什么有些人的自我价值感比较稳定,而有些人却在喜欢与不喜欢之间大幅摆动。究其原因,一些组合可能会使我们陷入一些不可控力量的支配,毕竟我们无法做到在任何时候都能被人们接纳、保持美貌或者在竞争中获胜。因此,把自尊和不可控因素联系在一起时,更可能导致人们的焦虑和抑郁。那些自我价值主要建立于学习成绩的大学本科生,在成绩不良时会感受到抑郁或自尊降低。

学者们在对自我价值组合的研究中也得到了类似的结论。有研究发现,那些把学习成绩作为自我价值组合的主要方面的学生,与依靠其他领域作为自我价值组合的人相比,感受到更大的压力并且成绩更差。也有研究发现,把外貌与他人赞同作为自我价值组合时,可能导致情绪的剧烈变化。因为对这些人来说,一句话的恭维或情投意合的谈话都可能带来自我悦纳和自豪感,而一句粗话或一次不愉快的约会也可能引发自我怀疑。把恋爱关系作为自我价值组合的个体,在恋爱关系出现波折时,会表现出强烈的情绪反应。也有一项研究探讨自尊建立在外貌基础上时个体的饮酒行为,结果发现当这些个体意识到外貌出现瑕疵、感受到孤独和被拒绝时,饮酒的可能性也更高,当然也许因为他们的自尊在一些饮酒场合受到了威胁。

总之，依赖不可控自我价值组合的人，个体幸福感可能会诉诸日常生活，而把自尊建立在可控领域的人，会更少感受到焦虑与抑郁。

第二节　自我独立

故事赏析

在非洲以及地中海一带，生长着一种叫作行列蛾的毛毛虫，这种毛毛虫是蝴蝶或蛾的幼虫。它们之所以被称为行列蛾，是因为它们的幼虫有一项特异功能——排队。那些刚孵出来的幼虫就会用吐出的丝织一个圆形的私人帐篷以供自己居住。随着幼虫的成长，它们织的帐篷也会变大。这些幼虫几乎全部都是"夜猫子"，它们只在黄昏或夜晚才外出觅食。通常这些幼虫会由一个"队长"带头，其他的毛毛虫就头顶着前面毛毛虫的屁股，一只贴着一只，排成一列或两列前进。为了防止同伴走岔路或者跟丢了，毛毛虫会一面爬行一面吐丝，这样即便有个别毛毛虫跟丢了也能按照原路返回。到达目的地后，这些毛毛虫会自动解散，开始觅食。吃饱之后，它们又会再次排队，跟着"队长"走向下一个目标。直到所有毛毛虫都吃饱了，它们就排着队，沿着"丝路"返回。

法国昆虫学家法布尔观察到行列蛾的这个神奇的觅食习惯，他就做了一个有趣的实验：他把毛毛虫引到一个圆形的花盆边缘，领头的那只队长沿着随后那只毛毛虫吐出的丝路一直前进，结果就围成了一个圆形，并沿着边缘一直爬。令法布尔惊讶的是，这群毛毛虫竟然不吃不喝一直在爬，第二天，第三天，直到第四天有一只毛毛虫饿死了，"丝路"断了，这群毛毛虫才得以重返家园。

看到法布尔的实验，你可能会嘲笑毛毛虫的愚蠢，这样的觅食习惯的确太特别。可你在嘲笑它们的同时，是否想过自己也曾这般愚蠢地循规蹈矩？是否也曾因为找不到自己的目标而盲目跟从？是否也单纯跟随别人的脚步而忘记找寻自己的位置？这也为我们引出了又一个话题：自我独立。

一、依赖与独立

当我们呱呱落地的时候，我们需要依赖他人的养育，否则会无法存活。在人生最早的阶段，埃里克森将之命名为婴儿早期，并提出此阶段婴儿要完成的发展任务便是应对"基本信任与不信任"的心理发展危机。用安斯沃斯和波比的理论来讲，就是婴儿需要与主要抚养人建立安全的依恋关系。此阶段的婴儿是无法自我独立的，他/她需要依靠成年人的细心养育才能够继续生长，当然儿童也因此开始了人生中对他人依赖的心理发展。直到个体开始对自己找寻一个定义的时候，此时大约已进入青春期，这种紧密的依赖关系为自我的定义带来了各种限制，个体开始了追寻独立的心理过程，这个过程在埃里克森的理论中被认为是个体发展自我同一性的关键时期。

依赖总是与独立相对而生的，依赖是指个体无法自立或自给，需要依靠其他人或事。

依赖的思想不仅使人丧失独立生活的能力和精神，还会使人缺乏生活的责任感，造成个体人格发展的缺陷。那些只想不劳而获、贪图享受的人，是无法适应社会生活的，甚至可能危害他人或社会。独立是指自我的意志不受他人影响，有较强的独立提出问题和实施行为的能力，遇事有主见，有成就动机，不依赖他人就能够独立处理事情，积极主动完成各项实际工作的心理品质。独立伴随着个体的其他个性品质，如勇敢、自信、认真、专注、责任感和不怕困难的精神。

二、自我独立

自我独立的概念包含了两个方面的内涵：一是有形的独立，如生活上的自立；二是无形的独立，即精神上的自立。心理学研究中对自我独立的强调更多关注于精神上、思想上和心理上的独立。也就是完成与原生家庭的分离，建构独立自我的过程。自我独立的人往往能够自主支配自己的行为，有独立的生活态度和思维能力，不会随意附和别人的意见和行动。自己具有明辨是非、处理问题、独立选择和做出决定的能力，有创造精神、批判意识和强烈的自我实现的愿望，并始终保持一种积极向上的心态和参与社会的姿态。当然，独立不等于断裂，独立并非我行我素、拒绝别人的帮助和指导，也不是放弃任何竞争、不在乎他人的看法甚至认为所有事情都与他人无关。通常而言，一个具有独立意识的个体往往有更高的自信水平，独立意识强的人，自信程度较高；自信的人，其独立意识也较强。

自我独立发生在人生的哪个阶段呢？家庭研究学者 Carter(1999)认为，在家庭发展过程中，家庭中的年轻人需要经历从原生家庭情感和经济独立的过程，最终离开家庭。在此阶段，家庭中的年轻人需要完成三项任务：从原生家庭中分离出来、发展亲密的同伴关系、在工作和经济独立中建立自我。当家庭中的个体能够成功从家庭中独立，家庭在此阶段的发展也就顺利完成，倘若在此过程成长中的个体与家庭无法完成独立，而表现为对原生家庭的继续依赖，则可能导致家庭功能的失调。Carter 所述的自我独立的阶段发生在青春期晚期到成年早期，是个体需要完成与原生家庭分离的时期。而自我独立意识的发生发展要更早一些。根据自我概念的发展特点，青春期伊始，青少年就开始了对自我的深刻探索，这也标志着尚未成年的儿童独立意识的苏醒。随着他们自我概念的发展，进入成年早期的个体便逐渐完成与原生家庭的分离，而真正的自我独立却要到进入职场并完成经济上的独立之后。

在人群中，并非每个已成年个体都能够按时完成自我独立，甚至有些人可能一生也无法完成自我独立。J.格林(1939)的这段话则精彩地描绘了人们的孤立感和无能为力："我知道，与偌大的宇宙相比，我们太微不足道了，我知道我们什么也不是；在如此浩大的宇宙中似乎没有任何东西在某种程度上既能淹没人又能使人重新获得信心。那些计算，那些人无法理解的力量，是完全不可抗拒的。那么，究竟有没有我们可依赖的东西呢？我们虽已陷入幻觉的泥潭，但其中尚有一样真东西，那便是爱。此外什么都没有，完全是空。我们跌入了一个巨大的黑暗迷宫，我们怕极了。"这种感受是阻碍个体独立的重要因素，也被学者们称为孤独感。因此，自我独立不等于孤立，孤立的个体会产生内在浓郁的孤独，而真正的自我独立应是弗洛姆笔下积极的自由。

究竟什么原因使得有些人无法完成自我独立？弗洛姆在其《逃避自由》中指出，一旦赋予个体安全的始发纽带被切断，一个人面对与自己完全分离、自成一体的外在世界，他就面临两种选择，因为他必须克服难以忍受的无能为力和孤独感。一种方法就是沿着"积极自由"前进，他能够自发地在爱与劳动中与世界相连，能够在真正表达自己的情感、感觉与思想中与世界相连；他又能成为一个与人、自然、自己相连的人，且用不着放弃自我的独立与完整。另一种方法就是退缩，放弃自由，试图通过消弭自我与社会之间鸿沟的方式来克服孤独。这种方法不是将自我与世界融为一体，而是一种摆脱难以忍受之境地的逃避，且这种逃避具有强迫特征，还带有完全放弃个体性及自我完整的特征，所以它并非一种解决办法，不能带来积极自由与幸福。

你是哪一种呢？还是二者都有？

三、从自尊到自我独立——自尊发展的三个阶段

自尊作为个体对自我的评价看法，总是以潜在或显在的方式影响着自我独立的历程，而自我独立性的发展也反过来制约着自尊的发展和变化。每个人的自尊形成大约都会经历三个阶段，即依赖性自尊、独立性自尊和无条件自尊。

1. 依赖性自尊

所谓依赖性自尊，是指依赖他人肯定和表扬而产生的自尊。《白雪公主》的故事大家都耳熟能详，故事中的新王后总要问挂在墙上的一面镜子："魔镜魔镜告诉我，谁是世界上最漂亮的人？"如果魔镜说是王后自己，王后就心花怒放、快乐无比，但是当魔镜的答案是别人时，王后则恼羞成怒，甚至设法除掉此人。

这个故事恰好表现出了依赖性自尊的两个组成部分：依赖性和比较性。王后需要依靠魔镜的回答来评价自己的美貌，这个衡量标准不是来自个体自身，而是来自外在的评价，所以自我价值感的获得就需要依从于外部环境；另外，王后需要在与他人的比较中获得对自我的评价，"世界上还有比我更漂亮的人吗？"似乎没有对比，美貌便不会存在。正是这种依赖性和比较性构成了依赖性自尊的核心。

依赖性自尊不只存在于童话故事中，在我们生活中更比比皆是：我们身边不乏规规矩矩、服从权威的人，因为他们需要得到集体或他人的肯定，因此我们身边便多了很多"好孩子"。还有一些人倾向于将自己的外部环境诸如出生地、教育背景、肤色等与他人进行比较，以获得优越感，这些也是依赖性自尊的表现。

依赖性自尊的人渴望得到别人的赞扬。如在演讲时如果听众反应强烈，就会很高兴，演讲中也会眉飞色舞、诙谐幽默；如果听众没有反应，自己也会讲得索然无味、草草收场。再比如，有的学生很在意家长和老师对自己成绩的评价，如果老师和家长都表扬他，他会很高兴；如果有人对他的成绩表示怀疑或者不屑一顾，他就会很难受，觉得自己受了莫大的委屈。

依赖性自尊的人的生活动力往往来自别人的评价，很少考虑自己的兴趣需求。比如就业时，会倾向于高名望或高地位的工作，甚至在选择伴侣时，也更多考虑别人是否会赞赏或喜欢。

依赖性自尊使人把对自己的判断建立在与他人的比较上。比如，如果考试成绩比别人

高,感觉很好,反之则很糟糕。"我全身心地投入学习,如果有人比我学得好,我会感觉到压抑和羞愧。"这就是依赖性自尊的典型想法。

看到这里,或许你心里在想:这些似乎我们都曾有过,难道我们的自尊都不够健康吗?不是的,因为每个人都有过依赖性自尊,也都从与他人的比较中来评价自己。因为我们都是凡人,不可能无视他人的看法、不与他人比较,这是人性使然。

2. 独立性自尊

独立性自尊即不依靠他人看法,自我产生的自尊。

拥有独立性自尊的人有自我的一套评判标准,而不依赖于他人。比如,我很清楚自己在学习或工作上是否认真、努力,尽管别人可能对此有各种看法,但自己内心总有一把尺子。因此拥有独立性自尊的人很少与他人进行比较,他们在衡量自己的能力或价值时,通常会与自己的过去进行比较,考量自己是否进步,是否比过去更加幸福。因此独立性自尊的人其自我效能并不依赖于别人进步了多少,别人是否比自己更加幸福或不幸。

相对于那些总是喜欢得到他人的肯定、害怕批评、有完美主义倾向的依赖性自尊水平较高的人而言,那些独立性自尊水平较高的人,乐于接受批评,乐于结交挑战他们、帮助他们找寻真理的"对手"。

独立性自尊水平较高的人的生活动力主要来源于内在自我的需求,他们会寻找"我对什么感兴趣?我关心什么?我到底想怎样生活?"等这些问题的答案。依赖性自尊较强的人会说:"我们追求高尚的真理,是因为我们希望自己是正确的,希望能保护自己不受批评,不得到消极判断,避免依靠他人看法形成的较弱自尊";与之相反,独立性自尊较强的人,是真理的学徒,一直寻找"对手",不畏惧批评与消极判断。

依赖性自尊较强的人,容易受到他人言行的影响,倾向于选择别人已经走过的路,甚至用机械的工作来获得他人的肯定和赞扬。而那些独立性自尊较强的人,喜欢跳出固定的模式,选择别人未走过的道路,这当然不是说他们从不选择别人已经走过的路,前提是如果他们真的喜欢。依赖性自尊与独立性自尊的比较见表 5.2.1。

表 5.2.1　依赖性自尊与独立性自尊的比较

个　体	价 值 观	个人能力	目　的
依赖性自尊	取决于他人	与他人比较	得到表扬或肯定
独立性自尊	取决于自己	与自己比较	帮助自己进步

3. 无条件自尊

无条件自尊使个体处于很稳定的状态,既不依靠他人的看法,也不来源于自我的评判,根本不需要对自尊进行评价。

无条件自尊水平较高的人在评价自己的能力时,既不需要和别人比较,也不需要和自己比较,它是一种自然存在的状态。例如,同样写一本书,依赖性自尊较强的人,会和其他书籍进行比较,其动力来自他人的赞扬和肯定;独立性自尊较强的人,满足感来自自己写作水平的进步,书写得好坏也由自己来评判;而无条件自尊较强的人,写书的目的很简单,就是当有好的想法时,希望能用书的方式呈现出来。如果发现有其他同样优秀的书,也会感到很满意——因为他们把自己和他人融为一体了,不会把自己和别人放在比较的对立面上。

我们可以把无条件自尊和看电影进行类比。看电影的时候，我们会沉浸于电影的情节而对角色感同身受，看到他们生离死别，你也感觉压抑；如果他们花好月圆，你也会高兴，你会不由自主地成为他们的一分子。为什么？因为你的自尊没有受到威胁，不管是他们取得的成就或者拥有美好的幸福，这都只是虚幻的电影世界。如果我们在现实生活中也和他人感同身受，不去针对他们，我们会变得强大起来，这也是无条件自尊的魅力所在。

依赖性自尊、独立性自尊和无条件自尊是自尊发展的三个阶段。依赖性自尊是最初的阶段，也是我们大部分人正在经历的阶段；独立性自尊属于第二个阶段，我们可以比较客观地认识自己；而无条件自尊有点近乎"圣人"，也是自尊的最高境界。

自尊的发展过程其实就是自我实现的过程。刚出生的时候，我们都没有自尊，过一段时间后，我们开始通过他人的看法来了解自己；然后，开始有自己的意识，懂得和以前的自己进行比较；最后，如果独立性自尊足够强，我们进行到自然而然的无条件自尊阶段。很多人到50岁的时候，才真正懂得如何让别人了解自己，而不是一味地寻求肯定；著名心理学家马斯洛认为，45至50岁才是自我实现的最佳阶段，我国古代也素有"四十而不惑，七十而从心所欲不逾矩"的说法。

在我们的身边总有这样的老师，如果用大众审美标准来评价，她(他)不能算是漂亮(帅气)，但是听过她(他)讲课的人都有一个共同的感受：她(他)非常美。她(他)的讲课没有激情万丈，和风细雨却让人如沐春风；她(他)无需哗众取宠，却总能使人们的注意力凝聚于她(他)的一言一行；"她(他)仅仅是站在那里，都会让人感觉很舒服。"自然，这样的人属于极少的拥有很强的无条件自尊的一类。

虽说无条件自尊是我们追求的目标，但并不是说我们应该消除依赖性自尊，而只要独立性自尊，或者无条件自尊。因为你越是想要否认依赖性自尊，它越发会黏住你。别人表扬我们时我们就高兴，别人否定我们时我们就伤心，这是人之常情，是人性中的一部分。我们越是压抑人性，人性就反扑得越厉害。大禹治水讲求疏导，是在接受水性的基础上然后引导，同样我们也要接受人的本性，然后采取合适的应对方案。

说到这里，我们每个人可能都希望自己成为拥有无条件自尊的人，但是，这不是一蹴而就的，这是一个需要时间、精力、自我有意识培养、从失败中吸取经验反复前进的缓慢过程。

第三节　　自尊与自我独立的培养

具有较高自尊和自我独立能力的人往往也具有良好的心理健康状况。他们对自己非常满意而且积极地憧憬人生、向往未来。自尊之所以有这样的功能是因为它可以增强自己抵御某些情境负面影响的能力。当然高自尊并不意味着会忽略负面评价，而是会在负面评价中找寻有用信息且不使自己受到负面情绪的影响，他们的内心更具有安全感。

加强自尊的过程是伴随终生的，因为自尊来自一生中的成功和与他人的积极互动。那么在大学生活中如何培养自己的自尊呢？下面的方法你可以试一试。

一、提高自我复杂性

故事赏析

　　贺琳琳的自我观几乎都是建立在她是一个学生的基础上——我是一个学生，我学习还可以，我听老师的话，老师也都比较喜欢我，我的家人觉得我以后能有出息，我有几个好朋友，就在我们班上，她们有一个比我学习好……贺琳琳的学习、生活、周围的重要他人以及她的娱乐活动都与她是一个学生的这种意识联系在一起，她评价的各种关系或活动也都在很大程度上是支持自己的学业目标的。张冬方也首先把自己视作一名学生，但是她的自我定义是建立在独立的几个具有高度价值的组成部分之上的——作为一个女儿，我是一个听话的孩子，也比较孝顺；作为一个学生，我学习还行，我上的大学在全国排名还是比较靠前的；作为一个吉他爱好者，我的吉他弹得很不错，我经常在学校活动中做吉他伴奏，我们学校没几个比我弹得更好的；作为一个班长，我们班同学对我评价也还可以……这些角色中的每一个都让她表现出自我的不同方面，所有这些都决定了她对于自己是谁的认识，决定了她对自己的看法。

　　每个个体的自我复杂性存在不同。有些人就如贺琳琳一样，对自我的描述和表征基本集中于某一个特征或角色之上，描述的内容之间是高度关联的，他们的自我复杂性比较简单。还有一些人自我描述则是比较复杂的，与张冬方类似，他们的自我概念中是比较独立的多个方面，或者存在于不同的领域，或者包括许多不同的方面。当人们经历挑战或消极生活事件时，自我的复杂性决定了其消极情感如何从一个方面外溢到自我的其他方面。如果自我复杂性低，自我的所有方面是高度关联的，一个领域的失败会使其感到在其他所有方面也是无能的，从而导致低自尊的结果。糟糕的成绩不仅意味着自己是一个差生，而且也意味着她是一个不好的女儿或无能的学生。相反，如果自我复杂性高，自我的不同方面是彼此独立的，自我领域的一方面的失败所产生的消极情绪只限于这个领域，她可能会感到自己是个差生，但是仍然会认为自己是个好女儿和好的吉他手。这样的自我认知组织方式能够有效抵御消极事件对个体自尊的影响。

　　高自我复杂性能够缓冲个体应激事件后的消极后果。在学者们的研究中发现，具有高自我复杂性的人表现得更好，他们表现出更少的健康问题和更少的抑郁、焦虑等心理问题。当然这并不意味着高自我复杂性的个体就能够完全适应。在那些经历很少的应激事件的个体中，高自我复杂性的人与低自我复杂性的人相比没有什么优势。但是当他们经历更多压力和生活应激事件时，高自我复杂性的人较少受到其不利后果的影响。因为这些个体有许多不同的自我方面，对自我的领域构成威胁或挑战的一个消极事件引起的消极思想或情感只会限于有关的领域，而很少会引起其他领域的自我否定。这些复杂的个体可以利用未受影响的领域去提升他们的价值感以及他们的身心健康。因此，个体在自尊培养过程中可以通过发展更高的自我复杂性以应对生活中的压力挫折，保护自尊的积极发展。

　　低自我复杂性的个体在经历更多应激事件时，容易遭受应激事件带来的消极伤害或威胁，但是在应激事件少的情况下，他们的积极情感会外溢到自我的所有领域，导致更强烈的积极反应。"因为我学习好，又听老师话，所以刚开始的时候老师就刻意培养我做班长……我做班长比较尽责，所以同学们也都跟我关系不错，其他老师也很愿意跟我有更多的交流，他们对我学习上的期望比对其他同学都要高，会经常给我很多鼓励。我学习上让爸爸妈妈都很放心，所以他们也觉得我很好，会因为我而自豪。"相反，对于高复杂性的个体来说，自我在一个领域取得的巨大成功，自我的其他未受影响的方面仍会保持平常状态。结果，低自我复杂性的人更容易产生大的情感波动，在面临挫折时心情更灰暗，在面临成功时也会有更大的快乐感。

当然，高自我复杂性对自尊的保护作用也可以用自我知识的分隔化水平进行解释。每个个体的自我知识都有其积极方面和消极方面，自我知识的积极方面与消极方面可以有不同的组织方式。如有关自我的积极信念和消极信念被分隔到不同的区域，一些区域全是积极的，另外一些区域全是消极的，这样自我知识的组织便是完全被分隔的。当然自我知识也可以用这样的方式进行组织：每一方面都包括了积极信念也包括了消极信念。这种自我知识的组织方式(分隔程度)会影响到个体的健康状况。当自我知识积极方面与消极方面被分隔为不同的部分时，个体可能会只关注积极方面而不考虑消极方面，因此如果积极自我观念和消极自我观念之间有明显的不同，那么经历积极事件的人会感到更快乐，更能够提升自我价值和自尊。相反，如果积极的自我观念与消极自我观念是高度整合的，自我的每个方面都包含积极和消极的信息，那么，那些经历消极事件的人就会感到更快乐，因为当自我的某个方面遭受打击时，自我的积极方面的内容会对消极方面的思维起到缓冲作用。总之，高度分隔的自我会让一个人因为获得成功而狂欢，而面对失败时又非常脆弱。

二、自我差距的现实调节

自我概念形成过程中，个体需要对自身的特征、行为、成就等进行评价，也就是现实自我(Actual Self)，个体往往会使用两种不同的标准进行权衡：理想自我(Ideal Self)和应然自我(Ought Self)。理想自我就是我希望、渴望变成的那种人，是我对自己的希望、目标和要求。应然自我就是我觉得我应该和必须成为的那种人，是我对自己的义务、职责和责任的看法。理想自我和应然自我有时是一致的，如有的大学生希望自己能够成为像某个人生榜样那样的人，读大学、有知识、有贡献，并且他的应然自我也是如此；有时二者则可能冲突，如有的学生理想自我是成为一个有能力的人，但是目前他无法做到，他没有前进的动力，也没有任何提升自我能力的机会。个体也可能会用生命中的重要他人为自我制定的标准来衡量自己，"我父母希望我能进入一个工作稳定的职业领域，以后不要像他们那样辛苦"。当现实的自我未达到这些理想自我和应然自我的要求时，个体会感到自己是不成功的，自我评价也较低。这些负面情感的大小和性质取决于个体衡量自己时所依据的理想自我和应然自我的标准。现实自我和这个标准之间的差距，以及这种差距的可通达性和大小也会影响个体的自尊水平。

不同的自我差距引发不同的情绪反应。自我差距能激发个体前进的动力，这种动力又分为提升性目标和预防性目标两类，不同的动力目标关注点不同。提升性目标是个体产生动力以改善自己的健康状况、生活状态、获取期待的结果等，这种目标是受实现积极成果的愿望所驱动的。预防性目标是个体有动机去避免消极状态、逃避惩罚、预防恐惧的结果发生等，这种目标受避免消极后果的目的所驱使。当两种目标受到阻碍时，个体体验到的消极情绪不同：提升性目标的没有实现意味着积极结果的失去——我没有得到我想要的东西，这种丧失导致了悲伤和沮丧。没有实现预防性目标意味着要经历消极的后果——我正在承受我害怕出现的消极后果，这种惩罚导致焦虑和不安。因此，当个体的现实自我与理想自我存在巨大的差距时，他会关注没有实现的期望，会感到失望、悲伤与沮丧。而当个体关注应然的自我时，则会导致预防性目标的关注，如职责没有履行好而导致的惩罚，这种现实自我与应然自我之间的巨大差距导致的是焦虑、不安和内疚。

自我差距不仅表现在大小差异，而且存在可通达的程度不同。如前面案例中的贺琳琳和张冬方都认为自己在学校的表现没有期望得那么好，两个人都体验到现实自我与理想自我之间的差距，但他们关注这种差距的程度是不同的。贺琳琳没有成功实现学校学业目标的想法一直徘徊在她的脑海中，而张冬方的分数也不好，但她只是偶尔会想起这个失败。结果，两人在体验这种现实自我与理想自我差距引发的消极情绪时便存在差异，贺琳琳更容易悲伤和沮丧，因为这种差距出现在脑海的次数更多。所以说当这些差距更具有通达性时，自我差距的大小会对情绪产生更大的影响。

自我差距的差异导致不同的人际思维策略。对理想自我的关注就是对积极结果的关注，个体会希望和期待取得成就或成绩。那些能够敏锐地意识到没有达到理想自我标准的个体，一般会经历悲伤和沮丧。对理想自我特别关注的个体也与一种更普遍的倾向联系在一起，在试图理解其他人的生活和计划自己的个人人际策略时，这种倾向的个体会关注积极后果的存在或缺乏，这种关注使得他们特别注意他人是否实现了期望的结果，它会导致人们选择那些使积极后果最大化的策略。相反，对应然自我的关注就是对消极后果的关注，一个人害怕惩罚和过失，并期望去避免它。事实上，如果个体能敏锐地意识到未达到应然自我标准，会经历典型的与消极后果联系在一起的情绪，如不安和焦虑。对应然自我特别关注也与关注消极后果是否存在和缺乏的一种普遍性倾向联系在一起，这种关注会使人们特别注意和记起其他人经历还是避免了不幸的事情，它会导致人们选择那些将消极后果最小化的策略。

自我差距对个体叙事同样有影响。关注理想自我并因此关注生活中积极后果的存在或缺乏的人，会特别可能记得另一个人经历过或者没有经历过的积极后果；而那些关注应然自我并因此关注生活中消极后果存在或者缺乏的个体，会更容易记住另一个人是否遭受或避免过的消极后果事件。所以人们在关注周围他人的生活事件时也会与自己的自我差距相匹配。另外，这种匹配同样会对个体的记忆产生影响。关注理想自我或关注生活中期望的结果是否存在的个体，特别可能回忆起其他人是否实现积极后果的情境。相反，关注应然自我并因此关注生活中不期望的结果存在或缺乏的个体，特别可能回忆起那些努力避免消极后果出现的人或事。这种策略同样会应用于人际活动中，如交朋友。当个体试图交往一个朋友时，可以运用寻求积极后果的策略如获得亲密和信任(我去尝试跟她交流，告诉了她我上次回家的遭遇)，也可以使用避免消极后果的策略，如疏远和不和(我发现她开始跟另一个同学关系更好，所以我只能离开)。这种策略偏好也与自我差距的类型有关。持续关注与理想自我的差距，会倾向于对积极后果越来越敏感，也会偏好那些提高积极后果的人际策略。同样，持续关注与应然自我的差距，会倾向于对消极后果越来越敏感，也会偏好那些在于预防消极后果的人际策略。

总之，对理想自我的关注，无论是暂时的还是持续的，相当于关注个人希望和抱负中要表达的积极后果，这种关注使得人们对他人生活中积极后果的存在与缺乏非常敏感，促使他们努力寻求和接近他们社会生活中的积极后果。现实自我与理想自我之间的明显差距也使人们容易出现与积极后果缺失联系在一起的消极情绪即悲伤和沮丧的影响。相反，对应然自我的高度关注，相当于对没能成功完成个体责任和义务时预期会出现的消极后果的关注，这种关注使个体对其他人生活中消极后果的存在和缺失非常敏感，使他们在社会生活中趋于避免和预防消极后果，这也使得他们易受与消极后果联系的消极情绪，如不安和焦虑。

三、利用他人来评价自己

故事赏析

1995 年，一群物理学家聚在一起讨论物质的弦理论。Edward 第一个发言，他被公认为那个年代最杰出的理论物理学家。第二个发言的是 Natty，他也是这个领域非常有影响力的人物，Edward 的发言给他留下了深刻的印象，他在自己发言初始说道："我应该成为一个卡车司机。"尽管如此，他的发言仍令人印象深刻。接着发言的是 John，他是弦理论的奠基人之一，用这样的话开始了发言："我应该是个三轮车夫。"

他人的杰出表现有时会让你在比较中感到自己很无能。当你的兄弟姐妹在学校的表现超过你，你最好的朋友篮球打得比你好，你的同事获得了梦寐以求的晋升机会，你会对自己的能力和价值产生怀疑，甚至感到泄气。然而，其他一些场合，他人的杰出表现却让你感觉良好，你弟弟杰出的音乐才能让你为之骄傲，你朋友加入了足球联赛让你感到欣喜。那么，他人的高水平表现什么时候让你感觉糟糕？什么时候又让你感觉良好呢？

自我评价保持模型在评价他人优越反应时提出了如下的假设：首先，优秀他人必须与自己心理上有亲密关系才能对自我产生影响，亲密程度随着相似性、家庭关系及其他共同因素而增加，这些因素导致自我与他人之间产生一种纽带，或者认为自己与他人具有相同的心理单元。如兄弟姐妹比朋友更亲密，年龄相仿、个性相似的人与你更接近，他们对自我的潜在影响就更大。那么这些影响究竟以积极还是消极方式呈现呢？自我评价保持模型认为，如果与你的自我定义不相关，你并不真正关心自己在这个领域的表现，他人的高水平表现就会让你感觉良好，因为你不会就他人的高水平表现而受到威胁，从而能够轻松享受他人成就带来的喜悦。相反，一个关系密切的人在与你自我定义相关的领域中超过你的表现，你会因为关系密切的他人的高水平成就而感到威胁，会怀疑自己的自我价值。总之，关系密切的优秀他人的影响取决于表现领域的自我相关性，当领域不相关，优秀他人产生积极影响，但当领域相关时，会产生消极影响。

面对这种影响，自我该如何调节？自我评价保持模型认为，人们有保持积极自我概念的动机，所以当受到优秀他人威胁时，就会通过努力消除这种威胁。如他们会降低与这个人的关系密切程度(如果这个人跟我没关系，我就不必跟他进行比较)，或者减少自我评价领域的相关性(如果这一维度对我来说不重要，就没有必要因为被超越而感到不愉快)。

自 我 和 谐

竭尽所能让快乐与热情时刻充满你的生命，从一次小小的体验开始。

——玛西亚·维德

在生活中，对于从别人口中说出来的要求和建议我们常常能说出"好的"或者"不行"，但在面对自己的内心和想法的时候，我们是否能够区分什么是外界添加给我们内心的声音，应该说"不"的，而什么是从自己内心发出声音的"好的"。带着这个我们一般不会停下来仔细审视的问题，一起做一个小测试吧！

 【课堂活动】 自我和谐测试。

下面是一些个人对自己看法的陈述，填答时，请你看清每句话的意思，然后写一个数字(1 代表该句话完全不符合你的情况，2 代表比较不符合你的情况，3 代表不确定，4 代表比较符合你的情况，5 代表完全符合你的情况)以代表该句话与你现在对自己的看法相符合的程度。每个人对自己的看法都有独特性，因此答案是没有对错的，你只要如实回答就行了。

1. 我周围的人往往觉得我对自己的看法有些矛盾。
2. 有时我会对自己在某方面的表现不满意。
3. 每当遇到困难，我总是首先分析造成困难的原因。
4. 我很难恰当地表达我对别人的情感反应。
5. 我对很多事情都有自己的观点，但我并不要求别人与我一样。
6. 我一旦形成对事情的看法，就不会再改变。
7. 我经常对自己的行为不满意。
8. 尽管有时得做一些不愿做的事，但我基本上是按自己的意愿办事的。
9. 一件事好就是好，不好就是不好，没有什么可以含糊的。
10. 如果我在某件事上不顺利，我就往往会怀疑自己的能力。
11. 我至少有几个知心的朋友。
12. 我觉得我所做的很多事情都是不该做的。
13. 不论别人怎么说，我的观点决不改变。
14. 别人常常会误解我对他们的好意。
15. 很多情况下我不得不对自己的能力表示怀疑。
16. 我朋友中有些是与我截然不同的人，这并不影响我们的关系。
17. 与别人交往过多容易暴露自己的隐私。
18. 我很了解自己对周围人的情感。

19. 我觉得自己目前的处境与我的要求相距太远。
20. 我很少去想自己所做的事是否应该。
21. 我所遇到的很多问题都无法自己解决。
22. 我很清楚自己是什么样的人。
23. 我能很自如地表达我想表达的意思。
24. 如果有了足够的证据，我也可以改变自己的观点。
25. 我很少考虑自己是一个什么样的人。
26. 把心里话告诉别人不仅得不到帮助，还可能招致麻烦。
27. 在遇到问题时，我总觉得别人都离我很远。
28. 我觉得很难发挥出自己应有的水平。
29. 我很担心自己的所作所为会引起别人的误解。
30. 如果我发现自己在某些方面表现不佳，总希望尽快弥补。
31. 每个人都在忙自己的事情，很难与他们沟通。
32. 我认为能力再强的人也可能会遇上难题。
33. 我经常感到自己是孤立无援的。
34. 一旦遇到麻烦，无论怎样做都无济于事。
35. 我总能清楚地了解自己的感受。

计分方法：

三个分量表包含的题项如表 6.0.1 所示，其中"自我与经验的不和谐""自我的刻板性"为正向计分，即写数字 1、2、3、4、5 分别计分 1、2、3、4、5 分；"自我的灵活性"为反向计分，即写数字 1、2、3、4、5 分别计分 5、4、3、2、1。

表 6.0.1　自我和谐分量表

	包 含 题 项	大学生常模	自测分数
自我与经验的不和谐	1、4、7、10、12、14、15、17、19、21、23、27、28、29、31、33 共 16 项	46.13 ± 10.01	
自我的灵活性	2、3、5、8、11、16、18、22、24、30、32、35 共 12 项	45.44 ± 7.44	
自我的刻板性	6、9、13、20、25、26、34 共 7 项	18.12 ± 5.09	

分析说明：

(1) 自我与经验的不和谐反映的是自我与经验之间的关系，包含对能力和情感的自我评价、自我一致性、无助感等，它所产生的症状更多地反映了对经验的不合理期望。

(2) 自我的灵活性与敌对及恐怖的相关显著，可以预示自我概念的刻板和僵化。

(3) 自我的刻板性不仅同质性信度较低，而且与偏执有显著相关，使用仍然在探索中。

(4) 总分即为将表 6.0.1 中三个分量表的自测分相加，得分越高则自我和谐程度越高。大学生中，低于 74 分为低分组，75～102 分为中间组，103 分以上为高分组。

自我和谐是罗杰斯人格理论中最重要的概念之一，它与心理健康有着密切的关系。每个个体都有着维持各种自我知觉之间的一致性，以及协调自我与经验之间关系的机能。如果个体体验到自我与经验之间存在差距，就会出现内心的紧张和纷扰，即一种"不和谐"

的状态。"自我与经验的不和谐"反映的是自我与经验之间的关系，包含对能力和情感的自我评价、自我一致性、无助感等方面，有时候它也更多地反映了对经验的不合理期望。当这种不和谐感出现时，个体会无意识地采用一些防御机制来应对，久而久之就演变成了心理症状。

所以各位同学，你的测评结果怎么样呢？有些时候，我们的困扰会不会是因为自身的期待及认识，与实际的经历、经验有太多矛盾的地方呢？如果是这样，也许提醒我们，需要做一些改变了，改变环境，或者改变自己。与大家共勉三句话：有勇气改变可以改变的，有度量容纳不可以改变的，有智慧分辨二者的区别。

第一节　自我和谐概论

一、自我和谐的概念

1. 自我和谐的定义

"和谐"在中国传统文化中是非常重要的观念，最初起源于音乐，甲骨文与金文中都出现过"和"字，其意义多指向声音。"谐"字与"和"字的原始含义基本相同，都指声音相应和，后来两字逐渐相连组成"和谐"一词，引申而指不同事物协调一致的关系。

在古文化中，无论是儒家还是道家等学派都有丰富的和谐思想体现，先哲们很早就领悟到和谐是万物之源。《春秋繁露·卷十六》中提及"和者，天地之所生成也。"《荀子·天论》中曰"万物各得共和以生。"认为只有和谐，万物才能得以繁衍。老子指出"万物负阴而抱阳，冲气以为和"，即事物的阴阳两方面互相冲击调和，形成一种和谐的状态，在这种状态中生成万物。儒学思想中更是对"和谐"推崇备至。《论语·学而》中提出了"和为贵"的命题，把和谐看作世间最美好的状态。事物的变化发展有着特定的规律，和谐是万物运行的法则，这是儒家的基本观念。

纵观我国古代关于"和谐"的思想，实际上包含着四层含义：第一层即"天人合一"的生态和谐，强调人是自然和谐整体的一部分，倡导合理地认识与利用自然；第二层是"克己奉公"的家国和谐，强调个人利益服从于国家利益；第三层含义是"尊礼崇仁"的人际和谐，注重人与人之间的交往，追求人际关系的和谐发展；第四层含义则是"内省修己"的身心和谐，将最终目标集中在人的身心和谐发展上，依靠个体的人格完善来实现自然、社会、人的和谐统一。本章主要阐述自我身心的和谐。

明代著名的思想家、文学家、哲学家和军事家，提出"知行合一"的王阳明，在龙场时曾经打造过一个石棺。因为他在悟道的过程中，始终不能放下自我，了悟生死。王阳明发下大愿：我就当自己已经死了，还有什么好怕的呢？他在石棺中静坐修身，潜心悟道，终于彻悟"格物致知"的道理。人生最大的障碍是自己，如果不能放下自我、破除我执，就很难获得真正的快乐。

自我和谐探讨自我身体与心灵、外表与内心、行为与思想及其相互之间的协同、协调、适应的关系状态，寻求自我发展的协调性、一致性、平衡性、完整性和合乎规律性。

人与自身的关系在英文词语中是"I"与"Me"的关系，自我和谐是人与自身的共同发展。人与自身的和谐关系，是作为个体的人在实践基础上、在保持自我特质、个性差异的基础上，能使自身内部矛盾保持协调一致的状态，并真正做到身与心、灵与肉、理智与情感、知与行、物质追求和精神享受的相济相成。

每个自我都是一个矛盾统一体，内部存在着自然性与社会性的矛盾、理性与非理性的矛盾、个体性与群体性的矛盾等。在一定的规范和秩序下，当人自身内部的矛盾斗争尚处于"没有发展到彼此不能共存而出现的可能状态"时，即当同一性对矛盾发展的积极作用居于主导地位时，自我矛盾便处于一种协调一致的状态，即"自我和谐"的状态。这一协调均衡的状态更有利于主体的进化和发展。

2. 自我和谐的核心指标

1) 自我与经验的和谐

"我觉得自己目前的处境与我的要求相距太远""我觉得我所做的很多事情都是不该做的""我经常对自己的行为不满意"等，以上内容均属于自我与经验的不和谐，对自己能力和行为的不认可。质疑自己的能力和行为，无论真实的表现在他人眼中是否优秀，只会"本能"地质疑和否定自己。

自我与经验的不和谐，属于对自己的认识不够全面，对自身能力和情感的不合理的期望，不了解自己的优势与短板，忽略自己的优势放大自己的缺点。一只行动敏捷的猎豹和一只色彩绚烂的变色蜥蜴在大自然中生存的方法必定是不相同的，猎豹不会练习变色的本领诱捕猎物，蜥蜴也不会依靠敏捷的身手获取一日的晚餐。对自己特性的了解是生存和发展的基础。全面认识自己，是指同时认识自己的优缺点。德国哲学家莱布尼茨曾经说过："凡物莫不相异""天地间没有两个彼此完全相同的东西"。树叶是这样人也是一样，人与人之间存在着个体差异，每个人都有自己的优点以及缺点。我们要正确把握自己的优缺点，做到扬长避短。例如一个天生运动细胞发达但理性思维却明显不足的人，他不去训练长跑，反而去攻读物理学，这样的客观情况下他是很难成为下一个爱因斯坦的。一个人对自己有正确的评估，并且根据正确的评估去做事情是十分重要的。如果你本身是 10 分，你可以把自己提高到 12 分，也可以把自己降到 8 分，不要太低估自己，也不要太高估自己。低估太多，会使自己失去无数机会；高估太多，会让自己心灵不堪重负，失去生活的幸福感。

正如在第一章中学到的，要全面认识自己，要肯定自己、相信自己。你的实际能力是 10 分，却把自己贬低到了零分，面对困难的时候不是畏首畏尾，就是边质疑自己边硬着头皮胆怯了事。一个不自信的人，身边的人又该用什么来相信你呢？做任何事情以前，如果能够充分肯定自我，就等于已经成功了一半。将自我发展与自己的经验能力协调考虑，相信"世界为每只小鸟准备了一个树枝，世界也为每个个体准备了一个生存的本领"。当你面对挑战时，你不妨告诉自己，你就是最优秀最聪明的，你一定能够完成任务，那么结果肯定是另一种模样。

2) 自我的灵活性

灵活性是指具有灵活的能力，是指处理问题的方式方法。自我的灵活性反映的是个体经验的开放程度，例如"我对很多事情都有自己的观点，但我并不要求别人也与我一样"。

应对灵活性对个体的心理健康有着重要的影响，其重要指标之一是对事件的可控性评估。个体对事件越有把控能力，体验到的正性情绪越多，负性情绪越少。个体越是能够依据环境的变化改变自我的内在期望值，即自我灵活性水平越高，对于应激性事件的应对灵活性越好。人的自我的灵活性与事件控制感、情景-策略匹配度以及应对有效性之间均是正相关的关系。

自我灵活性越高的人越倾向于认为事件是可控的；且已有研究表明自我灵活性与解决问题和求助正相关，所以，自我灵活性越高对于可控的事件更倾向于采取问题解决的方式，因而其情景-策略匹配度较好。此外，自我灵活性与自信是正相关的关系，自信的个体认为自己处理问题的方式更加有效。

3) 自我的刻板性

自我的刻板性反映的是一个人固执僵化程度，不能依据外界环境的变化而发生变化。墨守成规，故步自封，用通俗的概念来表达就是"认死理"。

这类人在面对困境的时候通常会觉得，即使做任何努力都无法改变僵局，困难和问题永远被这类人想象得过于庞大和艰难，他们对困难设定的难度系数会高于困难本身，在行动之前就已经设想好了最后的结果，认为即使进行了过程，也改变不了任何结果。对于自己认定的事情无法根据现场的情况随机应变，在开始之前就已经设定好了自己能想象到的会发生的事情，而对于真正突发的状况反而束手无策。

自我的刻板性过重，会把每一个问题都想得非常艰难，自己即使要改变行为也是渺小无力的，这类人在生活社交中都会有深深地无力感。会采用自责、幻想、退避的应对方式解决问题。

二、自我和谐相关理论

1. 埃里克森的自我同一性理论

新精神分析派的代表人物埃里克森，在弗洛伊德的心理发展论和人格结构说的基础上提出了他的自我心理学，认为自我是个人发展中的主要力量，是个体过去经验与当前认知范围内所面临的社会任务的结合，能引导个体心理朝向社会所规定的方向发展。自我同一性是用于描述个体自我一致的心理感受的术语，是青年期人格发展的中心任务。根据埃里克森的解释，"自我同一性"首先是指在过去、现在和未来的时空中，"自己是谁""自己还是原来的自己""自己自身是同一实体的存在"等对自我同一性的主观感觉或意识，也可以指青少年对自己的本质、信仰和一生最重要方面前后一致的比较完善的意识，即个人的内部状态与外部环境的整合和协调一致。

埃里克森的自我同一性概念重视主观的意识体验，强调自我同一性感觉及自身内在的不变性和连续性。埃里克森认为人的自我意识发展持续一生，将自我同一性概念化为一系列包含两相对立的发展危机的阶段，把个体从出生到临终的生命周期划分为婴儿期、儿童早期、学前期、学龄期、青春期、成年早期、成年期、老年期八个阶段，每个阶段都有一种新的主要冲突心理——社会危机和独特的发展课题。

冲突是阶段的标志，也是一种不和谐情况的产生，个体在克服这种不和谐的过程中将体验到自我意识的发展。埃里克森认为，青春期是个体成长的关键时期，这一时期的发展课题主要是获得同一性，避免角色混乱。完成自我同一性的确立就更容易达到一种自我和谐状态。这要求个体在寻求自我的发展过程中，对自我的确认和对有关自我发展的一些重大问题，诸如理想、职业、人生观、价值观等进行思考和选择。这意味着个体要对自身有充分的了解，能够将自我的过去、现在和将来整合成一个有机整体。青少年在这一历程中需要不断地进行自我探索，选择与社会需要相一致的存在方式，并在个人的现在与未来、个人与社会环境之间不断磨合，此时个体的内部需求和外部要求之间容易形成心理冲突，不能顺利完成同一性的确立，就有可能引起同一性扩散或消极同一性发展。

2. 罗杰斯的自我和谐理论

卡尔·兰塞姆·罗杰斯(Carl Ransom Rogers，1902—1987)，是著名的美国心理学家，人本主义心理学的主要代表人物之一。自我和谐就是罗杰斯人格理论中最重要的概念之一。罗杰斯认为，自我和谐(Self Congruence)是指个体自我概念中没有自我冲突的现象。

在罗杰斯看来，自我概念不单指一个人对自己目前状况的知觉，即真实自我或自我，还意味着一个人对自己将来应当怎样的知觉，即理想自我。罗杰斯认为，理想自我和真实自我之间的差距是衡量一个人心理是否健康的指标，理想自我与真实自我越接近，人就越感到幸福和满足，心理就越健康，如图6.1.1所示；理想自我和真实自我之间的差距大，就会造成不愉快和不满足，心理就不健康，如图6.1.2所示。

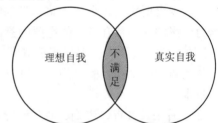

图6.1.1　理想和真实自我接近　　　　图6.1.2　理想和真实自我差距大

罗杰斯认为，个体有着维持各种自我知觉之间的一致性，以及协调自我与经验之间关系的功能，如果各种自我知觉之间出现冲突或者自我与经验之间出现矛盾，个体就会体验到内心的紧张和纷扰。他说，人的本性就是要努力保持一种乐观的感受和对生活的满足。要想成为一个自我完善的人，就要不断接受生活中的各种考验。他把达到这一目标的人称为心理和谐的人。人之所以出现心理问题，是因为理想自我和真实自我出现偏差；人之所以内心不和谐，是因为自我与经验不一致，为了维持自我统一而对经验采取的防御反应；人之所以心理不健康，是缺乏乐观满足的生活态度。自我不和谐情况总的来说有两种：第一种是在有条件积极关注下所得到的评价性经验与自己的直接性经验不一致时，第二种是在理想自我与真实自我二者不一致时。两种情况下个体为了维持自我和谐统一，都会采取各种各样的防御反应，从而为心理障碍的产生提供了可能。因此，罗杰斯认为，个体的自我和谐与心理健康有着极为密切的关系，理想情况是对成长中的个体尽量提供无条件积极关注，使他在自然情景中形成和谐的自我观念，从而奠定其自我实现的人格基础。正如罗杰斯所说："最好的生活是一种漂泊的、变化的过程，在其中没有任何事物是固定不变的，它们存在于成长的过程中。好的一生是一种过程，而不是一种状态；好的一生是一个方向，而不是终点。"

3．Preseott Lecky 的自我和谐理论

美国心理学家 Preseott Lecky(1945)提出了关于自我和谐的设想，其理论包括：人的内心是由各种观念和态度构成的一个有组织的系统，如果组织内部各种成分之间没有严重的冲突，就会逐步实现内部和谐与一致性，在成长过程中的个体会逐渐形成其特有的自我概念，也就是个体对自我的看法和观念；人们会把自身的经验融合统一并形成其独特的人格，并为实现理想而努力，影响这种整合过程的主要因素包括个体的需求、观念、态度和目标。同时他认为当自我概念与经验之间没有冲突，则会逐步实现自我内部的和谐，这是形成完整人格的基本条件。

Lecky 提出了由个体自己来定义自身性质，决定自己到底是谁的根本理论。新的经历只有在作为过去经历的继续和对自己的完善时被同化，这与传统的学习过程的观念完全不同，赋予了有机体自身的因素，它的积极特性直接引起了对人的力量的重新定向，并且具有为相关研究任务所用的有效性。

Lecky 的自我和谐理论与其人格理论密切相关，具体包括以下几方面的内容：

(1) 人格的整合是个体在各种情况下维持其正常状态的能力。个性是一个与他人以及与自身想法一致的观念系统，这决定了个体行为的和谐一致性。

(2) 个性作为经验构造的结果发展成一个统一体，并不是由机械的因素所决定，而是由个体自身的观念所决定。个体会将自身的经验整合统一，形成其独特的人格，并为实现理想而努力，影响这种整合过程的主要因素包括个体的态度、观念、需求和目标。

(3) 个体在成长过程中会逐渐形成其特有的自我概念，也就是个体对自我的看法和观念。当个体的自我概念和经验之间没有冲突，就会逐步实现自我内部的和谐，这是形成完整人格的基本条件。

在 Lecky 看来，教育、咨询、心理治疗和心理分析的目的是为个体提供一个能够自我治疗的环境，治疗的目标是让个体重新实现自我的和谐。他否定了以往刻板的刺激——反应心理学理论，引用了许多研究来驳斥特性学说和固定的人格特质观念，但遗憾的是，由于 Lecky 的早逝，他的遗作由 John Taylor 收集并出版，编辑者没能从 Lecky 未出版的论文中找到更多数据资料来证实自我和谐理论。总的来说，该理论的阐述在某些方面尚未完善，但这些开创性的理念已经引起众多心理学研究者的关注。

4．王登峰的自我和谐理论

我国学者王登峰将自我和谐看作是心理和谐的一个方面，心理和谐包括自我和谐、人际和谐以及人与自然和谐三个方面。心理和谐的概念内涵宽泛，涉及的是整个人的心理上的各方面关系。自我和谐的概念内涵更为具体，涉及的是人的部分心理即个性心理的方方面面的关系。心理和谐包括自我和谐。自我是人格的核心成分，自我和谐决定着整个人格的和谐。人格和谐必然对整个心理的和谐发挥调节功能，因此，从这个意义上说，构建自我和谐是形成整个心理和谐至关重要的一部分，前者甚至是后者的基础。

王登峰最早在国内心理学领域对自我和谐进行研究，认为心理健康的重要标志就是自我和谐，总结出自我和谐的人具有五个方面的特点：

(1) 能够平衡过去、现在和未来的比重，从过去经验中汲取精华以策划未来，并对生命做出最好的利用。

(2) 妥善处理冲突和选择。难于做出选择的情境下常常会产生心理冲突，这种冲突情境会对个体的心理和躯体健康都产生不良影响，须予以妥善处理。

(3) 了解和接受自我。自我和谐的人能够体验到自身存在的价值，并恰当评价自己的能力；不会对自己提出非分的、苛刻的期望与要求；能够制定切合实际的理想和生活目标，因而对自己总是满意的；同时，努力发展自身潜能，对自己无法补救的缺陷也能安然处之。

(4) 接受他人，善于与人交往。不仅能接受自我，也能接受他人，悦纳他人，能认可别人存在的重要性和作用。

(5) 正视现实，接受现实。即使现实不符合自己的希望与信念，也能实事求是地面对，并能多方寻求信息，倾听不同的意见，把握事实真相，相信自己的力量，随时接受挑战。

三、自我和谐对人生的意义

故事赏析

一

李某，女生，以压线的成绩考入了陕西省西安市的 A 校，在新的校园生活中李某表现得谨小慎微，沉默寡言。上课的时候总是坐在最后几排，从不主动提问发言，老师点到她回答问题的时候也是以非常小的声音简短地回答；无论是在校园活动还是宿舍谈话中李某也很难融入集体的生活中，她内心总是觉得自己从小城市来，见识自然比很多同学少，成绩也是擦线而过，相貌也平平，身上没有任何闪光点，在这个大的环境中自己像被淹没了一样。同学身上的优点都在闪闪发光，相形之下自己就像是毫不起眼的沙粒，没人会在乎她的存在，整个集体有没有她没有任何区别。跟同学说话也找不到好的切入点，无法融入谈话的内容中去。她也不敢跟同学过多地交流，生怕多说几句就暴露了自己的缺点，让同学看低，害怕同学有意无意的话刺伤自己，她将自己封闭得非常严实，甚至觉得就这样默默平安混到毕业就好。

因此，李某每天过得都很消沉。虽然和同学们一样正常上下课，正常去打水吃饭，但她从没有一刻是真地融入这个环境中的，她觉得她的使命就是陪衬着身边的同学，看着她们参与各种校园活动，看着她们争拿奖学金，看着她们讨论忙完课程去学校附近吃什么好吃的。每天浑浑噩噩，从周一到周五按照课表上的日程走，甚至课间都成了她恐惧尴尬的时间，其他同学在课间讨论问题，嬉笑攀谈，唯独她孤单地坐在座位上心不在焉地盯着眼前书本的同一行反复地看。李某觉得自己已经丧失了沟通的技能。

二

学生胡某，是一个刚入学的新生，他曾经学习成绩优异，在高中时是年级里赫赫有名的"学霸"。他因为高考发挥失误与心仪的 A 大学 A 专业失之交臂，被录 A 大学且调剂到 B 专业。

开学以后，胡某对自己现处的状况非常不满，上课的时候也漫不经心，对于老师所授的内容嗤之以鼻，满心都想的是自己是屈才才会在 B 专业的教室里上课。开学快半个学期了，胡某的这种情绪不仅没有消除反而愈演愈烈，他开始逃课，不是在宿舍睡大觉，就是跑到网吧打游戏。本专业的知识一律不学，他抱怨专业的师资力量，抱怨学校的设备，甚至抱怨同班同学的生活习惯。他将所有的不顺心发泄在周围的任何事物上。胡某感觉自己被骗了，他觉得其他同学的高考分数跟自己相差那么多，以前跟他一起的朋友最差的都去了理想中的好学校。每次听他们说他们的学习有多紧张，大学的生活多么丰富，胡某就陷入到难过中。

胡某觉得自己一直都是一个不错的学生，以前成绩一直在中上，应该在大学里学习自己心仪的好专业，不知道怎么就来到了这样一个自己不喜欢的专业。

上述两个小案例，是否会让你觉得自己或身边的同学也有过这样的经历和困扰？这样消极抗拒的状态是否会让你一直无法适应大学的新生活？因此，调节自我状态，学会肯定自己，认可自己，帮助自己达到理想与现实的统一，感受到生活的快乐和幸福就具有重要的意义。

1. 自我和谐是人的发展的内在要求

1) 和谐与发展的关系

和谐与发展是辩证统一的、不可分割的两个方面。一方面，和谐可以促进发展，为发展培育环境和动力。"任何矛盾的对立面都共居在一个统一体中，但它包含着两种基本状况：一是对立面的和谐统一，二是对立面之间的不和谐统一。这两种状况都是在对立统一的关系中表现出来的。因此从更广泛的意义上说，和谐并不排斥矛盾，也不在矛盾之外，而是矛盾的一种表现形式。"所以，在矛盾的对立面处于和谐统一的状况时就会推动事物的发展。一方面，社会和谐有利于在全社会倡导并形成诚实守信、互帮互助和全体人民平等友爱、融洽相处的社会氛围和人际关系，从而为经济发展创造一个有利的社会条件。提高社会的和谐程度，有利于最广泛最充分地调动一切积极因素，推动经济和社会的发展与进步。另一方面，发展创造和谐，是和谐的基础和保障。和谐是在发展中也只有在发展中才能得以实现，和谐作为一个环节包含在发展中并被发展所决定。和谐作为一种存在状态绝不意味着一潭死水般的平静，而是在生气勃勃的动态中保持协调和相对平衡。这样的状态，只有在不断发展的过程中才能形成和逐步趋于完善。

发展与和谐具有内在的必然联系，在和谐中求发展，在发展的基础上追求和谐，是构建和谐社会的理论要求和现实需要。

2) 自我和谐与人的发展

自我和谐与人的发展是相辅相成的，人的发展需要人的自我和谐，自我和谐是人的发展的前提。人的发展需要和谐的社会环境，需要人与自然、人与社会、人与人的和谐。和谐的社会环境更适合人的发展，更能为人的发展提供无穷的动力和精神支持；同时人的发展更需要作为和谐主体的人的支撑。唯物辩证法认为，内因是事物变化发展的根据，外因是事物变化发展的必要条件，外因通过内因起作用。因此，只有人自身处在和谐的状态之下，才可能有效促进人与人、人与社会、人与自然的和谐，进而才能促进人的全面发展。可以说，人的发展是离不开人的自我和谐的支撑的。自我和谐是人的发展的基础，人只有作为和谐的主体才会有更大的发展空间。

人只有达到自我和谐，才会主动地改善社会关系，正确处理与自然、社会的关系，形成与自然、社会和谐相处。而这些和谐关系的形成反过来又会为人的发展提供更大的空间；也只有自我和谐的人才能在自身或整个人类的发展过程中更加规范自己的行为，尽力使自身的身与心、理智与情感、知与行很好地统一起来，真正达到自由而全面的发展。相反，个体自身的不和谐，往往会导致人自身中存在的自然性与社会性、个体性与群体性、理性与非理性等矛盾的激化，导致自我处于分裂状态之中。这不仅给自我的发展带来极大的障碍，也会成为社会发展的消极因素。

3) 自我和谐的实质是人的自由全面发展

自我和谐的实质是人的自由全面发展，人只有在追求自由全面发展中才能实现自我和谐。自由是人的发展所必需的社会前提，未来社会将为实现人的自我和谐创造条件。自由自觉的活动是人的类本质，人的自我和谐就是人的类本质的实现，因此，自由是人的全面发展所必需的。人的自我和谐就是逐步实现人的自由全面发展，也只有通过人的自由全面发展才能实现人的自我和谐。"创造着具有人的本质的这种全部丰富的人，创造着具有丰富的、全面而深刻的感觉的人作为这个社会的恒久的现实。"未来社会的高度和谐，是实现了人与自然、人与社会的和谐统一，是人作为主体的自觉、自愿、自主的发展，使"人终于成为自己与社会结合的主人，从而也就成为自然界的主人，成为自己本身的主人——自由的人"。

2. 自我和谐是心理健康的重要标志

罗杰斯认为，如果个体的各种自我知觉之间产生冲突或者自我与经验之间存在差距，就会感受到内心的紧张和困扰，呈现一种"不和谐"状态。事实上，每个人都经历着某种程度的自我不协调，没有人能够达到理想自我与真实自我的完全一致，然而个体若能最大限度地实现自己的潜能发挥，就可以缩小"现实人生道路"和"理想人生道路"之间的距离。实验研究发现，如果人的自我和谐程度较高，情绪会更为稳定，更加自信，朋友亦较多；相反如果自我和谐程度较低，则会缺乏安全感，感到焦虑、抑郁，亦缺乏社交能力。对于个体来说，如果自我不协调的程度太大，以至其防卫机制失灵，就会出现过度紧张和焦虑等心理问题。

拥有高健康人格水平的大学生，通情达理，乐观豁达，能够接受外界新事物，善于总结经验教训，在成长历程中不断探索自我，完善自己，从而确立正确的人生观和价值观，能够与社会需要协调一致，从而达到自我和谐状态。实际上拥有高健康人格的个人在环境中善于调整自己以适应外部环境的变化，对自己、对他人、对事物有清晰客观的认识，个体为适应客观世界而进行的自我调节，经历成长过程中的各种危机到和谐的自我统一，实现了自我整合。也就是当个体在社会生活中，依靠自己价值体系对自己经验进行自我评价，产生自我协调状态，从而体验内部与外部的统一，而恰是这种体验到内外部统一的个体才能达到心理健康状态。

相反地，低健康人格水平的大学生，要么固执己见，不接纳他人，要么没有主见，过于依赖他人，常常在生活中不能正确地面对失败和挫折，也不能从中总结到合理的经验教训，常常体验到自我与经验之间存在差距，出现内心的紧张和混乱，即当个体对自己的能力和情感错误评价和估计时,容易产生无助感和愤怒感等,这种错误的估计其实反映出来的是对经验的不合理期待,也就是当个体在社会生活中,为了迎合他人或社会价值条件而否定对自己经验的自我评价,因此产生了自我不协调状态,个体就会因适应不良而面临自我不和谐的危险。个体固执于其错误自我概念就会采取各种各样的防御方式,因此为心理障碍的出现提供了基础,最终导致心理和行为问题。

第二节 影响自我和谐的因素

一、影响自我和谐的个人因素

1. 自我期望值

大学生对自我未来的发展总会有一个期望值,即有一个理想的自我,理想自我与现实自我之间的差距是客观存在的。如果这个差距适当,就会有利于大学生完善自我和超越自我,反之则不利于自我发展。如果大学生对自己期望过低,使理想的我与现实的我差距过小,就会失去自我发展动力;如果对自己期望过高,不切合客观现实和自身实际,理想的我与现实的我差距过大,则会对理想的我的追求感到可望而不可即,进而失去自信心。

自我和谐就是能够知道自己的近期目标正在实现中,或者是能够实现的,并且能够觉知到终极目标正在逐步实现,也就是能把目前的努力与更长远的目标联系起来,能够觉知到与期望的差异时仍能保持和谐。一个人的现实自我与他最终要达到的目标之间一定会有差距,而自我和谐的人就是能够在这种情况下保持良好的心理状态,这也就是自我和谐的本来含义。能够看到和别人的差距,也能保持和谐,这既是自我和谐的标志,也是影响自我和谐的因素。

2. 认知方式

同样的事物,不同的认知方式会导致不同的结果,不合理的认知方式会形成不合理的信念,诸如绝对化要求和过分的概括化等认知方式是常见的现象,这些不合理信念的存在反映在自我认知上就容易走向极端,如对自我的评价过高会出现自负,评价过低会出现自卑,自大自负会孤立、绞杀自我;自卑自怜会束缚和压抑自我;自暴自弃会放纵或践踏自我,这些都会影响大学生的自我心理和谐。

3. 评价参照标准

古人云:"人贵有自知之明。"全面正确地认识自我是自我和谐发展的前提,在认识自我时,选择的评价参照标准是关键。事实上,在日常生活中,个体都是在有意无意地给自己选一个参照物,再把自己与这个参照物进行比较,从而认识自己。如果这个参照物选择得不恰当,就会使自己越比越没有信心,从而放弃自我。

4. 心理承受力

当今时代的一个重要特征是竞争加剧,整个社会处于激烈竞争之中:竞争择业,竞争上岗，适者生存，不适者淘汰。在这样的社会中，对于大学生来说，时常面对竞争与挑战，挫折是在所难免的。心理承受力能力强的学生，无论面对怎样的竞争和挫折都会泰然处之，相反心理承受能力弱的学生，稍有不顺，就可能出现身陷茫然与萎靡不振，忧郁苦闷。心理承受力是影响心理和谐的一个重要因素。

二、影响自我和谐的客观因素

1. 生理因素

对于一个发育正常、健康的人来说，别人不会认为有什么特殊，他也不会发现自己与别人有什么不同，也就不会有积极或消极的评价和体验。而对于一个发育异常的残疾人来说，他会从自己与他人的比较中发现自己不同，尤其对于大学生来说，一般都处在 18～22 岁的年龄阶段上，对于自身更加关注，如果自己生理上有某些缺陷，很容易使其不能正确对待自我，产生自卑情绪，影响自我心理和谐。

2. 环境的变化

进入大学，面临诸多环境变化，许多学生不能适应导致挫折，影响自我认知与发展。首先，随着由中学到大学生活环境的改变，中学阶段过分依赖父母的大学生，进入大学生活会由于缺乏相应的自理能力而显得不知所措，无所适从。从而在生活中不断碰壁，遭遇挫折，进而对自我丧失信心，自暴自弃，最终影响内心和谐。其次，学习环境的改变也会使部分大学生失去自我和谐。大学学习和中学的学习相比，有较大的变化，比如课堂教学容量大、跨度大，自学的时间多，作业少、测验少，考试更注重能力等，这些变化要求大学生改变原有的学习方式，尽快适应大学的学习。但在现实生活中，相当一部分大学生仍然沿用中学的学习方法，以致自己的大学学习接连不断遭遇挫折。在这种情况下，一些大学生就会对自我产生怀疑，认为自己不是学某专业的材料或是自己能力不行等，使自己陷入无边的苦恼和彷徨的状态，难以自拔。

3. 社会和家庭因素

大学生是既承载着家长高期望值也承载着社会高期望值的特殊群体，但同时，又面临社会高压力，在这样的状况下，容易产生心理不和谐。其一，时代压力，当今世界处于知识爆炸的信息时代，大学生一方面必须掌握最基本的专业知识，同时还要具备信息时代获取新知识的基本素质；另一方面必须拥有创新意识和创新能力，同时还必须塑造能够融入和谐社会的健全人格。这必然给他们带来心理的紧张和压力。其二，生活压力，大学生承受的来自生活方面的压力主要有两个方面：一方面是随着高等教育费用的提高，来自贫困家庭的大学生要面临经济方面的压力；另一方面是部分大学生由于缺乏必要的自理和自律能力，面对挫折和新的生活情境无所适从而产生压力。其三，就业压力，在当今充满竞争的社会中，连续多年的高校扩招本来已经加大了大学生竞争就业的力度，由于大量农村剩余劳动力涌入城市，使得就业问题变得更加尖锐，尤其在大学生、研究生择业相对集中的地区和单位，已经出现"千军万马过独木桥"的严峻局面，就业已经成为大学生普遍关注的话题，也是形成大学生诸多压力中最主要的压力源。面对以上的诸多压力，如果不能及时找到释放的途径和解决的办法，很容易出现自我不和谐。

第三节　增进自我和谐的方法

一、培养积极的应对方式，对经验持开放态度

故事赏析

同住一个寝室的小王和小李都是性格内向的孩子，入学一个月两个人的关系平平，虽然没有矛盾，但却也没有共同的话题能够迅速打成一片，作为室友这样不冷不热的关系使宿舍变得非常冷清，有时她们两个人单独待在宿舍的时候甚至有一点尴尬。

一天傍晚宿舍只有小王和小李两个人，各自在干自己的事情，和往常一样的安静。小王突然肚子疼得非常厉害，因为觉得和小李不熟悉也没有敢发出动静，一直在自己强忍。这时候小李发现了小王的异样，立刻上前关心询问，并扶小王去了校医院，积极与医生沟通，帮小王取药。从这件事以后两个内向的孩子亲近了不少。宿舍的气氛也变好了不少。

关心和善意能化解长久以来的冷漠，也能使自己感受到助人的快乐，使人际关系更加圆融。

罗杰斯认为，人际关系是否良好取决于人与人之间是否能做到相互积极关注。相互积极关注的人际关系可以使人消除孤独感，缓解人际矛盾和冲突，充分感受到安全。爱人者人恒爱之，敬人者人恒敬之。学会关心、爱护、同情、认可，用善意对待他人，这样他人也会以同样的方式回报你，建立一个和谐的人际环境。在这样的环境中，更有利于我们获得内心的平静与快乐，提高生活幸福感，实现自我和谐。

幸福与否，取决于对事件的解释和看法，而非事件本身。可见，一件事物的存在是客观的，它的好与坏只是人们主观赋予它的意义。这就是为什么在面对同样的挫折，有的学生能够把它当成人生的一种磨砺，有的学生却把它当成人生一次莫大的打击，甚至从此一蹶不振。而采取积极的应对方式可以更加勇敢地面对挫折和失败，因此，培养积极的人生态度，形成积极的应对习惯，对于每一个大学生的未来和人生都是至关重要的。有了积极的人生态度，不断地把挫折变成前进的动力，不断将困难转化成攀登高峰的一个个台阶，那他们的人生必定会充满阳光，也离幸福更近。

凡事都具有两面性，应该鼓励自己多往好的方面想。人们面对压力时，认知因素的差异将会直接导致应对方式的不同。大学生如果能从客观角度出发，以问题解决为导向，正确对待压力，试图从挫折、压力事件中得到有用的生活经验，将负面压力视为成长的机会，从负面事件中解读到事情的正面意义，就会通过积极主动的应对方式去解决问题，学会从身边的朋友、家人身上寻找帮助和支持都会使我们更加自信。伴随问题的解决，学生会由此体验到较多的积极情绪，构建应对挫折的良好心理韧性；在以后的生活中就会利用更多的资源，采用更积极的应对方式，长久下来便会形成一种良性循环。

二、主动调整心态达到和谐

成熟的心，无不需要经过千锤百炼。大学阶段是人生的重要阶段，会遇到人生的许多未知问题，例如就业问题、恋爱问题、人际交往问题等，对于这些心理尚未完全成熟的学生，这个阶段遇到的一些问题，无疑是对于人生的考验，而能否顺利地通过这些考验，则是将来人生是否能积极走下去的关键。因此，这个阶段的学生一定要学会有意识地调整自我，使自己能够始终处于一个比较和谐的心理状态，这样才能保证工作和学习的顺利进行。生活中参加一些集体课外活动，培养有益身心的兴趣爱好，参加社交活动等，这样能使自己保持一个积极主动的状态，为自我展示、自我成长提供媒介和机会，最终登上通往幸福的阶梯。

好的心理素质对于个人的发展尤为重要。美国成功学大师拿破仑·希尔说过："人与人之间只有很小的差异，但是这种很小的差异却造成了巨大的差距！很小的差异就是所具备的心态是积极的还是消极的，巨大的差距就是成功和失败。"

故事赏析

传说古时有一位国王，梦见山倒了、水枯了、花也谢了，他不知是吉兆还是凶兆，便叫来王后给他解梦。王后一听，大惊失色，说道："山倒了暗示江山要倒；水枯了暗示民众离心，因为君是舟，民是水，水枯了，舟就不能航行了，也就是说，百姓不再拥戴国王了；花谢了暗指好景不长了。"国王听后，惊出一身冷汗，从此病倒了，而且病情日渐严重。一位大臣来看望国王，国王在病榻上说出了他的心事，大臣听后，竟然大笑道："这梦是大吉大利啊！山倒了指从此天下太平；水枯了，真龙就要现身了，国王，您是真龙天子啊！花谢了——花谢见果呀！"国王听后，舒心地笑了，身体很快就康复了。这个故事的寓意显而易见，面对同样的事件，不同的心态就会有不同的结果。好心态会有好结果，好的心理素质能帮助我们渡过很多难关。

不是所有人都会好运地含着金汤匙出生，永远走没有任何坎坷的幸福大道。生活中的阻碍和困难永远出现在计划之外，要想继续前行就要直面这些荆棘。然而好的心态无异于一副铠甲，不仅能保护我们不被刺伤，还能带领我们披荆斩棘。挫折就横在路中间，就看你能否调整自己的状态，是积极地应战还是消极地惶惶不安。

在你们身边的同学里，一定有这样一类人：平时成绩很优秀，一到考试就泄气，就发挥失常。他们的实力是有的，输就输在了心理素质上面。"不以物喜，不以己悲"是一种我们应该培养的心态。不要让自己的情绪大起大落，提高心理承受能力与心理防御能力，要运用恰当的心理调适方法，及时疏导以防止消极负面情绪的产生。

胜败乃兵家常事，遇见挫折了，被挫折打趴下了，我们不一定要像"鸡汤文学"中所说的立刻爬起来。我们可以稍微休憩，趴在地上想想是没看清前面的水坑而栽倒，还是因为我们误估了水坑的大小。等我们心平气和了，重新昂扬起了斗志，再爬起来继续走。心态决定命运，积极地面对，能让我们事半功倍。

三、正确认识自己，发现内心真正的需要

大学教授、艺术家、策展人、手绘漫画家、二手玩具收藏家、哥伦比亚大学研究所毕业，将这些名头集于一身的会是一个什么样的人？一个天生优秀的小孩还是一个"父母口中别人家的孩子"？都不是，集这些名头于一身的曲家瑞是一个被父母"遣送"到美国的无可救药的小孩。她在采访中说过："我出身于一个有名望的家庭(父亲是台湾水产协会理事长)，在这样的家庭里，我和我优秀的哥哥姐姐不一样。我功课很烂，上课也不守规矩，在课本上乱涂乱画，爸妈因为觉得'丢脸'把我送到美国上学。到了美国我的乱涂乱画竟然被老师同学们喜欢，渐渐我发觉这是我的长项，我更加专注地做这项事情，最后竟然在高中出了画册，后来乱涂乱画竟然变成了我的事业。"最后曲家瑞还上了"坏小孩怎么也不会考上的哥伦比亚大学"，取得了比自己优秀的哥哥姐姐更高的学历。

如果从头至尾都没有意识到自己的才华和优势，只是带着自卑走下去，那么她的人生又会是什么样子的？

步入大学校园，我们接触的同学来自五湖四海，生长的环境各有不同，每个人的优势特长缺点短板也各式各样。在这样的大环境中，我们更应该学会认识自己，不要以别人的优势来看轻自己，也不要以别人的短板来骄傲自满。正确地认识自己，清楚自己的定位，是我们如何规划自己大学甚至以后人生的前提。像本章第一节案例赏析中的李某，要想摆脱自怨自艾、昏昏沉沉的状态，首先就应该正确地认识自己，静下心来想想我喜欢做什么，做什么事情的时候我会觉得轻松，会觉得如鱼得水，这也就是自己擅长做的事情。发掘自己一定会存在的优势，为自己建立自信心，这才是走向自我和谐的第一步，不要过分放大自己的短板，迷失真实的自己。

分清楚"想要做"与"不得不做"的事情，在自由的情况下选择自己的目标，只有内心想要做的事情是源于自我和谐的目标，才可以带来意义和幸福。

是来自任何政府的影响，还是被外来的因素，比如说声望、欲望、责任或是恐惧所胁迫，他们感到生活里充满了各种不得不做的事，而这些都不是自己想做的事。那些不得不做的事情，通常不是缺乏意义，就是没有快乐。而只有内心想做的事情是源于自我和谐的目标，才有价值。

一个增强幸福感的方法，就是增加想要做的事并减少不得不做的事。无论是从人生或是日常生活的角度都应该如此。比如一个人学医是因为他觉得医学有意义(内在因素)还是因为医生有很好的社会地位(外在因素)？追求股票投资的成功，是因为它能带给我成就感(内在因素)还是因为它可以赚大钱(外在因素)？

以上的例子并不少见，我们所做的很多事，其动机都包含着内在和外在两种因素；一个因为家庭要求学习法律的人，通常无法在其中找到长久的快乐，也不会真正想成为一名律师，法律对他而言只是枯燥的条文。相反，如果是基于对法律的热爱而成为律师的话，那么维护正义的同时他也会觉得非常幸福。内在还是外在的动机，通常会决定行为本身的性质：如果是内在的(换句话说，就是自我和谐的)，那便是想做的；如果动机来自外在因素，就变成了不得不做的事了。

同样的分析也可以应用在日常生活中。想想你每天所做的事中，有哪些是自己想做的，

哪些是不得不做的，而且哪些不得不做的事情其实是无法避免的。认真审视自己，倾听自己的内心，像做物品分类一样地分类自己内心的需要，如图 6.3.1 所示：能做的，想做的，真正想做的和最想做的。这样能帮助我们尽可能地减少不得不做的事情，并以想要做的事情取而代之。不得不做的事情和想要做的事情的比例可以决定你的幸福感，它们甚至可以决定你早上起床和夜间入睡前的心态：清晨，是满怀希望地起床，还是沮丧地想今天还有什么不得不做的事情？入睡前，是感到充实和有成就感，还是长舒一口气说"哦，今天终于结束了"？

图 6.3.1　发现内心真正的需要

正确地认识自己，应在了解自我的基础上完善自我，对自己正确地认识和估价，了解自己的优缺点。用自我实现倾向评价经验，面对现实，做充分发挥潜能的人。只要在现有的条件下，尽自己所能把自己的价值和潜能充分地发挥出来，那就是成功者。学会扬长避短，因为你的长处才是你发展的根基。善于接受和表达自己的情感。合理宣泄，找到充分表达自己情绪的方法，既不要压抑自己，也不要放纵自己。学会合理地疏导，不要让消极情绪压抑成为一个随时有爆炸危险的炸弹。拥有正确客观的自我评价，自我悦纳，喜欢自己，才能不受过度积极关注需求的负面影响。

四、设定自我和谐的目标

鹨子是一种能发出动听的尖叫声的鸟类，当它听见马嘶叫后，觉得非常好听，十分喜欢，便不断使劲地去学马那样的嘶叫声。最终不但一点没有学会，而且连自己原来的叫声也不会了。这个故事告诉我们，制定目标一定要合乎情理，不要一腔热血只管横冲直撞。

追求自我和谐目标的人，通常不但更成功，而且比别人更幸福。自问一下，哪些是你在生活中真正想做的事，比如人际关系或职业规划等，在每个条目的下方注明以下的内容。

(1) 长期目标。这是指地基型的目标，从 1 年到 30 年的都可以。这应该是一些有挑战性的、能够让你发挥潜能的目标。长期目标是为了让我们享受旅途中的快乐，激发我们自身的潜力，实现与否倒在其次。

(2) 短期目标。这部分是针对分类消化长期目标而制定的短期计划，你在未来的这段时期要怎么做？

(3) 行动计划。在未来的日子里，你需要做些什么来帮助目标的达成呢？给自己拟定一套行程表，无论是每日每周或是一次性的。

不为自己设定明确的目标，我们就会很容易被外界所影响，转而追求那些很难达到自我和谐状态的目标。我们总是面临两个选择，被动受外来因素影响，或是主动地去创造属于我们自己的生活。我们可以试着成立属于自己的幸福董事会，成员是那些关心你和你的幸福并对你的幸福有着重要影响的人。让他们监督你的计划，并给予及时的建议。同时你要和他们经常会面，讨论哪里进行得好哪里还需要更多的努力，以及哪些项目可能需要改进等。信守自己的承诺，并不是一件容易的事。这种习惯的养成需要时间，这也是很多人会失败的原因，而得到他人的协助则对改变很有帮助(无论是开始一个计划组织、克服困难，或是和家人多聚聚)。

除了成立自己的幸福董事会之外,你也可以成为他人幸福董事会的成员(即鼓励互动模式)。这样,你不但可以帮助自己,也可以帮助他人;在协助他人追求终极幸福的同时,不知不觉中,也可以强化你自己对幸福的追求。当我们把自己放在一个特定的位置上时,我们关于某个想法的立场会更坚定。比如,当我们告诉他人有关幸福的重要性以及提醒他们去追求有意义和快乐的活动时,我们自己就更有动力去做这样的事情。

📖 故事赏析

有一位青年,老是埋怨自己时运不济、发不了财,终日愁眉不展。这一天,走过来一个须发皆白的老人,问:"年轻人,为什么不快乐?""我不明白,为什么我总是这么穷。""穷?你很富有嘛!"老人由衷地说。"这从何说起?"年轻人问。老人反问道:"假如现在斩掉你一个手指头,给你1千元,你干不干?""不干。"年轻人回答。"假如斩掉你一只手,给你1万元,你干不干?""不干。""假如使你双眼都瞎掉,给你10万元,你干不干?""不干。""假如让你马上变成80岁的老人,给你100万,你干不干?""不干。""假如让你马上死掉,给你1000万,你干不干?""不干。""这就对了,你已经拥有超过1000万的财富,为什么还哀叹自己贫穷呢?"老人笑吟吟地问道。青年愕然无言,突然明白了。

亲爱的朋友,如果你早上醒来发现自己还能自由呼吸,你就比在这个星期中离开人世的人更有福气。如果你从来没有经历过战争的危险、被囚禁的孤寂、受折磨的痛苦和忍饥挨饿的难受……你已经好过世界上5亿人了。如果你能够参加一个宗教聚会而没有被侵扰、拘捕、施刑或死亡,你已经比30亿人更幸福了。如果你的冰箱里有食物,身上有足够的衣服,有屋栖身,你已经比世界上70%的人更富足了。根据联合国"世界粮食日"数据显示,全球有36个国家目前正陷于粮食危机当中;全球有8亿人处于饥饿状态,第三世界的粮食短缺问题尤为严重。在发展中国家,有两成人无法获得足够的粮食,而在非洲大陆,有三分之一的儿童长期营养不良。全球每年有600万学龄前儿童因饥饿而夭折!如果你的银行账户有存款,钱包里有现金,你已经身居于世界上最富有的8%之列!如果你的双亲仍然在世,并且没有分居或离婚,你已属于稀少的一群。如果你能抬起头,脸上带着笑容,并且内心充满感恩的心情,你是真的幸福了——因为世界上大部分的人都可以这样做,但是他们却没有。如果你能握着一个人的手,拥抱他,或者只是在他的肩膀上拍一下……你的确有福气了——因为你所做的,已经等同于上帝才能做到的。

快乐竞争力

> 快乐是一种习惯，培养它吧。
>
> ——阿尔伯特·哈伯德

究竟是什么可以使一些人能够在充满挑战和压力的环境中表现优秀并最终胜出？我们不难发现生活中的大部分人都遵循着一条准则，它是由家庭、学校、单位或社会以直接或间接的方式教给他们的。这条准则是：如果你获得成功，你就会快乐。这种信念在生活中不断地激励着我们，例如我们认为：如果考个好成绩，我就会快乐；如果成功减肥5斤，我就会快乐；如果得到了认可和提拔，我就会快乐……诸如此类，总之我们坚定地认为成功在前，快乐在后。

如此而言，那么每一位收到录取通知书的学生，每一个实现了目标的人都应该感到快乐。但是，为什么当每一次成功过后，新的成功目标就会越来越高，而快乐却被我们越推越远？这正是在挑战与压力环境中，不知如何选择和前行的人们需要停下来先行思考的问题。

十几年来，伴随着积极心理学和神经科学领域的不断发展，开创性研究已经证实，成功和快乐之间的作用机制与我们之前认为的正好相反。快乐是成功的先锋，而不仅是结果。快乐和积极实际上是提高绩效、激发成功重要的催化剂，可以让我们获得更好的竞争优势，它也被称为"快乐竞争力"。

那么，什么是快乐竞争力？快乐竞争力与哪些因素有关？如何提升个人的快乐竞争力？在本章内容中我们将详细阐述。

第一节　什么是快乐竞争力

现代社会是个充满竞争的社会。竞争存在于各个方面、各个领域。国家之间、单位之间、人与人之间的竞争，政治的竞争、经济的竞争、军事的竞争、人才的竞争，竞争无处不在。通过竞争充分调动人的潜力，实现人的全面发展和社会不断向前迈进。本节主要阐述在诸多的竞争力中"快乐竞争力"是什么，对于个人和群体而言具有怎样的意义，在自身长远发展过程中又有哪些积极的影响。

一、快乐竞争力概述

竞争犹如双刃剑。正当的、健康的竞争意识能产生压力、产生动力，从而使人不断向上、不断进步；而不正当的、不健康的竞争意识，可能会导致嫉妒和阻力，从而影响人的正常发展，甚至使人倒退。在充满压力的现代社会里，最大的竞争优势是拥有积极的心态。

在了解快乐竞争力之前我们首先一起来了解竞争力和快乐是什么样的关系。

1. 快乐

快乐是灵长类动物精神上的一种愉悦、心灵上的满足，是从内心到外在感受到的一种非常舒服的感觉，是人的需求得到了满足之后在生理、心理上表现出的一种反应。快乐是一种积极的情绪体验，除了愉悦之外，还包括深刻的意义感和目的感，它包含着对当下的积极心态和对未来的积极展望。

心理学研究表明，快乐并非成功的副产品，而是成功围绕着快乐转，快乐的员工思维更开阔，效率更高，创意更好，更能承受压力和挫折，更加具有团队凝聚力与组织归属感。而快乐的组织也更高效，更具创新意识。心理学的自我决定理论认为，人类天生有着三种内在需求：能力的需求、自主性的需求和归属的需求。如果这些需求得到了满足，我们就会行动积极，工作高效，心情愉悦；如果这些需求受到阻碍，我们的积极性、效率和心情愉悦度就会直线下降。换句话说，人类天生有着自主、独立、寻求归属感的内在动机。如果这个动机被充分释放出来，人们就能感受到更多快乐，取得更多成就。因此，快乐除了是一种情绪体验和外显状态外，它还具有更重要的作用价值和作用效果。

2. 竞争力

竞争力是参与者双方或多方的一种角逐或比较而体现出来的综合能力，它是一种相对指标，必须通过竞争才能体现出来，是竞争者在竞争中体现的能力。著名心理学家、教育家林崇德先生谈到竞争时指出："'竞'，意味着竞争，这既有时代的意义，又预示着未来。竞争意识是一种现代意识。"

"竞争"一词，一般意义指互相争胜。《庄子齐物论》中云"有竞有争"，郭象注释为"并逐曰竞，对辩曰争"。这是古话。现在人们所说的"争强好胜""一决高下""争先恐后"等都具有竞争的含义。

在自然经济状态下，人们推崇过"与世无争"的生活。但在市场经济下，竞争规律以其不以人的意志为转移的强大力量左右着人们的政治生活、经济生活和文化生活，使国家、企业、组织和个人"身不由己"地把竞争作为生存方式、发展方式和生活方式。物竞天择，适者生存，适者发展。随之，竞争成为自然的常态、社会的常态，因而也是经济的常态、企业的常态、个人发展的常态。由此，若想在竞争之中领先，培养竞争力是发展的核心。

当今社会，竞争无处不在，无时不有。竞争对人的发展和社会进步有促进作用。优胜劣汰，是竞争永恒不变的规则。将弱者淘汰出局，无情而又无奈。获胜成功，是竞争者永恒的期望。作为21世纪的大学生，面对当前的社会形势，必须提高自己的竞争力，以适应社会竞争环境的要求。

说到竞争力，它是参与者在竞争中显示的能力，它是一种相对指标，必须通过竞争才能表现出来。笼统地说竞争力有大有小、或强或弱，但真正要准确测度出来又是比较困难的。竞争力包含竞争参与者的现在和未来能够展示出的能力。

竞争力可以体现在一个人的身上，也可以扩大到一个团体、一个组织、一个企业，乃至一个国家。如果要将它进行详细划分，也能分成核心竞争力、就业竞争力、企业竞争力、品牌竞争力、区域竞争力、个人竞争力等数十种不同类型的竞争力表现。而"快乐竞争力"是不同类型竞争力中的一种。

3. 快乐竞争力

快乐是一种积极的情绪体验，常用来描述一种状态，也是一种感觉，但它也是一种竞争力。一个不快乐的人，是缺乏创造力和激情的人；一个没有快乐氛围的企业是没有凝聚力和发展前景的无竞争力企业；随着时代的发展，"幸福感指数"也开始影响着一个国家的综合实力，甚至有人说衡量一个国家发展得好与坏，GDP 并不是最佳指标，而应该是全民的"幸福感指数"。

快乐可以提高生产力水平、工作效率、工作投入程度和工作满意度。快乐不仅仅是一种良好的感觉，它也是成功不可分割的一部分。它会让我们以更加积极的状态投入到学习、生活和工作中，也因为积极心态和积极展望获得更多的收获和更高的成就。所以，快乐在前成功在后，是快乐带来了成功。在通往成功的路途中，快乐成为产生成功结果的有效竞争力，这就是快乐竞争力。

快乐可以让你的能力得到充分的发挥，营造积极氛围、激发潜力、提升凝聚力，为你带来更多的"好运气"，这就是一种快乐竞争力。在和大学生交流时，笔者发现他们中的许多人面带倦容。这个不难理解，时代给今天的中国青年们带来了诸多巨变，随着国家经济的大发展、大繁荣，信息科学技术的大爆炸，我们经常发现自己在盲目地单一追寻着物质财富。这让很多大学生常常会感到压力重重、筋疲力尽、无所适从。我们相信更好的物质生活必定意味着更多的快乐。但你会发现身边那些为了追寻稍纵即逝的快乐感而无限增加工作时间、减少放松时间的人，反而会变得越来越不快乐。

行走在匆匆的人群之中，听过抱怨声，看过有人因小摩擦而大打出手，当"烦死了""我心情不好"成为一种流行语，当你心情低沉消极的时候，好像所有的坏事情都会被你吸引过来；当你开心的时候，好像积极也会被你的气场吸引过来。拥有快乐竞争力的人在生活中遇到各种问题时，脑子里的第一反应一定是解决问题，而不是去发牢骚、找借口。

总之，快乐不论对个人还是集体来说都是最好的竞争力。

二、快乐竞争力的积极意义

1. 快乐为成功助力

故事赏析

尼克·胡哲(Nick Vujicic)于 1982 年 12 月 4 日出生在澳大利亚墨尔本。尼克天生便没有四肢，只有左侧臀部以下的位置有一个带着两个脚指头的小"脚"。这是一种罕见的先天性疾病——海豹肢症(Phocomelia)，在他人看来这是个一出生便带有了悲剧色彩的故事，但尼克·胡哲本人却没有放弃，他为人乐观幽默、坚毅不屈，热爱生活，他的经历鼓励着身边的人。他拥有两个大学学位，是企业总监，更于 2005 年获得"澳大利亚年度青年"提名。更不可思议的是，骑马、打鼓、游泳、冲浪尼克样样皆能，在他看来没有干不成的事，年仅 36 岁的他已踏遍世界各地，听过他演讲报告的人已逾百万，快乐的能量激励和启发着他们的人生。

快乐竞争力是一场"哥白尼式的革命"——它肯定地告诉我们，地球绕着太阳转，成功绕着快乐转。

可是，到底什么才是快乐呢？如果这是一道开卷考试的试题，你或许会求助于百度或者谷歌等搜索引擎，它们能给你一个看似合理的答案，但是对于这个问题即使是搜索引擎也不能给出适合每个人真实感受的确切答案。每个人的体验不同，因此对快乐的定义绝不只有一种，这也正是科学家们将它称为"主观幸福感"的原因，因为快乐是基于我们每个人对生活的感受。换句话说，你"有多快乐"的最佳裁判就是你自己。

在马斯洛需要层次理论中，快乐来源于个体需要的满足，快乐也是对将来一定时期内需要获得满足的预期和信心。日常生活中，那些对未来美好生活充满希望和信心的人往往是快乐的，这种快乐的心情很容易转化为积极向上的进取心理和激励力量，促使他们更加努力地工作，工作越努力的人，其才华、技能就越充分发挥，工作效率和质量就越高，从而就越能实现预期目标或愿望，并且越能取得超出一般水平的成绩，从而有利于取得更好的工作成就和更高效的工作业绩。相反，不快乐的负面情绪会使个体对前途失望、灰心丧气、情绪低落，很可能自暴自弃、不思进取、得过且过、懒散、责任感下降，不难想象在这种情况下，即使再有非凡专业技术能力的人，工作业绩也会大打折扣，与成功必定渐行渐远。

快乐同样也来自兴趣的满足。在现实生活中，做感兴趣的活动无疑是快乐的。如果一个人对某项工作感兴趣，他的主动性和才能将得到充分发挥，并且能够保持长时间的高效率。比如在科学研究的活动中，源自兴趣的科学研究容易取得杰出成就，一个重要原因在于他们为兴趣而研究，兴趣所带来的快乐情感体验又可促进更大的成功。

那些成功的人，那些具有竞争优势的人，他们不会把快乐看作是一种在未来才能得到的奖赏，也不会整日拼命工作，使自己陷入抱怨、麻木和消极的情绪之中，他们能够充分利用积极心态，在每一环节都有所收获。

2. 快乐取得好成绩

故事赏析

小霞是一名大学三年级的学生，对于马上就要登台做的演讲，她感到非常紧张。这时有人走到她的身边说"这是最后一场比赛了"。她的带队老师提醒她："你准备好了么？你是我们学校唯一层层晋级到现在的代表了，一定要为学校争光，知道吗！"当带队老师离开的时候，压力让她深深地感到透不过气。尽管事先已经准备得相当充分，可她仍然感到紧张异常，接下来在比赛前的时间里，她一遍又一遍地复述试练着她的演讲内容，不断想象着可能出错的地方，提醒自己如果没能取得名次，回到学校后该是多么丢脸的事情。

小霞没有意识到，她越将自己的思想集中在不好的结果上，那么最终失败的可能性就越大。在这种情况下小霞的最佳选择应该是赶紧找到快乐状态。

快乐是应对焦虑、紧张的一剂速效药，心理学家称之为"抵消效应"(The Undoing Effect)。在一个实验中，被试者被临时要求准备一个高难度的演讲，这引起实验对象极大的焦虑感和紧张感，他们心跳加速、血压升高。然后将实验对象分成四组观看四段不同的视频：两组视频为诱发快乐和满足的感觉，一组视频为中性行为做实验对照组，还有一组诱发悲伤感觉。实验的结果是被诱发出快乐的被试者能够很快地从紧张感的反应中恢复过来，快乐的视频不仅使他们感觉良好，而且抵消了紧张时的身心反应。换句话来说，快乐能够有效地对抗压力和紧张，并能够帮助我们发挥最高的水平，提升个体的竞争力水平，从而取得更好的成绩。

因此，在准备充分的前提下，当面对压力和紧张的状态时，我们可以采取一些技巧、方法来提升我们的快乐水平，并树立信心。例如回忆一次成功的经历、读一篇有趣的短文、看一个短时的脱口秀片段、想象自己的准备充分无误等积极正向的情绪反应。这些建议在一个严肃的环境下或许会被认为可笑，但科学证明这是行之有效且有价值的方法。再小的快乐感受都能为我们带来重要的竞争优势，值得我们一试。

3. 快乐带来好创意

故事赏析

雅虎公司设置有内部按摩室，谷歌公司鼓励工程师带宠物到办公室，这些不仅仅是人力资源管理上的小技巧，而是聪明的公司都相信营造出良好的工作氛围，让员工体验到小小的快乐，就能迸发出更多的创新和创造。维珍品牌创始人理查德·布兰森(Richard Branson)曾经说过："相比于其他原因，维珍公司取得成功的秘诀是乐趣。"

当我们的大脑处在注意和搜寻积极一面时，我们就会从快乐、感恩和乐观中受益。而不断关注消极面的话，将大大削弱我们的创造力，增加压力水平，降低我们的动机水平和实现能力。芭芭拉称之为"拓展-构建"理论。消极情绪使我们的行动限制在固有选择中，而积极情绪则可以大大拓展我们的思路，更善于思考，更有创意，能够产生更多的新点子。当积极情绪以这样的方式拓展我们的认知和活动范围的时候，它就不单单能使我们更有创造力，还能够帮助我们获得更高的智力水平、更多的社会支持和个体健康水平，而这些都是我们可以依靠的东西。

从生物学层面来看，积极情绪会使我们的大脑充满多巴胺和血清素，这两种化学物质不仅能够使我们自我感觉良好，还能提升大脑学习中枢的激活水平。积极情绪能够帮我们组织新信息，使信息在大脑中的存储时间更长，提取信息的速度更快。它还能够使我们更快速、更有创意地思考，在进行复杂问题的分析和解决时，发现新的处理方式，运用更多的处理技巧。这些都是拓展效应给我们带来的竞争优势。

在生活中我们也不难发现，当我们感到快乐时，积极情绪可以帮助拓展我们的视野，让我们看到周围更多的东西。想一想这些给我们学习、生活和工作所能够带来的好处，谁不想首先提出更独特的解决方案、发现更优的解决思路、发现新的机会、提出更好的见解和意见？在当今创新性知识大爆炸的环境下，不论个人还是企业，获得成功首先就要获得创意，而快乐正是创意的种子。

三、大学生培养快乐竞争力的目标

对于大多数在校学生来说，快乐理念不仅关乎个人生活品质、学业成就，还在很大程度上影响和决定未来职业生涯的成功及可持续发展。今天的高校已经开始迎接"00 后"的新时代大学生们，他们逐渐成为高校、职场中的新生力量，快乐学习、快乐工作、快乐生活更成为他们的一种时尚宣言。既然快乐如此重要，那么我们应该如何为日常生活注入快乐呢？

1. 积极思维方式常态化

故事赏析

李开复说："很多人说是 Google 花了钱让猎头公司来找我，其实没有这回事，是我自己找 Google 的。因为我想回中国，而且我听说很多朋友到了 Google 都非常快乐……"这是他对自己从微软转投 Google 的说明。"最勤奋的员工也无法打败一个能从工作中获得乐趣的人。"世界 500 强韩国三星电子的这句口号象征着他们深信并宣扬的一种快乐工作理念。

心理学的自我决定理论认为，人类天生有着三种内在需求：能力的需求、自主性的需求和归属的需求。如果这些需求得到了满足，我们就会行动积极、工作高效、心情愉悦；如果这些需求受到阻碍，我们的积极性、工作效率和心情愉悦度就会直线下降。换句话说，人类天生有着自主、独立、寻求归属感的内在动机；如果这个动机被充分释放出来，人们就能感受到更多快乐、取得更多成就。从这个角度上来说，我们应该找到一个具有持续激发自我管理、自我激励、自我提升、自我成长的内驱力心理环境。这种心态的转变我们可以从表述的转变入手。例如，当"因为辅导员的安排我不得不去听一个无聊的报告会"这句话马上就要脱口而出的时候，我们转换一下表达方式："刚好没事，辅导员那里有一个报告会，我选择去听听都有什么新鲜的东西。"虽然只是"我选择"三个字替换了"不得不"，但整句话听起来就有了由被动转向主动的积极感，就连只是听到这两种不同表达的人都感到了活力。用这种小的改变来充分调动我们自己内在的积极性和主动性，会帮助我们更加自觉自愿地投入和拓展生活中的各个领域，在品尝内在生活乐趣的同时有更多新的和突出的表现。

2. 正向心态平常化

故事赏析

有一位禅师非常喜欢种兰花，在平日弘法讲经之余，花费了许多时间栽种兰花。有一天，他要外出讲学，于是就交代身边的小和尚，要照顾好寺院里的兰花。禅师走了以后，小和尚总是悉心地照顾兰花，但有一天在浇水时却不小心摔了一跤，把花架撞倒了，所有的花盆都摔碎了，兰花撒了满地，很多都被摔坏了。为此小和尚心里非常难过，每天都寝食难安。过了几天禅师回来了，小和尚心惊胆战地向禅师赔罪。禅师看着泪流满面的小和尚，不但没有责怪，反而耐心安慰。"师父您真的不生我的气吗？"小和尚很愧疚地问师傅。禅师笑着说道："我种兰花，是用来供佛的，又不是为了生气才种的。"

我们常常因为生活中的不顺利而生气、不开心；也常常会有很多的烦恼，偶尔也会发点小脾气。回过头想想，那些惹得我们发脾气的事情其实真的没什么大不了，不过是一些小事、一段小插曲而已。其实，并不是生活中的不顺心太多，而是因为我们忘了自己为什么活着。快乐的生活方式，会让我们的生活如阳光般温暖而美好，它会给我们继续奋进的不竭动力。

每当我们要因为不快乐而影响工作和生活的时候，不妨试着提醒自己："我不是为了生气才种花的！""我不是为了生气才工作的！"不论什么时候，我们不需要将美好的时光浪费在让生活停滞和倒退的过程中，一定要记得告诉自己一声：我不是为了生气才活着的。快乐会给我们希望，身披快乐的战衣，在有限的生命中加强自己的能力、积累经验，收获更好的生活方式。生活是一团麻，总有解不开的小疙瘩，有人看那疙瘩像一座山，遮蔽了他生活中所有的阳光；有的人看它就是一道坎，一直存在没有关系，跨过、绕过都是可以的。生命这么广阔，就让疙瘩在那，它阻碍不了生命的成长。调整好心态，快乐过好每一天！

3. 在逆境中构建"心流"良性循环

提起逆境，我们首先想到的是"寻寻觅觅，冷冷清清，凄凄惨惨戚戚""门前冷落车马稀"之类伤心的词句。当然，无论是谁，身处逆境，心情都不会万里无云，但是你不能因为一时失意就心灰意冷，甚至一蹶不振，你应该冷静下来，认真思索，寻找你再次奋起的立足点，重燃自身积极奋进的良好竞争状态。

西谚有云：上帝给你关上了一扇门，也一定会为你打开一扇窗。身处逆境不一定是一件坏事，往往成功的机遇都会披着逆境与挫折的外衣。对你而言，找到自身的快乐竞争力，会是你走向成功的转折点。

在中国的历史上，有文王拘而演《周易》；仲尼厄而作《春秋》；屈原放逐，乃赋《离骚》；孙子膑脚，修列《兵法》……孟子在《生于忧患，死于安乐》中如是说："故天将降大任于斯人也，必先苦其心志，劳其筋骨，饿其体肤，空乏其身，行拂乱其所为，所以动心忍性，增益其所不能。"没有逆境，怎有勾践卧薪尝胆；没有逆境，怎有项羽破釜沉舟！他们在逆境中点燃生命，铸就后人仰视的辉煌。

随着社会职业领域分工的专业化，高校学科专业也越来越细化，有一部分学生可能学着他们不喜欢的学科专业，除了就业，他们看不到所学专业对于自己的价值和意义，无法真正投入和热爱自己的学科专业。日本企业家稻盛和夫说过："要把事情做好需要很大的能量，而这种能量要靠自我激发、自我燃烧才能产生。自我燃烧最好的办法就是喜欢。无论什么工作，只要全力以赴把它做成，就会产生成就感和自信心，产生向新目标挑战的渴望。在这个过程中就会更加喜欢自己的工作。在这样的精神状态之下，再努力也不觉得苦，就能做出了不起的成绩。"从心理学的角度来说，人有着对自己投入心血的事物感兴趣的心理本能。你在学科上越主动投入心血，越会对其感兴趣，兴趣又会促进更大的投入，从而形成一个良性循环，在持续投入中不断感受专注工作的"心流"乐趣，同时创造出属于自己的价值。美国心理学家米哈里·希斯赞特米哈伊(Mihaly Csikszentmihalyi)指出，心流(Flow)是一种将精力完全投注在某种活动上的感觉，心流产生时会有高度兴奋及充实感。当我们专注投入专业学习时，意识高度集中，丝毫不感觉疲惫，而高分的成绩反馈或新的学习领悟(我们常听说学习"开窍"了就是如此)就会在这种高度投入状态中产生。不断品尝专注于学习、成长、生活的心流，不但会大幅改善我们的生活体验、提高效率、感受内在持久的乐趣，而且能在不知不觉中增加我们内在自我的丰富性，为快乐生活奠定坚实基础。

每个人的成长都伴随着逆境与磨砺,"自古雄才多磨难,从来纨绔少伟男"。真正出类拔萃的人,是那些在逆境中磨炼出坚强意志的人。在逆境中找到快乐竞争力,能够更好地激发我们的潜力,发展我们的才干,为我们积蓄能量。

由此可见,培养快乐竞争力的目标不难实现。因为快乐是一种态度而不是状态。生活状态我们一时难以改变,但面对生活的态度我们完全可以自主掌控。面对困难与不幸,换个角度,困难与不幸不会被放大到影响我们的生活,而是得到积极的转化,从而提升和打造我们的快乐竞争力水平。

第二节　影响快乐竞争力的相关因素

拥有快乐竞争力并不是遥不可及的事情,快乐竞争力不是与生俱来、一成不变的,它是通过个体内在、外在等众多因素共同作用产生的。那么,是什么影响了我们的快乐竞争力?

一、过于敏感影响快乐竞争力

1. 敏感产生的原因

敏感常产生于性格内向、心胸不够宽广者,他们总爱以想当然去观察周围的人和事,并自以为是,结果心里总有难解的一堆乱麻。一个内心自卑的人,外在表现一般体现在两个方面:一是对别人的语言行为过分敏感,总觉得别人话中有话,矛头指向自己;二是外在行为常常表现为过激反应,为一件小事或一句话大发雷霆,因为内心的虚弱需要用外表的强悍来保护。大多数人会不自觉地注意自己在他人眼中的形象,尤其是在自己在意的人眼中的形象。由于过分在意,导致自己的情绪变得不稳定,看问题便容易偏执,这就使得原本很希望融洽的人与人之间的关系反而变得很敏感多疑。别人不经意流露的一点自己在意的信息,都会引出过多的猜想,而且往往是坏的一面。应该说,过于敏感多疑是一种不良的心理素质,如不加以克服,不仅会影响工作、学习,还会影响身心健康,造成人际关系紧张,让自己和周围的人,对于敏感的话题和事情,犹如惊弓之鸟,不再有相处的轻松和愉快,有的只是压抑和限制。

敏感这个词常常和麻木相对,其实,适当的敏感并不是坏事,但太过敏感的人,哪怕是别人一点点的言语、表情,都能让他痛苦万分。一言以蔽之,这种人的问题就是过于敏感。当你觉得自己很敏感时,你不用难过,你应该庆幸自己起码不是一个麻木不仁的人,在这个世界上,没有比麻木不仁更恶劣的品质了。但是应注意分寸,不要让自己过于敏感,控制好敏感的水平和程度才能减少敏感对个体情绪和能力水平的影响。

2. "过敏"对快乐竞争力的影响

"过敏"的人大多缺乏幽默感。他们对自己抱有太多的同情,别人的一举手一投足都能伤害到他敏感的心灵。由此看来,有些人之所以过敏,是源自人性中的自私。对一个人来说,过敏会让他长期生活在痛苦和烦恼中,快乐将与他绝缘——因为他往往放大了生活的痛苦，而对生活中的快乐熟视无睹。

过敏的人容易受周围环境因素影响。处于充满爱意和祥和的环境中，他们的身体会吸收这些能量而变得活跃；相反，处于消极的环境中，他们则会感觉疲惫，充满攻击性，在社交场所，在人群里或与人共事时他们更容易受周遭环境因素的影响，因此他们必须学会保护自己的敏感并保持情绪稳定。

为了不让自己过于敏感，那就让我们努力拓展自己的眼界、多关心别人、关心这个世界，把渺小的自己融入这个大千世界中。否则，我们会觉得这个世界也和自己一样"过敏"，即使解决之道就在我们心中，我们也将永远寻找不到"脱敏"的办法。

3. "脱敏"的方法

一种心理的形成不是一朝一夕的，同样地，一种心理的改变也并不容易。想要改变自己过敏的心理，需要坚持一些心理暗示和行为强化才能取得"脱敏"的效果。

(1) 学会强化自己。

如果你觉得别人的眼光盯着你时，你不必局促不安，也不必神情窘迫，用你的眼波接住对方的眼波，久而久之，你就会发现自己就是自己。不要妄加推测别人对你的评价，要认识到自己不能代替别人，别人也不能代替自己；别人不会事事赛过自己，自己也不可能事事优于他人。在日常生活中，要用平常的心态和信任的眼光看待周围的人和事。

(2) 学会自我解嘲。

敏感多疑的人会非常在意自己的形象，不敢正视自己的缺点，在遇到让自己感到难堪的时刻，会退缩，不敢面对。因此需要一些"自黑"，让自己的缺点变得可爱；心胸要宽广，不计较小事；遇事应乐观一些，大度一些；每天人际交往中的矛盾、冲撞甚至冲突，都是无法避免的，有些小事既然发生了，就坦然接受，相信它们很快就会烟消云散的。如果一个人被生活中的繁琐小事牵着鼻子走，人也会变得琐碎，不仅不讨人喜欢，也是自寻烦恼。

(3) 建立自己的积极形象。

过于敏感多疑的人还有一个非常明显的特点，就是消极期待。由于对自己有消极期待，在别人没有说话之前，就已经"肯定"了别人的任何议论都是针对自己的缺点。还没听到别人的话，就已经猜测别人话语的消极成分。这样，不是别人为难自己，而是自己为难自己。增强自己的积极态度，如果一个人在自己的内心世界给自己一个肯定的声音，在他面临对自己的形象威胁的时候，就会从容面对。

(4) 提高自身的"敏感阈"。

这里所说的"敏感阈"是分辨别人话语的意思，即了解他人表述话语背后的含义，尽可能真实理解别人的立场。同样的一句话，当强调的语气落在不同词语的时候，含义就会完全不一样，那么了解对方表达的是不同种含义，也体现了每个人不同的"敏感阈"。在人际交往中过于敏感多疑的人，需要培养更多地站在对方的立场思考问题的能力以提高自身的"敏感阈"水平。

(5) 充实业余时间。

当有"过敏"干扰时，用松弛身心的办法来应对。自我暗示、转移注意力、体育锻炼、集体娱乐、阅读有益的书籍等，都有助于防止"心理过敏"的现象发生。

二、完美主义影响快乐竞争力

1. 完美主义不完美

奥地利心理学家阿德勒(Alfred Adler，1870—1937)最早提到完美主义，他认为人类追求完美是源于童年时期的无力感，由此而产生的自卑感。人本主义心理学家罗杰斯对完美主义有不同的见解。他认为人类有自我实现的需要、渴望成为功能健全的人，称之为"完人"。张春兴(1995)指出，完美主义是指在工作表现上对己或对人所要求的一种态度。持完美主义的人，对任何事都要求达到毫无缺点的地步，难免只按理想的标准苛求，而不按现实情境考虑应否留有弹性或余地。完美主义与人们所说的"强迫症"近似，是一种建立在处处不满意、不完美之上的，极度追求完美、毫无瑕疵的想法。

2. 完美主义对快乐竞争力的影响

完美主义者的性格特征是追求完美。他们也许开始工作时就有一股永不罢休的劲头。要么不做，要做就要做到最好，这经常是完美主义者的口头禅与精神支柱，所以完美主义者经常表现为死板、极端、烦躁等。而欲望建立在不满意、不完美的基础上时，他们就会陷入深深的矛盾之中。他们将这种精力投注到与他们生活息息相关的任何事情上面，乐此不疲，妄图使万事万物都尽善尽美。可世上本就没有十全十美的东西，事情的发展都会经历起伏和衰减，他们的生活中有太多看似"完美"的计划要去执行，隔不了多久或者当他们的计划就要完成时，他们往往半途而废，一股子冲劲过后只有认输。这种感觉日积月累，他们又产生了疲倦和事不关己的感觉，使他们整天生活在挫折、失败、碌碌无为和愤怒的心情之中而无法自拔。

完美主义者容易产生发怒、激动、自责等负面情绪。由于这种求好、求胜、求全的心态，当他的期望不能在现实中实现时，他很容易陷入深深的自卑和沮丧之中，也不可避免地会陷入紧张和焦虑之中。

完美，这样一个乌托邦式的假想，却是促进古往今来世界上许多人进步的源源动力。正因为有它存在于我们的心中，纷乱的社会才变得更加有序，我们才能被文明的铁臂推送向前。但是，过分追求完美会让我们"生病"，这种病是一种时代病，它跟这个事事追求效率、追求效果的时代是分不开的。生活中有时我们过于追求自己所谓的"完美"，要有最好的成绩、要考最高的分数、要买最贵的车子，甚至在运动锻炼时也有一个高标准的达标计数要求。我们工作上要求自己做得完美，在人际交往中也要求自己滴水不漏，为了所谓的完美付出了不懈的努力，但其实大多数时候很难达到完美的境界，反而我们的生活常在不断地追寻所谓完美中失去了快乐的意义。

3. 学会在不完美中总结美

在人生中，不经历挫折与不顺意的人几乎没有。人生这条路不好走，有的人深陷于困境郁郁寡欢，同样的地方被同一块石头绊倒，惨遭重创而停滞不前；而有的人会从困境中站起来，总结问题，积累经验，继续前行。其实，人生重要的并不是所走的每一步、选择的每条路都完美无憾，而是在前进的旅途中学会总结收获，积累经验。因为，漫漫人生路途中收获和积累才能让我们具备更大的潜力，得到更好的提升。

　　一个人的成功，三分靠机遇，七分靠自己。这里的七分，很大程度上来源于人们对于经历的总结。只有不断地总结，才能把更多有益的东西积累起来，融会贯通，形成一种更加强大的个体竞争力基础。我们从很多成功人士的经验分享中不难发现，他们不会受限于眼前的困难，而会总结成败积累经验。

故事赏析

　　小王从学校毕业后步入了社会，很快找到了第一份工作，可不久便把工作弄丢了。后来，他面对自己即将开始的第五份工作，心里很是不安，他不知道自己这份工作又能维持多久。他找到大学时候的老师谈心，想要解开自己心里的困惑。老师问了他一些有关人际关系以及工作表现方面的问题，未发现他有什么心理异常。老师继续问他："你在公司里有没有得罪自己的老板呢？"他茫然地说："没有啊，不过，有时候我会将自己不同的意见直接说出来，只要是对公司有利的我都乐于表达。"老师说："问题或许就出在这里。虽然你一心为公司着想，但如果没有经过调查研究，不分场合，不讲究方式方法，领导可能不好接受呢。或许，领导还会认为你在逞能，有意和他对着干呢？"小王听过老师的话后开始反思自己之前工作中的一些表现。后来，小王还是会把自己的不同想法说出来，但不再采用以前的方式，他在提出意见前都会调查研究，再找合适的时机有理有据地说出来。现在他的第五份工作干得既稳定又踏实。

　　可见，一个人经历过多少失败并不重要，重要的是在失败中吸取教训，在工作和生活中学会总结。在不完美中总结美，会让我们更睿智，面对生活更从容，面对学习、工作更具竞争力。

　　4. 测测你是不是一个完美主义者

　　如果要判定你是否是一个完美主义者(Perfectionist)，可看看以下几个问题：

　　(1) 当你在工作的时候，别人说话或打岔时你的注意力是否会被破坏，并且因此感到愤怒？

　　(2) 当你在计划购物时，你是否不想理睬对你促销的人，而是去找一些你需要的信息然后再做定夺？

　　(3) 你是否对那些随随便便的人感到非常厌恶，并且暗自批评他们对自己的生活太不负责？

　　(4) 你是否不停地想，某件事如果换另一种方式，也许更加理想？

　　(5) 你是否经常对自己或他人感到不满，因而经常挑剔自己所做的任何事或他人所做的任何事？

　　(6) 你是否经常顾及别人的需求，而放弃你自己的需求和机会？

　　(7) 你是否经常认为干任何事都是全力以赴的，却又常常希望你自己能够再轻松些？

　　(8) 你是否常常心里计划今天该做什么明天该做什么？

　　(9) 你是否经常对自己的服装或居室布置感到不满意而时常变动它们？

　　(10) 你是否不断地为别人没能一次就把事情做好，而亲自去重做这项工作？

　　这些问题，若你都回答是，那么无疑你与完美主义者相去不远。

三、习惯影响快乐竞争力

1. 习惯的力量

习惯是什么？一种行为，多次重复，就能进入人的潜意识，这些积久养成的生活方式，就叫习惯。习惯一经养成就会成为支配人生的一种力量，成了自觉的行为，不需要特别的意志努力，不需要别人的监控，不论在什么情况下他都会按已形成的意志去行动。习惯对人极为重要，从某种意义上说，"习惯是人生最大的指导"。叶圣陶先生说过："好习惯养成了，一辈子受用；坏习惯养成了，一辈子吃它的亏，想改也不容易。"美国的励志大师奥格·曼狄诺说："成功与失败的最大分野，来自不同的习惯。好习惯是开启成功的钥匙，坏习惯则是一扇向失败敞开的门。"一个人的好习惯越多，离成功就会越近；而一个人的坏习惯越多，离成功就会越远。习惯伴随着人的一生，影响人的生活方式和个人成长的道路。礼貌是一种习惯，走到哪里都彬彬有礼、以礼相待的人一定会深受欢迎，拥有这种习惯的人容易成功；相反，失礼就是一种坏习惯。微笑是一种习惯，可以预先消除许多不必要的怨气，化解许多不必要的争执，而老是板着面孔的人走到哪里都会制造紧张气氛。所以说，习惯决定命运。良好的行为习惯并非天生具有的，完全可以通过后天来培养。让我们牢记著名心理学家威廉·詹姆斯(William James，1842—1910)说过的一句话："播下一个行动，你将收获一种习惯；播下一种习惯，你将收获一种性格；播下一种性格，你将收获一种命运。"好的习惯对于人生是十分重要的，它可以让人的一生发生重大变化，唯有良好习惯的人，才能实现自己的目标。

2. 快乐习惯提升竞争力水平

快乐可以成为一种心理、行为习惯。养成快乐的心理习惯，我们就成为自己命运的主人，因为快乐的习惯将使我们不受外在条件的支配。在西方科学的论证中，人们已经认可一个道理：性格决定命运，情商决定人生。然而，性格为什么决定命运？什么样的性格决定更好的命运？良好性格从哪里来？不良性格意味着什么？西方学术界并没有完全说清楚。从习惯入手，我们可以找到最终的答案，那就是养成快乐习惯的人，其外在表达方式和释放途径即快乐的性格，反之亦然。这里我们把人的性格简单地分成快乐和不快乐两大类，并对应良好性格和不良性格两种。良好性格中，我们宏观分为外向快乐型和内向快乐型。也就是说，开朗、幽默、喜欢社交等，为外向快乐型性格，它代表积极、主动、灵活、创新、自信、团结、乐观等。与外向快乐型性格对应，内向、稳重、坚定、自信、平静、善解人意，为内向快乐型性格，它从另一种形式走向成功，两种性格互为补充。反之亦然，不良性格也可分为外向不快乐型和内向不快乐型两种。生活中，有的人虽然看上去能说会道、很开朗，但内心矛盾冲突多、容易敌对、情绪波动大、破坏团结。他们实际上并不开朗，缺乏真正的自信，是外向不快乐型性格。这种性格，通常以盲目、极端、认知障碍为表现，宏观而言，他们必然走向失败。而内向不快乐型性格的人，虽然看上去平静、与世无争，但内心容易嫉妒、担心、害怕、胆小、消极。他们优柔寡断，最终将一事无成。人们应该理解一个简单的事实，想要创新，首先就要拥有自信，自信是克服困难、形成坚强意志的源泉，是创造力的摇篮。没有真实的自信，将无法拥有一切，即使摆在眼前的成功，人们也会因心虚而无意识地选择放弃，或主观臆造出各种理由和认知障碍，放弃坚持和努力，最终走向失败。就快乐型性格而言，它指人经长期生活养成的平静、快乐、积极的情绪习惯，从而形成相对固定的快乐性格特征和动态行为模式。思想上表现为没有烦恼、无忧无虑，行为上表现为积极主动、自信自强。其中，关键在于既平静又快乐。

3. 快乐习惯的养成

在我们身边总能发现一些不论在任何环境下都表现得积极阳光的人，即便他们正处于人生的阴暗时期。快乐的人永远也不会感到痛苦、难过和失落？并非如此。快乐的人也会体验到痛苦与悲伤，只不过，他们不会让这些消极态度主宰了生活，不会让负面情绪控制了思维。拥有快乐竞争力的人有哪些积极的习惯呢？快乐应该是人一生追求的目标，对生活保持孩童般的惊奇感，细心留意身边美好的事物，要懂得珍惜所拥有的一切。关注身边之美，学会活在当下，珍惜眼前，而不要活在过去或未来。以下我们一起来看看哈佛大学推荐的 20 个快乐习惯。

知识窗

哈佛大学推荐的 20 个快乐的习惯[①]。

(1) 要学会感恩。

让自己放慢脚步，看看你的四周，关注生活中的细微之处：人行道上淡紫色的花，美丽的日落，洗去你一天疲惫的淋浴，伴侣眼中的笑容。当你的感恩之心能够欣赏生活的美、新奇事物和祝福时，自然就充满了幸福感。

(2) 明智地选择朋友。

根据哈佛大学的研究，影响个人幸福最重要的外部因素是人际关系。所以如果你想变得开心，需要选择和乐观的朋友在一起，他们能欣赏真实的你，让你的生活变得更丰富、快乐、有意义。

(3) 培养同情心。

当我们代替别人，站在另一个角度看问题时，我们更能有同情心，用客观和有效的方法来处理问题，生活中就会少一些冲突，多一点快乐。

(4) 不断学习。

学习让我们保持年轻，梦想让我们充满活力。我们的大脑进行运作的时候，就不会想不开心的事情，我们会变得更开心和满足。

(5) 学会解决问题。

开心的人是会解决问题的人。在生活中遇到挑战的时候，他们不会自虐，不会变得很消沉。他们会直面挑战，调动全身力量寻找解决办法。通过变成一个解决问题的人，会建立自信心，培养直面挑战的能力。

(6) 做你想做的事情。

既然我们成人生活的三分之一时间都在工作，那么做我们想做的事对我们的整体幸福感就有很大的影响。如果现在不能做你想做的事情，那就试着在你现在的工作中寻找快乐和意义，或者培养一个你喜爱的兴趣。

---

① 资料来源：http://mt.sohu.com/20150324/n410232146.shtml。

(7) 活在当下。

你感到沮丧，是因为你活在过去；你感到担忧和焦虑，是因为你活在未来；但是当你感到满足、开心和平和时，你才是活在当下。

(8) 要经常笑。

笑是对抗生气或沮丧最有力的工具。研究表明，简单的嘴巴上扬也可以增加你的幸福感。不要把生活看得太严肃。要学会在每日的奋斗中寻找幽默感和笑声。

(9) 学会原谅。

憎恨和生气是自我惩罚。当你释怀的时候，事实上你是在对自己施以善意。最重要的是，学会原谅自己。每个人都犯错。只有通过我们的错误，我们才慢慢学会如何成为一个更强大、更好的人。

(10) 要经常说谢谢。

对生活中的祝福要学会欣赏。向那些让你生活变好的人，无论老幼，表达出你的感谢之情十分重要。

(11) 学会深交。

我们的幸福感会在和另一个人的深交中不断增加。专注聆听是加强这种关系纽带和把幸福感带给自己和别人的最重要的方面。

(12) 守承诺。

我们的自尊是建立在我们对自己守承诺的情况下。高度的自尊和幸福感有直接关联。所以要对自己和别人遵守承诺。

(13) 冥想。

根据哈佛大学的研究，上过 8 次冥想训练课的人平均要比参照组多开心 20%。冥想训练会让大脑结构产生变化，其中海马体灰质密度的变化对学习和记忆很重要，其他结构变化则与自我意识、同情心和内省这三方面问题有关。

(14) 关注你在做的事情。

当你全身心投入一件事的时候，你就会处于一个开心的状态。当你处于这种状态时，就不会关心别人对你怎么看，也不会被不重要的事情干扰。结果呢？当然更幸福！

(15) 要乐观。

对于开心的人来说，玻璃杯都一直是半满的。每当你面对一个挑战时，如果你倾向于想象最坏的情形，那就自我转换这种情况，告诉自己一个坏状况中的好处或者从中可以学到什么东西。乐观的态度肯定能驱动自己获得成功和幸福。

(16) 无条件地爱。

没有人是完美的。接受自己所有的不完美，也要这样对待别人。无条件地爱一个人并不意味着你要花所有的时间和他在一起，或者帮助他解决问题。无条件的爱意味着接受真实的他，让他以自己的步伐进行摸索。

(17) 不要放弃。

没有完成的方案和重复的失败必然会削弱你的自尊。如果你决定做某事，请做完它，在成功之前都不要放弃。要记住，失败是暂时的，放弃是永远的。只有当你放弃的时候，你才会被打败。

(18) 做最好的自己，然后放手。

每个人都有局限性。有时候尽管我们很努力地做一件事情，但是却事与愿违。所以做最好的自己，然后放手。当你尽了全力，就没有遗憾了。

(19) 好好照顾自己。

健康的身体是幸福的关键。如果你身体不好，无论如何努力，都很难快乐。确保自己的饮食、锻炼及合理的休息，照顾好自己的身体和大脑。

(20) 学会给予。

做好事是最能确保你心情好的方法之一。根据哈佛大学的研究，人们做好事时他们的大脑变得活跃，就好像当你被奖励时大脑所受的刺激。所以，那些关心别人的人要比不关心别人的人更开心。

第三节 如何提升快乐竞争力

当看到快乐能够给我们带来如此多的积极影响后，自然就会产生出一些新的问题：随着我们不断地成长，快乐会持续多久？这种快乐的竞争力是否可以在后天习得？如何持久和真正地保持快乐？正如你将在本节所看到的，我们有许多方法能够永久性地提升幸福基准线，以获得更积极的心态。

一、建立内在的快乐竞争力

1．心态改变结果

阿基米德曾说过："给我一个支点，我就能撬起整个地球。"

阿基米德在《论平面图形的平衡》一书中最早提出了杠杆原理。在心态和结果的关系中我们也做一个比喻：

动力臂的长度——我们相信自己拥有的潜能和可能性；

支点的位置——改变心态，获得力量。

通过向积极心态移动支点，潜能杠杆的力量就会放大，我们就拥有了改变未来的可能。这就意味着不管你是一个想取得好成绩的学生，还是一位希望更好激励团队伙伴的学生干部，你都可以通过调整心态支点获得更多的动力能量，我们拥有的潜能就会最大限度地被激发——你就可以撬动一切。简单来说，我们可以通过改变心态这一支点，而加长动力臂的长度，以增加我们改变未来的可能性。所以，并不是我们所面对的目标和问题决定我们取得的成就，而是我们自己决定的支点位置和动力臂的长度。

任何听过"安慰剂效应"的人都知道这种心理作用的效果有多强大。研究表明，给病人一颗普通糖丸并由医生告知其能缓解某些症状时，通常都会起作用，有时和真的药物效果一样。1955 年，Henry Beecherl 发表了他的经典著作《强大的安慰剂》，宣称 35% 的患者能从安慰剂治疗中获益，引起了公众对安慰剂效应的广泛关注。而这些仅是因为心态的改变。因为相信自己真的吃了药，而足以使客观的症状消失。

一位日本研究者做过一个"反安慰剂效应"研究，他把 13 位学生的眼睛蒙上，并告知他们的右胳膊上擦了一种有毒的常青藤汁液，随后 13 个学生的右胳膊都出现了常青藤汁液常引发的症状：红肿、发痒、发烫。而实际上实验中所使用的是一种无毒无害的灌木汁液。因为学生们坚定地相信研究者所言而改变了自己的心态，以至于无毒的植物也引发了中毒后的反应结果。随后，研究者给学生们的另一只胳膊上擦了真的有毒的常青藤汁液，却告知学生说是一种无害的植物汁液。虽然13位学生都出现了过敏反应，但只有两位出现了中毒而引发的疹子。通过这一组实验印证出，我们的大脑会按照我们对将要发生之事的预期而发生运转，心理学家将其称为"期望理论"。可见我们对日常行为的心理定势更能决定我们的现实。

所以，我们的心态很大程度上在结果产生之前就已开始了铺垫工作。

2. 做自己的超级明星

故事赏析

在美国有一本《飞向成功》的畅销书，其中有一则寓言故事讲的是：为了像人类一样聪明，森林里的动物们开办了一所学校。学生中有小鸡、小鸭、小鸟、小兔、小山羊、小松鼠等，学校为它们开设了唱歌、跳舞、跑步、爬山和游泳5门课程。第一天上跑步课，小兔兴奋地在体育场跑了一个来回，并自豪地说："我能做好我天生就喜欢做的事！"而看看其他小动物，有噘着嘴的、有沉着脸的。放学后，小兔回到家对妈妈说，"这个学校真棒！我太喜欢了。"第二天一大早，小兔蹦蹦跳跳来到学校，上课时老师宣布，今天上游泳课。只见小鸭兴奋地一下跳进了水里，而天生恐水、不会游泳的小兔傻了眼，其他小动物也无所适从。接下来，第三天是唱歌课，第四天是爬山课……学校里每天的课程小动物们总有喜欢的和不喜欢的。这个寓言故事诠释了一个通俗而简单的道理，那就是"不能让猪去唱歌，兔子学游泳"。要成功，小兔子就应跑步，小鸭子就该游泳，小松鼠就得爬树。我们在设计自己的职业生涯时切记：小兔子根本不是学游泳的料，即使再刻苦它也不会成为游泳能手；相反，如果训练得法，它肯定会成为跑步冠军。成功心理学发现，每个人都有天生的优势，截至目前，人类共有400多种优势。一个人拥有优势的种类和数量并不重要，最重要的是，是否知道自己的优势是什么。判断一个人能否成功，最主要看他是否最大限度地发挥了自己的优势，那么就是要自觉自发地关注自身优势，从而最大限度地发挥自身优势，这是一个人通往成功的重要基础。

"在困难的任务中，专注于你的优势会产生最好的结果。"盖洛普从人文角度来洞察人性，提出的优势理论正与此呼应。优势理论即优势由才干、技能和知识组成。除了内在的优势外，还有外部的归属感，也叫"主人翁责任感"，相互关照下能大力促发行为个体的最高效能。

成功者的成功事实向我们证明：在自己的职业生涯设计中，如果你能根据自身长处选择职业并"顺势而为"地将自己的优势发挥得淋漓尽致，就会事半功倍，如鱼得水；如果你像让兔子学游泳那样选择了与自身爱好、兴趣、特长"背道而驰"的职业，那么，即使后天再勤奋弥补，即使你耗费了九牛二虎之力，也是事倍功半，难以补拙。因为，才干是一个人所具备的贯穿始终且能产生效益的感觉和行为模式，它是先天和早期形成的，一旦定型很难改变，无法培训。而优势，通俗的说法是一个人天生做一件事能比其他一万个人做得好。职业生涯设计的前提是，应该知道自身优势是什么，并将自己的生活、工作和事业发展都建立在这个优势之上，这样才可能成功。据悉，当今的沃尔玛、通用、GE、可口可乐、麦当劳、微软、IBM、惠普、埃克森美孚、美林、花旗、荷兰银行、希尔顿、安联保险、波音、宝马、奥迪、丰田、索尼、飞利浦、西门子、柯达、富士、辉瑞、强生、拜耳、杜邦、宝洁、三菱重工、佳能等全球 100 多家知名企业，都正在运用盖洛普优势理论指导员工的工作与生活。

你可以在任何情境下运用优势技巧，例如，你专业课在班级中成绩不够拔尖，那么可专注于另一些方面，或许你在某一领域有极好的领悟力，或许你擅长于管理和组织。如果认为自己不具有较好的演讲特长但又要因做一场报告而紧张不已，那么就专注于另外一个事实：你已经对演讲的内容做过了充分准备和认真研究。当你看到别人在做某件事时，你心里是否有一种被激发起的召唤感——我也想做这件事；当你完成某件事时，你心里是否会有一种愉快的欣慰感——我也可以把这件事完成得很好；你在做某类事情时几乎是自发地、无师自通地就能将其完成得很好；你在做某类事情时不是一步一步，而是行云流水般地一气呵成……这些都是重要的信号，它诠释了你的优势所在。

3. "成长心态"助力逆境成长

斯坦福大学心理学家卡罗尔·德韦克(Carol S. Dweck)的研究表明，人可以分为两类：一类人怀有"固定心态"，他们相信自己的能力和才干是固定的；而另一类人他们相信自己可以通过努力提高自己的基本素质，这种心态称为"成长心态"。德韦克的研究表明，有固定心态的人们常会错失了提高的机会，往往表现不佳，且怨天怨命，而有成长心态的人则会看到自己一点一点慢慢地在逐步提高。

现在大学生中特别流行一种病——"拖延症"。分析这个在大学生中近乎群体发作的症状，其根本上也属于一定程度上的"固定心态"在作祟。固定心态的人认为：智力和才能是固定不变的，成功不过就是要证明你的能力，证明你是聪明的、有才干的。并且，面对生活的每一次挑战，你都必须一次又一次地去证实这一点。如果你拥有的是固定心态，你就会潜在地要求自己在任何情况都不能出错，你容不得自己犯错，因为出错只能说明你其实根本不聪明、也没有才干。于是你不敢去开始一件事，因为你害怕做得不够好、害怕犯错，也就做了一个容易的选择——拖延。

德韦克告诉我们的第二种心态——成长心态。这种心态的核心信念是：能力是可以发展的，通过努力学习，你可以随着时间推移而变得更聪明、更优秀。在这样的心态看来，并没有必要一开始就很擅长一件事，他们相信，事情会越做越好的，习惯于慢慢把事情做好。所以这种情况下的不够好或失败，不是说明他们不行，只是说明他们现在、暂时的、这一次做这件事不够行，说明他们还需努力，于是出错、失败成为加倍努力的理由。在他们看来，尽力做，有错就改，不够好就完善，没必要担心更没必要拖延。所以，面对一项任务的时候，他们会立刻着手。

肯定自己的进步、肯定自己的成长，用成长的心态面对学习、面对工作、面对生活，这样的话，生活会慢慢地上"轨道"，心情也会随之轻松愉快起来。成长心态就是要坚信：能力是可以发展的，通过努力学习，你可以变得更聪明、更优秀。没必要担心也没必要拖延，坦然面对可能的失败，尽力就好，让自己更加优秀。

这也就是为什么幸福学科的带头人索尼娅·柳博米尔斯基说，为什么她更喜欢用"创造快乐或者构建快乐"而不是常用的"追求快乐",因为"科学已经表明,是我们自己的力量塑造出了我们自己的快乐"。所以通过改变我们看待自己成长、经历的方式,我们就能极大地改善结果。

尝试一个小练习:水平摊开一张白纸,在左边写下你在工作中必须完成的一项你认为毫无意义的任务。然后问自己:这一任务的目的是什么?要达到什么结果?画一个箭头指向右边,把这个答案写下来。如果你写下来的看起来仍然不重要,那么问你自己:这一结果将会导致什么?再画一个箭头把这一点写下来。直到你得到一个对你有意义的结果为止。通过这种方式,你就能将你所做的每一件小事与更宏大的图景联系起来,与使你充满动力和活力的目标联系起来。所以,用这种练习方法就可以把生活中的每一项活动都当作是自我成长和提升的平台。

4. 转变思维,从"厌"到"乐"

故事赏析

说到马拉松,想想 42.195 公里这个数字就已经让人心生畏惧。对于每一位怀着目标参赛的选手而言,42.195 公里的比赛之路也是无聊且煎熬的。日本著名的马拉松运动员山田本一曾在 1984 年和 1986 年的国际马拉松邀请赛中两次夺得世界冠军,并称自己很享受比赛的过程。记者问他为何能以此心态取得骄人的成绩时,山田本一总是说:"智慧战胜对手!"每个人都知道,马拉松比赛主要是运动员之间体力和耐力的较量,爆发力、速度和技巧都在其次。而对于山田本一回答的"智慧",许多人都觉得他在故弄玄虚。其实他所说的智慧就是我们今天所说的转变思维后的积极心态。

山田本一说,曾经他也因为马拉松枯燥而艰难的自我极限挑战而想到过放弃,但为了不让成绩"原地踏步",他决定尝试转变思路。在每次比赛之前,他都要乘车把比赛的路线仔细地看一遍,并把沿途比较醒目的标志画下来当作目标,比如第一标志是银行;第二标志是一棵古怪的大树;第三标志是一座高楼……这样一直画到赛程的结束。比赛开始后,他就以百米的速度奋力地向第一个目标冲去,到达第一个目标后,他又以同样的速度向第二个目标冲去。42.195 公里的赛程,被他分解成几个小目标,跑起来也就感觉轻松多了。

开始他把目标定在终点线的旗帜上,结果当他跑到十几公里的时候就疲惫不堪了,接着他被前面那段更长的、遥远的路吓倒了。其实很多时候我们在向目标迈进的过程中,也常常会半途而废,其中的原因往往不是因为难度较大,而是在我们的认知中因为未知而放大了困难。确切地说,我们不是因为失败而放弃,而是因为不能通过思维改变认识的过程和结果产生倦怠而放弃。

转变思维,其实就是一种与众不同的思路。一条路走不顺畅,可以硬着头皮走下去,也可以放弃原路另辟新径。有了这种思维的灵活性,视域就开阔了,生活就有了更多的主动权,这就是快乐的方程——转变思维。

哲学家诺宾说,快乐的真谛其实也在于选择一种合理的思维方式。这位哲学家曾见过一块招牌:"乐观者和悲观者之间的差别十分微妙,乐观者看到的是甜圈饼,悲观者看到的是甜圈饼中间的'洞'。"他认为,人们眼睛看到的往往并非事物的全貌,只看见自己想寻求的东西。乐观者和悲观者各自寻求的东西不同,因而对同样的事物,就采取了两种不同的态度。

换一种思维方式，往往能使人豁然开朗，步入新境。这种"思维移项"能使人从"山穷水尽"到"柳暗花明"。

我们可以学习山田本一，不仅要考虑一条直线，也要考虑一个平面；不仅要考虑长远，也要立足眼前。我们不妨将制定的长远目标分解到每个月，再简单地分解到每一周。当你每周都争取完成了自定的目标，你也会像一个马拉松运动员一样超越自己，创造更好的成绩。

二、在外部环境中汲取快乐竞争力

1. 社会支持很重要

当我们有一些可以依靠的人，比如家人、朋友、爱人和同事等，我们的情感资源、智力和身体能量就会倍增。我们就可以更快地从挫折中奋起，取得更好的成就。而且它对我们的快乐产生的影响也会是立竿见影的，由此我们从快乐竞争力中获益的能力也长期持续。首先，社会支持赋予我们更多积极的力量；其次，社会支持间的关系会随时间而加强，这能够永久地提高我们的幸福基准线。因此，当一位同学向你打招呼时，这一简短的交往实际上引起了快乐持续地螺旋式上升，并带来了快乐的内在回报。

在一项题为"非常快乐的人"的研究中，被鉴别出最快乐的人具有的一大特点就是：他们拥有较强的社会支持环境。相比于其他因素，例如家庭收入、年龄、SAT2成绩、性别、民族或者 GPA，社会支持才能更多地预测快乐，并且社会支持与快乐的相关系数是 0.7。这听起来不像一个很大的数字，但实际上大部分心理学研究的相关系数达到 0.3 就被认为具有显著的相关性了。由此可见你拥有的社会支持越多，你就会越快乐；你越快乐，获得的优势就越多。

每一个人对于社会支持的需要不仅仅存在于我们的脑海中，对归属感和社会支持的内在需要实际上已经与我们的生理反应连接起来了。每当我们进行一次积极的社会支持互动时，就会产生快乐的荷尔蒙，它们会被释放到我们的血液中，它们能够立即减少焦虑感，提高我们的注意力和专注力。这样良性的社会支持互动活动，能够间接地改善我们的心血管系统、内分泌系统和免疫力系统。随时间建立起来的积极社会支持越多，我们的行动也就会越顺利。

大学生入校后生活的"圈子"不断扩大，不同的"圈子"都可以被视为是学生们在不同领域中的成长助力团队。在这些团队中，不同团队的管理方式、团队文化氛围、团队人际关系等都会直接或间接影响到我们的投入积极性、实际表现、投入度和参与乐趣等。很多时候我们无法决定我们"圈子"的人员组成、分工、进度安排，无法选择团队领导、同伴和环境。正如美国管理学家史蒂芬·柯维所说，以我们自己为圆心，以我们能够真正控制的事情为半径画个圈，圈内即是我们的内控圈或影响圈；而与我们的利益息息相关，但我们暂时无法控制的事情则构成了外部较大的关注圈。清晰洞察自己的影响圈或内控圈，付出持续努力，我们就会逐渐扩大内控圈，影响和改变关注圈中的内容。美国心理学家肖恩·埃科尔也在《快乐竞争力》一书中指出，"感到有控制感，感到我们在工作中和家庭中是自己命运的主人，是幸福感和绩效最强大的驱力之一……而在工作中拥有内控感的信念能切实改变我们努力和工作的具体结果。"我们身处的外部环境及事态可能千变万化，但我们任何时候都能够选择面对预期或非预期变化时的信念和思想状态，即拥有内心控制的能力，将快乐作为我们生活理念的最佳选择。

2. 快乐竞争力的 n 次方

客观环境能对我们的心态和幸福感产生巨大的影响，虽然我们不可能完全控制环境，但我们依然可以做出具体的努力为身边的环境注入积极情绪。你可以将心爱的家人、朋友的照片放在书桌或者床头上，这不仅仅是为了装饰，也是为了让你在每次看到那些照片的时候产生一种积极情绪。你也可以挑一个好天气到外面走走，一项研究发现，在好天气里花 20 分钟出去走走不仅提升积极情绪，还能拓展思维，改善记忆力。像这样既不花费金钱、又不占用长久时间、一举多得的活动不妨在日常里给自己多安排些吧。

我们每个人在社会中的联结并不是像车轮轨迹一样以直线的形式向外延伸的，而是以个体为圆心像一张网似的向外扩展。常常我们的态度、行为不仅会感染和我们直接接触的人，例如我们的家人、舍友、同学，实际上也能间接地影响我们身边的一部分人。所以，当你用快乐在生活中做出积极改变的时候，你也已经无意地塑造和影响了相当一部分人的态度和行为。不仅影响着你的舍友，还潜在地影响着他的朋友，这一影响的累积会让积极情绪环绕于你，消极情绪难以插入。这就是为什么微笑具有感染力，孩子为什么会自动模仿父母有趣的表情的原因。因此你周围的人越快乐，你也就会变得更快乐。

蝴蝶效应想必大家都不陌生，这原本是一个气象学名词，说的是亚马逊雨林中一只蝴蝶偶尔振动两下翅膀，也许两周后就会引起美国得克萨斯州的一场龙卷风。而对于我们每个人来说，生活中发生的每一件事情，都会使你的生活变得美好或烦躁，关键在于你如何去解读。我们每个人就像那只蝴蝶，每次向着更积极心态振翅而飞的时候，都能把快乐积极的涟漪扩散到我们身边的每一个角落。快乐竞争力的 n 次方就是我们自身力量和影响没有极限的完美示例。

三、小动作引来大快乐

日常生活中以下这些小活动对于提升你的精神状态，帮你拥有更加积极的心态会有帮助。不过并不是一定要使用下面所说的技巧才行，如果他们没能引起你的共鸣，不要强迫自己使用，而是应该找到更适合你的活动才好，毕竟"个人与活动的匹配度"和活动内容本身一样重要。

1. 期待

通常一个活动中想起来就觉得很快乐的部分就是期待。例如，你现在没有时间和朋友聚会或是旅行，那么把它安排进日程里，不管是一个月后还是一年以后进行。这样，当你需要提升快乐的时候就用这件事情来提醒自己。研究证明，忙碌状态下只要想一想看电影的情景就能使内啡肽水平提高 27%，而内啡肽是一种让人感到愉悦的化学物质。所以，期待未来的奖赏能像实际得到奖赏一样激活大脑中的快乐中枢。

2. 有意行善

一系列的研究实验证明，利他行为，不管行为是给予朋友还是陌生人，都能够起到降低压力，改善心理健康水平的作用。这些行为不必多么伟大，例如帮忙按一下电梯、为身后的人开门、帮舍友取一份包裹等。这种帮助他人快乐自己的小事，何乐而不为呢？

3. 冥想

神经学的专家通过研究发现，常年打坐冥想的僧人，他们的左侧前额叶皮层会增大，而大脑中的这一部分正是负责感受快乐的部分。我们这里的冥想并不是要求你像僧人一样隐居、禁欲。只是希望你每天能用 5 分钟的时间专注于自身的一呼一吸。刚开始接触冥想时走神是难免的，一旦走神了，慢慢再把注意力带回来就行。保持耐心慢慢练习，冥想是目前被认为最有效提升快乐的方法之一。冥想后我们会感受到宁静和满足，专注度也会提高。

4. 锻炼

你一定听说过，锻炼能使大脑释放让人感到愉悦的内啡肽。同时通过体育锻炼还能够提升情绪、提高效率、强化动机和控制力，从而减轻压力和焦虑。锻炼并不拘泥于某一项体育活动，散步、骑车、跑步、跳绳、做操……只要是运动，任何形式都可以。

5. 打好下一个球

"完了，只剩 10 分钟时间了，3 道大题还没有做，我开始紧张。下一道题的题目都无法完整地看下去，我想这下肯定完了，前面好像答得也不太好，这次考试十之八九要挂了，那样的话爸妈肯定会责备我，朋友也会挖苦我，我该怎么办。这种极度紧张的情绪一直持续到交卷的铃声响起。"在人生中重要的一次职业考试后，小璐这样描述她的考试经过。考试结果出来了，因 5 分之差小璐落榜，而后面每道大题的分值都在 10 分以上。看着成绩单小璐后悔莫及，她说："如果当时我能冷静下来，把全部精力都集中在试卷上，那我起码能做出一道题，那样可能我就顺利通过了。"

我想许多人都曾有过类似的遭遇，因为过于紧张而错失良机。一项复杂的实验因为最后一道工序没做好而功败垂成；一场精心准备的比赛因为赛前的紧张不断预想消极的结果而前功尽弃；一场看似稳赢的球赛由于最后一局掉以轻心而让对手反败为胜。在生活中，这些不堪回首的经历还少吗？也许有的人说，道理我都明白，但是一到关键时候我就"掉链子"，这该怎么办呢？

我们再来看另一个事例。有人问一位网球冠军："你的最后一场决赛打得很艰难，你与对手只有一分之差，你当时是什么感觉？在想些什么？"这位冠军对这个问题感到诧异："我在想些什么？我在想如何打好下一个球！"

一语惊醒梦中人。如何打好下一个球！这才是我们如何取得最终胜利的关键，过度紧张只会蒙蔽我们的双眼。有时一件事情的成功与否只在电光火石的瞬间，如果你让自己冷静下来，抓住这关键的一瞬间，那么你就成功了。我们要时刻提醒自己：打好下一个球，不要去想已经打过的球，更不要去想最终的结果。

学习与创造力心理

> 思维是探究、调查、熟思、探索和钻研，以求发现新事物或对已知
> 事物有新的理解，总之思维就是疑问。
>
> ——杜威

第一节 学 习 概 述

说起学习活动，大家并不陌生，因为我们每个人从小到大的成长过程中，都包含了一段较长时间的在学校进行学习的经历。作为一名大学生，最主要的任务也是学习各种科学知识与技能。

如果我们要给学习这个普遍存在的活动下一个科学的定义，也许同学们会根据对学习的不同理解而给出不同的答案。因此，在我们系统地了解与学习相关的心理学知识之前，我们有必要给学习下一个可靠的定义。

首先，我们请大家来探讨以下所列举的几个现象是否属于学习。

现象一：马戏团的狗熊在表演投篮。憨态可掬的狗熊总是令我们印象深刻，那么这种广泛受到观众喜爱的表演行为，是否是狗熊学习的结果呢？

现象二：李雷可以指出酸和碱的不同。也就是说，当我们向李雷询问有关酸和碱到底有什么不同的化学知识时，李雷可以清晰地指出二者之间的差别。

现象三：韩梅梅在 9 岁时身高 1.1 米，在 11 岁的时候身高 1.4 米。可以看出，伴随着年龄的增长，韩梅梅长得越来越高。

现象四：当人进入黑暗的房间，刚开始他什么也看不见，过几分钟他就能看见东西了。这个现象在我们的日常生活中是常见的，比如说我们和同学去影院看电影，刚走进去的时候，我们仿佛什么都看不见，只觉得眼前一片漆黑，但只需经过短暂的适应，我们就能够慢慢地看清楚周围的事物。

相信每个同学都已经在心里对上述的四个现象有了较为清晰的判断。但我相信同学们所得到的答案并非完全一致。大家对学习的判断可能存在着一些分歧。

下面将从心理学的角度阐述心理学家为学习所下的定义，有广义的学习和狭义的学习之分。

1. 广义的学习

广义的学习是指有机体在后天的生活过程中，通过反复经历而获得的行为或者行为潜能的变化。广义的学习具有以下特征：

(1) 学习是人和动物共有的一种普遍现象。也就是说，学习的主体不仅包括人，也包括猴子、狗熊、老鼠等多种具有生命的有机体。

(2) 从学习过程看，学习并非与生俱来，它是后天习得的一种技能。因此，我们所具备的一些生理性的本能，例如呼吸、睡眠等就不属于学习的范围之内。

(3) 学习是个体在反复经历的过程中获得的行为或者行为潜能上产生的一种比较稳定的变化。例如，当我们大家学习了走路之后，我们就会通过行为将它表现出来，同时，它并不会随着外界环境的偶然改变而消失，我们晴天能走路，雨天也能走路。

在这里需要大家注意的一点是，我们在概念中所讲到的行为潜能，通俗地来讲，我们可以将行为潜能理解为我们学会了某一行为，但却没有表现出来。例如，我们学会了游泳，但在日常生活中，当我们在陆地上正常行走时，我们并不表现出游泳的行为。而只是在特定的场所，比如说在游泳池中时，我们才会体现这种行为。

不难看出，根据广义的学习定义，我们可以很容易地对之前所列举的四个现象进行清晰的判断，现象一和现象二属于学习。因为狗熊作为一个有机体，它的投篮动作并不是先天获得的，而是经过后天的反复训练形成的；同理，李雷作为一个有机体，他并不能通过先天的遗传而获知酸和碱的不同，这样的知识是通过后天的教育而获得的。

但现象三和现象四就不属于学习。现象三揭示的是个体的生长发育过程，韩梅梅在 9 岁时身高 1.1 米，11 岁时身高 1.4 米，这是身体发育所带来的结果，是一个自然的成长过程，并不是通过后天反复的经历而得来的，因此不属于学习。同样，现象四描述的是一个正常的、与生俱来的感觉适应过程，因此，我们也不将它定义为学习。

2. 狭义的学习

狭义的学习是指学生在学校教育中所进行的活动，是按照特定的社会要求，通过学校教育对学生的身心发展所进行的认识、情感、态度与价值观念的积极培养与行为塑造。狭义的学习强调学习是人类所特有的一项行为。从内容上，狭义的学习强调人类通过学习的行为获得个体经验与社会历史经验；从方式上，狭义的学习强调语言在学习活动中所扮演的重要作用。最后，从性质上，狭义的学习更加关注学习是人积极主动地满足社会和发展的需要而产生的一种具有主观能动性的活动。因此，若以狭义的学习概念作为评判标准，上述的四个现象中只有现象二能够被定义为学习。

为了更好地研究学习的形成，揭示学习的内在机制，心理学上普遍采用广义的学习概念，即将动物的学习行为也纳入到学习的研究范畴之中，并通过设计各种巧妙的动物行为实验，提出并验证各种学习形成的理论与假设，并把它推广到人的学习当中，用于指导我们的学习。

第二节 学习的生理机制

心理是人脑的机能，是对客观现实的反映。脑是心理和思维的载体，作为一项高级的心理活动，学习也是依靠脑的各项生理机能实现的。

1. 大脑的宏观(半球及脑区)结构

作为神经系统最高级部分，大脑由左、右两个大脑半球组成，两半球间有横行的神经纤维(胼胝体)相联系。左侧半球在语词活动功能上占优势，其主要负责对语言的处理和语法表达，如词语、句法、命名、阅读、写作等。右侧半球在非语词认识功能上占优势，例如，对三维形状的感知、空间定位、自身打扮能力、音乐欣赏等。人体的功能在大脑皮质上有定位关系，如感觉区、运动区等在大脑皮质上都有对应位置。两个半球表面都有一层灰质，也就是大脑表面神经细胞的胞体集中部分。人的大脑表面有很多往下凹的沟(裂)，沟(裂)之间有隆起的回，这大大增加了大脑皮层的表面积。根据大脑半球表面呈现不同的沟或裂。我们可以将大脑半球分为额叶、颞叶、顶叶、枕叶和脑岛这样五个区域。不同的脑区域发挥着不同的功能，如图8.2.1所示。额叶是大脑中最高级的部分，与人类学习和高级思维密切相关。

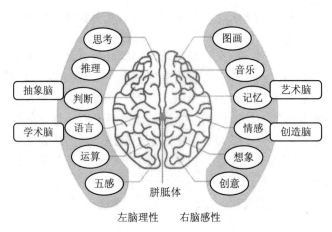

图 8.2.1　大脑半球结构图

2. 大脑的微观(神经元)结构

人类的大脑是由数以万计的神经元组成的，一个完整的神经元形态由三部分组成，分别是胞体、短而密集的树突和一个很长的轴突，如图8.2.2所示。

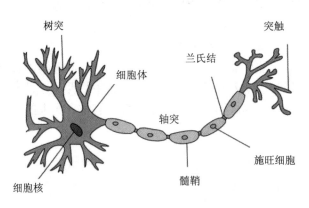

图 8.2.2　神经元组成图

有一个形象的比喻，就是把我们的手臂看作是一个神经元。我们手掌的掌心是神经元的胞体，我们的手指多而短小，被看作是神经元的树突，我们还有一个很长但唯一的手臂，被看作是轴突。现在让我们动一动手臂，一个完整的神经元就诞生了。神经元并不是孤立存在的，人脑中的神经元之间会建立起许多联系。比如说我们的左手是一个神经元，右手是另一个神经元。我们用一只手去握住另一只手臂，就形成了一个简单的神经环路。信息就可以在我们建立的神经环路上进行传递了。现代生物学表明，学习的生理机制正是大脑中不同神经环路形成的结果。

大脑只占人体体重的 2%，但耗氧量占全身耗氧量的 25%，血流量占心脏输出血量的 15%，一天内流经脑的血液为 2000 升。为了保持神经元之间进行有效的信息传递活动，脑内数以万计的突触连接和神经环路在不断地生成、维持与分解。因此，保持良好的用脑卫生习惯，对学习的发生尤为重要。为了保证良好的学习效果，我们需要做到以下几方面。

(1) 保证充足的睡眠。

睡眠是脑细胞全面休息的过程。深沉而恬静的睡眠对于恢复精力和体力、消除疲劳是必不可少的。适宜的睡眠时间要视年龄、体质、习惯以及季节变化等因素而定。青少年需睡 8～9 小时。睡眠不足则精力和体力不能完全恢复，影响第二天的学习和生活。但也不可睡眠过多，否则会使人意志消沉、懒散，也不利于健康。

(2) 要有适宜的学习环境。

适宜的学习环境有利于大脑高效率地工作，延缓脑细胞的疲劳。通常要保持新鲜的空气、适宜的光线和良好的坐姿。可适当开窗保持空气对流以使大脑得到充足的氧气，在柔和的光线下而不要在刺眼的强光下学习，以减轻视觉的疲劳并保护视力。

(3) 注意学习和休息的相互调节。

在学习过程中应该让大脑适度休息。学习了一个小时后要起来活动，使全身血液循环通畅，并让眼睛眺望远方或做几节眼保健操，这样有利于消除大脑的疲劳。此外，学习时还可不同学科交替进行，目的就是不让大脑某一区域单一地、长时间地工作。

(4) 保证充分适当的营养。

脑细胞的活动需要丰富的养料，但脑细胞本身不具有储备营养物质的能力，所以每天都应该供给大脑细胞充分适当的营养。多吃蛋白质、维生素、磷化物等营养丰富的食物，如肉、蛋、豆类，新鲜的蔬菜、水果等，以使大脑能高效率地工作。有些同学常常不吃早饭，这对大脑的危害很大，因为经过一夜后血液中的营养物已经消耗了许多，如果不吃早饭就进行学习，由血液供给大脑的营养物就很有限，则大脑细胞的工作效率不会很高而且易疲劳。

人的大脑就像一部机器，只有正确使用它，注意保养它，才能学习更多的知识，才能实现它最大的价值。

第三节 学习理论

学习是一个非常复杂的现象，不同的心理学家从不同的角度对学习的产生进行了各种各样的描述和解释，由此产生了学习理论的不同流派与代表人物。本节中，我们会对一些比较常见的、跟我们大家日常的学习生活密切相关的学习理论进行介绍。

行为主义的学习理论是心理学中最早用于解释学习、同时也是对学习活动影响最为广泛的理论流派，行为主义者认为，一切学习都是通过条件作用在刺激 S 和反应 R 之间建立联结的过程，强化在刺激和反应的联结中起到重要的作用。在刺激和反应的联结之中个体学到的是习惯，习惯一旦形成，只要类似的情景出现，习惯就会自动地出现。

行为主义理论有四个代表人物，分别是桑代克、巴甫洛夫、斯金纳和班杜拉。他们都认为学习是在刺激和反应之间建立联结的过程，但不同的是，每一个人都通过精巧的实验阐述了 S 到 R 的反应联结是如何形成的，由此我们可以看到行为主义理论有关学习的四种学说。

1. 桑代克的尝试错误学说

桑代克认为，刺激和反应之间的联结是通过有机体不断地尝试错误而产生的。换言之，学习是由于个体不断地尝试错误而发生的。为了证实这样的观点，桑代克设计了著名的"饿猫迷笼"实验，如图 8.3.1 所示。在这个实验中，桑代克将一只饿了很长时间的猫关入笼中，同时在笼子外面放了一条鱼。猫由于饥饿会急切地希望冲出笼子吃到鱼，但是想打开这个笼子，猫就必须找到桑代克在笼子中所设计的开关，只有触及开关，门才会打开，猫才能从笼子中出来吃到鱼。我们都知道猫是听不懂人类的语言

图 8.3.1　饿猫迷笼结构图

的，因此我们并不能通过语言去指导猫进行操作。但尽管没有人类的指导，猫还是依然吃到了鱼，就是因为最终发生了猫学会打开开关、做出反应的过程。

我们可以想象猫在进入笼子之后，它急切地想出来，会在笼子中表现得焦躁不安，上下左右地晃动身体，这样的走动让它在无意间碰触到笼子内的开关，从而完成了第一次从刺激到反应的联结。这样的实验，当我们把它重复多次就会发现，刚开始猫在第一次第二次进入笼子后，需要用很长的时间才会无意间碰触到开关，最终出来吃到鱼。但是经过反复的练习，在第 50 次或第 80 次后，只要把猫放进笼子，它就能够迅速地从笼子中出来。这就是尝试错误并进行学习的过程。

桑代克通过上述实验，不仅证实了学习的尝试错误学说，还发现了在教学活动中所存在的三大规律。

(1) 准备律。桑代克认为，学习一定是在有准备的情况下发生的，正如实验中的猫，如果猫在学习之前吃得很饱、很舒服，它在笼子里面只想懒洋洋地睡觉，那么它就不会有想从笼子中出来的冲动，也就不会习得开门的学习结果。所以学习一定是在有准备的情况下发生的，日常生活中我们总是碰到这样的例子，如果老师采用突击的方式对大家的学习进行测试，学生们的成绩就往往不会太好，这就是违反了准备律的表现。因此，我们一定要在考试前进行充分的准备，这样才能够发挥我们最高的水平。现在比较流行裸考，就是毫无准备地去考试，这样注定会得到较差的结果。

(2) 练习律。学习需要进行大量的练习。从实验中可以看到，猫在前几次进入笼子后，需要很长的时间才能找到开关的位置，但是经过反复练习之后，刺激和反应之间的联结就会得到不断的加强，多次之后，只要猫进入笼子，就能够快速地出来。所谓工多技熟、熟能生巧，便是这样的道理。练习律提醒我们，在学习的过程中，一定要注重练习的重要作用。适当的练习会增加我们学习的效果，能更好地帮助我们巩固所学的知识。

(3) 效果律。学习者在学习过程中所得到的各种正性或负性的反馈意见，会加强或减弱学习者在头脑中已经形成的某种联结。例如，猫每一次通过努力从笼子中出来之后，都会吃到鱼，那么，这种开门的联结就会不断地得到强化；反之，如果猫每一次开门之后，不但无法吃到鱼，还会遭受到电击的惩罚，使它非常痛苦，那么猫就不愿意从笼子中出来，也就不会形成开门的联结。通过效果律可以看出，学习的效果会对学习的行为产生重要的影响。在日常的学习过程中，我们也会得到不同的结果，有时是好的，有时是不好的，这些结果都会影响我们对待学习的态度，从而影响我们学习的效果。因此，制订合理的学习计划以达到良好的学习效果，对学习活动非常重要。

2. 经典条件反射理论

行为主义的第二个理论，是来自俄国的生理学家巴甫洛夫所提出的经典条件反射理论，正是由于这个理论的提出，巴浦洛夫获得了诺贝尔生理学奖。在经典条件反射的实验中，巴甫洛夫以狗作为实验的研究对象，实验所要考察的刺激与反应联结是狗听见铃声分泌唾液的行为。

从先天的生理反射上看，狗和铃声之间并不存在对应关系，因此我们把铃声称作中性刺激物。狗存在的先天的反射是看见食物分泌唾液，因此我们把食物称作无条件刺激物。换言之，只要食物出现狗就会分泌唾液，这种反应是先天性的，没有附加条件的限制。

巴甫洛夫的实验就是将中性刺激物(铃声)与无条件刺激物(食物)相结合。在每一次给狗喂食之前，巴布洛夫先通过摇铃让狗识别到铃声这个刺激，之后再为狗添加食物。经过多次的结合之后，巴甫洛夫发现，只要狗听见铃声就会分泌唾液，由此便建立起了一个经典的条件反射，即狗听见铃声就会分泌唾液这样的一个后天的行为，如图 8.3.2 所示。

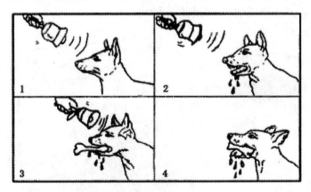

图 8.3.2　经典条件反射示意图

巴甫洛夫的实验表明，刺激和反应之间的联结(学习)是建立在人或有机体先天的生理反射之上的，我们只需要将新的刺激物与生理反射相结合，就能够形成刺激到反应的联结。巴甫洛夫的经典条件反射理论对我们的学习认知产生了非常深远的影响。

日常生活中当我们选购商品时，总会对某些品牌的商品表现出特殊的偏好和喜爱。然而，由于这些偏好和喜爱并不是我们与生俱来的，因此它必然是一种学习的结果。而这种学习的产生其实就是商家在广告中运用了巴甫洛夫经典条件反射所形成的结果。商家的具体做法是，首先选取我们喜爱的明星(无条件刺激物)，作为传递商品信息(中性刺激物)的载体。由于人都有喜欢美好形象的生理本能，因此我们看见明星之后，就产生了心情愉悦的先天条件反射。之后，商家再将商品的信息和信息的传递者(明星)之间建立反复的联系，也就是说让明星不断地与某品牌的商品信息同时出现，经过反复的结合之后，当我们再次看到商品信息的时候，我们就会由此产生愉悦感。因此在购买商品时，我们更加倾向于选择能为我们带来愉悦感的商品，这就完成了经典条件反射的建立。

这样的学习过程告诉我们，我们可以利用自身的一些先天的反射状态来更加有效地帮助我们进行学习。我们可以寻找到一些令我们快乐开心的事情，然后将学习的信息有效地与这些事件反射相结合，从而加深我们对于知识的记忆和理解。与此相反，我们也可以尝试将不良行为习惯与我们厌恶的事情相结合，来改变我们的某些不良行为。这便是心理健康中的一种常见的行为矫正方法，叫作味觉-厌恶式学习。例如，有的人酒精成瘾，为了消除酗酒的行为，常见的做法是，喝酒之前让他服用一些催吐的药物，之后再进行饮酒的行为。在饮酒之后催吐药物就会产生作用，从而引起个体强烈的呕吐行为，这种行为会让个体感到非常痛苦，经过多次的反复，便在个体的头脑中建立了饮酒与呕吐之间的联结。此后，每当他想到酒时，激活的不再是那些与饮酒后愉悦体验相关的记忆，而是饮酒后强烈的呕吐感，这样便减少了他对酒精的兴趣，从而达到控制饮酒的目的。

可以看出，经典条件反射理论将学习与个人的生理活动相连，可以在潜移默化中帮助我们学习养成良好的行为习惯。

3. 操作性条件反射理论

斯金纳的操作性条件反射学习理论，更加强调学习本身的后果对于刺激-反应的联结所造成的影响。换言之，我们可以通过操纵结果对有机体的行为进行塑造。在许多和心理学相关的书籍与影视作品中，都会提到一个实验的装置，叫作斯金纳箱，如图8.3.3所示。这便是斯金纳用于研究学习形成时所使用的一种实验工具。

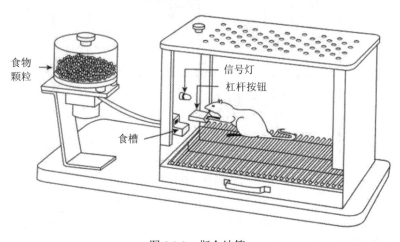

食物颗粒

信号灯
杠杆按钮

食槽

图 8.3.3 斯金纳箱

一般来说，斯金纳将老鼠作为研究对象放入斯金纳箱中。箱中有一个杠杆开关装置，每当老鼠碰触到开关之后，就会有一粒食物进入笼中的食槽内，老鼠通过反复的练习之后，就获得了按压杠杆可以得到食物的条件反射。这和早期桑代克的尝试错误学说有很大的相似之处，但不同的意义在于，斯金纳对于学习之后的效果进行了明确的区分。斯金纳明确地提出了强化与惩罚的概念，所谓强化就是能够使行为刺激与反应的行为发生频率得到增加的那些结果；而所谓的惩罚是指能够降低刺激与反应的行为发生频率的那些结果。由此，有机体或人类的学习就不再仅是简单地尝试错误所带来的被动适应行为。人们可以根据操作行为的结果对不同的行为联结进行有效的塑造。

斯金纳将操作性条件反射原理应用到教学活动上，提出了程序教学论及其教学模式。程序教学是一种个别化的教学形式，斯金纳建议将学习的大问题逐渐地分解成一系列的小问题，并按照一定的程序编排呈现给学生，要求学生学习并回答问题，学生回答问题后，及时地给予反馈程序。教学的基本原理是采用连续接近法，通过设计好的程序，不断强化使学生形成教育者希望的行为模式。通过这种方法，同学们可以尝试将复杂的学习问题进行简化，从而逐一地进行突破，当我们把每一个环节都做好之后，我们就从宏观上完成了对整体任务的学习。

根据斯金纳的操作性条件反射理论，行为之后所得到的结果，会对有机体的行为塑造表现出极大的促进或阻碍作用。这里我们为大家介绍一种现象，叫作习得性无助，其是指个体在连续地遭受到负性的挫折与创伤之后，不愿意再进行任何改变的现象。例如，人类有着很长的驯服大象的历史，大象作为陆地上最大的哺乳动物，拥有极大的力量。可是我们在马戏团中，或者在东南亚的某些国家，可以看到人们在驱赶大象的时候，只需要用一根很细的铁链，或者用一个很轻的鞭子就可以控制大象，这是为什么呢？究其原因是在大象小的时候，它的能力尚且不足，人们就会用很粗的铁链把大象拴住，大象的每一次逃脱都以失败告终，久而久之，大象就会获得习得性无助，即它认为自己无法摆脱铁链对它的束缚。当大象长大之后，即便我们已将粗铁链换成了它可以轻易破坏的细绳索，大象也不会再试图进行逃脱。

在日常的学习生活中，我们可能也会遇到各种各样的失败。这时人们看待失败的态度，以及对于失败原因的分析就显得尤为重要。如果认为自己失败的结果注定无法改变，人们就会产生悲观绝望的态度，以至于不愿意再进行新的尝试，这就是习得性无助的形成。因此，在学习活动中，我们应该有一个合理的规划，将学习的难度控制在一个合理的范围之内，这样我们才能够不断地激励自己前进，而不是给自己定一个很高的学习目标，使得自身永远无法达到，最终只有放弃。

4. 社会学习理论

无论是桑代克的尝试错误学说、巴甫洛夫的经典条件反射理论，还是斯金纳的操作性条件反射理论，它们都是通过对于动物的研究来说明学习(刺激-反应的联结)是如何形成的。而行为主义中的第四个心理学家班杜拉则提出了新的观点，班杜拉也在试图解释刺激与反应之间的联结形成过程。但是班杜拉认为，刺激到反应的联结并不需要我们亲身的经历。在很大程度上，我们可以通过学习观察他人的行为来获得自身的经验，因此班杜拉的学习理论又被称为社会学习理论，或者是观察学习理论。班杜拉通过波波玩偶实验来支持观察学习理论。

实验中，班杜拉首先将儿童分为甲、乙两组。在实验的第一阶段，让两组儿童分别看一段录像片，甲组儿童看的录像片是一个大孩子在打一个波波玩偶，过了一会儿来了一个大人，他给大孩子一些糖果作为奖励。乙组的儿童看的录像片开始也是一个大孩子在打一个波波玩偶，过了一会儿来了一个成人，惩罚了这个大孩子。看完录像片之后，班杜拉把两组儿童送进一间与录像片中相似的放着玩具的房间内,并对孩子的行为进行详细的观察。结果发现,甲组儿童都学会了录像片里孩子的样子,捧打玩具,而乙组的孩子却很少出现捧打玩具的行为。这一阶段的实验说明,对榜样的奖励能使儿童表现出榜样的行为;反之,对榜样的惩罚则会让儿童避免出现榜样的行为。在实验的第二阶段,班杜拉鼓励两组儿童学习录像里的孩子那样捧打玩具的行为,谁学得像就给谁糖吃,结果两组儿童都争先恐后地使劲捧打玩具。这说明通过看录像片,儿童都已经学会了攻击行为。而第一阶段中,乙组儿童之所以没有出现捧打玩具的行为,只不过是因为他们害怕表现出攻击性行为会受到惩罚,从而抑制了自己的攻击行为,而当条件许可时,他们也会像甲组的儿童一样表现出攻击行为。

通过上述实验,班杜拉的社会学习理论指出,学习是指个体通过对他人的行为及其强化性结果的观察,从而获得某些新的行为反应,或对已有的行为反应进行修正的过程。在这样的一个过程中,人们可以通过观察身边相似或者相同的榜样,从而对自己的行为进行评估。在现实生活中,观察学习的应用非常广泛。例如,在学校中会经常对优秀学生和三好学生进行表彰,同时也会在某位同学犯错之后以通报批评的方式进行惩罚,这样的做法就是采用了班杜拉的社会学习理论。在班杜拉的社会学习理论中,他还强调模仿者与观察者之间的关系,即模仿者与观察者之间的行为越相似,特点越接近,那么观察学习的行为就越容易产生。

本节内容介绍了行为主义的四个学习理论以及这些理论对学习活动的启示。在心理学研究中还有认知主义、人本主义、建构主义等流派所提出的各种学习理论,鉴于篇幅原因,本节内容不再对其进行详细的介绍。感兴趣的读者可参看相应的心理学书籍。

第四节　学　习　动　机

人们之所以表现出这样那样的行为,都有其内在的原因。心理学家一般采用动机这一术语对人们行为背后的原因进行描述。所谓的动机是指引发并维持活动的倾向,因此我们将动机的概念沿用到学习的领域当中,就得到了学习动机的概念,即学习动机是引发和维持个体学习活动,并将学习活动指向一定学习目标的动力。

学习动机具有三个功能。首先,学习动机对个体的学习具有激发功能。当学生对某些知识或技能产生迫切的学习需要时,学习动机会引发学习内驱力,唤起内部的激动状态,产生焦急、渴求等心理体验,并最终激起一定的学习行为。同时,学习动机会增强学生学习的准备状态,激活相关的知识背景,提高学习的效率。其次,学习动机具有指向功能。学习动机使学生的学习行为在初始状态时就指向一定的学习目标,并推动学生为了达到这一目标而努力学习。最后,学习动机具有维持学习的功能。学习动机能够使学生在学习过程中集中注意力,克服影响,提高努力程度,遇到困难时坚持不懈,直至达到学习目的。不难看出,学习动机对于个体的学习活动具有举足轻重的作用。

1. 动机与绩效的关系理论

既然学习动机对个体的学习活动具有非常重要的作用,那么是否学习动机越高,个体的学习效果就越好呢?学习动机与学习效率之间的关系如何?

心理学研究表明，个体的动机强度和工作效率之间并不是一种直线型的关系，而是一种倒 U 形的曲线关系，如图 8.4.1 所示。其具体表现为：一开始随着动机的增加，个体的学习效率不断地提高，当学习动机到达一定的程度之后，学习效率将不再提高，反而会随着学习动机的增加而不断地下降。许多人都有过这样的经历，在某些重要的时刻我们越是想让自己表现得非常出色，往往适得其反，甚至连正常的水平都发挥不出来。这就是较高的学习动机影响学习效率的典型现象。

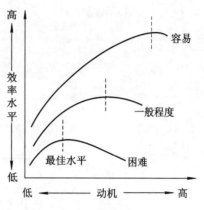

图 8.4.1   动机与绩效关系曲线

通过研究学习动机和学习效率的关系，心理学家耶克斯和多德森发现了一定的规律。他们认为，各种活动都存在着一个最佳的动机水平。一般来说，中等强度的动机最有利于任务的完成。处于中等强度的动机水平时个体的工作效率会最高，动机不足或者过分强烈都会导致工作效率的下降。不仅如此，动机的最佳水平还会随着任务性质的不同而不同，当学习复杂的学习任务时，最佳的动机强度水平会低一些，而在学习简单的任务时动机强度的最佳水平往往会高一些，如图 8.4.1 所示。例如，当我们在进行诸如跑步、游泳等体育活动时，较强的动机会帮助我们取得更好的成绩；与此相反，当我们在进行解数学题或者精细的手工操作时，较强的动机则会使我们变得越发紧张，从而影响到我们的绩效水平。

在大学的学习生活中，最常感受到的压力来自考试，也就是所谓的考试焦虑。考试焦虑其实就是人们学习动机过强的一种表现形式。正是由于太想在考试中取得好成绩，使得人们的学习动机水平得到显著的提升。但这种过高的动机水平不仅无法帮助人们提高学习绩效，反而会使得我们在考试之前出现烦躁失眠、看不进去书、无法集中注意力的现象。因此，通过学习耶杰斯-多德森的定律，便能对这种考试焦虑的产生有较为清晰的认识，在未来的学习过程中，合理地控制自己的动机水平，提高自己的学习效果。

2. 需要层次理论

在众多的动机理论之中，美国心理学家马斯洛提出的需要层次理论的影响最为广泛。马斯洛认为，任何人的行为动机都是在需要的基础上被激发出来的，他将人的需要分成了五个层次，即生理的需要、安全的需要、爱与归属的需要、自尊的需要以及自我实现的需要，这些需要从低级到高级排成一个层次，如图 8.4.2 所示。较低级的需要至少达到部分满足之后才会出现相对高级的需要。

(1) 生理的需要。生理的需要是指人对食物、水分、空气、睡眠等的需要，他们在人的所有需要中是最重要的，也是最有力量的。例如，当人落水之后为了得到空气而拼命挣扎之时，几乎完全不会考虑到自己的求救姿势是否得体。

(2) 安全的需要。安全的需要表现为人们要求稳定、安全受到保护，有秩序，能免除恐惧和焦虑等的需要。例如，人们希望得到一份比较安定的职业，愿意参加各种保险，这些都表现了他们对于安全的需要。

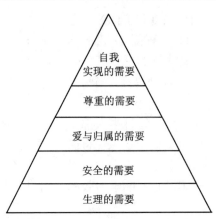

图 8.4.2　马斯洛需要层次理论图

(3) 爱与归属的需要。一个人要求与他人建立感情的联系或关系,如结交朋友、追求爱情、参加一个团体,并在其中获得某种地位等,就是爱与归属的需要。在大学生活中如何与他人相处,培养良好的人际关系,被团体接纳,是每一个同学面临的重要任务。

(4) 尊重的需要。尊重的需要包括自尊和希望受到别人的尊重,自尊需要的满足会使人相信自己的力量和价值,使他在生活中变得更有能力,更富有创造力。相反,缺乏自尊会使人感到自卑,没有足够的信心去处理和面对问题。

(5) 自我实现的需要。人们追求实现自己的能力或潜能,并使之完善化,成为一个理想中的自己。在人生的道路上,每一个人自我实现的形式是不一样的,有的人希望成为科学家,有的人希望成为商人,有的人希望成为优秀的领导者,这些就是每个人的自我实现的需要。

一般来说,心理学家都赞同将学习的需要归纳入自我实现的需要当中。马斯洛认为需要的层次越低,它的力量就越强,潜能就越大,在高级需要出现之前,必须满足低级的需要,只有低级的需要得到满足之后,高级需要才能够出现。例如,当一个人饥肠辘辘时或担心自己的安全而感到恐怖时,他是不会追求归属和爱的需要的。具体到大学生活之中,也会因为低级需要而影响到高级需要的产生。例如,同学们和室友或身边的同学、朋友产生了一些人际关系上的问题,导致爱与归属的需要以及尊重的需要无法得到满足,从而影响到自己无法安心地学习。因此,在日常的学习生活中,不要将学习活动与其他的生活事件孤立起来。多给予身边的朋友一些友善和关爱,这会对我们的学习有促进作用。

第五节　学习的迁移

学习的迁移是指一种学习对另一种学习的影响,或习得的经验对完成其他活动的影响。任何一种学习都受到学习者已有的知识经验、技能、态度的影响,因此只要有学习,就会出现学习的迁移。学习的迁移广泛地存在于各种知识技能、行为规范和态度的学习之中。例如,学习加法影响到学习乘法,而学习乘法反过来又会加深对学习加法的理解。在学校中形成的遵守规章制度、爱护公物的行为,也会影响到我们在学校之外的表现。学习的迁移不仅存在于某种经验的内部,而且也存在于不同的经验之间。比如,丰富的词汇知识的掌握将促进阅读技能的提高，而阅读技能的提高又可以使我们掌握更多的词汇知识。

学习迁移的发生，对我们人类的学习来说具有重要的意义，但并不是所有的学习迁移都是有利的。按照迁移的效果，我们可以把学习的迁移分为积极作用的正迁移以及消极作用的负迁移。所谓的正迁移是指一种学习促进了另一种学习的发生。比如一个人学会了骑自行车之后再去学习骑摩托车的时候，就会非常容易地掌握这个技能。与此相反，当一种学习阻碍了另一种学习，就称它为负迁移。比如一个人在学习了很长时间的跳高之后再学习跳远，就会不由自主地总是往高处跳而跳不远，这就是学习的负迁移的发生。

积极的正迁移可以帮助我们在学习中产生举一反三、触类旁通的效果。因此，心理学家通过各种实验，努力地探讨正迁移发生的条件。

最初桑代克等人提出了共同要素说，认为只有当两个学习活动中存在相同的要素时，一个学习的变化才会改变另一个学习的习得，也就是说当学习情境和迁移情境中存在共同的成分时，一种学习才能影响另一种学习。正如之前所说，学习了骑自行车之所以能够帮助促进人们学习骑摩托车，那就是因为二者之间的相同因素很多；反之，学习了骑自行车之后，并不能帮助人们快速地学习开汽车或者是开飞机，按照桑代克的解释，就是因为两者之间的差异很多，以至于无法迁移。共同要素说表明，在进行学习时，可以有意地将相同或相似的内容进行合理的编排，发挥二者的共性，从而达到事半功倍的效果。

目前对迁移活动影响较大的理论是美国心理学家贾德提出的概括化理论，也叫作经验类化说。他认为先期学习所获得的东西之所以能够迁移到后期的学习中，是因为在先期学习中获得了一般原理，这种原理可以全部或部分地运用于两种学习之中。两种学习活动之间存在共同要素仅仅是知识产生迁移的必要前提，而迁移产生的关键是学习者在两种学习活动中通过概括形成了能够泛化的共同原理。只要一个人对他的经验进行了概括，就可以完成从一种情境到另一种情境的迁移，对原理了解概括得越好，在新情境中的迁移也就越好。

为了验证这样的观点，贾德在 1908 年做了水下打靶的实验。在水下打靶的实验中，贾德将一群十一二岁的小学生分成 A、B 两组，要求其练习水下打靶，对 A 组被试先教授了光在水中的折射原理后进行练习，而对于 B 组只进行练习而不教原理。当他们达到相同的成绩后，增加水中目标的深度。结果发现，学习过水的折射原理的一组，成绩明显地优于未学过的一组。贾德认为这正是因为学习了原理的一组已经将折射原理概括化，从而能够更加快速地调整和适应新的深度，并快速地迁移到新的情境之中。通过贾德的理论可以看出，若要达到举一反三、触类旁通的学习效果，人们就需要掌握知识中各种原理的内在含义，并将其积极地应用到真实的问题解决情境之中。

由此可见，掌握知识的内在原理并有意识地进行迁移，对人们的学习活动将产生巨大的推动作用。

第六节　创造力心理

1. 创造力的概念

人们对创造力的表述最早见于拉丁语中的"Creare"一词，意为创建、创新、生产和造就。作为一项人类所特有的非凡能力，人们很早就对创造力表现出了极大的渴望。但由于当时人类所掌握知识的局限性，创造力在人类文明进程发展中的很长一段时期内都被看作是上天(缪思女神)对人类的恩赐；或者被看作是一种极个别人(天才)所特有的超常才能。因此，在这一时期，创造力多被看作是神秘而不可研究的。直到 20 世纪 50 年代，吉尔福特发表了有关人类创造能力的相关研究，才使人们逐渐意识到，其实创造力和其他心理活动一样，是人类共同具有的一种心理品质。

由于创造力自身所具有的复杂性与特殊性，当前研究者就如何通过文字来清晰、明确地表达创造力这一概念仍存在着分歧。但绝大多数研究者都认可将新颖性与适宜性作为评价创造力的两个关键性指标；也同意将发散思维能力看作是创造力的核心组成部分。

2．创造力的理论

创造力的产生需要个体打破固有的观点与思维模式，从而产生新颖的观念或产品。发散思维理论认为，日常生活中，人们往往存在着两种相对的思维方式，即复合思维和发散思维，如图 8.6.1 所示。复合思维也叫作习惯性思维、常规思维，其作用主要是使个体的观念与意识聚焦于当前所要完成的任务。例如，集中精神完成一道数学题目而不受外界因素的打扰。与之相反，发散思维(创新思维)需要个体从当前的意识焦点出发，将思维发散到不同的角度，从而产生全新的观点。当前主流的发散思维测验为物体多用途测试。测试时，研究者会要求参与者就生活中常见的"物品"展开联想，尽可能多地说出该物体可能存在的多种用途。例如：鞋子的用途有哪些？通过复合思维，人们可以很快地想到，鞋子是用来穿的。但这仅仅反映了鞋子的常规用途。根据发散思维，则可以提出将鞋子当花盆，将鞋子当铅球等创新的用途。

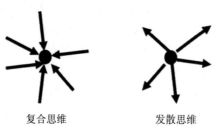

复合思维　　　　　　发散思维

图 8.6.1　复合思维与发散思维示意图

心理学家梅德尼克(Mednick)等人在 1967 年提出了远距离联想(Remote Association)能力的观点。其认为创造力的核心成分是个体的远距离联想能力，即个体能够在彼此相距很远的观点之间建立联系的能力。远距离联想能力高的人能够打破固有思维的束缚，快速地找到现有各种关系之间的某种联系，从而形成新的联系或观点。之后，梅德尼克等开发出了当今被广泛应用的《远距离联想测验》(Remote Association Test，RAT)用于测量个体创造能力的高低。具体来说，在测验中研究者会给被试呈现三个词或者短语，要求被试寻找并说出一个与这三个词语均有联系的词语，例如测验为被试呈现食物(Food)、捕捉器(Catcher)和炎热(Hot)三个词语。被试则需要想出狗(Dog)与之对应生成狗食(Dog Food)、抓狗器(Dog Catcher)和热狗(Hot Dog)。被试完成得越快，正确率越高，表明其创造能力的水平越高。

以上仅介绍了创造力中最具代表性的两个理论，旨在帮助读者理解创造性力本质。若想进一步了解相关内容，请参考其他的心理学书籍。

3. 创造力的培养

创建力可以通过后天的培养而逐步地产生与提高。其中，创新性思维的培训是核心内容。

在日常的学习生活中，我们应当有意识地去进行发散性思维，从多个角度来分析与理解问题。"一题多解"就是一项很好的练习策略。与此同时，根据远距离联想理论，人们需要经常打破自己固有的思维限制，重点寻找那些看似无关的物品与事物之间的联系。例如，自行车与电池都是我们非常熟悉的生活物品，但人们却很少去思考二者之间会存在怎样的关联。当电池能够为自行车提供动力而将其组合在一起后，我们便得到了现在被广泛使用的交通工具——电动车。因此，有意识地培养自己的创新思维，使它成为一种习惯，将对我们的创造力产生大有裨益。

自 控 力

> 百丈之台，其始则一石耳，由是而二石焉，由是而三石，四石以至于千万石焉。学习亦然。今日记一事，明日悟一理，积久而成学。
>
> ——毛泽东

故事赏析

　　周杰伦是众多 80 后心中不可撼动的超级偶像。歌迷们都觉得周杰伦的歌曲富有中国风，曲风温婉而不失韵味。歌词中非常明显地出现了唐诗宋词等中国古代文学缩影，时而出现镂空雕花的窗户，时而出现天青色等烟雨的画面，深受广大歌迷的喜爱。如《东风破》："一盏离愁，孤单伫立在窗口。我在门后，假装你人还没走……你走之后，酒暖回忆思念瘦，水向东流时间怎么偷。"而春晚上的那首《青花瓷》："帘外芭蕉惹骤雨，门环惹铜绿；而我路过那江南小镇惹了你……"山水画般徐徐展开的古典意境，再次吸引了大家的眼球。歌迷们也都知道周杰伦的御用填词人是方文山。方文山出生在台湾的一个偏远小镇上，普通家庭的孩子自幼就得学会生存。因为家庭条件不是很好，他小时候就开始利用课余时间做一些兼职来补贴家用。派送广告、做业务员、服务员、球童等，只要是能够多赚一些钱的，他都不辞劳苦地去完成。年纪轻轻就体会到在社会上生存下来是多么的不容易。他总是心怀感激地说："正因为有过那些困顿和苦难，今天才懂得惜福。"

　　方文山在读书的时候，成绩并不是很优秀，并没有得到老师很好的重视。但是他热爱写作，能够快速地完成老师布置的作文写作，也只是这一点可以博得老师的一点青睐。青少年期的他用苦读来排解自己心里覆雨翻云般的情绪。只有私立职高学历的他很早就在服完兵役之后，成为了台北市一名普通的防盗系统的安装工。每天拿着电钻机在尘土瓦砾间挥汗如雨，唯一能够用来慰藉的只有关于风花雪月的灵感。他随身带着一个本子和一支笔，就为了抓住一闪而过的灵感。有些歌词是趴在高高的梯子上面一手扶着梯子写下的，有些歌词是在轰隆隆的电钻声中完成的，有些歌词是在赶往工地的路上记下的。写完了一些佳句，他还会把它们和当红的歌词来做一番对比，逐字逐句推敲。遇到不能名状的意境，他会翻阅无数资料。为了增加歌词的画面感，他还曾去参加了编剧班，学习场面调度、蒙太奇剪接等。一边工作一边学习创作，他在半年多的时间里累积了两百多首自认为还不错的歌词，再从中甄选出一百多首装订好。带着"初生牛犊不怕虎"的冲劲，他将这些宝贝寄出了一百份给台湾的各大知名唱片公司，希望能够得到认可。他估计着只会有 12.5 份会被制作人看到，只有百分之一会被联系上。幸好结果恰是这百分之一成就了方文山的百分之百。1997 年 7 月 7 日凌晨，一个自称是吴宗宪的人打了个电话给他，带着急速的心跳，他放下了电话。从此我们认识了一个多才的方文山。

作词、写书之外，他还拍了一部《听见下雨的声音》的青春电影，写过一本励志小书《演好你自己的偶像剧》，其中写道：如果励志是一项商品，还有什么人比我更有资格、更适合代言的！不要把青春消耗在电视机面前观看别人的人生，抱怨自己的人生平淡，何不换个角度，把镜头对准自己，好好把握自己的人生！

早年的艰辛并没有阻止方文山对音乐的热爱，他把对音乐的梦想融入现实的劳作中，不抛弃不放弃，用坚强的意志力和坚忍不拔的意志克服重重困难，最终实现梦想，完成了人生的超越。

第一节　意志力和自控力

一、意志力的概述

很多成功人士在分享他们的成功秘诀时，都会说："在使我们成功的众多个人品质中，智力和意志力是起着决定性作用的个人品质。"诚然我们不能够排除某些人的智力优于常人，但也不是每个成功人士的智力都是超群的，唯有钢铁一般的意志力才是关键性因素。意志力通常也被我们称为"毅力"。

要了解意志力，我们先来了解什么叫"意志"。意志是有意识地支配、调节行为，通过克服困难，实现预定目标的内在心理过程。意志具有引发行为的动机作用，它是自觉的、有目的的行为。而意志力是指一个人自觉地确定目的，过程中为克服面临的种种困难，并根据已确定的目的来支配、调节自身的行动，从而实现目的的品质。意志力是复杂高级的心理现象，只有人类特有，是人主观能动性的集中表现，是人类为完成预定目标，自觉调整自身行动，通过坚持不懈地努力，最终实现目的的心理过程。意志力是决定人类性格的重要因素之一，意志力也是人类获得成功的必要保证。

孟子有云："天将降大任于斯人也，必先苦其心志，劳其筋骨……"这段话说明人类要完成自己的理想，必须要具备坚强的意志力和顽强拼搏的精神，充分体现了意志力的重要性。苏联作家尼古拉·奥斯特洛夫斯基所著的一部长篇小说《钢铁是怎样炼成的》中，主人公保尔·柯察金跌宕起伏的人生经历展现了钢铁般的意志炼成的过程。一个人只有在艰难困苦中战胜了自己才能战胜敌人，而战胜自己必须具备的心理品质之一就是意志力。

意志力让我们在大大小小的方面改变自己和机会，达尔文在《人类的起源》里写道："当我们认识到应该控制自己思想的时候，便是道德修养到达了最高阶段的时候。"当今人们面对的诱惑比以往任何时候都多，让人防不胜防。你的身体也许在尽职地上班，但是你的思想却可能随时开小差。你可能查看电子邮件、上淘宝网、聊天或者玩游戏，磨磨蹭蹭，就是不想干活。这些都需要意志力的控制，让我们更高效地完成自己的工作或者学习。

二、自控力的概述

要理解自控力，我们必须先了解什么是控制。在汉语中，"控制"一词源于魏书司马睿传："(司马)聘安西将军桓率所统七千余人伐蜀，拜表辄行。聘威力微弱，不能控。"这里

"控制"一词的含义是：驾驭，使限制在一定范围内。在国外，希腊人用"掌舵人"解释"控制"。后来又引申为拉丁文中的"调速器"。柏拉图曾使用过这个词，通常指驾船术、操舵术或掌舵人，有时还表示对人的管理。那么"控制"就应该是在事件中起着决定性作用的部分。

自控力是自我控制能力的简称，是个体自主调节行为使其与个人价值和社会期望相匹配的能力。自我控制能力制止或引发特定的行为，主要包括五个方面：抑制冲动行为，抵制诱惑，延迟满足，制订和完成行为计划，采取适应于社会情景的行为方式。Karoly认为，自我控制是个体为了理想的长远目标而能够抵御眼前快乐的诱惑或承受眼前的痛苦、不愉快。

对于自控力概念的界定，不同的研究者有不同的见解，在早期认知心理学的研究领域中，有学者认为自控力就是指个体将自己的行为调节成符合社会需要行为的能力，具体体现在激发或者抑制自己的某种行为。有学者认为自控力就是抑制自己与社会规范不相符合的行为的能力。也有研究者认为，自控力就是个体对自身行为、思想等模式进行改善的过程。

从这些对自控力的概念上可以看出，虽然存在着一些差异，但也具有很多共同点，例如都强调了对思想和行为的双方面控制，都强调了自我控制的准则是符合社会规范等。基于这些共同点，我们可以将自控力定义为：自控力是指个体通过对自己心理的调控，从而激发或者抑制某种行为，使行为满足社会需求的过程。

三、意志力与自控力的异同点

意志力不但区分了人和动物，也区分了每一个人。每个人的意志力都是与生俱来的，但有些人的意志力更强。无论从哪个方面看，能够更好地控制自己的注意力、情绪和行为的人，都会活得更幸福。顽强的意志力是一个人最突出的优点。意志力比智商更有助于拿高分，比个人魅力更有助于领导别人，比同理心更有助于维持婚姻幸福。

自控力在人的额头和眼睛后面的神经区域，是一块叫作前额皮质的区域，其中分成了三个具体的区域，分别对应了"我要做""我不要"和"我想要"这三种力量。神经学家通过一系列的实验，证明了自控力并不是一种神秘的力量，而是像我们身体的绝大部分一样是一种肌肉，自控力也可以被训练。通过一定时间的训练，大脑中的前额皮质密度会变大，联系得更加紧密，也就是说大脑能够增强自控力。

意志力是持续的力量。换句话说，意志力是属于本能里面，也就是说它不属于自控力。比如，一个人从没有跑步的习惯到养成跑步的习惯后，每天坚持跑步。其中养成跑步习惯的过程是由自控力掌握的，是从无到有的变化；而后面每天坚持跑步，其实就是一种惯性动作形成了本能，属于意志力的范围。如果从物理概念来解释的话，自控力是加速度，而意志力是稳定在某个速度的匀速运动。加速度过程一定是动力大于阻力，而匀速过程动力等于阻力即可，加速一般是短期行为，而匀速才是长期的、稳定的状态。所以，一旦形成习惯，那么后面的事情，都是不由自主的、不消耗心智的活动，维持即可。

因此，意志力是指一个人为了实现自己预定的目的来支配、调节自己的行动，不畏艰难勇于克服各种困难。意志力集中体现了人的意识能动性，并且也是一种心理学概念。意志对人类的行为活动(包括外部动作和内部心理状态)具有发动、坚持和制止、改变等调节控制作用。同时，我们也需要自控力的帮助，自控力是指个体通过对自己心理的调控，从而激发或者抑制某种行为，使行为满足社会需求的过程。

四、与之相关的概念

拖延症：社会在不断地发展，生活节奏也越来越快，有一些现象也越来越频繁地出现在我们的生活中，影响着我们的工作、学习等日常行为。其中有一种我们在周围时常能碰到的行为，几乎每天、每时、每刻都在发生，比如明天就要交作业，晚上还在不慌不忙地看电影，到了深夜才开始慌乱地赶工；给自己制订了特别完美的计划，一开始劲头十足，越到后面越懈怠，到最后计划只能无疾而终；我们的身边都有很多事情会一直拖着不去做，不停地用各种借口将"死亡线"延期，终有一天所有事情都会扑面而来。以上这些现象我们称为"拖延症"。

多动症：患有多动症的学生自控能力差，冲动任性，不服管束，常常惹是生非。当儿童在日常生活中明显地活动增多，过分地不安静，来回奔跑或小动作不断，在教室里不能静坐或擅自离开教室，常发脾气，难以忍受挫折，对刺激的反应过强，个性倔强、固执、急躁、不辨是非等，说明儿童因患有多动症而自控能力差。

🗙 故事赏析

一

1954 年，担任副总理兼外交部长的陈毅患了支气管炎，医生郑重地提出请他不要再吸烟，他立即表示接受，但是贴身的司机老常却怀疑地笑了：因为陈老总几度戒烟，都因为工作辛劳烟瘾太大而失败了。陈毅认真地说："我小时候的名字叫世俊，长大了大号叫仲弘。后来改名为陈毅是寓意万事成功都得有毅力。我这回戒烟，拿出点毅力给你们看看！"陈毅不愧是陈毅，说到做到，此次戒烟一举成功。

二

上大学时，列宁因参加革命活动而被开除，毫无经济收入，在母亲的劝告下他毅然戒了烟，并且终生不再吸烟。

十月革命胜利后，列宁在办公室墙上贴上"禁止吸烟"的纸条。有人不遵守规定依然吞云吐雾，他生气地当众撕下纸条说"免得糟蹋规定"。列宁在参加"星期六义务劳动"时，一位年轻的红军指挥员出于敬慕请他抽烟，列宁谢绝了，并且幽默地笑着说："同志，你能在战场上和敌人勇敢作战，为什么不能跟吸烟作斗争？"

看看你是否缺乏自控力。

(1) 情绪不稳定，考试发挥异常，状态时好时坏，能力发挥不稳定。

(2) 容易走神、粗心和注意力分散，不感兴趣的事尤其容易走神，易怒、多动。

(3) 面对困难的挑战难以集中注意力，成绩差，不会解决难题。

(4) 可能会：焦躁不安、叛逆、沉默寡言、焦虑等。

(5) 集中注意力时间不长，集中度不够，容易被外界干扰。

(6) 思维不容易集中，有承受巨大压力的表现。

(7) 注意力深度不足，注意力往往来源于外在压迫，很难集中。

如果你有以上的表现，请努力培养自己的自控力！

第二节　自控力的影响因素

自控力是一种自律的能力，是将我们认为"应该"做的事付诸行动的能力。"我觉得……我应该……可是……"这是关于自控力问题的常见表达。可以说，自控力的概念所涉及的是从我们"意识"到某一问题到付诸"行动"这一过程的状态。自控力存在于"应然"与"实然"之间，当两者之间存在矛盾的时候，我们就会意识到自己似乎缺少了自控力，所以自控力就是自我约束，是你可以克制自己的情绪而让自己行动的能力，是情商中最重要的特质之一。自控力是坚强的重要标志，与之相反是任性，对自己持放纵态度，对自己的言行不加约束，时下大部分人都有的拖延症就是自控力缺乏的表现。自控力较强的人，往往意志比较坚强，自控力对人走向成功起着十分重要的作用。那么到底每个人的自控力的差异表现在哪?为什么有的人自控力强有的人自控力较弱呢？它的影响因素又是什么？

下面是心理学家斯塔尔·齐维佳对自控力进行的研究实验。

这个实验主要用来研究儿童如何用自控力抵制即时满足，从而探究自控力对人的发展的重要性。被试儿童都来自斯坦福大学附属幼儿园，年龄在 5 岁左右。实验人员每次带一个孩子到一个房间去，并在他面前放一块奶酪，然后离开房间。离开前实验人员告诉孩子，在这段时间内，孩子可以将奶酪吃掉，但如果等自己回来之后再吃，那么他可以拥有更多的奶酪。当实验人员离开后，这些孩子的差异立刻显现出来：有的孩子完全不管以后的利益，立刻吃掉了奶酪；有的则坚持了一会儿，想要极力抵制诱惑，但最终还是没有坚持住；只有一小部分一直坚持了20多分钟，直到实验人员归来，于是他们拥有了更多的奶酪。在这个实验中，斯塔尔发现了一个有趣的现象：那些能够坚持下来的孩子，在等待实验人员归来的过程中一直在找别的事情做，转移了注意力。

斯塔尔对这个实验中的几百名小孩进行跟踪研究，发现不能坚持等待更多奶酪的小孩总是比别的小孩更容易出问题。他还发现，在小时候自控力非常强的小孩不管是成绩还是品德都较为优秀。实验中一直坚持到最后的小孩，长大后的学术能力评估成绩比一开始就放弃的小孩要高出两百多分。自控力强的小孩成长的过程中更容易受到老师和同伴的欢迎，长大后的身体更加健康，成就也更高，犯罪、赌博或者吸毒这样的问题更不可能出现在他们身上。这个实验结果令人震惊，因为一直以来，并没有证据表明早期的童年经历对成年人格存在影响。很少有童年时就存在的优势会改变人的一生，而自控力却能够让人们一生受益。事实上，自控力是人类的一种本能，是人类通过与大自然作斗争而来的。在人类文明发展的过程中，我们不仅学会了克服困难，也学会了抵制不良诱惑。我们可以将自控力的运用分为两大类：一类是面临困难或者危险时所表现出来的强大的反击力和战斗力；一类是面临诱惑而表现出来的抗拒力和控制力。

心理学理论认为自我认知是自控力的主要因素，而影响自控力发展的因素是多方面的，主要有以下几种。

1. 神经系统与言语机能的成熟

不少研究者的研究证明，神经系统的发育直接影响着个体自我控制的形成和发展，大脑皮质抑制机能的成熟是儿童调节和控制自身的生理前提。如对于婴幼儿来说，由于其大脑皮质的抑制机能还很不成熟，兴奋过程占优势，因而他们往往表现出很强的冲动性，生气时就发怒、大哭。随着儿童年龄的增长，其大脑皮质细胞也不断发展发育成熟，随着额叶等区域的发育成熟，儿童大脑的兴奋过程和抑制过程也渐渐趋于平衡，这就为其自控力的发展奠定了生理基础。

2. 不同的气质类型

在心理学上，人分四种先天气质类型：黏液质、胆汁质、抑郁质和多血质。不同的气质类型具有不同的特点，并表现出很大的差异。黏液质的人不灵活，内向，情绪兴奋性弱，反应速度缓慢；胆汁质则兴奋，外向，情绪兴奋性强，反应速度很快；抑郁质的人虽然兴奋性强，但情绪抑郁，反应速度慢，不灵活；多血质则兴奋性、灵活性、反应性都很强。不少研究发现，气质中的抑制性、冲动性、注意时间的长短等与儿童的自我控制表现水平间存在着较高的相关性。相对来说，黏液质的人最善于克制自己，自我控制能力强，而胆汁质的人则多冲动、好斗、易激动。在这四种气质当中，胆汁质者神经活动能力强而不均衡，人的兴奋性很高，脾气暴躁，性情直率，自控力较差。因此，气质类型是影响人自控力的一个重要因素。

3. 认知的发展水平

自我控制行为的出现，一个首要的前提条件就是要具有自我控制的意识，也就是必须在认知上形成明确的观念，认识到应该自己管住自己。而自我控制意识的形成是与其对制度、规则的清楚认知以及自身行为对自己及他人的影响的认知密切相关的。也就是说，在规则认知或行为后果认知的基础上，出于对规则、制度的遵守，或者是为了避免自己行为对自己及他人造成的不利影响而抑制自己的冲动，抵制外界的诱惑，从而表现出自我控制的行为。随着年龄成长，个体认知的发展水平不断提高，其自我控制能力增强。因此认知的发展水平会影响自我控制行为的产生。

4. 自我效能感

自我效能感指个体对自己是否有能力完成某一行为所进行的推测与判断。班杜拉对自我效能感的定义是："人们对自身能否利用所拥有的技能去完成某项工作行为的自信程度。"这种理论认为，即便人的行为没有对自己产生强化，但由于人对行为结果所能带来的功效产生期望，可能会主动地进行某一活动。自我效能感影响个体的努力程度、认知投入、面对挑战性任务的态度、坚持性、策略和元认知策略的运用等方面，它是成就的良好预测器。一般来说，对自己具有较强的信心，确信自己能够取得较高成就的个体，能更好地排除干扰，更专注于活动，更自觉地进行有效的学习、工作，而认为自己掌握了较多切实有效的方法和策略的个体也能够更好地应对较难的任务，遇到困难时能有效地调整自己的情绪，能更好地创造有利于学习、工作的环境，更积极主动地获得克服困难的办法，自主地运用策略，在学习、工作上的坚持性、计划性和总结性也更高。

5. 亲子沟通状况

父母教养方式是影响儿童自我控制力的重要因素之一。亲子沟通良好的家庭，父母对子女的变化、需求更加敏感，能更好地体会青少年在青春期的各种情绪和思想上的变化，并且能及时地给予教育和引导。在遇到问题时家长能及时参与、帮助孩子有效地解决问题，在这样的环境中青少年的自我控制力能更好地发展。青少年能够从父母那里得到更多的支持和鼓励，他们就会更加地积极主动，更有计划性和自觉性，遇到困难时有了和家长的良性沟通，青少年能更加有效地思考解决问题的方法，更好地培养自我控制的能力。

6. 动机

(1) 内部动机。内部动机指的是人对所从事的活动的一种自发的认知。内部动机直接与活动本身有关，由于做某事能激发人的兴趣，令人愉快，活动本身就是行动者所追求的目的。内部学习动机是学生自发产生的以学习为目标的内部动力，内部学习动机高的学生比起那些内部学习动机一般和内部学习动机低的学生而言，对自己学习行为的自我控制力更高，更积极。对学习感兴趣、喜欢学习的学生在学习时表现出高的自控能力，他们追求优异的学习成绩是为了发展自己的能力，提高自己的知识水平和素质，因此在学习中有比较强的自我监控能力，能够自我管理、自我监督、自我调节，重视学习的计划性、准备性、方法性，能够利用学习过程的各种过程性信息和结果性信息调节自己的学习。

(2) 外部动机。外部动机指那种不是由活动本身引起而是由与活动没有内在联系的外部刺激或原因诱发出来的动机。由于外部学习动机本身并非以学习为目标，而是为了得到家长、教师的称赞或者为了通过考试这类目的而产生的，高的外部动机能提高学生的学习自我效能感，有助于他们树立学习上取得好成绩的信念，同时，学生要取得好成绩的愿望也有利于他们和家长之间的良性的亲子沟通心理氛围的形成，而希望取得好成绩的外部动机也可以激发学生的内部学习动机，从而使得他们在学习时能更自觉、更积极主动，从而间接地影响了学生的学习自我控制力。

7. 归因方式

Shcukn 等人认为，归因是个体成就状况的调节系统，它会直接影响个体未来的成就状况，这种影响是通过自我效能感实现的。内部归因带有很强的自我效能感的信念，它可以预期成就状况。自我效能理论认为，人的思想、感情和行为并不直接受归因的影响，而是通过自我效能的信息来确定，而个体对效能的判断除了受过去成就的影响以外，在一定程度上还要与觉察到的行为结果的各种原因有关联。班杜拉认为，成功的行为结果如果觉察为由技能而不是命运或他人的帮助造成时，更能强化自我效能。而如果将成功的行为归因于命运或他人造成的，将会削弱自我效能。将成败归因于外部因素不利于亲子之间的良性沟通心理形成，从而对自控力产生负面影响，而外部归因方式还阻碍了内部动机的产生，将成败归因于他人或命运，不利于激发内部动机，从而不利于自控力的发展。

总之，一个人的自控力如何，不仅有生物遗传性因素，还与一个人所处的地域、生长环境、工作环境、个人阅历以及个人修养等有着直接的关系。自控力的强弱与自然环境因素以及个体生理、心理、智力、体力等因素均有关。所以，无论是心理学、现代成功学，还是领导管理学，都明确地认识到自控力对一个人走向成功的影响。因此一个拥有良好自控力的人，在学习、生活、工作等方方面面都会有一个良好的社会形象。

心理学家利兰对自控力慷慨激昂的诠释更使我们深受启发。他说："一个有意锻炼自己并提升自己自控力的人，将会获得无比巨大的力量，这种力量不仅能够完全控制一个人的精神世界，而且能够使人的心理发展水平达到前所未有的高度，让一个人得到以前从未想过能拥有的智慧、天赋和能力。所有那些一直以来不为人们所发现的东西其实就存在于人的自身，自控力就是那把能够开启人的观察力和征服力之门的钥匙。"

 小视窗

导致孩子自控力缺乏的四类原因

(1) 生理方面的原因。母亲怀孕、早产等不良因素可能导致孩子出现问题，例如剖宫产的孩子易出现前庭平衡功能失调，这会使孩子有到处走动的需要，并且遇到障碍物会不自觉地撞上去。现在的剖宫产孩子越来越多，出现自控力不佳的状态也越多。还有的孩子在早期缺少足够的锻炼，也会出现学习问题，例如身体活动能力不足，有些孩子在适龄期不能较好地爬行，这样孩子双手写字速度很慢，可能产生写作业拖拉，抄写速度不是很快。如空间知觉表现滞后，也会引起阅读和书写困难，同时也会导致行为问题，一些孩子不断地惹麻烦是因为他们没有意识到自己的身体位置与他人有关系。因此，孩子需要活动，这不仅有助于身体的发展，也有助于智力的发展。体能好的孩子可能比体能差的同伴更自信，这也会影响他们与同伴互动的方式。良好的反应、平衡、力量和速度，能促使孩子参与社会互动，并得到同伴的认可。这比孩子在起步阶段会识字、会背英语单词要有用得多。

(2) 环境的影响。受鲜艳的色彩、悦耳的声响吸引，小孩都喜欢看电视，尤其是卡通片。可是他们一进入学校，单调的课堂难以引起孩子的注意及兴趣，于是，注意力不集中等行为就出现了。在目前教育模式无法改变的情况下，建议在幼儿和儿童时期，家长少让孩子看电视，尤其是充满暴力的卡通片，可以多带孩子参加游戏和运动。

(3) 个人性格和气质原因引发的行为问题。每个孩子天生气质是有差异的，有的孩子急躁、有的孩子安静。脾气暴躁的孩子常常行为不能自控。而这种情绪，有先天的因素，也有后天的影响，如果父母脾气暴躁，会直接影响到孩子的性格。

(4) 不良教育方式的影响。不良教育方式，例如暴力式的管教，或对孩子漠不关心、放任自流，或过于溺爱等，都会导致孩子自控力缺乏，意志力薄弱。

第三节 把控自己，把握人生
——如何提升意志力和自控力

故事赏析

棉花糖这种白色、松软的甜食——在美国却是"诱惑"的同义词。这一切源于心理学家沃尔特·米歇尔的一个实验。他让一些5岁小孩子做出选择：是立刻吃掉一块棉花糖，还是等一会儿，然后得到两块棉花糖。米歇尔和自己斯坦福的同事这么做，只为了解自控的本质。如果孩子们能够忍一会儿不吃第一个棉花糖,那么他们就能额外得到一个棉花糖作为奖励。如果他们不能抵御诱惑,则不会获得奖励。

棉花糖实验因为数年后的神奇发现而名声大噪:当年实验中那些抵御诱惑获得两块棉花糖的孩子长大成人后,在学校、工作以及感情中都更为成功;他们也更加苗条,更加冷静,更善于社交,精于理财,不会沉迷于某物而不能自拔。这样看来,"能够等得了两块棉花糖"是一种十分重要的品质。据《大西洋月刊》报道,在美国,不仅可以看见印着"不要吃棉花糖!"的T恤,还有投资公司利用这一实验推行其退休计划。

很多人将棉花糖实验的结果看作是基因决定命运的证明。但是米歇尔却在自己的新书《棉花糖实验:学会自我控制》中称,这项实验的真正意义却恰恰相反。米歇尔在接受美国一家新闻网站的采访时说,"我们最重要的发现是关于自控——人们控制自我感情的能力,其实是可以被教导和学习的。这些都可在后天获得,没有什么是注定的"。此外他还说,这些实验还为成年人如何自控提供了具体的指导。成年人可以用这些方法戒烟、控制饮食或是省钱。米歇尔和其他心理学家都认为,即时满足(立刻得到一块棉花糖)与长期满足(过一会儿得到两块棉花糖)间的"斗争"事实上是大脑中两套系统间的"斗争":大脑中更原始的部分会反应迅速,更加感性;而大脑中还有一些部分(主要集中在额前叶皮层)则让我们得以控制注意力,思考未来,延迟满足感。

拥有意志力和自控力是青年人有所成就的必要基石。正如上文故事中的"棉花糖实验"证实的那样:那些意志力和自控能力强,能够忍受棉花糖诱惑,延迟满足自己的幼儿,在今后学业和事业中获得成功的可能性更高。然而意志力和自控力通常是有限的,如果不有意识地锻炼自己的意志力,那么这两种能力就会在控制自己的过程中慢慢消耗,这是因为一个人花费在不同事情上的意志力是从相同的能量源中提取的。

意志力和自控力可以锻炼和增强,这对于自认为缺乏意志力的人来说是个好消息。如同做俯卧撑一样,今天勉强做三五个,明天就可能做六个,日复一日,最后做十个八个也很轻松愉快。增强意志力和自控力,需先设定一些小目标,坚持完成,锻炼了意志力肌肉后,信心就会更强;这个时候再挑战更大的目标,循序渐进,成功的几率就更大。有个中学生希望做到连续三个月学习英语,英语老师就会建议说先连续坚持两周如何。两周听上去比三个月更容易实现,就会减轻你的思想压力。所以你只需坚持两周,再坚持两周,再坚持一个月,连续几个循环,加起来就是三个月了。

意志力与自控力的本质,我们可以认为是一种协调当下所获得收益与未来能够获得更大收益的能力。接下来介绍的方法,就是通过各种各样的途径,让我们停止那些为我们带来短暂收益但有损于长期利益的事,例如吸烟、吃垃圾食品、看电视、刷微博等。哈佛大学心理学教授、《幸福的方法》作者泰勒·萨哈尔说,幸福=当下快乐+未来收益,这两者有任何一方缺失,你都不会感觉幸福。所以,如果能找到未来有收益,同时当下也让你快乐的事,就比较容易坚持了。所以锻炼的方式很重要,如果你运动的项目让你在过程中就很快乐,你坚持下来的可能性就更大。可以去问问那些多年来能持续做一项运动的人,一定是很享受运动的过程的。

任何方面的好习惯,身体的、心智的、精神的,都有很多种实现方式,你需要做的就是不断探索,找到你喜欢做的,这有助于习惯的保持。下文中谈及的就是几种常用并且行之有效的提升自控力和意志力的方法：

(1) 凡事三思而后行。情绪化是自控力的大敌，冲动性的人自控能力都比较弱。所以，为了提高自己的自我控制能力，就应该学着在做事之前先想一想，根据自己以往的生活经验或他人的经验想一想这么做会有什么样的结果，对自己、个人以及周围他人会产生哪些有利的和不利的影响，在此基础上，对自己的行为进行调控，采取适宜的行为方式。

(2) 培养提高自身移情能力。自我控制是个体对自身心理与行为的主动掌握。通过自我控制，发展自身的适宜行为，而避免不适宜行为的产生。因此，不自控行为常常会伴随着产生一些不良的后果，包括对自己和对他人的。自控力差的人自我中心化倾向较强，他们往往更多的是站在自己的角度而不是他人的角度来考虑问题，只根据自己的意愿行动而很少考虑他人。因此，人们应该有意识地培养和提高自己的移情能力，提高自己对他人情绪情感的敏感性，学着站在他人角度感受和理解自身行为对他人所造成的影响，从而有意识地控制和调整自己的行为，以提高自我控制的水平。

(3) 学会一些必要的自我控制策略。自我控制行为的产生，一方面与自我控制意识的发展有关，另一方面有效的自我控制策略的获得也是自我控制行为出现的一个前提。因此有意识地学习一些自我控制的策略，掌握一些自我控制的方法，如注意力转移，想一想、再去做等，将会更好地帮助我们对自己的行为进行调节和控制，提高自我控制的能力。

(4) 慢慢地养成思维习惯。自控力和肌肉一样有极限，当你的血糖含量降低时，你的大脑仍旧会考虑短期的感受，会去冲动行事。大脑的首要任务是获得更多能量，而不是保证你作出明智的决定，实现你的长远目标。所以我们最好先找一些简单的训练方法提高自控力，而不是设定一个过高的目标。如果你想有一套属于自己的自控力训练方法，不妨试一试下面几个"自控力肌肉"锻炼模式。

① 增强"我不要"的力量：不要随便发誓(或者不说某些口头禅)、坐下的时候不跷脚、用不常用的手进行日常活动，比如吃饭和开门。

② 增强"我想要"的力量： 每天都做一些事(但不是你已经在做的事)用来养成习惯不再找借口。你可以给母亲打电话、冥想 5 分钟，或是每天在家里找出一件需要扔掉或再利用的东西。

③ 增强自我监控能力：认真记录一件你平常不关注的事，可以是你的支出、饮食，也可以是你花在上网和看电视上的时间。不需要太先进的工具，铅笔和纸就够了。

(5) 远离诱惑，提高意志力。我们总觉得诱惑和麻烦来自外部世界，比如危险的甜甜圈、罪恶的香烟、充满诱惑的网络。但问题出往往出在我们自己身上，是我们的思想、欲望、情绪和冲动出了问题。怎么办？

下面教大家一种快速提高意志力的方法：通过呼吸实现自控。将呼吸频率降低到每分钟 4～6 次，也就是每次呼吸用 10～15 秒时间，比平常呼吸要慢一些，只要你有足够的耐心，加上必要的练习，这一点不难办到。放慢呼吸能激活前额皮质，提高心率变异度，有助于你的身心从压力状态调整到自控状态。这样训练几分钟之后，你就会感到平静、有控制感，能够克制欲望、迎接挑战。

研究表明，坚持这个练习能增加你的抗压性，帮助你做好意志力储备。只要做 1～2 分钟的呼吸训练，就能提高你的意志力储备。所以，每当你面临意志力挑战的时候，就可以尝试这种办法。

(6) 管理好自我情绪。当我们情绪低落时，大脑更容易受到诱惑；当你感到压力时，你的大脑就会指引着你，让你去做它认为能带给你快乐的事情。(压力包括愤怒、悲伤、自我怀疑、焦虑等消极情绪，会使你的大脑进入寻找奖励的状态。)所以，当你面对压力时，你面前的所有诱惑都会更有诱惑力。此时，不妨尝试一种有效的解压方法：锻炼或参加体育活动，祈祷或参加宗教活动，阅读，听音乐，与家人朋友相处，按摩，外出散步，冥想或者做瑜伽，以及培养有创意的爱好。避开最没效果的解压方式：赌博、购物、抽烟、喝酒、暴饮暴食、玩游戏、上网、花两小时以上看电视或电影。

(7) 只专注做一件事情。相信大多数人都有这样的经历，一段时间内想完成很多的目标，但因为三心二意、左顾右盼的，到头来哪件事情都没做好，而且效率还相当低。然而，当你把所有的时间和精力专注于做一件事的时候，效率就提高了。那是因为，在一定时间内完成多个任务，工作难度就会增大，人的内心压力也随之增高，从而产生焦虑感。这种焦虑感会触发大脑的自我保护机制，本能地去寻找可以让大脑放松的事情去做，典型的行为就是刷朋友圈这种可以让大脑放松下来的行为。所以，当你感觉意志力分散时，不妨选择自己喜欢而且容易上手的事，这样你的效率提高了，产生愉悦的心情与成就感，焦虑感没有了，那么刷朋友圈和社交软件也就对你没有那么大吸引力了。

(8) 寻找意志力榜样。我们愿意相信，我们的决定不会受他人的影响，我们为自己的独立和自由意志感到自豪。但从心理学、市场营销和医药学等方面的研究来看，我们个人的选择在很大程度上会受他人的想法、意愿和行为的影响。坏习惯和积极的改变都能像细菌一样在人群中传播，而且没有人能完全不受其影响。不是每个意志力挑战都是社会"传染"的结果，但大多数挑战都存在社会"传染"的问题。所以，我们要以那些意志力坚强的人为榜样，进而增强自己的意志力。

✍ 小练习

从日常生活开始训练意志力和自控力

准备工作：一个安静的房间、用来计时的工具(手机、表)、一个笔记本和一支笔。

练习 1：观看门把、门锁。

坐在椅子上，注意门把或门锁 10 分钟，记录心得和时间。重复 6 天并每天记录。

练习 2：放扑克牌。

准备一副扑克牌，用最慢速度将每一张牌叠放在前一张上面，尽量做到每一张分毫不差，每一张都应该完全盖住下面的牌。

注意事项：

(1) 需要不断练习才能集中注意力，在练习时要有一个明确的训练计划、步骤和目标。练习时要记录，必须选择没有趣味性的事情进行练习。

(2) 可以先总结前一天的得失，然后开始当天的激励。

(3) 一次一件事，要积极主动。

附：帮你走向成功的十一个意志力习惯

1. 积极主动

不要把意志力与自我否定相混淆，当它应用于积极向上的目标时，将会变成一种巨大的力量。美国东海岸的一位商人知道自己喝酒太多，因为他从事的是一种很烦人的工作，而在进餐前喝几杯葡萄酒似乎能让人紧张的心情得到放松。可酒和累人的活又使得他昏昏欲睡，因此常常一喝完酒便呼呼大睡。有一天，这位商人意识到自己是在借酒消愁，浪费时光。于是他决定不再贪杯，而是把更多的时间用于儿女身上。

刚开始时很不容易，常常想起那香气四溢的葡萄酒，但他告诫自己现在所做的事将有所得而不是有所失。后来的事实证明，他越是关心家庭和子女，工作起来的干劲也就越大。主动的意志力能让你克服惰性，把注意力集中于未来。在遇到阻力时，想象自己在克服它之后的快乐；积极投身于实现自己目标的具体实践中，你就能坚持到底。

2. 下定决心

美国罗得艾兰大学心理学教授詹姆斯·普罗斯把实现某种转变分为四步：抵制——不愿意转变；考虑——权衡转变的得失；行动——培养自控力来实现转变；坚持——用意志力来保持转变。有的人属于"慢性决策者"，他们知道自己应该减少喝酒量，但决策时却优柔寡断，结果无法付诸行动。为了下定决心，可以为自己的目标规定期限。

玛吉·柯林斯是加州的一位教师，对如何使自己臃肿的身材瘦下来十分关心。后来她被选为一个市民组织的主席，便决定减肥6公斤。为此她购买了比自己的身材小两号的服装，要在3个月之后的年会上穿起来。由于坚持不懈做减肥运动，柯林斯终于如愿以偿。

3. 目标明确

普罗斯教授曾经研究过一组打算从元旦起改变自己行为的实验对象，结果发现最成功的是那些目标最具体、明确的人。其中一名男子决心每天做到对妻子和颜悦色、平等相待。后来，他果真办到了。而另一个人只是笼统地表示要对家里的人更好一些，结果没几天又是老样子，照样吵架。不要说诸如此类空洞的话："我打算多进行一些体育锻炼""我计划多读一点书。"而应该具体、明确地表示："我打算每天早晨步行45分钟""我计划一周中一、三、五的晚上读一个小时的书。"

4. 权衡利弊

如果你因为看不到实际好处而对体育锻炼三心二意的话，光有愿望是无法使你心甘情愿地穿上跑鞋的。普罗斯教授对前往他那儿咨询的人劝告说，可以在一张纸上画好4个格子，以便填写短期和长期的损失和收获。假如你打算戒烟，可以在顶上两格填上短期损失"我感到很难过"和短期收获"我可以省下一笔钱"；底下两格填上长期收获"我的身体将变得更健康"和长期损失"我将失去一种排忧解闷的方法"。通过这样的仔细比较，聚集起戒烟的意志力就容易多了。

5. 改变自我

光知道收获是不够的，最根本的动力产生于改变自己形象和把握自己生活的愿望。道理有时可以使人信服，但只有在感情因素被激发起来时，自己才能真正加以响应。汤姆每天要抽三盒烟，尽管咳嗽不止，但依然听不进医生的劝告，而是我行我素照抽不误。"有一天，我突然意识到自己真是太笨了"。他回忆说："这不是在自杀吗？为了活命，得把烟戒掉。"由于戒烟能使自己感觉更好，汤姆产生了改掉不良习惯的意志力。

6. 注重精神

法国17世纪的著名将领图朗瓦以身先士卒闻名，每次打仗都站在队伍的最前面。在别人问及此事时，他直言不讳道:"我的行动看上去像一个勇敢的人,然而自始至终却害怕极了。我没有向胆怯屈服,而是对身体说:老伙计,你虽然在颤抖,可得往前走啊!"结果他毅然地冲锋在前。大量的事实证明,好像自己有顽强意志一样地去行动,有助于使自己成为一个具有顽强意志力的人。

7. 磨炼意志

早在 1915 年,心理学家博伊德·巴雷特曾经提出一套锻炼意志力的方法。其中包括从椅子上起身和坐下 30 次,把一盒火柴全部倒掉然后一根一根地装回盒子里。他认为,这些练习可以增强意志力,以便日后去面对更严重更困难的挑战。巴雷特的具体建议似乎有些过时,但他的思路却给人以启发。例如,你可以事先安排星期天上午要干的事情,并下决心不办好就不吃午饭。来自新泽西州的比尔·布拉德利是纽约职业篮球队的明星,除了参加正常的训练之外,他每天一大早来到球场,独自一个人练习罚犯规球的投篮瞄准。"功夫不负有心人",他终于成为球队里投篮得分最多的人。

8. 坚持到底

俗话说"有志者事竟成",其中含有与困难作斗争并且将其克服的意思。普罗斯在对戒烟后又重新吸烟的人进行研究后发现,许多人原先并没有认真考虑如何去对付香烟的诱惑,所以尽管鼓起力量去戒烟,但是不能坚持到底。当别人递上一支烟时,便又接过去吸了起来。如果你决心戒酒,那么不论在任何场合里都不要去碰酒杯。倘若你要坚持慢跑,即使早晨醒来下着暴雨,也要在室内照常锻炼。

9. 实事求是

如果规定自己在 3 个月内减肥 25 公斤,或者一天必须从事 3 个小时的体育锻炼,那么对这样一类无法实现的目标,最坚强的意志也无济于事。而且,失败的后果会将使自己再试一次的愿望化为乌有。在许多情况下,将单一的大目标分解为许多小目标不失为一种好办法。打算戒酒的鲍勃在自己的房间里贴了一条标语——每天不喝酒。由于把戒酒的总目标分解成了一天天具体的行动,因此第二天又可以再次明确自己的决心。到了一周末,鲍勃回顾自己 7 天来的一系列"胜利"时信心百倍,最终与酒"拜拜"了。

10. 逐步培养

坚强的意志不是一夜间突然产生的,它是在逐渐积累的过程中一步步地形成的。中间还会不可避免地遇到挫折和失败,必须找出使自己斗志涣散的原因,才能有针对性地解决。玛丽第一次戒烟时下了很大的决心,但以失败告终。在分析原因时,意识到需要用做点什么事来代替拿烟。后来她买来了针和毛线,想吸烟时便编织毛衣。几个月之后,玛丽彻底戒了烟,并且还给丈夫编织了一件毛背心,真可谓一举两得。

11. 乘胜前进

实践证明,每一次成功都会使意志力进一步增强。如果你用顽强的意志克服了一种不良习惯,那么就能获取与另一次挑战决斗并且获胜的信心。每一次成功都能使自信心增加一分,给你在攀登悬崖的艰苦征途上提供一个坚实的"立足点"。或许面对的新任务更加艰难,但既然以前能成功,这一次以及今后也一定会成功。

第十章　积极应对挫折

　　苦难对于天才是一块垫脚石，对于能干的人是一笔财富，对弱者是一个万丈深渊。

——巴尔扎克

　　小 A 进入大学后因为组织能力强，被推选为班干部，他积极从事学生会工作，参加各类社团活动。在大一的时候忙于学生会工作事务，小 A 对学习不是很重视，认为大学考试很简单，考前突击复习一下就可以了。结果在大一学期末的考试成绩不理想，挂科两门。因为成绩原因，小 A 错失了奖学金，班干部竞选失败。为此，小 A 感觉很沮丧、萎靡不振、学习目标迷失、学习动力不足，对学习产生畏难甚至厌学情绪，补考也没有信心。原本开朗自信的小 A 不仅对自我产生怀疑，回避学习，甚至当室友谈论学习成绩的时候，小 A 都感觉很懊恼，认为室友是故意谈论学习成绩，含沙射影地嘲笑他。于是小 A 选择避免与室友交往，独来独往，通过刷抖音、玩游戏来自我麻痹。经此挫折后，小 A 对未来的学习和生活失去了追求的动力，一切仿佛蒙上了一层灰色。

　　从这则案例中，我们发现，小 A 由于忙于学生会工作和社团活动，对学习不够重视，努力不足，导致考试成绩不理想，由此产生了伤心、沮丧等负面情绪，进而严重地影响到了他的生活和学习状态。这种由于生活不如意而产生的情绪就是挫折。在我们漫长的一生当中，总会遇到一些或大或小的挫折、失败和不如意，挫折是人生必须经历的一个过程，是迈向成功的必经关口。"宝剑锋从磨砺出，梅花香自苦寒来。"适度的挫折可以增加我们的阅历，磨炼我们的意志。历史上的名人志士，没有谁是从没有经历过挫折的。既然挫折无法避免，那我们需要学习的是该如何来面对挫折。本章学习挫折心理，了解挫折心理产生的原因，以及如何来应对挫折、战胜挫折及超越挫折。

第一节　挫折概述

一、初识挫折

　　在心理学上，挫折是指个体在从事有目的的活动中，遇到干扰或阻碍，致使预定目标不能实现，与之相应的需要得不到满足时产生的一种心理紧张状态和情绪反应。

一般来说，挫折主要包括三个因素，即挫折情境、挫折认知和挫折反应。

1. 挫折情境

挫折情境指导致个体预定目标无法实现的障碍或干扰，包括外部原因(如自然因素和社会因素)和内部原因(如生理条件、动机冲突、能力与期望的矛盾)。

例如有位同学期末考试成绩不理想，有其自然因素，比如因为新冠疫情，学生被迫上网课，影响学习效果；同时也有社会因素，如网络学习受到干扰、分心的因素多；加上该同学任务管理策略欠佳，既想积极参与学生会和社团活动，又想不耽误学习，对自身期望值过高。当学习成绩没有达到预期目标时，该同学就会产生挫败感。

2. 挫折认知

挫折认知指对挫折情境的知觉、认识和评价，这是产生挫折心理的主观原因，它直接导致挫折反应或挫折感，对挫折情境的认识和评价不同，产生的挫折感也不同。例如，同样面对考试挂科，一位同学可能认为这没什么大不了的，可以调整学习策略，投入更多的学习时间，争取补考通过。而另外一位同学则认为期末考试是背水一战，只能成功，不能失败，所以一旦遇到考试失败，就会产生强烈的挫败感，感到自己的能力、智力被否定，因而完全否定自己，产生无助、绝望感，对生活和学习失去信心。

3. 挫折反应

挫折反应指面对挫折情境而产生的情绪状态和行为反应。当然，在我们现实生活中，不同的人面对同一挫折所表现出来的反应可能不一样。面对挫折，有的人会采用认同、补偿、幽默等积极的反应。也有人会出现消极的反应，例如采用反向来掩饰自己的感受，或者采用压抑、幻想、否定、退化、冷漠等逃避性反应，甚至会出现攻击、投射等挫折反应。

二、情景浸入

成长三部曲

游戏规则：所有组员要完成从蛋、小鸡、鸟、猴子、人的五级进化过程。首先所有动物都有自己独特的代表性动作。

在最初的状态，所有成员都用身体姿势代表每级生物所处的阶段：蛋(蹲下抱头)、小鸡(半蹲并左右挥动双手)、鸟(站着并舞动双手)、猴子(单脚站立，一只手在额前)、人(直立行走)。

然后每一类动物都可以与同类进行猜拳，如果赢了，就向上进化一级，如果输了，不论在任何阶段，就要退回到蛋，从头开始。进化到人的成员可以先回座位休息，直到每个成员全部进化到人才能结束游戏。

成员分享：团体成员分享在游戏过程中所感受到的成长经历、成长方式等。

结论：有的成员可能很顺利地就进化到最高级别，结束游戏，但是有的成员或许会不断退回到初始状态，经历无数次失败才能进化到最高级别，结束游戏。每个人在生活中都不是一帆风顺的，可能会经历许多挫折，但是只要调整好心态，坚持不懈，最后都能取得成功。

小测试 ✍

你是乐观者吗？

下面有 6 个陈述，请在每个陈述后面选一个数字勾上，表示你对这个陈述的同意或反对程度。

题　　目	非常反对 (1)	反对 (2)	既不同意也不反对 (3)	同意 (4)	非常同意 (5)
1. 事情没确定时，我总是抱最好的期望					
2. 对我而言，有可能出错的事最后一定出错					
3. 我总是乐观地看待我的未来					
4. 我几乎从不期望事随我愿					
5. 我很少指望好事降临到我头上					
6. 我总体上期望未来好事多于坏事					

注：评分方法为 1、3、6 题为正向计分，2、4、5 题为反向计分。

第二节　大学生中常见的挫折

一、大学生中常见的挫折分类

挫折是一种普遍存在的心理现象，大学生常见的挫折有以下五种。

1. 生活挫折

广义的生活挫折泛指在大学生在学习、生活、社会适应中遇到的所有挫折，狭义的生活挫折主要指在生活上的一些困难和不适应。例如，进入大学的新生在较长一段时间内不能很好地适应学校新的环境，出现气候不适应、饮食不合胃口、集体住宿不习惯等问题，由此引起的心理上的焦虑感、挫败感、烦乱感、无聊感、无用感和行为上的不良症状，心理学家称之为"新生适应不良综合征"。其具体表现为自我定位的摇摆、奋斗目标的迷茫、新生活方式适应困难、社交困惑等。

2. 学习挫折

学习挫折是指学习上产生各种困难，对大学生带来负面心理影响。很多学生在大一阶段都会出现学习上的重新适应的过程，如对学习方向感到迷失、难以有效地自主安排学习任务、中学时的学习方法在大学期间不再适用、对所选专业的困惑等问题。在这一过程中，有些同学因为大学学习上的不适应而产生学习困难、逃避学习等行为，严重降低了学生的自信心和学习积极性。

3. 交往挫折

人具有社会性,我们需要与他人交往来获得信息资源、物质支持和感情联结。在大学阶段,大学生的交往挫折主要在友情、亲情方面出现不如意。第一,有的同学可能渴望拥有知心好友,或者建立人脉资源,但是因为自卑胆小或缺乏沟通技巧,导致难以交到朋友,有时候甚至因为性格原因或者沟通不畅而出现矛盾,与同学、室友发生冲突。第二,亲情受阻。大学生一般处于青年时期,个体的认知成熟,独立性增强,心理上逐步走向成熟,大学生进一步探索自我,对独立、自由和自我掌控感的要求更高,迫切想要进行独立思考。但是有时候自己的想法和行为得不到父母的理解,加上大学阶段经济难以独立,仍然要依靠父母的支持,因此会出现追求独立自主与依赖父母之间的矛盾,与父母出现冲突。

4. 恋爱挫折

大学生已经进入成年人阶段,对爱情的追求是个体正常的心理需求。然而恋爱关系的建立和维持受到多方面因素的影响,爱情之花的盛开,并不一定就能收获甜蜜的爱情之果。有时也会因为性格、喜好、价值观等原因而导致吵架、恋爱受挫,给当事人带来心理伤害,影响学习和生活。

5. 社会认知挫折

社会认知是指对社会的认识与评价。社会认知挫折是指由于对社会的评价与社会期望产生矛盾所导致的挫折。到了大学阶段,大学生的认知趋于成熟,渴望了解社会,接触社会,丰富自己的阅历,逐步形成自己的人生观、价值观和世界观。因为阅历尚浅,很多大学生对人际关系、对生活的认知多来源于书本知识,或者影视剧,往往带有理想化的色彩。而这种美好的憧憬一旦遇到现实社会中的不理想、不公正的情况,则会感到失望、伤心和愤怒,从而产生无力感、挫败感。

😊 故事赏析

农夫和驴子的故事

一天,农夫的驴子掉进了井里。驴子可怜地叫了好几个小时,农夫却一筹莫展。最后农夫想:这头驴子老了,不值得救了,而这口井正好需要填起来。因此,他决定把驴子埋在井中。

农夫请来所有的邻居帮忙。他们每人手上一把铲子,开始往井中铲泥土。当这头驴子一开始意识到人们想干什么时,它害怕地叫着,后来它慢慢地安静了下来,直到悄无声息。

在大家铲了几铲土后,农夫探头向井底看了看,这一看令他大吃一惊。对于每一铲落在背上的泥土,驴子的做法令人惊叹!它将泥土抖落,然后踩着抖落的泥土向上迈一步!

农夫的邻居们继续将泥土往驴子身上铲,它便不断将泥土抖落,然后再站上去。不久,当驴子从井口跨出来疾奔而去时,在场的人都瞠目结舌!

生活中我们也常会陷入困境,各种各样的泥土会不断地落在我们身上,试图将我们掩埋。我们从这困境之井中逃脱的秘诀就是:将泥土抖落,然后站上去。我们遇到的每一个困难同时也是一块垫脚石,只要我们不停止,永不放弃,将困难抖落,然后踩上去,即使是掉进最深的井里,我们也能脱困!

驴子之所以能被救上来完全是因为它有求生的意志,不完全依赖别人来救自己。在生活中我们也会遇到各种挫折和困难，而换个角度想想，也许它们会是我们成功的垫脚石。只要我们锲而不舍，即使遭遇很深的枯井，最终也能安然地脱险。

二、大学生挫折产生的原因

1. 大学生挫折产生的客观因素

(1) 自然环境因素。自然环境因素是指各种非人为力量所造成的时空限制、自然灾害和各种事故，以及人世间的生老病死等。例如地震、洪水、交通事故、疾病、疫情等。自然因素的产生往往是偶然的、突发的、不可控的，造成的挫折每个人随时都可能遇到，当事人一时难以接受现状，引发巨大的挫败感。例如，突如其来的一场车祸毁掉了一个人的健康，中断了职业生涯发展。又或是一场突发性疾病，导致大学生无法如约参加重要比赛，错失良机，从而产生失落感。

(2) 社会环境因素。作为社会中的个体，不可避免地会受到社会环境的影响。很多大学生从小到大都是班里的佼佼者，初入大学校园，面对智力和学习能力相当，甚至更加优秀的同伴，失去了以往的自豪感，可能会产生一种泯然众矣的挫败感，有的同学因此甚至开始对自身的学习能力产生怀疑。同时，社会风俗习惯、文化等因素也会引发大学生的挫折感。例如，新型冠状病毒疫情的反反复复，没完没了，可能引发个体的不可控感，尤其面对疫情防控措施的升级，很多大学生的学习安排、考研、期末考试和生活节奏突然被打乱，出现熬夜、暴饮暴食，生活规律和学习安排被打乱，加上对病毒的恐惧和担忧，引发学生的焦虑、恐惧担忧和挫败感。

(3) 学校环境因素。在进入大学前，同学们可能对大学怀揣有种种美好的憧憬甚至不切实际的幻想，但是进入大学后，发现大学校园生活可能并不如想象中的美好，由此产生心理落差和挫败感。例如，校园环境设施的简陋、宿舍居住条件不理想、学校教育方式和管理模式滞后、老师的教学效果达不到期望状态、校园生活单一、寝室学习氛围不强等，都会给大学生带来失落感和挫折感。

(4) 家庭环境因素。家庭是我们的第一所学校，家庭结构、家庭关系、家庭教养方式、父母教养方式，以及家长的素养、社会经济地位等都对大学生的心理挫折有着直接或间接的影响。例如，有的孩子从小被家长过分保护，缺乏必要的独立生活能力和挫折训练经历，与人交往时缺乏同理心，不顾及他人感受。这类孩子进入大学后，更容易在生活、人际交往方面遇到障碍，产生挫败感。

2. 大学生挫折产生的主观因素

(1) 自我认知偏差。这一部分主要来自两个方面，第一，同学们对自己的认知出现偏差，对自我评价不够准确也不够全面，没有恰当地认识自己的优缺点，或自卑或自负，所定目标不符合自身实际能力，当目标不能实现时，容易产生挫败感；第二，有的同学过分追求完美，期望自己完美无缺，不肯接纳现实中自己的平凡之处，对自己的身高相貌等不足之处难以接纳，当现实情况无法实现理想中完美的自己时，往往带来强烈的挫败感。

(2) 个性因素。个体的性格和气质会影响一个人的挫折感程度。一般来说，倾向于以消极悲观的态度来看待客观事件的人，挫折阈限相对较低，容易产生挫折心理。而积极乐观的人倾向于从失败中看到希望和经验教训，并用积极的力量引导自己，用移情的办法把负面影响降到最小，容易从失败的阴影中迅速走出来。

（3）消极的心态因素。有的人在经历失败后，甘于以弱势者、失败者自居，因为弱势而得到他人的关心和照顾，总以他人的善意的关心作为自己失败的补偿，而逃避自我反省，不愿意面对自己的不足之处。这类人往往低估自己的抗挫折能力，遇到挫折，就会给自己消极的心理暗示，不断暗示自己能力不足、不够聪明，或者将失败的结果灾难化、夸大化，认为自己永远无法克服困难，永远也不能成功。

（4）人际交往不适。大学生的大部分时间都是在大学校园里面度过的，对校园往往具有强烈的归属感，对友谊、对朋友有着热切的依恋和期望。但由于交往方式、态度和技巧上把握不好，出现人际关系紧张、交往受挫。在大学生人际交往中常见的问题就是宿舍矛盾，中国青年网在 2017 年开展的一项全国大学生宿舍关系的调查显示，42.28%的学生与舍友曾经发生矛盾，28.29%的受访学生报告"有换舍友的想法"，舍友关系不和谐会严重影响大学生的情绪，产生深深的挫败感，有时甚至使当事人出现厌学情绪，或者独来独往、自我封闭，严重地妨碍了大学生的学业发展和身心健康。

（5）动机冲突。个体在实现一个或多个目标的过程当中，往往会产生两个或两个以上的行为动机，假如这些动机出现相互排斥，不能同时都获得满足时，就会出现动机冲突，从而引发挫折感。例如当期末考试来临时，有的同学既想期末考试拿高分，又想数模取得好成绩，可是时间非常紧张，人的精力有限，二者无法兼顾，假如此时不能合理调整期望值，就会产生强大的压力和焦虑，以至于考试和数模都达不到期待目标，引发挫败感。

测试你的抗挫折能力

测试导读： 挫折，是一种消极的心理状态，它是人们在实现预定的目标采取的行动受到阻碍而不能克服时，所产生的一种紧张心理和情绪反应。要知道，人的一生不可能事事一帆风顺，青云直上，其间会遭到各种各样的困难和失败。每个人都有自己的远大理想，但客观现实又是不同于理想的，在追求理想中一定会遇到很多困难，很容易产生挫折感。很多人在遭受挫折之后引起巨大的心理落差，不能自制和自拔。所以，如何对待挫折，是对每个人的严峻考验。

请在下列 10 道题中 A、B、C 三个答案中，选出最适合自己的一项。

1. 有十分令人担心的事时，你会_____。

A. 无法工作　　　　　　　　B. 照常工作　　　　　　　　C. 介于二者之间

2. 碰到讨厌的对手时，你会_____。

A. 无法应付　　　　　　　　B. 应付自如　　　　　　　　C. 介于两者之间

3. 遇上难题时，你会_____。

A. 失去信心　　　　　　　　B. 动脑筋解决问题　　　　　C. 两者之间

4. 当困难落到自己头上时，你会_____。

A. 嫌弃和厌恶　　　　　　　B. 认为是锻炼自己的好机会　C. 兼而有之

5. 产生自卑感时，你会_____。

A. 不想再干工作　　　　　　B. 振奋精神去干工作　　　　C. 介于两者之间

6. 当领导给你很困难的任务时，你会。_____

A. 顶回去了事　　　　B. 想一切办法完成　　　　C. 顶一会儿再去干好

7. 当工作条件恶劣时，你会_____。

A. 无法干好工作　　　　B. 克服困难干好工作　　　　C. 介于二者之间

8. 工作中感到疲劳时，你会_____。

A. 总想着疲劳，脑子不好使

B. 休息一会儿，忘了疲劳

C. 介于两者之间

9. 当你遇上难题时，你会_____。

A. 失去信心　　　　B. 动脑筋解决问题　　　　C. 介于两者之间

10. 当你面临失败时，你会_____。

A. 破罐子破摔　　　　B. 将失败变为成功　　　　C. 随机应变

测试评分：

计分标准：选 A 为 0 分，选 B 为 2 分，选 C 为 1 分，将所得分数相加。

17 分及以上：说明你抗挫折能力很强，能抵抗失败和挫折。

10～16 分：你虽有一定的抗挫折能力，但对某些较大的打击依然难以抗衡，须加强心理素质的锻炼。

9 分及以下：你的抗挫折能力急需提高，甚至一些细小的挫折就能让你消沉半天。

温馨贴士

1. 要对挫折有一个正确的认识。人处在客观环境和现实生活中，都会遇到不同程度的挫折，几乎每一个人都无法逃避。面对挫折，要有思想准备，不可担心害怕，一蹶不振。我们在人生中遭受些挫折反而可以磨砺意志，提高克服困难、适应社会的能力。

2. 要有应对挫折的技巧。有了应对技巧，可以在遇到挫折时，变通处理，化险为夷，度过困难。应对挫折的常用方法有：① 激励法——一旦遇到挫折，尽量少想一些它带来的负面影响，而要不断地去激励自己，要让自己振作起来，去争取最后的成功；② 满足法——要满足已经取得的目标，对一时达不到的目标不强求，不奢望，想想还有不如自己的人。

综上所述，挫折并不可怕，只要有勇气有能力去战胜它，成功最终会属于你。

想一想

请同学们回想一下，自己印象最深刻的一次挫折的经历是什么？当时的情绪状态如何？该次经历对自己有何影响，现在重新体验后有何改变？

第三节　如何积极应对挫折

一、树立正确的挫折观，悦纳生命中的每一次挫折

挫折是普遍存在的。每个人或多或少、或早或晚都会遇到一些不如意的事情。挫折虽

然会让我们难受、伤心和不愉快，但是往往也是锻炼意志力、激励我们前行的宝贵机会。当个体处在不顺心、不如意的时候，更有可能痛则思变，走出舒适区，实现个体的成长和飞跃。

宋代周敦颐在《太极图说》中提出："无极而太极。太极动而生阳，动极而静，静而生阴，静极复动。一动一静，互为其根。"也就是说黑中有白，白中有黑，黑白之间可以转化，万事万物皆有阴有阳，有利有害，没有绝对的好，也没有百分之百的糟糕，我们看问题不要绝对化。所以我们要辩证地看待挫折，挫折可能会带来损失和痛苦，但是也可以转化为人生财富，促使我们反思，在挫折中奋起和成长。一旦接纳了生命中的每一次挫折，我们就能用更加积极的心态来面对挫折，不逃避、不夸大，坦然接受，并且积极自我暗示，不论遇到多少困难，始终坚信自己一定能实现预定的目标。

二、创设一定的挫折情境，锻炼自己的挫折承受能力

既然挫折不可避免，我们平时也可以有意识地创造一定的挫折情境，锻炼自己的挫折承受能力，提高抵抗挫折的心理免疫力，为迎接可能要面对的挫折而做准备。同学们在学习之余，可以适度参加一些体育锻炼，不仅锻炼了身体，还可以在运动中锻炼我们的耐力、意志力。喜欢看球赛的同学们可能会发现，有时候在竞技运动中，胜负成败往往只在一念之间，心理素质好、意志品质强，往往是比赛获得胜利的一个重要因素。而在人生成长之路上，要想取得大的成功，总是伴随着大的困难，需要有顽强的意志去应对。例如，攀岩需要我们克服畏惧心理，长跑需要我们克服身体上的不适，尤其是长期艰苦的体育训练，能训练我们如何设定目标，付出最大努力去克服一个又一个生理和心理上的困难，朝着目标一点点地前进。因此，同学们在平时的生活中，不妨有意识地创设一定的挫折情境，多参加社会实践，使自己经受一些磨难，对自己进行意志力、耐受力的训练，培养对挫折的承受力。

三、学会自我心理调节

当我们遇到挫折时，可以对自己的心理和行为反应进行适度调节和控制，有助于减轻或消除挫折带来的不良影响，恢复心理平衡。

首先，我们可以多运用积极的心理恢复机制来化解内心冲突，例如：采用阿Q精神适度进行自我调侃，就是一种缓解失落感的有效办法；在考试不利、比赛失败时可以用"胜败乃兵家常事"来安慰自己，并且把时间、精力用于发愤图强，更好地谋求成功之道。

其次，我们还可以进行合理归因，对造成挫折的原因进行分析和判断，理清哪些是外部客观环境因素所致，哪些是主观因素造成的。片面地将挫折失利归因于主观因素容易使自己丧失信心，长此以往，有可能导致习得性无助。假如能合理分析出客观和主观原因，不仅有利于降低个体自身的挫败感，还有助于我们认清自身的短板和不足，以便对症下药，针对可控的因素提出解决对策，从而转败为胜，逆袭成功。例如，当我们面对突发的新型冠状病毒疫情管控导致生活不便，再加上恋爱关系不顺时，我们就需要静下心来，梳理一下困扰自己的问题，去理性分析这些问题中哪些是我们自己的原因，哪些是他人的、环境的因素，哪些是不可控的事情。对于他人的原因，我们可以放宽心态，接纳现实，对于自

己的原因导致的，则需要认真反思，加以改进，争取下次做得更好。

最后，有时候同学们也会体会到，即使自己已经非常努力地应对了，但是依然无法达到预期目标，这时候就需要反思一下，可能是我们的目标设定过高，完成速度与自身实际能力、任务难度程度不匹配，或者是追求的目标出现冲突，通过调整期望值和行为目标，有助于更好地认识自我，减轻挫折所引起的痛苦。

心理活动

日常生活中乐观思维的训练策略

以下一些策略可以在日常生活中反复去练习，通过坚持一定时间的练习，可以让自己变得积极、乐观。

(1) 每天早上起来确定一天的基调。问问自己："无论今天是顺心还是不如意，我是选择积极地享受这一切还是消极地度过这一天呢？"

(2) 改写消极的句子。用前面所谈到的那些方法，每当脑中出现一些负面的想法时，对负面的语句进行替换或修改。

(3) 从正反两面看事情。凡事都有两方面的意义，正如"危机"一词所表达的那样，"危"中有"机"。

(4) 从欣赏的角度看事情。从接纳缺点和发掘优点做起，用好奇去发现和探索。

(5) 懂得失去的艺术。乐观者也会遇到人生的不如意，但他们懂得接纳人生的挫折和困难，懂得该放手时放手，珍惜当下，而不是懊悔过去，忧虑未来。

(6) 专注可行的事情。这个世界并不是随着我们的主观意愿而转变的，也不是我们想怎样就能怎样的。有些事情是超出了我们能力范畴的，与其将精力放在无法完成的任务上，不如关注目前自身可以做好的事情。

(7) 理解事情的因果。对成败进行恰当的归因，学习乐观者的归因策略。

(8) 制定具体可行的目标。具有乐观、正向思维的人是脚踏实地的，他们会为自己设定一些需要通过努力才可以达到的目标，并一步一步实现。在完成一定的目标后进行自我奖赏，来提升自我效能感，从而更有动力实现下一个目标。

(9) 坚持。上述方法或策略只有坚持不懈，才能真正让人们乐观积极起来。

四、与挫折为友，以挫折为师

人的一生中难免会遇到一些挫折和不如意，就像本章开篇的案例中讲述的小 A，面临着典型的大学生所遇到的学业困扰。其实问题不是问题，如何应对问题才是我们要关心的问题。既然挫折不可避免，我们该如何调整心态来应对问题呢？斯坦福大学心理学教授 Kelly McGonigal 做过一项调查。她跟踪 3 万美国成年人整整 8 年，分析这些人经受的各种生活压力和健康状况。在调查刚开始时，Kelly 问了这 3 万人两个问题："在过去的一年里，你感受到了多大压力？""你认为压力对健康有害吗？" 8 年后，Kelly 发现：那些认为压力对健康有害的人，会经常失眠、内分泌失调，并且诱发癌症或心脏病，最终使得死亡的风险增加了 43%，严重影响了身心健康。相反，同样承受着极大压力但不认为压力有害的人，死亡的风险非但没有升高，甚至比起那些压力更小的人，他们的死亡风险还要更低。Kelly 由此得出了这样的结论：真正有害的，从来不是压力本身，而是我们认为"压力有害"的想法。

通过心理学家 Kelly 的研究成果，我们认识到，既然挫折难以避免，那么我们不妨转变认知，迎接挫折，以挫折为友，以挫折为师。心理学家卡罗尔·德威克(Carol S.Dweck)提出"成长型思维模式"(Growth Mindset)的概念，相信智力(Intelligence)是可以靠后天努力而改变的。当我们面对困难和挑战的时候，假如采用积极的应对方式，相信困难是暂时的，那么我们在克服困难的过程中，自己的能力和智力也得到不断提高，这一思维模式不仅改变了我们在看待问题时的思维模式，同时也激励我们拥抱困难，相信自己的努力可以克服困难，促进个人不断进步。

五、建立和谐的人际关系

俗话说，"一个篱笆三个桩，一个好汉三个帮"，良好的人际关系可以使自己在温馨宜人的环境中愉快地学习、生活和工作，和谐的人际关系还能提高我们的自信心及承受挫折的能力。但是大学生有时候因为缺乏适当的人际交往技巧，人际交往出现障碍，产生严重的挫败感，进而影响大学生的学习和社会化的发展。那么作为大学生，我们该如何将心理学理论来学为所用，提高人际交往技能呢？美国心理学家 Jone 和 Hary 提出了乔韩窗口理论，如图 10.2.1 所示，该理论将每个人对自己的认识分为四个部分，第一，公开的自我，也就是透明真实的自我，这部分自己很了解，别人也很了解；第二，秘密的自我，是自己知道但别人不了解的部分；第三，盲目的自我，是自我的盲区，别人看得很清楚，自己却不了解；第四，未知的自我，也叫封闭的自我，是别人和自己都不了解的潜在部分。乔韩窗口理论重在人际关系的心理学现象，可用于帮助大学生促进沟通，提高人际沟通能力。

1. 公开的自我 自己知道，他人也知道	3. 盲目的自我 我不知道，你知道
2. 秘密的自我 我知道，你不知道	4. 未知的自我 我不知道，你也不知道

图 10.2.1　乔韩窗口理论示意图

具体来说，当大学生在人际交往中，处在第一种状态，也就是你知我知的情况时，大家彼此敞开心扉，是最容易沟通交流，建立良好和谐的人际关系的。当大学生处在第二种状态时，是自己心里有秘密，有隐私，但是别人不知道的部分。例如，本章开篇的案例中，小 A 考试挂科、竞选班干部失败、错失奖学金，自己心里伤心、懊恼、惭愧，但是室友不清楚小 A 心里隐藏的情绪，假如还像往常一样与小 A 开玩笑，可能会招致小 A 的反感，与室友产生隔阂、矛盾。所以此时小 A 可以开诚布公地告诉对方，自己情绪不佳，没有心情开玩笑，室友理解了小 A 的处境，也就避免了矛盾的产生。当大学生处在第三种状态时，往往是自己不知道、不察觉，对方却看得一清二楚。例如，有的大学生因为生活习惯过于随意，在房间卫生、个人物品摆放、电脑声音外放等细节上没有顾及室友的感受，时间久了招致室友反感，宿舍矛盾出现，人际交往的受挫带来挫败感。假如此时能够去征求他人的意见，获得室友的真实感受，则有助于自我改变，减缓人际交往矛盾带来的挫折感。当大学生在人际交往中处在第四种状态，也就是自己不知道，别人也不知道的情形时，是个体的潜意识的部分。例如，在大学生的恋爱关系中，两个大学生一见钟情，所谓"情人眼里出西施"，彼此越看越喜欢，但是交往一段时间后，期望落空，好感度下降，恋爱受挫，出现怀疑自我、质疑爱情的情况。用乔韩窗口理论来解释，彼时热恋期时所看到的对方的优秀品质可能是自己的潜意识的期望，但是热恋中的当事人自己不知道，所喜欢的对方也不知道。假如这一部分在人际交往中不能管理好，也会影响我们的人际交往，带来挫败感。

心理活动

绘制自己的人际财富图

请同学们绘制一份自己的人际财富图，如图 10.2.2 所示。在整理自己的人际财富的同时，反思自己在人际交往中所体现出来的性格特点(比如是否因一时愤怒的情绪而失去了曾经的知己；是否因太自我中心忽略他人的感受而被周围的朋友渐渐疏远)，找出自己需要继续发扬和改进的地方。

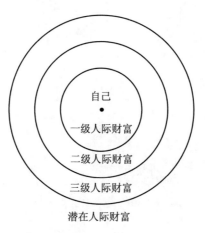

图 10.2.2　人际财富图

【绘制步骤】

(1) 圆点代表自己，同心圆内任意一点到中心的距离表示心理距离。将亲朋好友的名字写在图上，名字越靠近中心圆点，表明他与你的关系越亲密。

(2) 最小同心圆内的"一级人际财富"：你们彼此相爱，你愿意让对方走进自己心灵的最深处。分享你内心的秘密、痛苦和快乐。

(3) 第二大同心圆内的"二级人际财富"：你们彼此关心，时常聚在一起聊天戏耍，一起分享快乐，一起努力奋斗。

(4) 最大一个同心圆内的"三级人际财富"：这些朋友，可以是平时见面打个招呼，但是需要帮助时也愿意尽力帮忙的朋友；可以是曾经比较亲密但渐渐疏远，却仍然在你心中占有一席之地的朋友；也可以是平时难得见面，却不会忘记在逢年过节问候一声的朋友。

(5) 同心圆外的空白处代表你的"潜在人际财富"，尽量搜索你的记忆系统，把那些虽然比较疏远但仍属于你的人际财富的朋友放到这里。

【思考】

(1) 你的人际关系现状如何？是否让自己感到舒适？你认为是自己身上什么性格品质给你带来了好人缘？或者如果你的人缘不太好是什么原因导致的？

(2) 你写出的朋友中挑选出一位，写出你认为在你们之间的关系上最需要改善之处。

(3) 你为此会做出哪些努力来改善你们之间的关系？

(4) 一个月后，评估你和这个朋友关系改善的程度。你对这种改善的感觉是什么？

压力与压力管理

　　人们最出色的工作往往在处于逆境的情况下做出。思想上的压力，
甚至肉体上的痛苦都可能成为精神上的兴奋剂。

　　　　　　　　　　　　　　　　　　　　　——William Beveridge

　　压力是近十年来生物学、心理学和认知神经科学等多学科共同关注的热点话题和前沿领域。个体在变化的生存环境中不可避免地经历着不同程度的压力。一方面，压力能够促使我们在面对紧迫与危险时快速有效重新分配生理和心理资源，从而提高适应和生存能力；另一方面，压力又可能对注意、记忆的信息提取，决策等认知过程造成阻碍，尤其是长时间或超负荷的压力甚至会引发一系列精神障碍和生理疾病。因此，压力作为生活的调味品，对机体生理功能、心理与行为活动有极大调节作用。

第一节　认 识 压 力

　　在日常生活中，当代人面临着来自学业、健康、婚育、贷款、养老、工作、个人发展等各种各样的压力，使我们感到身心疲惫。快节奏的生活常常使得我们疲于奔命而忘了对自己的关注。什么是压力？我们遇到了哪些压力？我们能否及时感知到压力？正确认识压力、有效识别压力有助于我们全面了解压力，从而为后续的压力管理打下坚实基础。

一、压力的定义

　　压力一词派生于拉丁语"Stringere"，有"费力地抽取"之意。在不同领域有着不同释义，在物理学中多用于指施加在物体上的外力，在工程科学中多指"负荷"。而在生物学、心理学等相关领域也有不同的释义，多学科对压力的理解随着外延的拓展而不断深入。

　　Cannon最早将压力引入到了社会领域，提出压力的体内平衡理论，但这种状态可以被任何生理或心理的威胁而破坏。因此Cannon认为，压力战或逃反应(Fight to Flight)的机制包含一个复杂的交互作用，即交感神经系统的唤醒和肾上腺素分泌之间的交互作用，从而使得有机体在受到外力作用时保持内稳态(Homeostasis)，即体内环境的平衡状态。面对威胁时身体生理唤醒的动力性。

　　1956年，Selye(塞利)首次系统定义压力概念，他认为压力是机体对外界或内部各种刺激所产生的非特异性应答反应的总和，并将这种非特异性变化总和称之为全身适应综合征(General Adaption Syndrome，GAS)。Selye将压力过程大致分为三个阶段：警觉—阻抗—衰竭，系统提出了其压力非特异性理论。

随后，Lazarus 和 Folkman 提出，由于个体与环境之间是通过心理压力形成特定联系的，有机体在这种环境中过度消耗自身的心理能量，因此导致了身心问题的产生。Lalarus 将认知引入压力与反应的联系中，强调认知因素在压力反应中的作用，进一步扩充了压力模型。

McEwen 通过"应变稳态""应变稳态负荷"重新解释了 Selyes 的 GAS 模型的衰竭阶段。他认为应变稳态是身体的自适应，是为了在经历压力后维持或重建稳态反应。然而，应变稳态会通过反复(the Repeated Stress)、关闭失败(the Failure of Shutting Down)、不恰当的反应(the Inappropriate Response)积累成应变稳态负荷，当这种负荷不断叠加，进而造成了GAS 模型中的衰竭阶段。McEwen 的补充为日后压力效果的影响因素提供具体思路。

因此，压力是有机体受到真实或潜在威胁刺激时所表现出来的全身性非特异性反应。这种非特异性反应包括焦虑、恐惧、心率增加等与刺激因素性质无直接相关的心理或生理变化。

小测试 ✍

压力知觉量表

阅读以下内容，请对近一个月来您对某些事件的感受或想法。答案没有对错之分，请根据您的真实情况作答。下面每一个问题有五个选项，请在相应的频率下打"√"。

	从不	偶尔	有时	常常	总是
1. 一些无法预期的事情发生而感到心烦意乱					
2. 感觉无法控制自己生活中重要的事情					
3. 感到紧张不安和压力					
4. *成功地处理恼人的生活麻烦					
5. *感到自己能够有效地处理生活中所发生的重要改变					
6. *对于有能力处理自己私人的问题感到很有信心					
7. *感到事情顺心如意					
8. 发现自己无法处理所有自己必须做的事情					
9. *有办法控制生活中恼人的事情					
10. *常觉得自己是驾驭事情的主人					
11. 常生气，因为很多事情的发生是超出自己所能控制的					
12. *经常想到有些事情是自己必须完成的					
13. *常能掌握时间安排方式					
14. 常感到困难的事情堆积如山，而自己无法克服它们					

压力知觉(Perceived Stress)是对压力的知觉评估过程，个体通过进行知觉的评估过程为刺激事件赋予了一定的意义，进而对刺激事件是否对自身造成压力进行评定，因此，压力知觉是认知与评估个体由察觉到刺激事件个体可能造成的威胁与意义的过程；压力知觉是个体认知环境中的威胁性刺激并进行评价以后由此得到的心理反应，即个体对事件的压力

知觉在一定程度上影响着客观压力事件。压力知觉是指生活中困惑和威胁着人心理的各种刺激事件和不利因素，通常以紧张、不适为表现，同时，也以个体的紧张和失控的状态形式存在着。

计分说明：

该量表由 14 个项目组成，其中包括 6 个正向题目和 8 个反向题目，*为反向计分的题。采用 5 点计分的方法，最后统计量表的总得分，得分越高说明被试的心理压力越明显。计算分值的方法为："从不"记 1 分，"偶尔"记 2 分，"有时"记 3 分，"时常"记 4 分，"总是"记 5 分。

总分为 14—28，知觉到的压力较低、你对自己当前的生活有足够的掌控和控制，不会因为一些无法预期的事情发生而感到心烦意乱和惊慌失措。

总分为 29—42，知觉到的压力适中、偶尔会有一段时间压力太大，但你也许有能力去享受压力，并且很快地回到平静状态，因此你面临的压力对你健康并不会造成威胁。不过做一些松弛的练习仍是有益的。

总分为 43—56，知觉到的压力较大、你当前经历较大的压力，它可能已经对你的身心健康造成负面影响，需要你采取措施加以调节。

总分为 57—70，知觉到的压力非常大、你的压力过大，身体可能会有一些症状，急需减压，可以寻求专业人员的帮助。你在面对那些模糊的、难以改变的、长期的压力问题时会显得更束手无策和焦灼不安。

二、压力的种类

压力源被认为是具有威胁的情境、环境或刺激，也就是制造或引发压力的东西。按照压力源的持续时间，可以将压力反应分成急性压力(Acute Stress)和慢性压力(Chronic Stress)两种。慢性压力包括情绪上、生理上行为反应长时间或永久改变和个体对疾病易感性的增加，可以理解为我们长期受到的压力，比如工作压力、学业压力、婚育压力等等。慢性压力不会那么强烈，但可能持久得让人无法忍受，令人饱受折磨。

慢性压力会严重且不可逆转地损害我们的身体健康和心理健康。当一个人长期承受压力时，会不断地对我们的身体、大脑以及认知进行消磨，使得体力和脑力资源因长期消耗而枯竭，最终导致自杀、暴力行为、精神病、心脏病发作和中风的发生。在生物学、医学、心理学均在慢性压力对有机体影响的作用通路、调节机制有不同层面的探讨。慢性压力包括以下迹象：

(1) 体弱多病；

(2) 抑郁沮丧；

(3) 周身不适；

(4) 饱受便秘等消化问题的折磨；

(5) 表现不佳；

(6) 做出冲动的决定；

(7) 孤身独处；

(8) 暴饮暴食或茶饭不思；

(9) 昏昏欲睡或缺觉少眠；

(10) 性欲降低。

与慢性压力相比，急性压力时间更短、强度更高，如突如其来的天灾人祸，毫无征兆的变故等。人们在这种急性压力状态下可能会造成压力相关障碍，如创伤后压力障碍(Post-traumatic Stress Disorder，PTSD)。人们在急性压力下最常见的表现如下：

(1) 短暂的情绪困扰：愤怒或烦躁、焦虑和抑郁的某种组合。

(2) 暂时性肌肉不适：紧张、头痛、背痛、颈部疼痛、下巴疼痛以及其他导致肌肉、肌腱和韧带拉伤的肌肉紧张。

(3) 暂时的胃、肠道和肠道问题、胃灼热、胃酸、胀气、腹泻、便秘。

(4) 短暂性过度觉醒：血压升高、心跳加快、脉搏加快、手掌出汗、心悸、头晕、偏头痛、手脚冰凉、呼吸急促、睡眠问题和胸痛。

需要指出的是，并不是所有人面对急性压力都有同样的反应。有两种主要的人格类型属于急性压力的易感性人群：A 型人格和焦虑型人格。A 型人格有过度的竞争冲动、好斗、急躁和时间紧迫感的特点，几乎总是对外界表现出根深蒂固的不安全感，这些个性特征导致频繁的急性压力发作。A 型人格的个体患冠心病的风险较高。焦虑型人格的个体则呈现出几乎无休止的消极想法，对身心健康造成偶发性急性压力。他们的核心信念是，世界是一个危险的、没有回报的、惩罚性的地方，可怕的事情总是会发生。

三、压力的阶段性过程

Selye 将压力分为警戒、阻抗和衰竭三个时期，如图 11.1.1 所示。

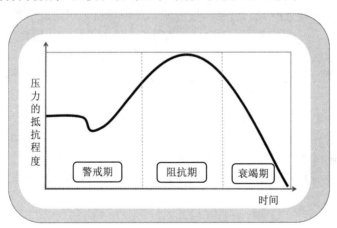

图 11.1.1　压力的阶段性过程

(1) 警戒期(Alarm Stage)。当威胁或压力第一次出现时，在很短的一段时间内，人体会产生一种低于正常水平的抗拒，这种短时的抗拒，会引起人体的胃肠失调、血压升高，接着人体会迅速采取各种防御措施并进行保护性的自我调节，进入"战或逃"反应，压力激素肾上腺素和皮质醇等都升高。这是机体为了应对有害刺激而唤起体内的整体防御能力，可称之为动员阶段。如果防御性反应有效，抗拒就会消退，人体的生理活动也将恢复正常。这个过程所发生的反应就是警戒反应。由于大多数短期的压力都会在这个阶段得到解决，这种警戒反应也可以被称为急性压力反应。

(2) 阻抗期(Resistance Stage)。如果警戒反应不能排除前面的威胁或压力而仍然使压力持续，那么人体就会动员全身的能量和资源去反抗它们。随着能量和资源的逐渐消耗，反抗的力量会逐渐减少，同时严重的身体症状，如溃疡、动脉粥样硬化等也会随之产生。这种动员全身能量和资源去反抗危机的过程就是阻抗。

(3) 衰竭期(Exhaustion Stage)。如果威胁或压力非常严重，人体无法消除它们，那么衰竭阶段就会出现。在这一阶段，神经内分泌系统的分泌能力减弱，免按系统功能降低，人体容易感染各种疾病，严重者还可能会导致疾病或死亡。

第二节　压力反应

压力反应包括生理反应、情绪反应和行为反应三方面。生理反应指遇到压力时的压力系统释放的压力激素以及相应的外周神经系统反应等；情绪反应指遇到压力时产生的焦虑、抑郁、愤怒与恐惧等；行为反应指的是对压力事件采取的应付行动，如逃避、积极面对、自责等。

一、压力的生理反应

当个体遭遇压力刺激时，机体正常有序内稳态迅速失衡，并伴随着一系列非特异性的生理性反应，主要包括交感神经系统(Sympathetic Nervous System，SNS)，即快反应通道的迅速兴奋和下丘脑-垂体-肾上腺皮质轴(Hypothalamic Pituitary Adrenal，HPA)，即慢反应通道的共同激活。

具体来说，快反应通道首先会激活中枢神经系统中与压力体验相关的杏仁核，并通过下丘脑迅速激活肾上腺髓质，进而释放儿茶酚胺(肾上腺素和去甲肾上腺素)，从而引起外周神经系统中交感神经的兴奋。具体表现为心率、血压、皮肤电水平的升高、瞳孔的增大，以及唾液中 α 淀粉酶 (Salivary Alpha Amylase，SAA)浓度的升高，加快代谢分解，为有机体应对压力刺激储备能量；与此同时，慢反应通道的激活使下丘脑向血液中释放促肾上腺皮质激素释放激素(Corticotropin-releasing Hormone，CRH)，进而使垂体前叶分泌促肾上腺皮质激素(Adrenocorticotropic Hormone，ACTH)，最终导致肾上腺皮质释放出大量的糖皮质类激素(Glucocorticoid，GC)，主要是皮质醇(Cortisol)。详见图11.2.1。

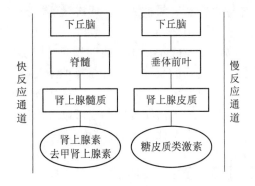

图 11.2.1　压力反应的双通道模型(Günzel, 2014)

两通道共同参与压力过程，快慢系统在中枢神经系统(Central Nervous System，CNS)、神经内分泌系统(Neuroendocrine System，NES)和免疫系统(Immune System，IMS)的相互调节和制约下恢复有机体内稳态的平衡。

二、压力的情绪反应

压力的情绪反应主要包括焦虑、抑郁、愤怒和恐惧。

(1) 焦虑(Anxiety)：压力情境下最常出现的情绪反应。当个体预料到即将出现某种模糊性威胁，他们会产生一种负性情绪，这种情绪就是焦虑(Anxiety)。焦虑是一种痛苦的个人体验，它会让个体体验到明显且强烈的挫败感。在压力情境下，适度的焦虑可提高人的警觉性，但如果焦虑过度，就可能产生有害的结果。焦虑可以分为状态焦虑(State Anxiety)和特质焦虑(Trait Anxiety)两种，前者是由压力源所诱发的，后者则是与人格特质相关，是指无明确原因的焦虑。

(2) 抑郁(Depression)：一种情绪障碍，使我们对通常喜欢的事情感到悲伤和不感兴趣，会影响食欲、睡眠习惯和集中注意力的能力。外源性抑郁是由亲人丧亡、失恋、失学、失业，遭受重大挫折和长期病痛等原因引起的。内源性抑郁则与人的内在生理素质有关。无论是哪种形式的抑郁，都需要及时关注，采取适当的防范措施。

(3) 愤怒(Anger)：由于目标受到阻碍，自尊心受到打击，为排除阻碍或恢复自尊所引起的一种激烈的内部感情状态，这种情绪主要在个体表达不满时激活，激活时个体通常会遇到困难或障碍，在克服对个体的不利因素时，愤怒情绪在激活的同时也能够为个体提供能量。个人在愤怒状态下，通常伴随交感神经兴奋，肾上腺分泌增加，心率加快，心排血量增加，血液重新分配，支气管扩张等生理表现。

以往的研究根据愤怒的状态-特质理论将愤怒分为状态愤怒和特质愤怒。状态愤怒指个体在当前情境或正在经历的事件中体验到的愤怒，是生理及主观感受变化的一种即时状态。状态愤怒包括愤怒体验和愤怒表达意向两部分。愤怒体验包括个体的生理唤醒和主观感受，该体验涉及面部及肌肉的紧张和交感神经的激起，短时间内愤怒体验可以从无到有，从弱到强；不同个体对待愤怒体验的态度不同，可分为愤怒表达和愤怒控制，愤怒表达受到愤怒强度及愤怒诱发情境的影响。特质愤怒是一种稳定的愤怒倾向，指个体在诱发情境或事件中愤怒情绪容易被激发。通过激活愤怒网络，引发愤怒表情、动作反应、生理反应、情绪、思维及记忆。

(4) 恐惧(Fear)：指人或动物面对现实的或想象中的危险、自己厌恶的事物等产生的处于惊慌与紧急的状态，伴有交感神经兴奋，肾上腺髓质分泌增加，心率改变、血压升高、盗汗、颤抖等生理上的反应，有时甚至发生心搏停止、休克等更强烈的生理反应。

上述压力的情绪反应不仅可以直接影响我们的身体健康，还可以通过个体认知功能的影响进而改变个体后续的行为模式。

三、压力的行为反应

当个体面临压力时会有各种行为变化，这些变化决定于压力的程度以及个体所处环境。压力下的行为反应可分为直接反应与间接反应。

(1) 直接反应：直接面对引起紧张的刺激时，为了消除压力源而做出的反应。Cannon在一系列的动物实验中发现身体面对压力的立即行为反应，有两种模式，要么实施攻击以保护自己，要么逃走以躲避危险。其中，战斗反应是由愤怒或侵犯引发的，通常在保护自己的视力范围或者攻击比自己弱小的侵犯者时出现战斗反应需要生理上的准备。与之相反，逃跑反应是由于恐惧引发的，机体也会出现退缩反应或僵直反应。例如，当我们在路上遇到歹徒时，会选择逃跑或搏斗两种直接反应。

(2) 间接反应：借助某些物质暂时减轻与压力体验有关的苦恼。例如，我们会通过打游戏来减缓压力带来的拖延，会通过酒精缓解压力带来的痛苦，会通过运动缓解压力带来的肌肉疲劳。一般而言，低强度的压力会促发或增强一些正向的行为反应，如寻求有效的社会支持系统的帮助。但压力过大过久，会引发不良适应的行为反应，如谈话结巴、动作刻板、过度吃食、攻击行为、失眠、拔毛癖等。

第三节 压力是一把双刃剑

在当前快节奏时代，人们不仅面临着突如其来的压力考验，也同样承受来自多方的压力，精神压力成为了当代人生活、工作和学习不可避免的一个问题。然而，压力对人们造成的结果大相径庭，溯流而上化压力为动力，或日积月累直至一触即溃。压力面前究竟是"急中生智"还是"呆若木鸡"？需要我们辩证地去认识压力。

一、压力的积极影响

科学和媒体的压倒性焦点一直放在压力的不良影响上，因为压力会对健康产生重大的有害影响。一般来说，慢性或长期压力会产生有害影响。相比之下，急性或短期压力可能具有保护性和有益作用。当短期压力与免疫激活相结合时(例如在手术或接种疫苗期间)，免疫反应会增强。短期压力的有益影响是有道理的，因为战或逃的压力反应是大自然的基本生存机制。如果没有这种反应，狮子就没有动力猎杀羚羊维持生命。同样，羚羊也就没有逃脱的机会。在战或逃反应中，皮肤和下层组织等器官可能会受到压力源(捕食者)的损伤(攻击造成的伤口)；在压力时期增强这些器官的免疫功能将确保更好地保护。因此利用这种自然压力反应来增强手术或伤口愈合、疫苗接种、感染和癌症期间的保护性免疫功能。短期压力的好处也可能转化为更好的心理或身体表现。

著名心理学家 Robert Yerkes 与 John Dodson 发现，比起没有压力，有一定的压力可以提升人们的学习表现。中等程度的压力对工作绩效的促进作用是最为理想的。如果压力过小，可能由于没有挑战，产生无聊情绪，进而则会表现出低水平的绩效；而如果压力过大，则会过度增加个体的心理负担，导致不必要的逃避反应。同样，根据 Gardner 的激活理论，压力只有在特定水平才会提高创造力，过多的压力反而会降低成绩水平，特别是在复杂的创造性任务上。中等的激活水平对创造力是最有利的，因为中等激活水平增加任务的参与度，认知资源的使用处于最佳模式，此时，个体会降低压力的不利影响，提高压力的有利影响。相反，过少或过多的激活可能使得参与度缺乏，从而导致认知干扰，阻碍认知需求任务的正常进行。

二、压力的消极影响

众所周知，压力给我们带来很多负面影响，不仅会影响我们的正常学习与生活，长期的、过量的压力还可能导致许多生理和心理疾病的发生。在压力反应的学习中，我们初步认识了压力对身体和心理的负面影响。

首先，压力会直接引起的生理反应，使人们出现身体不适进而产生精神痛苦。压力可能引发以下疾病(见图11.3.1)：

(1) 神经系统疾病：偏头痛、风湿性关节炎、紧张性头痛、背痛、焦虑症、抑郁症。

(2) 内分泌系统疾病：月经不规律。

(3) 消化系统疾病：溃疡、肠道发炎。

(4) 呼吸系统疾病：气喘病、花粉热。

(5) 心血管疾病：高血压、中风、冠状动脉心脏病。

(6) 生殖系统疾病：性无能、性交疼痛。

(7) 免疫系统疾病：癌症、湿疹、荨麻疹、干癣、过敏症。

图 11.3.1　压力的不良生理影响

其次，压力还可能通过生理-心理交互作用机制加重已有的精神和躯体疾病，最终导致有机体的免疫力下降，在偶发因素的作用下引起新的疾病。

以上介绍的都是能够有明显生理表现或内心觉知的压力。人们通常会认为压力是一些如亲人过世、婚姻破裂等天灾人祸所带来的反应，这类压力我们能够明显感知。但事实上，压力也可能通过生活中的琐事不断累积，如今天出门忘带手机，明天不小心打破了心爱的水杯，后天与朋友发生口角。随着时间推移，这种累积效应都会对我们的身心产生不同程度的影响。因此，需要我们定时清理排解细碎压力带来的烦恼，及时进行压力管理。

第四节　压　力　管　理

我们无法避免压力，也在努力在与压力斗争。本节将从压力管理的视角，从身体放松的方法、认知技术的训练和社会支持系统的构建三个方面对压力进行调节，实现对压力的有效调控。

一、身体放松

1. 呼吸训练

在压力情境下做腹式呼吸可以有效纾解焦虑反应，降低压力的影响。腹式呼吸是让横膈膜上下移动。由于吸气时横膈膜会下降，把脏器挤到下方，因此肚子会膨胀，而非胸部膨胀。为此，吐气时横膈膜将会比平常上升，可以保证深度呼吸，吐出较多停滞在肺底部的二氧化碳。由于腹腔内承载着除心、脑、肺之外的全部脏器，包括消化、造血、生殖、泌尿、内分泌及淋巴系统的一部分，并拥有大量的血管和神经。因此，加强腹式呼吸训练、促进腹腔运动参与呼吸运动，可以使得腹内脏器活动增强，改善消化道的血液循环，促进消化道的消化吸收功能，促进肠蠕动，防止便秘，加速毒素的排出。

首先，选择仰卧或舒适的冥想坐姿，放松全身。观察自然呼吸一段时间。右手放在腹部肚脐处，左手放在胸部。吸气时，最大限度地向外扩张腹部，胸部保持不动。呼气时，最大限度地向内收缩腹部，胸部保持不动。循环往复，保持每一次呼吸的节奏一致。细心体会腹部的一起一落。经过一段时间的练习之后，就可以将手拿开，只是用意识关注呼吸过程即可。呼吸过程不要紧张，也不要刻意勉强，如果是初学者，就更应该注意练习的过程和对身体的影响。吸气时，感觉气息开始经过鼻腔、喉咙，之后充分地集中于肺部，当肺部容积逐渐增大，而保持胸廓不动时，就会迫使横膈膜下沉，同时腹略向外鼓起；呼气向内收回腹部，横膈膜向上提升，使大量浊气呼出体外。把腹部当皮球，用鼻吸气使腹部隆起，略停一两秒后，经口呼出至腹壁下陷。每分钟五六次即可，每次约 10 分钟。

2. 运动调节

通过运动调节压力激素达到压力的宣泄释放的效果在众多研究中达到了高度的一致。研究表明，运动在减轻疲劳、提高注意力以及增强整体认知功能方面非常有效。当压力影响大脑及其许多神经连接时，身体的其他部分也会感受到这种压力的负面影响。而锻炼和其他体育活动会在脑内产生内啡肽，作为天然止痛药，它的释放能提高睡眠能力，减轻压力。运动生理学家将多种类型的体育锻炼分成两类：有氧运动和无氧运动。无氧运动被定义为一种短时间、高速剧烈的运动。从理论上讲，无氧运动是运用"战"反应的一种运动或锻炼，当头脑中产生愤怒的情绪时，就有附加产生的力量，也就是说当某人被激怒并试图保卫自己的领土时，那么有力、迅速、坚定地解决问题是最好的策略，如果缺乏"战"反应，那么一般的压力反应都失去了保存生存的意义。无氧运动能锻炼肌肉的最大力量和爆发力，如举重、短跑、健美操。

有氧运动包括跑步、游泳、骑行、滑雪、韵律操、走路等。有氧运动是锻炼心肺耐力的活动，指富有节奏的连续运动，在运动中氧气供应与需求相等。有氧运动的强度中等，但时间较长，运动强度通常由心率(次/秒)或者耗氧量(升/分)来测量。有氧运动对应逃反应，其能量主要源于脂肪。从理论上讲，有氧运动是由于受到了恐惧与焦虑刺激而产生的运动。有氧运动能挑战心肺功能，以增加耐力或在某种程度上对肌肉耐力的锻炼，锻炼心肺耐力有益于减少心脏病发病风险，达到降低血压，减少胆固醇，尤其是低密度脂蛋白降低，显著降低体脂率，降低由压力引起的生理唤醒的效果。因此，相比无氧运动，有氧运动更受关注。有研究表明，定期参加有氧运动可以降低有机体的紧张程度，提升和稳定情绪，改善睡眠，并提高自尊水平，即使是五分钟的有氧运动也能激发抗焦虑作用。有规律的有氧运动会给身体和精神带来显著的变化。

不仅如此，运动调节也会反过来促进情感反应。伴随着运动调节，可有效管理自己的身材，缓解身体的压力，力量和耐力随之提升，自我形象得到改善，从运动中会感受到一种掌控感、自豪感和自信感。

3. 冥想练习

在任何年龄阶段，大脑都需要休息，暂时从各种思想烦恼和外部刺激中解脱。冥想是一种对内部刺激而非外部刺激的自我反省活动。东方哲学发展出了两条不同的冥想分支，即排他性冥想或限制性冥想以及包容性冥想或开放性冥想，二者都要求集中注意力和觉察二者，最终的目的也是净化心灵，达到内部平和。一旦大脑在意识水平上是平静的，那么新的思想就会从无意识水平进入意识水平，这些直觉通常会对我们下一步的活动起微妙的指导作用。绝大多数研究都表明，冥想对情绪状态有直接的影响。它在减少许多与压力相关的因素或改善身体健康方面都是非常有效的，从而促进了更广泛的普遍幸福感或内心的平静。对于人的免疫功能以及心理情绪等各个方面都有积极的效果。也有认知神经科学的证据表明，通过冥想大脑左侧前额叶和边缘区域的活动增加反映了持续性注意和情绪调节的过程。因此，冥想作为促进心理健康的主要工具，被整合到心理治疗的实践之中。

根据 Benson 总结的冥想过程，促进生理的稳态平衡有以下四个基本步骤：

(1) 安静的环境。选择一个不受干扰和打扰的时间和地点，可以是在任何一个房间，只要保证外界干扰最少，你感觉在里面非常舒服就可以冥想。要求排除所有的感觉刺激，包括电话铃声、门铃声、电视和街道的吵闹声等外部刺激，也是为了减少内部刺激，如肌肉紧张和身体不适。如果可能，最好在进食两小时后再开始冥想，并在开始之前排空膀胱。

(2) 心理道具。心理道具可以排除所有其他思想的任何物品或工具，它是使注意集中的焦点。例如，心理道具可以是一首颂歌的重复，集中于呼吸或一个重复的音。Benson 建议一个颂歌用一个词比较好。他还建议如果你的大脑思绪混乱，可以使用单词 no 打断自由联想。重要的是重复的行为，而不是短语的内容；甚至"一个"这个词也很好用。一些禅修者喜欢盯着一个固定的对象而不是重复一个咒语。无论哪种情况，目标都是将注意力集中在一个中性的物体上，从而屏蔽掉普通的想法和感觉。

(3) 被动的态度。被动的态度是持有一种接受的态度，这种态度要求你的大脑对任何思想都是开放的，而不是阻止他们。但是如果不能达到这种心智状态，自我(Ego)的壁垒就会限制试图达到完全放松的任何努力。

(4) 舒服的姿势。最早的冥想倡导者认为要想放松大脑必须先放松身体，所以你首先必须找到一个舒服的姿势，能够支持大部分体重的坐姿，这样身体放松，肌肉的紧张状态就不会干扰你的心理过程，同时注意避免采用容易睡着的姿势。

二、认知技术

1. 科学归因

压力之下我们不免会遇到各种挫折与挑战，对于事情的认知评价则会进一步影响我们后续的行为反应。在压力事件发生时，避免悲观归因模式的有效方法就是进行科学的归因，改变悲观归因模式，进而改变在压力状态下的挫败、抑郁情绪，以积极主动的态度去应对压力。归因是指对结果产生的原因进行评价。我们常常有意无意地为自己的学习和考试寻找原因，这些归因方式往往影响着我们对自己的认识和对目标的规划。例如，当期中考试成绩不理想时，我们会对自己的结果进行归因。比如，A.我怎么这么笨；B.老师没有选择课程内容之内的知识点进行测试；C.这次我身体不舒服。人对前次结果的归因将会影响到他对下一次成就行为的期望、情绪和努力程度等。归因为 A 的同学会认为是自己能力的不足，产生否定、悲观的态度，影响后续的学习；而归因为 B 或 C 的同学则会认为是偶然的因素导致自己的失败，可能对后续考试做出更充分的准备。

　　著名心理学家 Weiner 的归因理论(如图 11.4.1 所示)认为，个体对成功和失败的解释大多有三个特征：是内部的(个体本身的)还是外部的；是稳定的还是不稳定的；是可控的还是不可控的。归因理论的核心假设是人们试图维持一种积极的自我意象，所以在活动中表现良好的时候，个体就倾向于把成功归结为自己的努力和能力，当表现不佳时，个体就会认为失败是由于一些自己不能控制的原因。人们对成就情境中的成功和失败的解释主要有四种：能力、努力、任务难度和运气。能力和努力是个体内部的原因，而任务难度和运气是外部的原因。能力被认为是相对稳定的，不易改变的，而努力是容易改变的，同样任务难度本身是稳定的，而运气是不稳定的，不可控的。因此，个人将成功归因于能力和努力等内部稳定因素时，他会感到骄傲、满意、信心十足，而将成功归因于任务难度和运气好坏等外部原因时，产生的满意感则较少。能力低而努力的人受到最高的评价，而能力高却不努力的人则受到最低评价。进行合理归因，看到自己内部的、稳定的和可控的维度能够增强对以后成就行为的信心，增加后续努力。Dweck 发现，把成功归于努力的学生比把成功归于能力在以后的工作中坚持的时间更长，把失败归于能力的人比把失败归于努力的人在未来的工作中花的时间更少。

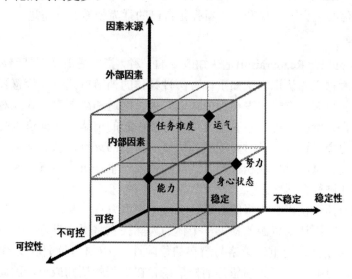

图 11.4.1　Weiner 的归因理论

2. 目标分解

压力源往往来自多重事件的叠加，多重事件的背后是若干目标的累积。为了实现这些目标,我们会投入大量的精力以确保目标的达成,而当这些目标超过自身所能承受的范围,觉得目标很庞大而难以达成时,可能会给个体带来额外的心理压力。

面对大大小小的目标,可以使用剥洋葱法分解自己的目标。具体而言就像剥洋葱一样,将大目标分解为一个一个的小目标,再将每个小目标分解为更小的目标,以此类推,一直分解到现在应该做什么。SMART 原则可以帮助我们更加合理地设置目标,具体包括五个方面:

(1) 具体的(Specific):目标必须明确而具体,不可模棱两可。

(2) 可衡量的(Measurable):目标应该能够量化或拆解成明确的任务,才能后续追踪与评量。

(3) 可达成的(Attainable):目标必须是经过努力后可以达成的,避免设立太高的目标。

(4) 相关的(Relevant):目标必须与期望的愿景有关联,否则难以激励自己执行任务。

(5) 有时效的(Time-bound):目标必须有明确的完成时限。

例如,如果基本目标是提高自己的英语水平,那么可以进行如下设置。

- Specific 基本目标:提高英语水平,具体化:提升阅读理解能力;
- Measurable 目标量化:1 个月时间,学习 5000 个单词;
- Attainable 目标可行:1 个月时间,学习 5000 个单词,对我来说是完全可以达到的;
- Relevant 目标相关:1 个月时间,学习 5000 个单词,和我的基本目标提高英语水平是相关的;
- Time-bound 目标期限:为期 1 个月。

根据 SMART 原则我们确定了合理的目标,下一步是将目标再拆解成小目标,并安排到每年、每月、每周甚至每日的时间之内。让自己建立成习惯,日积月累地完成了一项庞大的任务。同时,通过目标的分解,能够对自己的行为结果做出及时反馈,每当完成一项小目标,自己的信心也会随之提升,不断强化自己的行为朝着目标奋进。

3. 认知重评

认知重评(Cognitive Reappraisal)是认知改变的一种,指的是改变对情绪事件的理解,改变对情绪事件个人意义的认识。认知重评有两种具体的调节方式:评价忽视和评价重视。评价忽视属于减弱型调节方式,表现为个体以忽视、回避和减弱等方式,对情境中可能诱发情绪的刺激进行评价,尽可能不去感受情境可能引起的情绪。而评价重视则属于增强型调节方式,表现为个体透过提升对可能引起情绪的情境的评价,从而增强情境与个人之间的关联性。认知重评试图以更加积极的方式理解使人产生挫折、生气、厌恶等负性情绪事件,或对情绪事件进行合理化。

认知重评的习惯性使用与积极的心理社会性结果联系在一起。例如,认知重评的习惯性使用并不会导致有限认知资源的损失,个体的人际关系将更为良好,并报告更高水平的幸福感。同样,习惯性使用重评策略与潜在的危险性行为(如由吸烟以及酗酒引起的斗殴)之间存在负相关。可能由于诸如愤怒等消极情绪存在很强的认知成分,因此如果个体能在认知上重构消极情绪刺激的意义,则更有可能下调消极情绪强度,导致积极的心理社会性结果,使个体对压力的适应水平更高、程度更彻底。认知重评在很多程很大程度上是一个持续不断的过程。具体包括以下四个阶段,如图 11.4.2 所示。

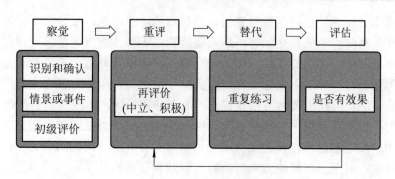

图 11.4.2　认知重评步骤流程图

(1) 察觉。察觉的过程有三个步骤：第一步是识别和确认压力源，这一步可能需要写下你脑海里所想的，包括所有的挫折和苦恼；第二步是识别为什么情景或事件形成了压力源，进而识别与每一个压力源相关联的都是什么样的情绪态度；第三步对最主要的压力源进行初级评价。

(2) 重评。第二次评价或者说再评价，是脑海中产生的次级想法，它提出了不同的(客观的)观点，再评价是对相关因素的重新集结或重组。这一阶段，次级或三级想法涉及选择一个中立的或者比较积极立场以更好地应对手头的问题。

(3) 替代。任何态度转变中最困难的一步就是执行，一旦一个新的心理构念形成了产生了，就必须马上采纳和执行，起初可能会让你感觉到很脆弱，但是正如同其他随着练习而提高的技能一样，当压力出现并不断重复时，再评价的心理构念就会逐渐代替初级评价。

(4) 评估。对任何新的冒险和尝试的检验都要看它的效果，这种新的态度是否起作用，起初它可能没什么效果。对新的态度作出评估并尝试它的价值，如果评估的结果证明新的构念是一次彻底的失败，那么回到第二个阶段再做一次评价。如果新的构念发挥作用了，就带着那些仍在解决的问题重复这一过程。

通过以上认知重评的方法，可以借助压力管理日记进行练习，通过一系列步骤指导我们学会如何运用可行的有效的思维感觉和行为来应对压力，详见表 11.4.1。

表 11.4.1　压力管理日记

压力源	压力反应	初级评价	再评价	效果评估
①				
②				
③				
④				

三、社会支持系统

社会支持是指家庭、亲属、朋友、同事、伙伴、党团、工会组织等社会各方面在个体精神或物质上给予的帮助或支援，反映了一个人与社会联系的密切程度。它是压力与健康之间的一个重要中介因素。

社会支持从性质上可分为两类：一类为客观、可见或实际的支持，包括物质上的直接援助和社会网络、团体关系的存在与参与，或是指稳定的婚姻，或是指不稳定的社会关系如非正式团体、暂时性的社会交际等，这类支持独立于个体的感受是客观存在的现实；另一类为主观体验到的情感上的支持，指的是个体在社会中受尊重、被支持、被理解的情感体验和满意程度，与个体的主观感受密切相关。一般来讲，个体对客观支持和主观支持的利用存在差异，例如有些人虽然可以获得他人的支持和帮助，但他却总是拒绝。

当我们的社会支持系统尽可能强大时，能够从安全感、力量感和归属感三方面为我们有效缓解压力。安全感表现在社会支持系统可以察觉有关压力情况的信息、提供有关如何管理压力的建议，甚至是在精疲力竭时需要的沉默和倾听的耳朵。当因压力太大而想放弃时，社会支持系统会提醒自己应对压力情况的能力。力量感体现在他们可以亲自帮助解决自己无法解决的问题。归属感反映在，当压力大时，我们可能会感到孤单，感觉没有人可以帮助自己。打电话给朋友、父母、同事谈谈自己的感受和情绪，会让自己郁闷的情绪有所缓解，并意识到有人能够来安慰和支持自己。

那么如何增强我们的社会支持系统，可以通过以下四个途径。

(1) 正确认识自我。能够辩证地看到自己的优势和劣势，并且能扬长避短。

(2) 控制不良情绪。适度的情绪表现是成功交往的必要条件，因此要学会因地、因人控制自己的情绪，并掌握调适情绪的方法，如放松、转移注意、自我暗示等。

(3) 加强个性修养。只有自尊和互尊才有可能把关系深化和发展，而加强修养是培养自尊的一个重要方面。

(4) 掌握交往技巧。掌握人际关系技巧，就能大大提高人际协调能力，相应地个人社会支持体系也就增强了。

小测试 ✍

你的社会支持系统如何？

下面的问题用于反映您在社会中所获得的支持，请按各个问题的具体要求，根据您的实际情况来回答。

1. 您有多少关系密切，可以得到支持和帮助的朋友？(单选)

① 一个也没有　　② 1～2个　　③ 3～5个　　④ 6个或6个以上

2. 近一年来您：(单选)

① 远离家人，且独居一室。

② 住处经常变动，多数时间和陌生人住在一起。

③ 和同学、同事或朋友住在一起。

④ 和家人住在一起。

3. 您与邻居：(单选)

① 相互之间从不关心，只是点头之交。

② 遇到困难可能稍微关心。

③ 有些邻居都很关心您。

④ 大多数邻居都很关心您。

4. 您与同事：(单选)

① 相互之间从不关心，只是点头之交。

② 遇到困难可能稍微关心。

③ 有些同事很关心您。

④ 大多数同事都很关心您。

5. 从家庭成员得到的支持和照顾(在合适的框内画"√")

	无	极少	一般	全力支持
A.夫妻（恋人）				
B.父母				
C.儿女				
D.兄弟姐妹				
E.其他成员				

6. 过去，在您遇到急难情况时，曾经得到的经济支持和解决实际问题的帮助的来源有：

① 无任何来源。

② 下列来源：(可选多项)

A. 配偶；

B. 其他家人；

C. 朋友；

D. 亲戚；

E. 同事；

F. 工作单位；

G. 党团工会等官方或半官方组织；

H. 宗教、社会团体等非官方组织；

I. 其他(请列出)_____。

7. 过去，在您遇到急难情况时，曾经得到的安慰和关心的来源有：

① 无任何来源。

② 下列来源(可选多项)

A. 配偶；

B. 其他家人；

C. 朋友；

D. 亲戚；

E. 同事；

F. 工作单位；

G. 党团工会等官方或半官方组织；

H. 宗教、社会团体等非官方组织；

I. 其他(请列出)_____。

8. 您遇到烦恼时的倾诉方式: (单选)

① 从不向任何人诉述。

② 只向关系极为密切的 1～2 个人诉述。

③ 如果朋友主动询问您会说出来。

④ 主动诉说自己的烦恼,以获得支持和理解。

9. 您遇到烦恼时的求助方式: (单选)

① 只靠自己,不接受别人帮助。

② 很少请求别人帮助。

③ 有时请求别人帮助。

④ 有困难时经常向家人、亲友、组织求援。

10. 对于团体(如党团组织、工会、学生会等)组织活动,您: (单选)

① 从不参加　② 偶尔参加　③ 经常参加　④ 主动参加并积极活动。

量表计分方法: 第 1—4,8—10 条: 每条只选一项,选择 1、2、3、4 项分别计 1、2、3、4 分,第 5 条分 A、B、C、D 四项计总分,每项从无到全力支持分别计 1～4 分,第 6、7 条如回答"无任何来源"则计 0 分,回答"下列来源"者,有几个来源就计几分社会支持评定量表分析方法:

总分: 即 10 个条目计分之和,客观支持分: 2、6、7 条评分之和;主观支持分: 1、3、4、5 条评分之和;对支持的利用度: 第 8、9、10 条。

该量表用于测量个体社会关系的 3 个维度共 10 个条目: 有客观支持(即患者所接受到的实际支持)、主观支持(即患者所能体验到的或情感上的支持)和对支持的利用度(支持利用度是反映个体对各种社会支持的主动利用,包括倾诉方式、求助方式和参加活动的情况)3 个分量表,总得分和各分量表得分越高,说明社会支持程度越好。

第十二章　大学生常见心理问题与心理咨询

让你疲惫的不是连绵不断的群山，而是你鞋子里的一粒沙子。

——萧伯纳

随着社会现代化进程的加快，人们面临的各种竞争和压力也越来越大。大学生易受到焦虑、抑郁等心理问题的困扰。关于大学生心理问题的产生，专家认为，学习压力、父母离异、家庭危机、生活困难、情感烦恼等多种因素容易导致大学生出现心理问题。如果他们无法向人倾诉，得不到及时的心理帮助或治疗，就很容易形成心理障碍，影响大学生的发展。借用萧伯纳名言的寓意，心理问题的出现并不单纯是因为外界的压力，更重要的原因是自身对压力没有合适的应对方式。因此，了解心理问题的种类、表现、预防及治疗的方法，是大学生构建健康心理不可缺少的知识补给。

第一节　常见心理问题概述

心理问题是指心理及行为异常的各种情形。按其轻重程度，可依次分为一般心理问题(即心理适应问题)、心理障碍和心理疾病等几大类。

(1) 一般心理问题也称心理失调或心理失衡，是轻微的心理异常，通常不存在心理状态的病理性变化，是正常心理活动中的局部异常状态，具有明显的偶发性和暂时性，常与一定的情境相联系，即常被一特定的情境所诱发。在脱离诱发情境的条件下，心理活动则完全正常。例如，考试现场出现的情绪过敏性紧张、思维反应迟钝、健忘等心理异常以及由此引起的出汗、尿频、颤抖、头晕、脸色发白等生理异常即属于一般心理问题范畴。在非考试场合，这些心理和生理上的异常变化即可消失。

一般心理问题如果脱离诱发情境而依然长期存在，具有明显的经常性和持续性，则有可能演变为心理障碍。

(2) 心理障碍也称为心理失常，是心理状态的病理性变化，属于心理病理学的范畴。心理障碍与偶发性和暂时性的一般心理问题有质的区别，具有明显的持久性和特异性，与一定的情境无必然的联系，即心理障碍并非由一定的情境直接诱发，但在一定的情境下可以加重。通常是一般心理问题累积、迁延、演变的表现和结果。例如：过度兴奋，不能放松；感到不为他人欣赏，无根据的焦虑；时时、事事、处处吹毛求疵，等等。

(3) 心理疾病是比较严重或严重的心理异常，是多种心理障碍集中或综合的表现。在心理疾病中，多种心理障碍是作为各种病理性症状集中或综合表现在某种心理疾病之中的，是心理状态病理性变化的突出表现，具有明显的稳固性和病态性。

心理疾病可分为轻度心理疾病和重度心理疾病。轻度心理疾病是比较严重的心理异常，一般是指非精神病性的精神障碍，通常具有自知力或自知力稍有不足，能应付日常生活要求或保持对现实的恰当接触，其中包括神经症、人格障碍和性变异。重度心理疾病是严重的心理异常，一般是指精神病性的精神障碍，通常自知力严重缺乏，不能应付日常生活要求或保持对现实的恰当接触，其中包括器质性精神病和功能性精神病。

一、大学生的一般心理困扰

心理困扰主要指在完成人生发展过程中遇到困难而产生的轻度心理问题。大学生作为一个特殊的群体，既要求绝对独立，又对家长有所依赖；敢作敢当，而自我控制能力较差并且对社会了解有限，理想化程度却较高；自信有余，而心理承受能力又不足；情感丰富，但又极不稳定。这些在心理上造成一定的矛盾冲突，带来一系列的困扰与不适应。大学生的心理困扰主要包括以下几个方面：

(1) 环境适应不良。环境适应问题在新生中较为常见。进入大学，同学来自全国各地，家庭背景、饮食、生活习惯、教育环境等相差很大，容易使大学生在心理上产生强烈的不适应，如不及时调整，就会造成心情抑郁、孤独想家、生活缺乏情趣，甚至千方百计逃避新的环境。个别大学生因为难以适应集体生活和新环境，退学回家造成终身遗憾。

(2) 学习的困扰。学习上的困难与挫折对大学生的影响最为显著。上大学前，大学生学习目标明确，学习积极性高，为自己的未来而拼搏，虽紧张忙碌倒也充实愉快。但进入大学后，对专业的不适应、学习强度难度急剧加大、学习方法跟不上、又缺乏老师家长的有效督促，使得很多大学生存在学习方面的困扰。这表现在许多方面：有学习困难的问题，例如学习方法不当而事倍功半、个别课程理解起来比较吃力而出现学习成绩不理想、多门课不及格等；有缺乏学习兴趣的问题，例如对所在学校或所学专业不满，出现厌学情绪；有学习压力过大的问题，不仅考试、升学与就业造成相当大的学习压力，父母望子成龙的期望也构成压力源，许多学生因此出现注意力不集中、考试焦虑、睡眠障碍等问题。

(3) 人际关系的困扰。大学生处于学生向成人转变的过渡阶段，如何与周围的同学、老师交往，如何建立和谐的人际关系，如何参加校、系、班干部的竞选，如何适应外面的世界等都要独立面对，而很多人在这方面缺乏经验，加之自尊心太强、思考问题简单，个别人还会对他人持有偏见。大学同学由于生源广泛，地域上的差异、生活习惯上的差异、表达方式方面的差异、个人秉性特点的差异等，使得初入大学的学生在人际交往中会遇到各种各样的困难，产生困扰，造成心理困惑，有的甚至产生极端行为。无论是欠缺有效的人际交往技巧，还是缺乏满意的人际关系，都会产生不同程度的心理困扰。

(4) 恋爱情感的困扰。在人一生的成长过程中，爱的渴望与需要是一个永恒的主题。大学阶段正是一个人开始从心理上走向成熟、建立亲密关系的初始阶段。大学生可能会因情窦初开而兴奋、害羞，可能会经历浪漫而纯洁的爱情，同样还可能会体验暗恋、单相思、失恋等恋爱中的种种烦恼。为情所困是大学生常见的烦恼，既会为得不到爱而焦灼，也会为失去爱而伤心。

(5) 性的困扰。性的困扰是大学生普遍存在的心理困扰，程度或轻或重，有明显的个体差异。性的困扰包括性的观念、性的行为等方面，涉及性生理的成熟、性心理的发展以及两性相处带来的问题。其具体表现是：对性知识好奇，对异性渴望；有性冲动，但又不知道如何把握感情冲动的"度"。

(6) 职业生涯发展的困扰。大学生不仅关心自己的未来，更关心个人的发展。现有专业是否是我想要的专业？现在的学习和未来的职业有什么关系？为了未来的发展，我应该掌握哪些能力？选择什么样的职业、如何寻找工作、要不要进行职业转换等，都是大学生职业发展中会面临的困扰。

(7) 情绪的困扰。大学生情感丰富而强烈，却具有一定的不稳定性。"郁闷"已经成为大学生群体的流行词。有些大学生情绪波动大，兴奋时眉飞色舞，压抑时总高兴不起来，难以有效地自我调节；有些大学生做事容易紧张，事前犹豫不决，事后不能释怀；还有些大学生容易冲动，遇事不能冷静对待、理性处理，以致造成心理失衡，小则影响身体、耽误学业，大则打架斗殴、报复自杀，带来严重的社会后果。

(8) 家庭关系的困扰。大学生虽然离家异地求学，但与家庭仍然紧密相连。一方面，成长过程中家庭对大学生的影响持续伴随，例如父母间的矛盾冲突以及行为反应等，都会影响孩子日后的行为方式；另一方面，父母对子女的教育也会发生冲突，例如父母过度干涉孩子的自由、父母不适当地给孩子过大的压力、父母过于强势地干预孩子的生活等。

(9) 重大生活事件带来的困扰。亲人丧失、患严重疾病、父母离异、父母失业等重大的生活事件，特别是在急性应激阶段，会严重影响大学生的生活，给个体带来极大的困扰。

二、什么是心理障碍

在临床上，常采用"心理病理学"的概念，将范围广泛的心理异常或行为异常统称为"心理障碍"，或称为异常行为。这里"行为"一词泛指一切可观察的动作或活动，包含了人类功能的几乎所有方面。用社会学的方法来定义心理障碍，是指没有能力按社会认为适宜的方式做出合适的行为表现，它可以是生理性的(如脑损害)，也可以是心理性的(如认知歪曲或动机缺乏)，或者两者兼而有之。

由这些定义可以看出，心理障碍是与心理健康相对的概念，然而，两者之间并非割裂的关系，而是存在一个渐进变化的连续过程。心理学家的研究表明，人群中心理障碍和心理健康的人数是符合常态分布曲线的规律的，如图 12.1.1 所示。

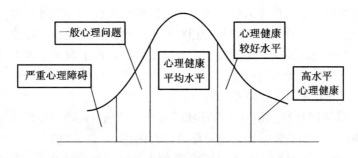

图 12.1.1 心理健康常态分布曲线

由图 12.1.1 我们可以发现，心理健康、一般心理问题和心理障碍是具有渐进发展变化的关系。普通人群中，大部分人属于心理健康的一般水平，一小部分人心理健康水平较高，适应能力好，这类人往往是生活中的成功人士或幸福人士；另外一小部分人具有一些心理问题，但是通过疏导和自我调整，也能够达到心理健康的正常水平，有心理问题也是属于心理正常的范畴，但是若一般心理问题没有得到很好的处理，就有可能转变为心理障碍。心理障碍是常态曲线的负极，人数不多，但他们的问题严重影响了社会功能，阻碍了自己人生的顺利发展，应给予足够的重视。

三、如何区分正常心理和异常心理

在了解了心理健康、一般心理问题、心理障碍三者的关系之后，我们可以怎样来区分正常心理和异常心理呢？以下的方法和原则可以帮助我们区分正常心理和异常心理。

(1) 按医学标准：临床医师们认为根据一个人表现的某种心理现象或行为，便可以找到病理生理变化的根据，从而认定此人有精神疾病和心理障碍。因此是否有脑部病理变化是区分心理正常和异常的医学标准。如我们往往可以发现精神分裂症的患者存在一些脑器质性的改变。

(2) 按统计学标准：在普通人群中，对于人们的心理特征进行测量的结果往往显示常态分布(倒 U 形分布)，如图 12.1.1 所示，其中大多数人处于平均值附近的心理正常范围，而远离中间的两端则被视为"异常"。可见这里"心理异常"是相对的，它是一个连续变量，偏离平均值的程度越大，则越不正常。也有另一种观点认为超出平均值的表现并不一定是异常的，也可能是人的独特个性表现。如果这样，我们就需要参照其他标准来判断是否异常了。

(3) 按社会适应标准：在正常情况下，人体能够维持生理心理的稳定状态，能依照社会生活的需要适应环境和改造环境，因此，正常人的行为符合社会的准则。若一个人不能按照社会认可的方式行事，致使其行为后果对本人或社会产生不适应现象，则认为此人心理异常。如我们身边都有固执己见的人，这是正常的，但是若一个人固执到听不进任何劝告，无法与其他人交流，不能正常生活，那就属于心理异常了。

(4) 按心理学标准：心理学从三个方面来区分正常和异常心理。一是看人的主观世界和客观世界是否统一。例如，如果一个人能感知到客观世界不存在的东西，那么说明他的统一性出了问题，属于心理异常的范畴。二是看人的心理活动是否内在协调一致。心理活动包括知、情、意三个部分，这三个部分协调一致是正常的，不一致则异常。例如，一个人用低沉悲哀的语调来说一件令人愉快的事情，这就说明他的心理过程内部协调性出了问题，属于心理异常。三是看人的个性是否相对稳定。个性形成之后，除非遇到重大应激事件，否则不易发生改变，如果人在没有明显外部原因的情况下做出与本人以往个性大相径庭的行为，则要考虑心理异常的可能。

总的来说，心理异常具有以下心理特征：

① 痛苦感。除了以自我意识丧失为症状的重性精神病外，处于心理异常的人往往有明显的痛苦感觉和体验，如心情烦躁、情绪低落、焦虑等。

② 心理—生理—社会机能紊乱。心理异常的人往往不能保持心理、生理和社会功能的

平衡与协调，常常出现心因性的生理功能紊乱，如失眠、头痛、乏力等，同时也会出现社会功能受损，影响正常生活。

③ 异常心理固着。心理异常的人往往意识领域狭窄，看不到周围积极的事件，而仅将焦点固着在自己的"心理问题"上，为此倍感烦恼。

第二节　大学生常见的心理疾病

案例赏析

小郁今天忍无可忍了，早上 6 时许，他腾地从床上坐起来，指着对床的同学就骂："我忍你很久了……你每天这么折磨我……"他的怒骂惊醒了睡梦中的宿舍同学。看着愤怒的小郁，大家有点丈二和尚摸不着头脑。

劝解他平静下来，大家才知道，小郁最近几乎天天早上听到对面床上的同学在骂他，说他坏话，不让他休息。不仅如此，还明知道他睡眠不好，在晚上故意制造点响声干扰他休息。尤其是最近临近考试，对方变本加厉地影响他，晚上通过腿蹬床铺、磨牙等影响他。

了解情况后，同学安抚了小郁，并及时与辅导员一起带小郁来到咨询中心。经心理老师与小郁交谈，将小郁转诊到专业医院接受治疗去了。

大学生出现的心理疾病，大多数属于轻度心理障碍，如能找到诱因，及时给予关爱和疏导，克服个性缺陷，接受必要的心理指导，大多能得到消除和缓解。严重的心理疾病，如情感知觉障碍的恐惧、忧郁、幻听、幻视等，思维障碍的思维中断或跳跃，各种妄想中的被害妄想，关系妄想等，自我意识障碍出现孤僻、自卑、攻击行为等，都应及时到精神科诊治。

心理疾病又称精神障碍或心理障碍，是指心理(精神)功能紊乱，并达到影响个体的社会功能或使自我感到痛苦的心理异常状态。心理障碍概念的外延较大，而通常所说的精神病概念的外延较小。精神病是指存在明显的幻觉妄想等精神症状，自知力丧失。通常，人格障碍、性心理和性行为障碍、智力发育障碍(精神发育迟滞)虽然也属于精神障碍的范畴，但不属于传统的精神病的概念。大学生常见的心理疾病主要有：

一、强迫性神经症

强迫性神经症是一种以强迫症状为主，不由自主地出现某些想法和动作的心理异常。患者清楚地认识到，强行进入的、自己并不愿意的思想、纠缠不清的观念或行为都是毫无意义的，明知没有必要，但不能自我控制和克服，因而感到痛苦。强迫症的心理异常表现为强迫观念、强迫意向和强迫行为。大学生中患病的同学，表现为总是对自己言行的正确性反复产生怀疑，明知毫无必要，但却无法克制。典型症状如强迫怀疑，寄信时老怀疑是否已经签名，投递后怀疑自己是否写错地址等；或强迫回忆刚做过、早已过去的事情、经历，哪怕是无关紧要的也要反复进行回忆；或强迫行为，反复洗涤、强迫计数等。

案例赏析

小张来到咨询室，向老师倾诉：我特别害怕看见小东西，比如桌子上的小笔帽、小钉子、小螺丝，我见到桌子上细小的东西就会吞食，自己会强迫自己不去吞食，但越想不吞食越会去，控制不住自己。上大学以前因为这事还去过医院。

小李特别担心锁门。每次都不愿意最后一个出宿舍，如果最后一个出门，他总担心门没锁好，中途会返回去看几次。就这样，一上午都不能安心上课。

二、焦虑性神经症

焦虑性神经症又称焦虑症，这是一种具有焦虑、紧张、恐惧，并伴有明显的自主神经功能紊乱、睡眠障碍等的心理疾病，它是一种以显著的负性情绪、紧张的躯体症状以及对未来的担忧为特点的情绪状态。患者常感到内心有一种说不出缘由的紧张与恐惧或难以忍受的不适感，无法摆脱。

大学生中，常见的为考试焦虑症。其特点是学生心理处于消极的低效状态，对考试恐惧，情绪高度紧张，特别担心考试的结果，导致心理活动失调。轻度表现为对平时熟悉的知识回忆不起来、心慌、出汗等，但其思路正常，应试活动能继续下去；中度表现为对较多的平时熟悉的知识回忆不起来，思维的深度和敏捷程度受到影响，有的恶心呕吐，有的尿急、尿频，答卷混乱；重度则表现为心理活动的暂时中断，看卷面茫然，头脑一片空白，甚至发生晕场。

三、抑郁性神经症

虽然正常人也有情绪低落的时候，但持续的时间一般不会太久。抑郁症患者的抑郁情绪可能持续数月乃至数年。抑郁症是大学生中常见的一种心理障碍，主要表现为情绪显著下降、非常悲伤、忧虑，感到自己没有价值、怨天尤人、自责自罪、不愿与人交往、丧失愉快感，还常常伴有睡眠障碍，出现无原因的持续性疲乏、思维迟滞、精神活动减少，在困难面前束手无策，一筹莫展；食欲不振，人体消瘦，甚至会出现死亡的念头或有自杀的行为。有的大学生对枯燥的专业学习不感兴趣，对刻板的生活方式感到厌烦，为自己学习或社交的不成功而灰心丧气，陷入抑郁悲观状态。长期的抑郁状态会导致思维迟钝、失眠、体力衰退等，对个体危害是很大的。

四、精神分裂症

案例赏析

小李本来是一个品学兼优的大学生，但最近半年他的行为有点诡秘，常常半夜起床翻箱倒柜，白天常常独来独往，很少与人搭讪，生活变得懒散，学习成绩明显下降。一次在饭堂打饭时他突然出手殴打一男同学，理由是那男同学抢了他的女朋友。其他同学大惑不解，大家都知道那男同学才是那女孩的真正男友，什么时候那女孩变成了他的女友了？几经追问，包括老师们的调解和调查，才知道小李最近常常听到那女孩叫他去约会的声音。

小李有明显的言语性幻听，与他交谈时，可以感觉到他有点语无伦次，答非所问，偶然看到他自顾自地笑。他诉说常常觉得有人跟踪他，想害死他，称有人用先进的仪器监视着他的一举一动，有人控制他，觉得街边的人都知道他的秘密，都在含沙射影地议论他。小李有明显的被害妄想、关系妄想、被跟踪感、被洞悉感、被控制感，情感反应也不协调，没有自知力，是非常典型的精神分裂症。

精神分裂症的显著症状是情绪紊乱、思维破裂，在感知、记忆、思维、情绪和人格等各方面都有严重的障碍。这种精神障碍比例虽然不高，但危害性大，在高校中因精神病退学和死亡的学生中，精神分裂症是首要因素。下面我们介绍一下精神分裂症的具体表现。

1) 感知觉障碍

精神分裂症最突出的感知觉障碍是幻觉，以幻听最为常见。精神分裂症的幻听内容多半是争论性的，如两个声音议论患者的好坏；或评论性的，声音不断对患者的所作所为评头论足。精神分裂症的幻觉体验可以非常具体、生动，也可以朦胧模糊，但多会给患者的思维、行动带来显著的影响，患者会在幻觉的支配下做出违背本性、不合常理的举动。

2) 思维及思维联想障碍

(1) 患者产生妄想。妄想的荒谬性往往显而易见。也许在疾病的初期，患者对自己的某些明显不合常理的想法还持将信将疑的态度，但随着疾病的进展，患者逐渐与病态的信念融为一体。

(2) 患者产生被动体验。患者丧失了支配感，感到自己的躯体运动、思维活动、情感活动、冲动都是受人控制的，有一种被强加的被动体验，常常描述自己的思考和行动身不由己。

(3) 患者产生思维联想障碍。患者在交谈中忽视常规的修辞、逻辑法则，在言语的流畅性和叙事的完整性方面往往出现问题，患者在交谈时常常游移于主题之外，尤其在回答一些问题时句句说不到点子上，但句句似乎又沾点边，令听者抓不到要点；病情严重者言语支离破碎，根本无法交谈。

(4) 患者思维贫乏。患者言语贫乏，缺乏主动言语，回答问题时异常简短，多为"是""否"，很少加以发挥；每次回答问题时总要延迟很长时间。

3) 情感障碍

患者主要表现为情感迟钝或平淡。情感平淡并不仅仅以表情呆板、缺乏变化为表现，患者同时还有自发动作减少、缺乏体态语言，在谈话中很少或几乎根本不使用任何辅助表达思想的手势和肢体姿势，讲话语调很单调、缺乏抑扬顿挫，同人交谈时很少与对方有眼神接触，多茫然凝视前方；患者丧失了幽默感及对幽默的反应，检查者的诙谐很难引起患者会心的微笑；患者对亲人感情冷淡，亲人的伤病痛苦对患者来说无关痛痒。

4) 意志与行为障碍

(1) 患者的意志减退。患者在坚持工作、完成学业、料理家务等方面有很大困难，往往对自己的前途毫不关心、没有任何打算，或者虽有计划，却从不施行；活动减少，可以连坐几个小时而没有任何自发活动。

(2) 患者产生紧张综合征。紧张综合征以病人全身肌张力增高而得名，包括紧张性木僵和紧张性兴奋两种状态，两者可交替出现，是精神分裂症紧张型的典型表现。

(1) 请学生谈谈他们平时对心理异常的同学的态度，引导他们正确地看待心理异常，并能积极主动地去帮助心理异常的同学。

(2) 案例讨论：

小李是名大三学生，生性腼腆、比较害羞，社交圈子也比较窄。大学一年级的时候，小李因被一男同学当众取笑，开始变得害怕见人，见人就脸红、出汗、发抖、讲话结巴或大脑一片空白，不知从何说起，害怕与别人对视，害怕被人注意，上课是绝对不敢发言的，课余总喜欢独处，集体外出活动总是托词推搪。偶然的目光就能使她陷入窘迫，害怕有其他人在场时吃饭喝水，只要有人注视她，就不能正常言语，甚至有人在场时就不能正常吃饭。她回避聚会拒绝交往，自觉非常痛苦，但无法摆脱。

性格胆怯，极端的腼腆，缺乏自信，对自身的过分关注，都是小李发生社交恐惧的土壤。一次偶然的刺激就将恐惧的情绪与社交的场景联系在一起，回避就成为她避免恐惧的最佳选择，同时也成为她恐惧的牢狱。

第三节　大学生心理咨询与心理治疗

故事赏析

别让自己受小事左右

凡是去过非洲草原的人都会被那里郁郁葱葱的植物和种类繁多的动物所震惊，可是如果真让那些喜欢大自然的人在那里住一段时间的话，他们又常常会感到受不了。这不仅仅是因为那里的天气酷热难耐，而且更多的时候让人们难以忍受的其实是那些无处不在的、以吸血为生的小动物。

有一种叫吸血蝙蝠的小动物在非洲草原上随处可见。它小得极不起眼，不过吸血的本领却一流，据说每年死在吸血小蝙蝠嘴下的野马不计其数。体格庞大的野马怎么会死在吸血小蝙蝠嘴下呢？难道小小的蝙蝠竟然能使野马因失血过多而死吗？

带着一连串的疑问，一批马上就要毕业的大学生来到了非洲草原，他们想要了解野马究竟是如何死于吸血小蝙蝠嘴下的。他们将几十部特制的微型摄像机放到了野马出没的地方，经过几天的跟踪拍摄，大学生们终于看到了野马与吸血小蝙蝠"搏斗"的全过程。

吸血小蝙蝠轻轻地附在野马腿上，然后用锋利的牙齿迅速刺破野马腿上的一块皮肤，同时开始将尖尖的嘴伸到伤口处用力吸血。感到疼痛的野马迅速踢腿、狂奔，可是任凭野马怎样剧烈运动，吸血小蝙蝠都不肯放弃，仍然将嘴埋在那里用力吸血。野马越是剧烈地运动，伤口处的血就越是往外涌，这会吸引更多的吸血小蝙蝠。当越来越多的吸血小蝙蝠飞来的时候，野马仍然不停地奔跑，使劲用力踢踏脚下的植物。吸血小蝙蝠们终于吸得肚皮鼓鼓地飞走了，可是野马却被它们折腾得愤怒至极，到处横冲直撞，简直就像发了疯一样不住地奔跑，最终在精疲力竭中死去。

当这些大学生反复对这些影像资料进行分析，又结合吸血小蝙蝠的吸血量和野马的体格特征进行深入研究之后，他们得出这样的结论：吸血小蝙蝠吸取的血量对于野马来说其实是微不足道的，真正使野马死去的原因根本就不是失去的这些鲜血，而是野马在被小蝙蝠袭击之后的暴怒和剧烈运动。也就是说，如果野马能够按捺住怒气，不理会吸血小蝙蝠的袭击，任凭小蝙蝠吃个饱，它也不会失去多少血，更不会因此丧命。

面对强敌，人们常常依靠勇气和毅力来唤醒无尽的潜力，最终获得胜利的就是自己；可是当面对微不足道的小事时，人们往往不能沉着冷静地处理，结果小事扰乱了其心绪和生活，使其最终在琐碎的烦恼中终其一生。

心理健康是心理素质的集中体现，心理健康水平的高低直接反映了一个人心理素质的高低。了解心理咨询，及时寻求专业帮助，提升自我心理素质，增强应对问题的心理弹性。发现心理疾病时要及时寻求医疗帮助，让生理、心理都健康。

一、心理咨询与心理治疗

心理咨询是指由受过咨询心理学专门训练的专业人员运用心理学知识、理论和技术，针对来访者的各种适应与发展问题，通过与来访者协商、交谈、启发和引导的过程，帮助来访者达到自立自强，增进心理健康和提高社会适应能力的目的。

心理咨询是解决大学生心理问题的重要途径，是高校心理咨询机构的基础性工作。心理咨询不同于一般的开导、劝慰和帮助，它是一项专业性很强的工作，是职业性的帮助行为，其中涉及很多技术性问题。心理咨询之所以对来访者能够产生积极有效的作用，关键在于心理咨询者提供了一种与日常生活中的其他关系不同的一种特殊的关系，在这种关系中，咨询手段及其创造的氛围使来访者逐步认清自己所面临的问题和学会以更加积极的方法和态度对待自己、他人和环境。对于心理正常的人，心理咨询所提供的新经验可以帮助他们解除成长过程中所遇到的障碍，从而更好地发挥个人潜能；对于有心理问题的人，心理咨询可以帮助他们改变不适应的思维与行为方式，建立新的适应方式。

心理治疗是指在良好的治疗关系基础上，由经过专业训练的治疗者运用心理治疗的有关理论和技术，对在精神和情感等方面有障碍或疾患的人进行治疗的过程。

心理咨询与心理治疗有一定的区别。心理治疗的工作对象主要是心理障碍者，如神经症、人格障碍、性变态等，帮助来访者消除精神症状、改变病态行为并重整人格。大学心理咨询机构的服务对象主要是人格健全的学生，着重处理大学生人际关系、学习成才、恋爱交友、成长择业等方面的适应与发展问题。

1. 心理咨询的基本特征

(1) 着重正常人；

(2) 对人一生的发展有重要帮助；

(3) 强调个人的力量和价值；

(4) 强调认知因素，注重理性的作用；

(5) 研究人在制订总目标、计划及扮演社会角色方面的个性差异；

(6) 充分考虑情景和环境等因素。

2. 心理治疗的基本特征

(1) 具有专业的心理治疗师、精神科医生；

(2) 着重有问题的或有障碍的患者；

(3) 强调人在一个阶段中的问题的解决或帮助；

(4) 强调心理治疗师的技术与个人力量的结合；

(5) 重视行为的矫治和认知的结合，注重行为的改变和童年经验的唤醒。

3. 心理咨询与心理治疗的分类

心理咨询与心理治疗行业中有着众多的流派，其中最常见的有"精神分析疗法""心理动力学疗法""来询者中心疗法""现实疗法""行为疗法""交互疗法""格式塔疗法"及"理性情绪疗法"等。据美国心理咨询协会的统计，现已记录在册的心理咨询与治疗的疗法已有 300 种之多，而且还在不断增加。美国心理学家朗敦(Perry Landon)认为，所有这些疗法可大抵分为两大类。一类是"认知领悟"(Insights)疗法，旨在通过改变提高人的认知方式来缓解其心理困惑和障碍。另一类是"行为矫正"(Behavioral Modification)疗法，旨在建立新的条件反射来矫正人的不良行为方式。需要说明的是，心理咨询师可以采用一些心理疗法来帮助来访者解决心理困惑，但仅限于对心理问题与心理困惑用心理学的方法帮助来访者矫治心理行为，不是医疗意义上的治疗。

4. 心理咨询追求的目标

美国著名心理学家、人本主义的倡导者马斯洛认为：心理咨询就是要使人获得"顶峰的体验"。用心理学家岳晓东博士的话就是"登天的感觉"。

心理咨询不同于一般的安慰，它不仅要使来询者开心，更要使来询者成长，使人开心是心理咨询的前奏曲，使人成长是心理咨询的主旋律。成长即通过咨询的过程，使来询者自己想通了，认清问题的本质，知道该怎么做，达到心理平衡。心理咨询力图使个人将不愉快的经历当作自我成长的良机，竭力使人们积极地看待个人所经受的挫折与磨难，从危机中看到生机，从困难中看到希望。从这层意义上讲，心理咨询也在帮助人学会辩证地看待生活中的忧愁与烦恼，但这一切不是靠指教劝导得来的，而是靠启发领悟获得的。

一般人在相互安慰时，总是会劝说对方尽早地忘却其不快的经历。"过去的事情就让它过去吧，明天会更美好的"，这大概是人们平时相互劝慰时的共同准则。

但心理咨询人员不会这样简单地劝说来询者忘却过去，他们要使人从挫折中认真反省自我，总结经验教训，增强生活智慧以能够更好地应付日后生活中可能出现的各种不快经历。在这层意义上，心理咨询就是要使人更好地认识自我，开发自我，激励自我。

此外，心理咨询还要避免使人依赖他人，增强个人的独立性与自主性。心理咨询再三强调要尽量理解来访者的内心感受，尊重他的想法，激发他独立决策的能力，为的是强化来询者的自信心。

所以，任何一个心理咨询过程，无论其性质有多大不同，时间长短有多少差别，本质

上都是要帮助来访者从自卑和迷茫中的泥潭中自己挣脱出来

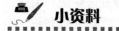 **小资料**

　　现代心理咨询与现代心理治疗是怎样兴起的？

　　心理治疗创立于 19 世纪，但心理咨询却兴起于 20 世纪 40～50 年代。它主要受了三股力量的推动：一是受了人们对"精神分析疗法"日益不满(如疗期过长、咨询关系完全像医患关系等)的影响；二是受了 20～30 年代崛起的职业咨询运动的推动；三是受了人本主义思潮的启发。由于心理咨询运动的不断深入和发展，心理咨询与心理治疗也日趋分化。概括来说，心理咨询主要为人们在日常生活中出现的心理困惑与烦恼提供咨询，而心理治疗则主要为人们在人格、情绪和行为上的障碍及变态行为提供治疗。两者之间没有截然分明的界线，却有着不同的专业评核和训练要求。

　　简单来说，心理治疗人员不但要有心理咨询的知识，也要具备一定的医学知识和训练。而心理咨询人员则没有医学方面的知识和训练的硬性要求。

　　心理治疗作为一种医学手段是自古就有的，但人们普遍将"催眠疗法"的创立作为现代心理治疗的开始。

　　18 世纪末，维也纳医生梅斯梅尔提出了"人体磁场学说"，并将催眠暗示作为其"磁疗"方法的核心手段。19 世纪中叶，法国医生夏可摒弃了梅斯梅尔的"人体磁场学说"，但保留了其催眠技术部分，并以此治愈了一些歇斯底里患者。再后来，弗洛伊德从师于夏可，并在此基础上逐步创立了他的"精神分析学说"。从此，心理治疗作为一门独立的治疗手段，日益受到人们的确认和应用。近年来，以"正念"为基础的正念疗法颇有成效，见附录2。

二、心理咨询与心理治疗的联系与区别

1. 心理咨询和心理治疗的关系

　　心理咨询其实是一个"助人自助"的过程。先由"他助"(来访者求助咨询者)，经过"互助"(咨询者与来访者之间相互了解、理解和谅解)，最后达到来访者"自助"(自己改变认识和行为)的完整过程。来访者并不是为学习某种一般意义上的知识和技能，也不是寻求道德上的教诲。咨询者给予来访者的是一种特殊的帮助，即通过咨询过程使来访者有新的体验，以新的思维方式和角度思考问题，用新的方式去体验和表达思想感情，采取新的行为方式适应环境，并和外界建立和谐的关系。所以有人说："心理咨询不是说教，它是聆听；心理咨询不是训示，它是接纳；心理咨询不是教导，它是引导。"在理解心理咨询时，要特别注意把握好以下两方面的关系。

　　(1) 心理咨询与心理治疗有区别。两者的区别主要有以下几点：① 从服务对象上，心理咨询以有轻、中度个人适应与发展等心理问题、心理困扰、心理冲突的正常人为主，心理治疗则主要以有心理障碍和心理疾病的人为主。② 从工作内容上，心理咨询着重处理的是常人遇到的各种问题，如人际、情感、家庭、环境适应、职业选择、生涯设计等问题。心理治疗的工作范围则主要是某些神经症、人格及行为障碍等。③ 从工作时间上，心理咨

询用时较短，咨询次数一般为一次到几次，而心理治疗费时较长，由几次到几十次不等。
④ 从帮助人员上，心理咨询在大学咨询中心就可实现，心理治疗则需专业医生配合治疗。

心理咨询基本上是平等的咨询关系，以帮助来访者独立思考和决策为其首要目标；心理治疗则基本上是医患关系，以治愈病人的心理障碍或病态行为表现为其首要目标。所以，心理咨询强调咨询者对来访者的尊重和理解，而心理治疗则甚强调患者对心理医师的顺从与配合。

(2) 心理咨询与心理治疗是密切联系的。它们所采用的理论方法常常是一致的，工作对象和目标常常是相似的，都注重建立与来访者之间相互信赖的工作关系。比较合理的做法是根据当事人问题的严重程度，辩证地看待心理咨询与心理治疗之间的关系。

但心理咨询和心理治疗这二者有一点是相通的，就是都要尽量地尊重对方，理解对方。

总而言之，心理咨询就是要使人学会自主自立，也可说："授人以鱼，一日享用。教人以渔，终身享用。"

2．心理咨询中存在的误区

目前，尽管各高校普遍开展了各种形式的心理咨询工作，为帮助大学生适应校园生活，提高大学生的心理健康水平做了大量的有益工作，但是应该看到，仍然有一部分学生遇到问题时，不能及时、主动地寻求帮助，导致心理困扰发展为心理障碍和心理疾病，甚至极个别学生自以为遇到了无法克服的障碍，选择了轻生，给家庭、同学、朋友带来极大的痛苦。究其原因，是大学生对于心理咨询工作还存在着一定的误区：

(1) 有不少学生认为，心理咨询是治疗精神病的，自己没有精神病，用不着心理咨询。

(2) 在咨询中，有一些来访者会期望咨询师能够帮自己解决问题或者替自己做决定。这是一种非常错误的观念，是与咨询的目标相违背的。咨询的目的就是要帮助来访者学会自助，而不是纵容来访者依赖咨询师。咨询师可以引导来访者多角度地看待问题，全面分析问题，引导来访者找出解决问题的正确方法，并监控实施过程，引导来访者获得新的行为方式的内心体验，巩固并获得新的行为方式。咨询师是一面镜子，借助于咨询师，可以让来访者更好地面对自己。

(3) 在来访者中，有一些人往往希望一次两次的咨询就能取得成效，这也同样是来访者的常见误区。

心理咨询是一个过程，绝大多数的心理咨询都需要持续一定的时间。心理咨询不是来访者告诉咨询师自己的问题，然后咨询师回答来访者该怎样的过程。首先，由于潜意识的作用，以及"当事者迷"的原因，来访者往往不能真正认清自己存在的问题以及导致问题出现的原因。他认识到的往往是表面现象，只有经过咨询的过程，才能在咨询师的引导和帮助下，全面客观地认识自己的问题所在并制订出适合自己情况的咨询方案。如强迫行为的矫正就需要在改变认知的基础上，通过强化或消退等"行为矫正技术"改变不良行为；如果是由于非理性观念造成来访者的心理问题，如人际交往问题，就应该把帮助来访者发现认知错误、改变不良认知作为主要的咨询手段，通过"认知行为技术"尝试新的人际交往方式，达到改善人际关系的目的。所以，在看待咨询活动的收效上，要有比较长远的眼光，它往往不是一朝一夕能够取得效果的。

以上可以看出，一方面，心理咨询可以有效帮助学生解决生活中遇到的各种问题，为大学生的顺利成长保驾护航；另一方面，大学生应该树立积极的心理咨询观，通过参加各种形式与内容的心理咨询活动，促进自身的全面健康发展。

三、大学生心理咨询的内容

高校开展的大学生心理咨询，与其他机构的心理咨询相比较，既有相同的地方，又有其特殊性。大学生心理咨询的主要内容涉及学业、人际关系、恋爱与性、个性、情绪、个人发展前途、健康、就业择业以及其他问题(包括家庭问题、经济困难、出国、危急状态等)。少部分涉及神经官能症、人格与性心理障碍等。概括起来大学生心理咨询的内容有以下四个方面。

1. 以心理发展为中心的咨询内容

在人生的发展历程中，人人都会因为成长而不断遭遇各种冲突和困扰。对于成长迅速的大学生来讲更是如此。寻求发展咨询的目的是更好地认识自己，扬长避短，开发潜能，提高学习、工作和生活的质量，追求更完善的发展。这方面的内容包括：大学生的心理特点、大学生的学习目标、大学生的能力训练、大学生的情绪指导、大学生的个性塑造等。

心理咨询师接受过系统、科学的训练，通过与来访者的共同探讨，可以帮助来访者全面客观地认清自我，发现自己的优势和潜能，同时也看到自己尚待发展的地方，共同确定今后努力的方向，制订出合理的发展目标、发展计划，促进来访者的全面发展。寻求发展咨询的对象往往是属于心理比较健康、不存在明显心理冲突、基本适应环境的人。学校心理咨询中心所做的工作几乎都是与发展咨询相关的。

2. 以校园适应为中心的咨询内容

大学生在学习、工作和生活中遇到了各种各样的烦恼，心理产生矛盾。其咨询的目的是排解心理问题，减轻心理压力，改善自己的适应能力。这方面的内容包括：大学新生入学适应的心理问题、大学生学习的心理机制与帮助策略、大学生不良学习方法的纠正、考试焦虑的分析与排解、引导大学生正确与异性交往、大学生人际冲突的妥善处理、大学生人际交往的技巧等。这些问题都是大学生活适应中遇到的问题，产生这些问题的大学生心理基本上是健康的，绝不能够给其贴上"精神病"的标签。这些问题，不去寻求咨询也同样可以自行解决，但是解决的速度往往比较缓慢，甚至在自己的心理成长上积累下一些负面的因素。如果遇到这类问题的大学生能够主动地寻求咨询，在心理咨询师的引导下，认清问题的性质，发现导致问题出现的症结，尝试新的行为方式，体验新方式带给自己的变化，促进新的适应行为的产生，往往能给来访者带来更快更大的变化。

3. 以升学就业指导为中心的咨询内容

随着改革开放的深入发展，高校毕业生就业采取的是双向选择、自主择业的就业政策。因此正确认识自己，制订科学、合理、长远的职业生涯规划，选择有效的求职、就业策略，就成了大学生必须考虑的问题。

在职业高度分化的现代社会中，因为职业选择和工作适应等造成的个人问题正在日益增加。这方面的内容包括：升学就业前的综合心理调整、学生能力性格与职业兴趣的评估、毕业求职的技能技巧等。因此就业咨询逐渐发展成为一项专业服务，劳动部设有职业指导师认证和培训，促进了职业规划、就业指导科学化。通过积极参加职业生涯规划、就业咨询以提高在人才市场中的竞争力，不仅仅是高年级毕业生的问题，也是大学新生的问题。

4．以心理问题处理为中心的咨询内容

当然，也有一部分大学生心理咨询属于障碍咨询。这类咨询的对象属于有不同程度的心理障碍，或患有某种心理疾病，为此苦不堪言，影响了学习、工作和生活。咨询的目的就是通过系统的心理咨询治疗，帮助来访者克服障碍，缓解症状，恢复心理弹性。这方面的内容包括：大学生学校适应不良的心理调整、大学生行为问题(不良生活习惯、品行障碍等)的矫正干预、大学生神经症倾向(焦虑症、强迫症、恐惧症、抑郁症、疑病症等)的矫治干预、大学生性心理问题(性认同障碍、恋物倾向等)的矫治干预、大学生人格障碍(偏执型人格、分裂型人格、强迫型人格等)的矫治干预等。当然，严重者必须转诊以医疗治疗为主、心理咨询辅导为辅。但是，如果发现有精神疾病的倾向，如抑郁症、双向情感障碍、精神分裂症等苗头，咨询老师应协助家长做好就医诊断，患者千万不能讳疾忌医，使问题变得越来越严重，影响学习以及生活质量。

四、大学生心理咨询的步骤

大学生心理咨询的过程一般分为六个步骤：收集信息、界定问题、确立咨询目标、规划咨询方案、实施行动和评估结束。

1．收集信息

收集信息阶段的首要任务是初步建立良好的咨询关系。关系是决定咨询成败的关键。一方面，在咨询初期，咨询师必须了解和掌握来访者详细、准确的情况，才能有助于对问题的界定；另一方面，来访者也要了解咨询师是否关心他，能否对他负责，是否有丰富的咨询经验和行为矫正技术，是否信守诺言，为人保密等。这样，来访者才能决定是否愿意在咨询师面前袒露真情或隐私。处理不好该问题，或者来访者是被迫参加心理咨询时，往往存在较大的心理阻抗，不肯袒露心声。另外良好的咨询关系本身，就是化解心理障碍的重要因素。

收集信息时，咨询师要了解来访者的求助动机、心理问题、个人发展史、人格特点、社会背景和社会适应等情况。咨询师在和来访者交流时一般应注意收集两方面的信息：一是来访者的基本情况，如年级、院系、专业、籍贯等；二是来访者存在的心理问题及产生原因，包括问题何时发生的、问题发生前后的情况等。

2．界定问题

界定问题的主要任务是依据收集到的信息，结合心理咨询的有关知识和经验，对来访者的问题进行界定、诊断，辨明问题的类型、性质和严重程度等，为确立咨询目标和选择咨询方法打下基础。

(1) 判断来访者的问题是否适宜心理咨询。心理咨询不是"万金油"也不是"万能钥匙"，例如来访者主诉头痛、失眠、食欲不佳等，这有可能是焦虑的躯体表现，也有可能属于内科疾病的症状，就需要先进行内科医学检查，排除了生理疾病导致的基础上，再决定进行心理咨询，以免耽误重大疾病的早期诊断，贻误治疗时机。同时，也要注意到，由于

缺乏对心身疾病的认识，许多人对自己的疾病认识仅仅是吃药、打针、理疗等治疗手段，却不知道导致疾病的真正原因既不是细菌也不是病毒，而是自己的心理。如在面临巨大的压力时，人们往往通过头痛、腹泻、胸闷、心律不齐、血压高等躯体疾病的症状，表现出自己的不适应。这时候既需要化学、物理等常规的医疗手段，更需要配合心理咨询、心理治疗才能够既治标又治本。

(2) 判断来访者的问题类型。来访者的问题是多种多样的，有的属于大学生成长中的问题，如青春期性困惑；有的属于行为品德方面的问题；有的属于一般性的心理问题，如人际交往不适；严重的也可能属于某些神经症症状，如焦虑症、强迫症、抑郁症等。

确定问题的类型后，通过对心理问题严重程度的评估，需要进一步确定哪些问题是可以通过心理咨询解决的，哪些问题是需要转介给其他机构或需要借助其他力量干预的。

(3) 结合心理测验进一步诊断。利用实施标准化测验量表，对来访者的行为与心理状态作出系统评估，也是对面谈的有益补充。一方面通过系统的问卷检查，可以发现一些遗漏或误判的问题；另一方面也可以通过问卷定量地确定心理问题的严重程度。常用于咨询活动的测验主要有以下几类：

① 用于评价个人整体人格结构的量表(如卡特尔 16PF 人格问卷，简称 16PF)；

② 用于评价个人心理健康水平的量表。其中又包括一般评定量表(如症状自评量表，简称 SCL-90)、专门评定量表(如孤独症行为评定量表，简称 ABC)、抑郁自评量表(SDS)、焦虑自评量表(SAS)；

③ 用于确定治疗方案的量表(如艾森克人格调查表，简称 EPQ；明尼苏达多项人格量表，简称 MMPI)。

现在，大学新生入学后，各高校普遍进行了大学生心理健康状况的问卷普查工作，利用该调查可以及时、有效地发现、识别大学生中存在的心理问题，针对不同情况，开展积极干预，也是提高大学生心理健康水平的有效途径。常用的心理测验表见附录 3。

3．确立咨询目标

确立咨询目标的主要任务是在咨询双方对来访者问题界定的基础上，共同确立其应向什么方向改变，经过改变后可以达到什么样的状态。例如，如果来访者的问题是适应性不良，就可以把通过强化或消退等手段矫正不良行为作为主要的咨询目标；如果是由于认知的歪曲或错误造成来访者的心理问题，就应该把帮助来访者发现认知错误、改变不良认知作为主要的咨询目标。

4．规划咨询方案

规划咨询方案阶段的主要任务是根据来访者问题的性质、自身特点、外界资源中可供利用的条件、咨询师本身的能力、心理咨询的经验和技术储备，再结合既定的咨询目标来规划设计咨询方案。常用的方法是咨询师与来访者共同制定一个时间表，明确双方在一段时间内做些什么，以及如何做。通过详细的咨询规划，对来访者与咨询师的行为予以适当的约束，避免咨询流于形式。特别是采用行为矫正技术时，这样的计划更需详细。

5．实施行动

实施行动阶段的主要任务是将方案中拟订的行动步骤一一付诸实施。在实施过程中，来访者是主角,在咨询师的指导下要积极进行自我探索,对新的行为方式和新的理念产生理解、领悟,克服不良情绪,或者开始用新的适应性行为代替旧的不适应性行为,并认真体会新行为带给自己的变化。而咨询师则主要起解释、督促、评估等作用,鼓励来访者把行动坚持下去。

6. 评估结束

评估结束的任务是:评估目标收获,为学习迁移做准备。

(1) 评估目标收获。咨询双方根据已确定的目标评估整个心理咨询过程,确认目标达成情况。必要时,这种评估还可以再次利用心理测量。评估的价值不仅在于使来访者明了咨询的收获,还能提供一个机会,让来访者体会经过一段艰难努力终于达到目标的成功体验。这种体验是很珍贵的经验。

(2) 为学习迁移做准备。咨询双方要针对来访者的担心,较详细地讨论来访者在实际学习、工作和生活中可能会碰到哪些问题,怎样利用在咨询中获得的积极经验和收获,去面对这些情况并加以妥善处理,从而扩大咨询效果,促进来访者的更快发展。

需要指出的是,以上六个步骤是相对的,有些步骤可以合并,如收集信息与界定问题往往无法严格区分。在咨询的过程中如果发现了新的重要情况,如前期由于来访者的心理阻抗,未能如实反映问题,这时往往需要重新界定问题,重新制订咨询规划与咨询方案。

第十三章　大学生生命教育与心理危机的应对

　　一个新的人生任务表示一种危机，它的结果或是成功地完成，或是聚焦将来的危机以防对人生构成损害……每一次危机都为下一次危机做准备，正如此一步导向彼一步，每一次危机都为人格发展再立一块基石。

——埃里克森

第一节　生命的意义

一、认识生命

　　生命是个很直观而又很神圣的字眼，也是人们常常挂在嘴边的词。生命教育就是要帮助我们认识并珍爱生命，同时尊重他人的生命，并在此基础上探寻生命的意义，找到自己存在的价值，提升生命的质量，实现生命的意义和价值。那么，到底什么是生命？生命从何而来？生命是由什么组成的？生命的意义何在？对这些问题的思考一直是人们苦苦探索和孜孜以求的。

1. 多彩的生命构成了缤纷的世界

　　沙漠中的绿洲，峭壁上的雪莲花，大树，丛林中的小松鼠、金丝猴等，世界正是因为有了生命才精彩，生命构成了世界存在的基础。各种各样多彩的生命组成了这个五彩缤纷的世界。

　　人是这所有生命体中最活跃、最有灵性、最发达的一支。

　　人的生命是生理、心理、社会属性的复杂统一体。生命的基本过程就是生长和发育。每一个人的生命都是从受精卵开始的旅程，其中包含了新陈代谢、生长、发育、遗传、变异、感应、运动等。

2. 生命的孕育和诞生

　　我们每个人小时候可能都问过爸爸妈妈这个问题，那就是"我从哪里来？"生命的诞生是宇宙中的奇迹。生命在诞生之初的路上就布满了崎岖和曲折：约 50 万个精子里只有一颗可以成为受精卵。约每 6 例的受孕中有一个小生命可能夭折。准妈妈需要约 10 个月的孕育。在怀孕期间，准妈妈的肚子一天天大起来，每个月要去医院检查身体，翻身这个简单的动作，准妈妈也不是很利索就能做到了，有时候腿还会抽筋。准妈妈不敢生病，即使生病也不敢吃药。准妈妈也不敢做剧烈运动，不敢提重物，不敢爬高。除了刚开始几个月的胃口不合,有的准妈妈还要忍受剧烈的呕吐。到了怀孕后期,有的准妈妈脚肿得连鞋子也穿不上。到了生产的日子,准妈妈要忍受大约 12 个小时的痛苦才能迎接小宝宝的诞生。这就是人类孕育的艰辛。每一个生命的诞生都来之不易。

3. 生命的长度

每个人来到这个世界上,从生到死,完成属于自己的整个人生过程,这就是每个人的生命历程。无论古今中外,男女老幼,无论生命长短,职位高低,每个人都是这样度过自己的生命。宇宙的年龄大约 137 亿年,地球的年龄大约 46 亿年,人类历史大约 300 万年,而人的生命长度大概是一百多年。随着科学技术、生活质量和医疗水平的提高,人类的平均寿命也不断提高。

生命线就是每个人生命走过的路线。人间有多少条生命,就有多少条生命线。生命线是你我都有的东西,每人一条,不多不少。

下面请大家试试画出自己的生命线。步骤如下:

(1) 请准备一张白纸,一支红蓝铅笔或者两支彩笔也行,一支彩笔颜色较鲜艳,一支彩笔颜色较暗淡,需要用不同的颜色区分不同的心情。先把白纸横放摆好,写上"×××的生命线"。

(2) 从纸的中部开始,从左向右画一道长长的横线,然后给这条线加上一个箭头,让它成为一条有方向的线,即生命线。请按照你为自己规定的生命长度,找到你目前所在的那个点。如下图:

0 ──────────────────────────────►

出生　　　　　　　　　　　　　　　　　　　　　　　　　　　预测死亡年龄

(3) 请在你的生命线的左边,即代表着过去岁月的那部分,把对你有着重大影响的事件用笔标出来。如下图:

　　　　　　　我考上了大学

0 ─────────── 20 ──────────────── 75 ►

　　我的好朋友背叛了我

注意　如果你觉得是件快乐的事,就用鲜艳的笔来写,并要写在生命线的上方。如果你觉得快乐程度比较高,你就把这件事的位置写得更高些。如果你觉得是不快乐的事,就用暗淡颜色的笔写在生命线的下方,如果你觉得事件的痛苦程度比较高,就把这件事的位置写得更低些。

(4) 写完后,看一看,数一数,在影响你的重大事件中,位于生命线上面的事件多,还是位于生命线下面的事件多?上升和降落的幅度如何?

(5) 在你的生命线上,把你这一生想干的事,比如做什么样的工作、经济收入多少、住什么样的房子、个人情趣等都标出来。如果有可能尽量把时间注明,根据它们带给你的快乐和期待的程度,标在生命线的上方。如果它是你的挚爱,就请用鲜艳的笔墨,高高地填写在你的生命线最上方。当然，在将来的生涯中，还会遇到挫折和困难，比如失业等，不妨用黑笔将它们在生命线的下方大致勾勒出来，这样，你就拥有了一条完整的生命线。

(6) 整条生命线画完后，看看你亲手写下的这些事件，是位于线的上半部分较多还是下半部分较多？是快乐的时候比较多还是痛苦的时候比较多？

如果你的生命线上所标示的事件，大部分都在生命线以下，那么，是否可以考虑调整一下自己看世界的眼光？你对未来的判断估计是不是太悲观了一些？如果是，你对你的情况是否满意？

人生的事情十之八九可能都是不容易度过的。如果你的所有事件都标在了生命线之上，也不一定是值得恭贺的事情。承认自己的局限，承认人生的波澜起伏，承认生命中会有波峰波谷，接纳自己的悲哀和沮丧，都是平常生活的一部分。

每个人的生命线都只有一条，而且它时时刻刻在我们毫无觉察的时候，静悄悄地行进着。你在生命线上的圆点伴随着你的心脏律动，不停地上下跳跃着奔向人生的终点。以前的事已经发生过了，哪怕是可怕的事件，也已经过去了。你不可改变它，能够改变的是我们看待它的角度。一个人的成熟度，在于这个人治愈自己创伤的程度。过去是重要的，但它再重要，也没有你的此刻重要。活在当下，活在此时此刻。

生命最宝贵之处，并不在它的长度，而在它的广度和深度。如果我们能很精彩地过好每一分钟，那么这些分钟的总和，也必定精彩。生命线不是掌握在别人手里，它只有一个主人，就是你自己。无论你的生命线是长是短，每一笔都由你来涂画。

4．生命的结构

下面我们来探讨生命的结构，人的生命由三个因素构成，即生物性、心理性(精神)和社会性。

(1) 生物性。生物性是生命的最基本因素，是生命的心理性和社会性存在的基础和前提。人的生命是以自然生物的血肉之躯而存在，人的生命历程也遵从生物生命的法则和规律。吃喝拉撒是每个人都需要的生存基础，而生老病死也是每个人都无法逃避的自然法则。

(2) 心理性。在生物性的基础上，人的生命还具有心理性。人会思索生命的价值和意义，对生命进行探索，并创造生命的与众不同，这部分也是人的生命超越生物性的表现，也称为生命的精神性。

(3) 社会性。人是生活在人类社会中的个体。每个人要想生存下去，必须要融入社会活动中，在人与人的互动交往中保存自己的生命、实现生命的价值。而正是一代又一代人类社会的发展，才让人的生命在社会生活中越来越丰富，社会性也赋予了人的生命更多的价值和意义。

5．生命的特点

生命具有以下特点：

(1) 生命具有不可逆性。生命是不可逆的。每个生命从胚胎起，便一直生长，发育，直至死亡。没有一个生命可能返老还童，生命不会"从头再开始"，也从来没有彩排。

(2) 生命具有不可再生性。生命的不可再生性是指每个人的生命都只有一次。俗话说"人死不能复生"，生命一旦消失便不可能重新再现，这也是生命最宝贵的原因。

(3) 生命具有不可互换性。每个生命为个体所私有，彼此之间不能交换，不可替代。每个人都只能度过自己的生命，而无法度过别人的生命。

(4) 生命具有有限性。生命的有限性表现在三个方面。首先，生命存在时间的有限，人的自然寿命一般七八十岁，最多百十来岁。其次，生命的无常性，表现在生老病死、旦夕祸福等不可预测，任何人都逃脱不了，任何人必然走向死亡。最后，个体生命的存在不能离群索居、不食人间烟火，每个人都需要别人的帮助、支持和关怀。正是生命的有限性，才促使人去努力思考、发奋创造，积极生活去实现自己生命的意义。

二、生命的价值和意义

1. 生命是有限度的

人的生命是有限的。有人说，人生苦短，应及时行乐；有人说，生命有限，当创新无限。可见，每个人对生命有着不同的认识。生命是一切智慧、力量和美好情感的唯一载体，失去它一切都不存在。它是任何东西都不可能替代的，人的生命价值就在于它是人类创造和实施一切价值的前提和先决条件。

故事赏析

100 元的价值

在一次演讲会上，一位著名的演说家没讲一句开场白，手里却高举着一张 100 元的钞票。面对会议室里的 200 个人，他问："谁要这 100 元？"一只只手举了起来。他接着说："我打算把这 100 元送给你们中的一位，但在这之前，请允许我做一件事。"他说着将钞票揉成一团，然后问："谁还要？"仍有人举起手来。他又说："那么，假如我这样做又会怎样呢？"他把钞票扔到地上，又踏上一只脚，并且用脚碾它。而后他拾起钞票，钞票已变得又脏又皱。"现在谁还要？"还是有人举起手来。"朋友们，你们已经上了一堂很有意义的课。无论我如何对待这张钞票，你们还是想要它，因为它并没贬值，它依旧值 100 元。人生路上，我们会无数次被自己的决定或碰到的逆境击倒、欺凌甚至碾得粉身碎骨，我们觉得自己似乎一文不值。但无论发生了什么，或将要发生什么，你们永远不会丧失价值，你们依然是无价之宝。生命的价值不依赖他人对我们的所作所为，也不仰仗我们结交的人物，而是取决于我们本身！你们是独特的——永远不要忘记这一点！"

从这个故事中，我们可以看出，生命的价值在于我们对别人的影响，在别人的生命中留下我们影响的印记。只要自己看重自己，自我珍惜，生命就有意义，有价值。生命的价值不依赖他人对我们的所作所为，也不仰仗我们结交的人物，而是取决于我们本身！要相信我们到这个世界上来是有目的的，是为了造就自己，是为了帮助别人，是扮演一个别人替代不了的角色，因为每个人在这场盛大的人生戏剧中都扮演着自己的角色。居里夫人曾说，只有当你意识到自己注定要在世上完成一件事、扮演一个角色、必须自立时，你才会努力学习，让自己拥有更多的知识，你才能有所作为，生活也因此具有了崭新的意义。

　　生命的意义是关于生命的积极思考，是个人正在努力实现的自己给予高度评价的生命目标。具体说，包括个人存在的意义，寻求和确定获得有价值的目标，并去接近这些目标。人与动物的最大不同在于人会寻找生命的意义。人会问，我是谁？我生命的意义是什么？每个人来到这个世界上，从生到死，完成属于自己的整个人生过程，这就是每个人的生命历程。有人说生命本身并无意义，地球很大，离了谁都在转动。但是人为了生存、为了活出生命的精彩，为了活出生命的质量，便自然有了为生命不息的追求，从而影响周围的环境，而这种追求就赋予了生命的意义。

　　不同的人对于生命意义的思考是不同的。赫塞说过：生命究竟有没有意义，并非我的责任，但是怎样安排此生却是我的责任。这带给我们的启示是：人生的过程要好好去创造！俄国著名作家奥斯特洛夫斯基说："人的一生应当这样度过：当回忆往事的时候，他不因为虚度年华而悔恨，也不因碌碌无为而羞愧；这样在临死的时候，他能够说：我的整个生命和全部精力，都已经献给世界上最壮丽的事业——为人类的解放而斗争。"他所说是把人的生命赋予了为人类解放事业奋斗而献身的意义。对于我们来说，人的生命是不可虚度无为的。只有懂得生命真谛的人，才可以使短促的生命延长而富有真实的意义。

　　下面我们来做一个心理体验：我一生中最重要的五个梦想。步骤如下：

　　(1) 拿出一张纸，把纸折成五片，静静地默想三分钟，深思熟虑后在五片纸上写下你一生中最重要的五个梦想。

　　(2) 把手上的纸条折叠起来，再次思考一下，这是不是你人生中最想要的五个梦想？你先问一下自己现在几岁了？你想在什么样的年龄达成这五个梦想？如果要用十年或五年时间达成一个梦想的话，你现在的年龄还能等待得起吗？假如从二十岁的你开始算起，当十年或五年过去了，当你的梦想还无法达成的时候，你必须得选择放弃五个梦想中的其中一个，也就是从你手中纸上写下的五个梦想中必须得撕掉一个的话，你想撕掉哪一个呢？(依次重复，最后留下一个你最想实现的梦想。)

　　(3) 当你的人生只剩下唯一的十年或五年的时候，当你唯一的梦想都不能达成的时候，把它拿出来撕掉，撕得粉碎掷在地上。因为你不知道珍惜人生，当生命要走向终点时，你自己还不知道错在哪里。你的人生一直在等待下一次机会。人生没有如果，只有结果和后果！当你在告别世界的时候你说如果当初……还有意义吗？请把你的最后一个梦想拿出来撕掉它。

　　(4) 还记得你一生中最重要的五个梦想吗？请再拿出一张纸，把刚才撕掉的这五个梦想重新写下来，请把它叠好了带回去贴在自己的床头，每天早上起床时对着它大声地读三遍，晚上睡觉前对着它大声地读三遍，把这五个梦想刻在你的心里、印在你的脑海里、流进你的血液里，你就一定会全力以赴地去完成你一生中最重要的这五个梦想！

　　2. 生命是一个过程

　　生与死，是人生起始的两个端点。人生是一条不归路，当你走到终点时，才会想起途中的遗憾。以怎样的态度潇洒度过一生，对我们每个普通人并非一件易事。人的一生都在忙碌、紧张中度过。在这个匆忙的过程中，对于越来越短的时光，每个人都心存畏惧。

🗹 故事赏析

兄弟两个人，他们家住在一座摩天大楼的第80层。这天，两个人深夜回家，恰好忘记了看通知，电梯停了。兄弟俩背着沉重的大背包，商量一下，决定一鼓作气，爬楼梯回家。两人抖擞精神，开始爬楼。爬到20楼的时候，觉得背包很重，两人商量，决定把背包存在20楼，回头再来取。卸下了背包，两个人觉得很轻松，说说笑笑地继续往上爬。

爬到40楼的时候，两人已经很累了，开始相互抱怨指责。哥哥说：你为什么不看通知啊？弟弟说：我忘了看通知这件事了，你怎么不提醒我呢？两个人就这样吵吵闹闹，一路吵到60层。这时候，两人实在疲惫不堪，终于懒得吵了，觉得还是应该安安静静地继续爬楼。当他们终于爬完了最后20层，来到家门口的时候，两个人互相一看，不约而同想起了一件事：钥匙忘在20楼了，在背包里。

这就是人的一生，人生如爬楼梯。刚刚开始的时候，人人都是意气风发的。我们精力充沛，每天都为下一步在积累，在提升。我们背负着沉沉的行囊，行囊里装着理想，装着抱负，装着很多很多的愿望。我们不畏艰险，从脚底下第一个台阶开始上路了。

到了20岁，这是我们走入社会的时候，遇到很多新鲜的事、要应对每一步未来的日子，我们时常会忘了我们当初的行囊，忘了我们此行的目的。开始认同规则了，觉得社会给了我们很多的负担，我们自己奋斗，已经足够疲惫，谁还背着那么多梦想啊？先把它安顿下来吧，等到衣食无忧，有了社会的名分地位，回头来再捡起梦想不迟。顿时有这么一阵轻松，继续前行。

走到40岁，随着年龄的增长，积累越来越多，争斗亦越来越猛，内心越来越焦虑，开始抱怨、指责；觉得社会辜负了自己；觉得自己付出太多，回报太少；自己内心仓皇犹豫，所有意气风发的东西都过去了，人开始变得疲惫、颓唐。就这样吵吵闹闹一路走来。走到60岁，人生过去大半，感觉时光流逝、光阴似箭，开始珍惜时间、感受生活。安静下来，不再抱怨。终于走到了80岁。站在最后的这个终点上，突然之间怅然若失，想起来这一生最宝贵的东西留在了20岁的行囊里，那就是一直还没有打开的梦想，从来没有放飞过，从来没有跟随过自己，孑然一身，走完了一生的历程。但是，20岁回不去了，人生没有从头再来。

3. 生命是体验

就具体一个人的生命来说，从出生到死亡，拥有差不多80年的有效时间。怎样使用这80年是每一个大学生都要认真思考的。虽然在你不知不觉、毫无准备之时来到人世，过去的时间不会回来，未来不可预知。生命是每一天踏踏实实前行的过程中遇见未知的自己与未知的世界。

生命中，从来没有后悔药让你重来一回，不可预知下一步你会遇见什么，每一天是那样的一样又那样的不一样。

一些事不一定再经历。一些人不一定再遇到。一些路不一定再重走。时刻提醒自己，珍爱一切吧。让心中怀着爱与慈悲走在人生的路上，懂得体谅，懂得理解，懂得宽容，懂得谦让。每一个生命，都独一无二。每一个日子，都不可多得。愿每一个生命的每一个日子，温馨，安宁，幸福。

生命是在不断地战胜困难、解决问题、走出阴霾、走过挫折、学会感恩与包容、懂得珍惜与付出中体验生命的意义，活出生命的价值。

当孩子不再麻烦你的时候，可能已长大成人了；当父母不再麻烦你的时候，可能已不在人世了；当爱人不再麻烦你的时候，可能已去麻烦别人了；当朋友不再麻烦你的时候，可能已不再需要你了。当问题不再麻烦你时，可能你已不在人世了。人其实就生活在麻烦中，在麻烦中解决问题，在问题中化解麻烦，在麻烦与被麻烦中升华自己，体验生命过程，丰富生命历程。

因为有你的存在，让他人更幸福。

4. 生命是基因的发展与延续

人有来生吗？我们一般的认识是人无来生，我们总是以为人只能活一辈子，其实不然。在我们有自我意识的时候，觉得"我"是生命的主体，殊不知，我们有很多时候，并不由我们的意识所控制，如心脏的跳动，我们的情绪等。其实我们只是从我们的父母遗传过来的遗传基因 DNA 的表象而已。如果从 DNA 的角度看我们已经活了 46 亿年！我们每一个个体将我们的遗传密码延续下去。生命的意义，不是记在纸上，而是记在我们的遗传密码 (DNA)上！

人类在固有遗传基因的基础上，在真实的社会生活中，塑造、调整着自我，进化着人类。

三、珍惜生命，绽放生命

有人说我们既到世上走了一遭，就得珍惜生命的价值。在某种意义上说，生要比死更难。死，只需要一时的勇气，生，却需要一世的胆识。

1. 生命丧失——死亡

世间万物，有发生，有发展，就有消亡。有生命，就有死亡。理解生命，就不能回避理解死亡。理解死亡才能让我们更好地理解生命。死亡是生命系统所有的、本来的维持其存在属性的丧失且不可逆转的永久性的终止。死亡是丧失生命，生命终止。长期以来，死亡一直是人类的最大禁忌，对死亡的敬畏和恐惧，创造了宗教和神灵，寻找灵魂的救赎。死亡告诉人们，人的生命不是一条没有终点的、无限延长的射线，而是一条有始有终的线段。正因为有了死亡，才有对生命的思考。人类在不断避免死亡中不断地做出行为和选择，在避免死亡中不断地发展和进步，但又必然地死去。死亡将生命穿成一条线。

(1) 死亡具有必然性：死亡是自然流通链中的一个环节，是世界变化中的必然。每一个生命在诞生之初在本能上已经赋予了它终将有一天要面对死亡的事实的生物本能。死亡的必然性是生命有限性的体现，一切生物必然在某一天死去。

(2) 死亡也具有偶然性：虽然死亡的结果是确定的，但是死亡的降临又是不确定的，具有偶然性。死亡的偶然性，正因为死亡的必然性，才显出生命的难能可贵。

(3) 死亡具有不可抗拒性：死亡是每一个生命都不可避免地要经历的，没有人可以抗拒这样的自然法则。

对死亡的理解是对生命理解的关键。如果不了解死亡，就很难全面了解生命。有人说，只有理解死亡的人才是真正活着。死亡让我们更好地珍爱生命，过有价值的人生。对于死亡的恐惧感，是一切有情感机能动物的本能。恋生避死其实是人类正常和健康的心理。一个人对生命的态度往往与对死亡的态度相一致。认识死亡，恰恰是为了更好地活！一个人对死亡理解得比较透彻之后，反而能够把怎样活得好作为自己思考的中心。既然死亡是人生必然要经历的，那么我们该如何看待死亡呢？

死亡是一个自然过程。对于死亡，人类有很多智慧的态度和看法。比如在我国民间，人们谈到死亡，就用"走了""去了"这样的朴实词语来表达。人是宇宙的一部分，死亡后，人的肉体会被分解为各种元素，重新进入到物质循环当中，被人、动植物等生命体吸收，进入新的循环。如果说出生是从无机到有机的过程，那么死亡就是从有机到无机的过程。从这个角度来看，死亡就是从哪里来到哪里去的一个自然过程。

当我们认识到死亡的不可避免，才能克服无谓的焦虑和恐惧，从而思考如何使生命过得更有意义和价值，从被动盲目地活着转变为积极地活着，成为自己生命的主人。

2. 珍惜生命——活在当下

有句谚语说："每出生一个孩子，上帝便决定将世界多延续一会儿。"每醒来一天，就意味着我们的生命又多了一天。但是每一天的醒来让我们习以为常，似乎是理所应当的。所以这样的每一天你可曾珍惜过？生命当中最大的挑战就是活在当下，完整地经历当下，在短暂的瞬间去体验生命的一切可能性，不浪费每一个体验的可能性，并拥有过去经验的承接和对未来的美好憧憬，活在自己生命当中的每时每分和每秒。

时间是组成生命的材料。以一个百岁老人为例，他活了100年，经历了36500天，每一天24个小时，每小时60分钟，每分钟60秒。我们可以很精确地计算出他活了多少秒，看似庞大却有限的数字背后是生命的历程。看似漫长的时间但青春岁月却很短暂。我们每个人并不知道自己到底可以活多少年，但我们每一天都在经历着生命的缩短和时间的流逝。衰老让我们珍惜青春，正如死亡让我们珍惜生命。让每一天都能在充实中度过，是对生命的一种珍惜。

人生无常，寿命不定。生命的长度我们无法控制，但是我们可以拓展生命的宽度。在能够拥有的时间中充分展现生命的色彩，不虚度自己的人生。在面临死亡的时刻，可以坦然处之，这就是生命的全部。

著名哲学家海德格尔提出"向死而生"的观点，他认为生即"向死亡的存在"。人始终以向死而生的方式存在着。他的观点对于我们如何更好地珍惜生命提供了有意义的看法，第一，生命有限。死亡总有一天会降临，每个人的寿命都有一个终结，所以我们应该采取倒计时的方法来拥有生命。第二，生命在无声无息中走向死亡。死亡是必然结局，我们无法改变，但我们能够把握的就是生命的当下，我们也无时无刻不在体验着生命的当下。生才是人生的要义。第三，面对死亡，如何活出自己生命的意义。活出自己生命的精彩，才能从容面对死亡，不惧死亡，让自己的生命完满，让有限的生命绽放出无限的精彩。

第二节　大学生心理危机

大学生的心理危机是指时间较久而无法摆脱的心理症状，心理危机不一定是非常严重的心理疾病与障碍，但是持续影响到大学生的情绪、学习、生活。

一、心理危机的定义和特征

心理危机(Psychological Crisis)，指个体面临突然或重大的负性/生活事件时，既不能回避，又无法用通常解决问题的方法来解决时所出现的心理失衡状态。心理危机一般具有以下特征：

(1) 个体因外在应激事件而引发内在心理失衡状态；

(2) 运用寻常应付方式无法有效处理；

(3) 单纯依靠专业心理帮助也不能解决；

(4) 已经处于心理崩溃边缘；

(5) 出现危机者不一定有精神疾病。

每个人一生中都会遇到各种问题，解决了就是成长；没解决，可能就导致了危机。

危机既可能发生在个人身上，如失恋、学业受挫，也可能出现在家庭之中，如丧失亲人，还可能发生在更广泛的社会范围内，如遭遇自然灾害等。危机包括事件性危机和非事件性危机。事件性危机一般是指某一重大的应激事件，非事件性危机则是一种长期的压力情境。

相同的事件是否会成为危机，还有赖于个体的特征和个体所处的环境。Mann 等提出了应激-素质自杀行为模型。应激因素包括急性精神病、物质滥用、负性生活事件或家庭危机等；素质包括涉及遗传、人格特征等。单一因素不足以引起自杀，应激因素与素质因素共同作用才导致个体发生自杀或攻击行为。

容易陷入危机状态的个体具有以下人格特征：

(1) 注意力明显缺乏，容易出现应付和处理问题不当；

(2) 过分内省的人格倾向；

(3) 遇到危机情境，总是联想到不良后果；

(4) 情绪、情感的不稳定性；

(5) 独立处理问题的能力差。

解决问题时缺少尝试性，行为冲动，常出现无效的反应行为。另外，危机的产生还与个体所处的环境有关。根据卡普兰的理论，个人危机的产生与否取决于个体是否具有足够的应对危机的资源。包括个体是否拥有足够的生活必需品，即衣食住行的条件；心理必需品，如安全感、美、爱等；文化必需品，如家庭、群体交往等。当这些必需品或干预资源过多或严重不足，或出现过多或过少的变化，便可能使个体陷入紧张和恐惧。

二、常见心理危机

1．躯体疾病时的心理反应

(1) 急性疾病时的心理反应。

一是焦虑，病人感到紧张、忧虑、不安。严重者感到大祸临头，伴发植物神经症状，如眩晕、心悸、多汗、震颤、恶心和大小便频繁等，并可能有交感神经系统亢进的体征，如血压升高、心率加快、面色潮红或发白、多汗、皮肤发冷、面部及其他部位肌肉紧张等。

二是恐惧，病人对自身疾病，轻者感到担心和疑虑，重者惊恐不安。

三是抑郁，因心理压力可导致情绪低落、悲观绝望，对外界事物不感兴趣，言语减少，不愿与人交往，不思饮食，严重者出现自杀想法或行为。

(2) 慢性疾病时的心理反应。

一是抑郁，多数心情抑郁沮丧，尤其是性格内向的病人容易产生这类心理反应。可能产生悲观厌世的想法，甚至出现自杀想法或行为。

二是性格改变，如总是责怪别人，责怪医生未精心治疗，埋怨家庭未尽心照料等，故意挑剔和常因小事勃然大怒。他们对躯体方面的微小变化颇为敏感，常提出过高的治疗或照顾要求，因此导致医患关系及家庭内人际关系紧张或恶化。

干预原则为积极的支持性心理治疗结合药物治疗，以最大限度减轻其痛苦。选用药物时应考虑疾病的性质、所引起的问题，以及病人的抑郁、焦虑症状。

2. 恋爱关系破裂

失恋可引起严重的痛苦和愤怒情绪，有的可能采取自杀行动，或者把爱变成恨，采取攻击行为，攻击恋爱对象或所谓的第三者。

干预原则为与当事者充分交谈，指出恋爱和感情不能勉强，也不值得殉情，而且肯定还有机会找到自己心爱的人。同样，对拟采取攻击行为的当事者，应防止其攻击行为，指出这种行为的犯罪性质及可能带来的严重后果，因此既要防止当事者自杀，也要阻止其鲁莽攻击他人。这种情绪一般持续时间不长，给予适当的帮助和劝告可使当事者顺利度过危机期，危机期过后相当长一段时间内，当事者可能认为对世界上的女人(或男人)都不可信，产生很坏的信念，但这不会严重影响其生活，而且随着时间的迁延会渐渐淡化。

3. 亲人死亡的悲伤反应(居丧反应)

亲人死亡后，与死者关系越密切的人，产生的悲伤反应也就越严重。亲人如果是猝死或者意外死亡，如死于交通事故或自然灾害，引起的悲伤反应最严重。

(1) 急性反应：在听到噩耗后陷于极度痛苦中。严重者情感麻木或昏厥，也可出现呼吸困难或窒息感，或痛不欲生呼天抢地地哭叫，或者处于极度的激动状态。

干预原则为将昏厥者立即置于平卧位，如血压持续偏低，应静脉补液。处于情感麻木或严重激动不安者，应给予简短心理治疗使其进入睡眠。当居丧者醒后，应表示同情，营造支持性气氛，让其采取符合逻辑的步骤，逐步减轻悲伤。

(2) 悲伤反应：在居丧期出现焦虑、抑郁，或自己认为对待死者生前关心不够而感到自责或有罪，脑子里常浮现死者的形象或出现幻觉，难以坚持日常活动，甚至不能料理日常生活，常伴有疲乏、失眠、食欲降低和其他胃肠道症状。严重抑郁者可产生自杀企图或行为。

干预原则为让居丧者充分表达自己的情感，给予支持性心理治疗。用简短心理治疗改善睡眠，减轻焦虑和抑郁情绪。对有自杀企图者应有专人监护。

(3) 病理性居丧反应：如悲伤或抑郁情绪持续6个月以上，明显的激动或迟钝性抑郁，自杀企图持续存在，存在幻觉、妄想、情感淡漠、惊恐发作，或活动过多而无悲伤情感，行为草率或不负责任等。干预原则为适当的心理治疗和抗精神病药、抗抑郁药、抗焦虑药等治疗。

4．重要考试失败

对个人具有重要意义的考试失败可引起痛苦的情感体验，通常表现为退缩、不愿与人接触，严重者也可能采取自杀行动。干预原则为对有自杀企图者采取措施予以防止。发生这类情况的大多是年轻人，他们可塑性大，危机过后大多能重新振作起来。

三、心理危机易发人群

需重点关注的心理危机易发人群包含以下几种：

(1) 遭遇突发事件而出现心理或行为异常的学生，如家庭发生重大变故、遭遇重大危机、受到自然或社会意外刺激的学生。

(2) 患有严重心理疾病，如患有抑郁症、恐惧症、强迫症、焦虑症、精神分裂症、情感性精神病等疾病的学生。

(3) 既往有自杀未遂史或家族中有自杀者的学生。

(4) 身体患有严重疾病，个人很痛苦、治疗周期长的学生。

(5) 学习压力过大、学习困难而出现心理异常的学生。

(6) 个人感情受挫后出现心理或行为异常的学生。

(7) 人际关系失调后出现心理或行为异常的学生。

(8) 性格过于内向、孤僻，缺乏社会支持的学生。

(9) 严重环境适应不良导致心理或行为异常的学生。

(10) 家境贫困、经济负担重、深感自卑的学生。

(11) 由于身边的同学出现个体危机状况而受到影响、困扰的学生。

(12) 其他有情绪困扰、行为异常的学生。

尤其要关注上述多种特征并存的学生，其危险程度更大，应成为重点干预的对象。

第三节　大学生心理危机干预

一、心理危机干预及其目的

心理危机干预是一个短期的帮助过程，是对处于困境或遭受挫折的人予以关怀和支持，使之恢复心理平衡的一种方法。危机干预技术是从短期心理治疗的基础上发展起来的，以解决问题为主要目标，并不涉及当事人的人格矫正。危机干预需要治疗者倾听来访者的陈述，故又称倾听治疗。

心理危机干预虽然是在心理治疗的基础上发展起来的，但它在实施原则和目的上都与心理治疗具有明显的不同，明确这一点，对危机干预者形成内在的心理图式和制订有效的干预措施具有重要的指导意义。

心理危机干预的主要目的如下：

(1) 防止过激行为，如自伤、自杀或攻击行为等。

(2) 促进交流，鼓励当事者充分表达自己的思想和情感，鼓励其树立自信心和正确地评价自我，提供适当的建议，促使问题解决。

(3) 提供适当的医疗帮助，处理昏睡、情感休克或激动状态。

二、心理危机干预的主要领域和基本原则

心理危机干预主要涉及的领域包括创伤后应激障碍、自杀、性暴力、家庭暴力、药物成瘾以及丧失亲人等诸多方面，在这些危机干预领域，心理咨询师的贡献是不可替代的。

创伤后应激障碍(PTSD)是因不同寻常的威胁性或灾难性心理创伤而导致延迟出现和长期持续的精神障碍，其基本特征是对创伤事件的适应不良。这是危机干预工作者经常遇到的一种危机状态，战争、暴力、绑架、强奸等重大事件都可能导致个体出现 PTSD。一般对 PTSD 患者要进行支持性治疗和宣泄性治疗，要鼓励他们努力适应社会生活。危机干预中，对求助者的任何心理创伤经历，心理咨询师都不能忽视或者轻率处理，以避免 PTSD 症状的恶化。

自杀是危机干预的重要领域。对于可能自杀的危机求助者，咨询师需要善于捕捉各种自杀危险信号，把握求助者发出的求助信号，从而判断自杀危险程度，采取相当果断并且直接有力的干预措施。对于具有自杀家族史，曾有自杀未遂史，经历丧偶以及精神病、药物滥用者，需要特别警惕其自杀的可能性，给予必要的预防策略和干预措施。家庭暴力的实施者多为男性。心理危机干预工作者应当了解到，那些对女性有过分依赖和强烈占有欲的男性，那些缺乏自我控制能力、只会表达愤怒而不会表达其他情绪的男性，以及那些幼年曾受虐待、酗酒或吸毒的男性，都具有出现暴力行为的可能性。对这些男性，咨询师应努力增强他们的自尊感和责任感，发展人际交往能力，并使用认知疗法纠正其不合理的性别观念。同时，保证女性求助者尽可能地安全，鼓励女性求助者请求朋友和邻居的帮助，寻找避免虐待的替代方法和行动计划。

心理危机干预的基本原则有：

(1) 迅速确定要干预的问题，强调以目前的问题为主，采取相应措施。

(2) 必须有其家人或朋友参加危机干预。

(3) 鼓励自信，不要让当事者产生依赖心。

(4) 把心理危机作为心理问题处理，而不要作为疾病进行处理。

三、心理危机干预的步骤

1．心理危机评估

在实施干预措施之前，应首先对心理危机的严重程度进行评估。对危机的评估主要涉及以下三个水平。

(1) 紧急程度评定水平。紧急程度评定水平包括危机的严重程度评估，求助者或他

人是否存在生命危险，即是否有自杀、攻击或杀人等其他危险；危机根源的认定，即影响个体的是危机事件本身，还是在处理危机事件过程中出现的过渡状态，还是社会文化因素。

(2) 危机状况评定水平。对处于危机中的个体进行综合状态的评定，包括危机面临者的认知状态、情感反应、行为改变的程度，以及躯体反应方面的表现等。

(3) 自杀危险性评估水平。虽然处于危机中的人不一定都会出现自杀的意念或行动，但危机干预者必须在整个干预过程中经常了解自杀的可能性，因为自杀行为有多种形式，并且可能以多种形式进行掩饰。危机干预者应该认识到，每一个处于危机中的人都存在自杀的可能性。具体的评估办法将在下面的部分详述。

2. 有效步骤

了解心理危机的紧急程度和个体的反应特点，对于实施危机干预措施会更加有效。尽管危机的形式和个体的反应都具有很大的特异性，但处理危机的步骤仍有经验性的模式。人们总结了大量的危机干预步骤及其效果后发现，危机干预者往往采用相对直接和有效的干预方法来处理危机，这些方法可系统归纳为六个有效步骤：

(1) 确定问题。准确把握危机者的问题是危机干预是否有效的关键，即从求助者的角度，确立和理解求助者本人所认识的问题。采用核心倾听技术，包括同情、理解、真诚、接纳以及尊重等，确定当事人所面临的问题。

(2) 保证求助者安全。保证求助者安全应作为危机干预的首要目标，即把危机者对自我和对他人的生理和心理的危险性降低到最小。这是整个危机干预过程中应该时时谨记的，也是危机干预最起码的目标。

(3) 给予支持。通过与危机者的交流和沟通，让他们知道有人能够关心和帮助他们。工作人员不评论和评价危机者所遇到的问题，以及应对和处置是否合适，而是无条件地接纳求助者，鼓励和支持他们做出积极的反应。

(4) 提出并验证可替代的应对方式。危机干预人员帮助当事人客观地看待其问题，寻求并评估各种可能的选择，从中找到有效的应付方式。可供选择的途径包括从环境中发现那些过去曾帮助过自己，而现在很可能还会帮助自己的人；列出当事人可以用来应对目前危机的行动、行为方式或环境资源；从当事人的思维方式中找出能够改变对问题的看法并减轻应激与焦虑水平的想法，增加思维的灵活性，准确地判断什么是最佳的选择，建立积极的、建设性的思维方式。

(5) 制订计划。与当事人一起制订行动步骤以改变情绪的失衡状态。这一计划的核心包括两个方面，一是当事人自己的努力，二是要有外界的直接介入和支持。当事人要选择一系列能够采用的、积极的应付机制，同时有明确的支持者、支持团体或机构。

(6) 得到承诺。要让当事人清楚他应采取的行动是什么，应如何实施，并且应明确承诺他将严格按照计划进行。如果计划制订的过程得到了保证，得到当事人的承诺就很简单了。这里的关键是让当事人清楚他们的选择，并确保能够落实。

案例赏析

20岁的女大学生刘某，因交往多年的男友突然要与她终止恋爱关系，十分伤心和悲痛。

一周没有上课，很少进食，睡眠极差。在同宿舍同学劝说下求助于心理咨询中心。

　　首先咨询人员对求助者的认知状态、情感状态和精神活动进行了评估，通过观察和询问，了解到求助者情感淡漠，情绪低落，日常行为活动减少，但语言流利，思维正常。求助者的核心问题是"失去他我无法生活"。进而咨询者对其自杀可能性进行判断，了解到求助者"觉得活着没有意义"，但并没有过明确的自杀念头。

　　随后，咨询者通过与求助者长时间的沟通和交流，耐心地倾听求助者对以往感情经历的叙述以及事件发生后所受打击的倾诉。在这一过程中，咨询者主要是倾听和无条件地接纳对方，以简单的回答和目光交流给求助者以回应，尽量不打断对方，给求助者充分宣泄负性情绪的机会，使求助者感觉找到了一个理解和支持她的人。同时咨询者要分析求助者的危机心理，这是件意料之外的、无法控制的事件，危机所带来的是损失、消极和羞辱。在这类有关丧失的危机事件中，往往求助者不仅失去了对方，更重要的是同时失去了自己。她和他日积月累的、在无数次重复的相互作用中固定了的日常生活破碎了，她依据他们的共同生活所制订的所有未来的计划都要不得已放弃或进行修改，她所面临的是孤独和一连串新的要求，她要去面对的是全然不知所措的另一种生活。因此，咨询者要给予求助者支持，帮助求助者从悲哀的情绪中转移到有所作为地对待目前的处境，为她提供必要的信息，包括其他人遇到同样问题时会采取的办法，以及帮助求助者回忆以前解决难题时的成功经验，使求助者增强信心，相信自己能够渡过难关。

　　当求助者开始考虑如何能解决问题时，就意味着危机有了转机。根据求助者的特点，咨询者采用合理情绪治疗法对求助者进行了进一步干预。并帮助她使用自控行为技术在几星期内发泄自己的悲痛情绪。这样，咨询者和求助者共同选择了一个适合她的境遇的治疗方法，并且制订了详细、具体的执行计划。刘某用10盒磁带记录了她在这段时间内的情感和行动，直到渡过了这段危机。

　　在处理这样因丧失而导致的危机时，工作人员首先还是要保护求助者的安全，同时，可以通过一些问题，对求助者所处的状态进行评估。即认知状态、情感状态和精神活动三个方面。比如求助者对危机认识的真实性、一致性、持续时间，是否想过如何改变这种处境等。如果求助者所处的情感状态表现出过度的情绪化、失控或是严重的退缩和孤独，工作人员可以帮助他们逐步表达出内心的感受，恢复自控。

　　总之，工作人员应当利用自己的各种资源，倾听和帮助求助者。虽然他们很难忘记丧失，也很难再回到丧失前的平衡状态。但是，危机干预可以帮助他们在发展中重构。在这里，也应当注意，工作人员不要把自己的悲伤体验投射在求助者身上。因而，工作人员应当预先端正自己对待死亡、丧失的个人认识和职业态度。

四、心理危机干预的注意事项

　　心理危机干预的效果在很大程度上是由处理危机的专业人员决定的。专业人员的个人特点和所表现出的专业素质是很关键的。从危机干预者的个人特点来看，丰富的个人经验、娴熟的专业技巧、镇静、精力充沛、富有创造性与灵活性以及快速的反应能力等都是非常重要的因素。除此以外，在危机干预中专业人员应采取以下策略，以保证达到干预的效果。

1．及时给予精神支持

在了解心理危机真相的基础上，及时判断当事人的处境、情绪状态及其所做出的反应，及时肯定其合理的决定，相信他们有能力来应付危机，鼓励他们采取有效的措施应对所面临的问题。对他们在危机状态中所表现的不合理的情绪和行为则不予强化，但也不指责、批评。

2．及时提供宣泄情绪的机会

处于心理危机中的人往往有强烈的情绪反应，如果不能得到及时的宣泄，不仅会使个体一直处于紧张状态，而且对有效应对危机也很不利。工作人员应及时地给处于危机中的人提供情绪宣泄的机会，协助他们宣泄负性情感，如愤怒、恐惧、仇恨、沮丧等。

3．给予希望和传递乐观精神

工作人员应及时向处于心理危机中的人传达积极的信息，可以有效地缓解他们对自己的疑虑。当事人面临危机时的普遍反应就是失望和对自己能力的怀疑，这时危机干预的任务就是帮助当事人客观分析他们的处境、所拥有的应对资源，激发他们的动力，并鼓励他们采取积极的行动，对未来持乐观的态度。这种鼓励和支持只要不过分、不失真，就会收到良好的效果。

4．倾听和接受

在心理危机干预过程中必须始终采取接受、理解、关心和宽容的态度，自始至终倾听求助者的倾诉，保持高度关注和积极参与。工作人员设身处地地理解、接受和尊重会极大地促进当事人的积极行为。

5．做出及时的反应

工作人员在全面了解心理危机发生经过的基础上，对求助者所诉说的有意义的情况应及时作出反应，对无关情况则应淡然处之。应始终保持对当事人的应答反应，不仅有利于会谈的连续性，而且这种及时的应答反应本身就具有积极的安慰和镇静作用。当事人从中可以感受到工作人员的关注和投入，从而增强对工作人员的信任和战胜困难的信心。

6．尊重和理解

工作人员要尊重和理解心理危机者的情感，以客观的态度讨论任何问题，不要轻易加以指责，或表现出"不应该""不行"的态度。当事人在危机状态下会有一些过激的情绪反应以及不理智的行为，这需要工作人员帮助他们客观地分析所面临的问题，找出问题的关键，并同他们一起探讨适当的反应。对于他们无效的反应方式和情感则可以不予理会，不能对他们的无效反应进行指责。

心理危机干预理论为心理危机干预实践提供了依据，危机理论与心理治疗联系起来便形成了心理危机干预模式，它为危机干预方法和策略提供了基础。为了帮助求助者尽快从危机中解脱出来，以下原则是非常重要的。

(1) 指导处于心理危机中的个体及时、有效地接受帮助。危机干预者通过采用问题解决技巧和其他技术激发求助者的能力，把注意力放在求助者人际关系冲突和角色功能失调等核心的方面，并把寻求解决问题的方法和途径作为核心的问题加以关注。

(2) 帮助危机者有所作为地对待危机事件。帮助当事人对事件的发展进行预测，了解自身的资源和可能的解决办法，并帮助他们确定解决问题的步骤，督促实施。

(3) 向危机面临者提供必要的信息。包括其他人可能会采取的应对策略，当事人的个性特点、自我功能、社会文化因素的影响途径等，并对当事人的疑虑进行说明，增强其解决问题的信心。

(4) 不要责备他人，以防止求助者不去承担责任而采取消极回避的方式。处于危机中的人很容易把问题的责任推给别人，这不仅无益于问题的解决，反而容易造成当事人更大的情绪反应

7. 劝告和直接提出建议

工作人员应随机应变，根据当事人的具体情况给出具体的、可行的建议。泛泛的建议不但不能奏效，而且还可能会导致当事人产生消极的情绪。

五、大学生心理危机的心理护理

心理护理的目标包括满足学生的需要，调整学生的社会角色，调节学生的情绪，缓解学生的心理社会应激，帮助学生增强适应和应对能力，处理学生的身心反应。

1. 协助学生满足合理需要

人类有生理的、安全的、心理的、社会的、精神的五个方面的需求。这些需求是相互联系的，健康的需求可分解成这五种需求。低层次需求的不满足会限制高层次的需求，高层次需求的不满足又可影响低层次需求的满足。心理护理的基本任务在于察知学生有关的需求内容和程度，以及需求不满足发生的内在联系，以协助学生获得这些需要或正确对待失望和困难。如果学生的需要得不到满足，就会有以下行为异常的表现：焦虑、疼痛、感觉剥夺、应激、无能为力、绝望、敌意、愤怒、孤独、躯体形象改变以及对环境适应不良等。因此，协助学生满足其合理需要便成为心理护理的一个重要内容。

2. 调整学生的社会角色

教师诚恳真挚的语言，和蔼的态度，对学生都是莫大的安慰。同时，尽力满足学生的生活需要，给予精心关照，以减少学生的心理紧张，防止角色行为异常的发生。如果学生产生恐惧、焦虑和绝望心理，甚至产生轻生念头，教师一旦发现，应该运用心理护理加以干预，帮助学生角色向健康转化。

3. 调节学生的情绪

发展积极情绪，创造能表达情绪的环境，如听音乐、散步、静思、与挚友畅谈、给亲朋好友写信等。发展积极的自我感觉，从情境中去体验积极的感受，如幸福感、愉悦感、对生活充满热情和渴望等。学会有效解决问题的方法，凡是能成功地解决新发现的问题，就会感到快乐。

大学生应学会面对危险情境不畏惧、不焦虑、不回避，积极应对，合理解决。遇到无法应付的焦虑情境时，应暂时作战略性的撤离，在增强应对能力后再去应对。在做好充分准备后，要立即应对危险情境，不要让消极情绪长期存在下去。疏泄和平定情绪，找合适的场所和替身充分发泄出不满情绪，有助于平定情绪和解除敌意。

4．缓解学生的心理社会应激

大学生应提高适应环境的能力。要塑造良好的个性，以便适应社会的发展，对预计发生的事件应做好充分的心理准备，防止被突如其来的打击击败。要有自知和自信。只有自知，才能扬长避短，树立自信心，充分发挥自己的绝对优势，达到预定目标。创造良好的环境，建立良好的人际关系和获得社会支持，都有利于缓解心理应激，抵消负面事件的消极作用。

5．增强学生的适应和应对能力

适应是指机体在遇到环境变化时，应会产生相应的行为，以便个体在变化的环境中再生活下去。适应反应是以防卫反应理论为基础，而防卫反应是由一定动机所驱使的，目的在于回避精神上的不快和痛苦。典型的自我防卫反应有：否认、幻想、补偿、同一化、投射、合理化、反向作用、情绪分离、孤立、退化、升华、抵消等。"应对"一词是用来说明人类应对环境改变的行为。而适应、应对行为分两类：一是增加对机体危害的行为。心理护理应对这些有害健康的适应、应对机制进行心理干预。二是降低对机体危害的行为和采取自我保护的行为，如预先了解所要发生的问题的性质而主动地寻求帮助等。心理护理要帮助学生合理地使用其适应、应对行为，使之向有利于机体康复的方向转化。

6．处理学生的身心反应

疼痛是常见的身心反应。处理疼痛除了使用止痛药和镇静药外，最有效的办法是心理暗示止痛和采用抚摸、与学生交谈、欣赏音乐、看电视等转移注意力的方法。疼痛常常使学生有所失，进而发展成为行为退缩。处理的最核心的方法莫过于提高认知能力。孤寂是一种意识到与某些必要的人或物分离的体验，它不同于孤独。处理的办法是扩大学生与客观世界的接触。对疾病带来的功能或解剖结构的丧失而导致身体的变化，心理护理的目标在于协助学生接受身体的改变，鼓励学生参与治疗，学会自己照顾自己，争取社会支持和亲友的配合。

小知识 🗒

一、学生可以做什么？

1．自助

这个世界虽然不完美，但我们仍然可以疗愈自己。所有发生在我身上的事情，对每一个人来说它都会是相同的不愉快的经验。

第一，遇到让你很痛苦或影响你的工作或社交功能的心理问题时，要主动寻求帮助。

第二，要相信会有人愿意帮助你，但是你得将自己真实的困难和痛苦告诉给你信任的人，否则他们将一无所知。

第三，如果你的倾诉对象不知道如何帮助你，可以向心理热线、心理咨询人员或精神科门诊寻求帮助。

第四，有时为找到一个真正能帮助你的人需要求助于几个不同的人或机构。你应该坚持下去，提供帮助的人一定会出现。

第五，解决心理危机通常需要一个过程，可能你得反复地见咨询人员或心理医生。

第六，如果医生开了药，应按医嘱坚持服用。

第七，避免使用酒精或毒品麻痹你的痛苦。

第八，不要冲动行事。强烈的痛苦会使你更难做出合理的决定。

2．助人

当一个人处于极端狂怒、消沉中，就想一了百了解决自己时，我们不能指望他自己去调节情绪平复心情，要主动去帮助他，让他知道你在听，你关心他，你理解他。不要让他一个人待着，要陪在他身边。如果是自己的好姐妹惨遭分手，多去倾听她诉说，然后找机会安慰。如果是年轻人投资失败，就为他分析形势，告诉他机会还有很多。不要刺激他，这时候"激将法"是没有用的。用"你去死啊，我谅你也不敢"这样的话去刺激对方相当于火上浇油。如果你的朋友情绪低落到一言不发，那就拉着他去打场球或者做点其他事，以分散注意力，将他暂时带离那个冲动的漩涡。如果对方极度冲动，谁的话都听不见，就立即强制性地控制住他，远离水源等，以免他在冲动时做出极端行为。

二、当同学出现心理危机时，我们应该怎么做？

第一，事先应知道他们可能会拒绝你要提供的帮助。有心理危机的人有时因难以承认他们自己无法处理自己的问题而加以否认。不要认为他们的拒绝是针对你本人。

第二，向他们表达你的关心。询问他们目前面临的困难以及困难给他们带来的影响。鼓励他们向你或其他值得信任的人谈心。

第三，多倾听，少说话。给他们一定的时间说出内心的感受和担忧。不要给出劝告，也不要感到有责任找出一些解决办法，尽力想象自己处在他们位置时是如何感受的。

第四，要有耐心。不要因他们不能很容易与你交流就轻易放弃。允许谈话中出现沉默，有时重要的信息会在沉默之后出现。

第五，不要担心他们会出现强烈情感反应。情感暴发或哭泣会使他们的情感得到释放。

第六，保持冷静。要接纳，不做批判。也不要试图说服他们改变自己内心的感受。

第七，对他们说实话。如果他们的话或行为吓着你了，直接告诉他们。如果你感到担忧或不知道该做些什么，也直接向他们说。不要假装没事或假装愉快。

第八，谈出自己的感受。每个人都偶尔会感觉悲伤、受到伤害或绝望。向他们谈出你的感受。这样会让他们知道并不是只有他们才有这样的感觉。

第九，询问他们是否有自杀的想法，这样不但不会引起他们自杀，反而会挽救他的生命。可以这样问：

"你是否有过很痛苦的时候，以至于令你有想结束自己生命的想法？"

"有时候一个人经历非常困难的事情时，他们会有结束生命的想法，你有那种感觉吗？"

"从你的谈话中我有一种疑惑，不知道你是否有自杀的想法？"

不要这样问："你没有自杀的想法，是吧？"

第十，不要答应对他们的自杀想法给予保密。

第十一，相信他们所说的话。对任何自杀迹象均应以认真对待的方式流露。

第十二，如有自杀的风险，要尽量取得他人的帮助以便与你共同承担帮助他的责任。在学生不愿求医的情况下，你仍然能够寻求专家的帮忙。

第十三，让他们相信别人是可以给予帮助的，并鼓励他们寻求他人的帮助、支持。如果你认为他们需要专业的帮助，应向他们提供有关信息。

第十四，如果他们对寻求专业帮助有恐惧或担忧，应花时间倾听他们的担心，告诉他们大多数处于这种情况的人需要专业帮助，解释你建议他们见专业人员不是因为你对他们的事情不关心，而是想让他们得到更好的帮助。

第十五，如果你认为他们即刻自杀的危险性很高，要立即采取措施，不要让他们独处。除去自杀的危险物品，或将他们转移至安全的地方；陪他们去精神心理卫生机构寻求专业人员的帮助；如果自杀行为已经发生，立即将其送往就近的急诊室。

第十六，给予希望。让他们知道面临的困境能够有所改变。

第十七，在结束谈话时，要鼓励他们再次与你讨论相关的问题，并且要让他们知道你愿意继续帮助他们。

大学生团体心理辅导

第一节　团体心理辅导概述

一、什么是团体心理辅导

团体心理辅导是大学生心理健康教育工作的重要组成部分，对大学生维护自身心理健康具有巨大的推动作用。它是在团体情境中提供心理帮助与指导的一种心理辅导与治疗，是通过团体内人际交互作用，促使个体在交往中通过观察学习体验，认识自我，探讨自我，接纳自我，调整和改善与他人的关系，学习新的态度与行为方式，以发展良好的生活适应的助人过程。

二、团体心理辅导的类型

团体心理辅导可以其依据的理论、所具备的功能、参加的对象不同等作为分类依据，对其做出不同的分类。

1. 按照团体心理辅导所依据的理论进行分类

按照团体心理辅导所依据的理论进行分类，可将其分为以下五种。

(1) 精神分析团体。精神分析团体治疗主要以精神分析学派的动力学理论作为指导，鼓励团体成员借用团体所提供的安全氛围，开展对内的自我探索，从而达到意识与潜意识之间的联结，获得个人的成长。

(2) 行为主义团体。行为主义团体治疗主要依托行为主义的各项理论展开，帮助参加团体的成员借由团体提供的安全氛围，达到对自身不良行为(如吸烟、酗酒等)进行矫正与控制的目的。

(3) 人本主义个人中心团体。人本主义重视人的价值与内心体验，因此人本主义团体更加关注个人的内心世界，鼓励团体对其成员进行无条件的接纳与设身处地的理解，帮助团体成员在活动中重视自己的内在感受，提升自己的价值与内心的幸福感。

(4) 认知行为团体。认知行为团体更加强调人的主观思考与个人行为选择之间的关系，其最终目的是调整和控制团体成员原有的各种不良行为与行为模式。但与行为主义团体对成员的行为进行直接的干预不同，认知行为团体更加强调从思想上对个人的心理活动进行认知矫正，通过团体成员之间的相互交流，改变成员之间原有的不合理信念，从而调整自身的行为。

(5) 其他团体。伴随着心理学理论的不断丰富与发展，各种学术流派与理论不断涌现，团体心理辅导也呈现出百花齐放的趋势。这些非常受欢迎的后现代心理咨询理论往往为我们提供了生动活泼的团体辅导形式，如萨提亚团体心理辅导、叙事心理辅导、心理剧团体、绘画艺术团体等。

2. 按照团体心理辅导所具有的功能进行分类

按照团体心理辅导所具有的功能进行分类，可将其分为以下三种。

(1) 成长式团体心理辅导。成长式团体心理辅导是大学生心理健康工作中最为常见的一种团体活动形式。其目的在于通过团体活动的方式，为团体成员提供丰富的实践锻炼机会与人际交往体验。成长式团体通常具有教育功能，可预防个人或人际困扰问题，它通常以一种不具有威胁性的方式进行团体活动或讨论。团体领导者为团体成员提供不同的主题信息，然后从团体成员那里得到反应和评论，通过上述活动帮助成员进行积极的自我探索，达到心灵成长的目的。本书中所介绍的多个团体心理活动就是成长式团体在大学生心理健康工作实践中的具体体现。

(2) 训练式团体心理辅导。训练式团体心理辅导有明确的行为指导目标，其团体目的是通过不断的训练与强化，帮助团体内的成员在某些行为或心理品质上达到团体所要求的目标。例如，在开学初期，对辅导员和新进教师所进行的心理技能团体辅导就属于此类团体。

(3) 治疗式团体心理辅导。治疗式团体主要突出其对团体成员的心理治疗功能。通常情况下，它由在日常生活中表现出相同问题或类似心理症状(同病相怜)的个体成员所组成，并在专业的心理治疗师的指导下，通过团体所具有的特殊形式，对每个成员的心理问题进行有针对性的专业化治疗。

3. 根据参加团体对象的不同对团体心理辅导进行分类

据参加团体对象的不同，可以将团体心理辅导分为儿童团体、青少年团体、大学生团体、成人团体、老年人团体以及某些特殊人群的团体辅导等。

三、团体心理辅导如何起效

欧文亚隆在其所著《团体心理治疗理论与实践》一书中，对团体产生治疗的各项因子进行了总结，并将其归纳为以下 11 个因素。

1. 重塑希望

对任何心理治疗来说，让来访者保持对于未来生活的希望都是产生治疗效果的重要因素。团体开始前，成员所获得的高度期待与团体所取得的积极结果之间存在着显著的正性相关。团体所特有的希望感也是团体发挥作用的重要资源。例如，在戒酒会成员的每次聚会中，邀请已经取得戒酒成功的团体成员对自己的故事进行介绍，有利于增加其他团体成员对良好结果的期待。

2. 普同性

当个体面对自身的心理困扰时，他们总是忧心忡忡地认为自己是唯一的不幸者，他们的想法不能够被其他人所接受。这样的心理反应有一定的道理,但在某种程度上,我们每个人其实都存在这样的问题。当遇到困扰时,我们往往会极端地放大,孤立自己的感受,使我们无法与他人进行交流。而团体心理辅导恰恰为我们每个人提供了一个包容接纳的环境,它使得具有相同困扰的人能够走到一起,为彼此提供"同是天涯沦落人"的心理支持。当来访者感受到自己和别人的相似之处,并且与人分享自己最深层的忧虑时,他们的心理困扰便被提上了尝试解决的进程。

3. 传递信息

传递信息是由团体的领导者或治疗师向团体成员提供教导式的心理健康教育指导,例如向团体成员讲解某些心理困扰的典型症状、心理机制以及心理干预的指导原则等。但与课堂中的心理健康教育课程不同,在团体中,指导者与团体之间是一种平等的、相互合作的关系。因此,借由信息的传递,团体成员可以在更加轻松安全的环境中获得解决自身困扰的、有针对性的知识并积极分享交流自己的感悟与改变。

4. 利他主义

在团体活动进行的过程中,所有成员都通过付出而有所收获。团体治疗的独特之处在于,它可以让成员间有机会相互学习,共同获益。团体活动能够让成员得到被需求和有用的感觉。这些对他人有意无意的帮助,会不断地提升每一个团体成员的自我价值。

5. 原先家庭的矫正性重现

家庭是我们在社会中首先融入的团体,因此团体成员在活动中往往会表现出他们与家人之间的互动模式以及行为准则。通过在团体中重新经历原生家庭相似但结果并不一致的人生课题,能够对引发成员心理困扰的心理模式进行有针对性的矫正。

6. 提高社交技巧

团体为其成员提供了直接或间接的社会学习机会。经过较长时间的团体辅导,成员往往能够获得高度成熟的社交技巧。他们能够融会贯通,学会如何有效地回应他人,获得解决冲突的办法;他们较少进行主观评价,但却更加善于精准地体验和表达共情。这些都对团体产生治疗的效果发挥着重要的作用。

7. 行为模仿

行为模仿是一种潜移默化的认同历程。它是指团体成员逐渐将自己的言行举止和行为方式与治疗师保持相似的过程。模仿的过程更像是一面镜子,可帮助团体成员看到与自己一致的特质,并识别那些不属于自己的特质,最终朝着清晰的自己更进一步。

8. 人际学习

人际学习是一个广泛而复杂的疗效因子,它在团体治疗中的重要性类似于个体治疗中的内省、移情、修通矫正性情感体验等因素。人际学习是团体治疗中独有的过程,它可以帮助我们更好地扩展自己的人际知觉或敏感度,能更加清晰地认清自己在关系模式中所处的姿态和位置。

9. 团体凝聚力

团体凝聚力是指具备凝聚感的团体能够给予成员的归属感与一体感。团体凝聚力让团体成员感受到团体的接纳，让成员之间保持持续而亲密的接触，让成员感到不再孤独。团体成员在有凝聚力的团体中的角色会影响到他们的自尊水平。而这种自尊水平的改变能够促进治疗的成功。

10. 宣泄

团体为其成员提供了情绪释放和缓解内在情绪压力的良好渠道。成员可以对其他成员表达出负面或正面的情绪，说出让自己困扰的事，而不是放在心里成为心事。

11. 存在因子

存在因子是让各成员将自身的发展和人类命运共同体联系起来，帮助团体成员了解到生命中的痛苦和死亡终究是无法避免的，尽早认识到无论从别人那里得到多少指导和支持，终究还是自己要对自己的生活负起责任。

大量研究表明，上述因素中，最具治疗效果的因素分别是人际学习、宣泄和团体凝聚力。但需要特别指出的是，在实际的团体辅导与治疗过程中，各治疗因素发挥自身的积极作用时，并没有先后之分，也不是相对孤立的，它们从团体建立的那一刻起就相互交织在一起，共同促进成员与团体的成长。

四、团体心理辅导的不同阶段

根据团体在发展过程中所面临的任务不同，可以将团体心理辅导分为不同的阶段。

1. 初次接触

初次接触阶段的发展任务是形成团体，并且建立团体成员的个人目标。此时团体领导者需要使用过程结构技术，帮助团体建立基本的规范与文化。团体成员则需要处理个人在团体中的人际不安与焦虑，寻求文化和规范的明确感。

2. 联结关系

联结关系阶段的发展任务是形成工作同盟。团体的领导者需要促进成员之间的沟通，并保持质与量上的平衡。进一步完善团体的规范与文化，示范与教导人际关系的重要技巧，鼓励并增强自动自发的团体互动，分担责任，团结个体与团体之间的关系。团体的成员则需要寻找到个人在团体中的角色和位置，并与他人建立联结关系。

3. 友谊与亲密

友谊与亲密阶段中团体的任务是建立互助的工作典范。团体的领导者需要聚焦当下的人际互动，进一步增强团体成员之间的责任分担，帮助大家学习建立友谊与亲密关系。从此时起，团体成员开始尝试与他人进行真诚的互动，从团体中得到归属感和被信任感。

4. 互助

互助阶段的任务是学习解决问题。团体的领导者开始尝试调配团体成员之间的资源，鼓励成员之间做出改变，采用问题解决的模式来引导和帮助成员解决团体和自身所遇到的各种问题。成员之间也在互助的过程中体验到成就感和自尊感的提升。

5. 收获与退出

收获与退出是团体发展的最后一个阶段，其主要任务是统合和巩固团体的经验，对未来做出规划，帮助团体成员与团体和各成员之间进行正式的道别，从而结束团体。团体的领导者开始处理成员之间的失落情绪，对团体中的个人成长进行充分的总结和反馈，鼓励成员积极地面对未来的改变，并与之道别。本地成员则需要学会解决那些与分离相关的焦虑，充满信心地开启未来的生活。

五、团体心理辅导的实施条件

1. 团体辅导场所

团体心理辅导是一项专业的工作，好的辅导场所，有助于心理辅导工作的顺利实施。良好的辅导场所应该具备以下几个条件。

(1) 专业性。团体心理辅导应该在专业的心理健康教育中心或辅导室内完成，场所要给人专业、自然的感觉。

(2) 保密性。出于对团体成员的保护和保密性要求，辅导室应该选择相对独立的空间，并且具有良好的隔音性，安静，不受外界的干扰。

(3) 宽敞与舒适性。团体心理辅导需要有足够的空间，场地不宜太小。场地的大小可由团体的规模所决定。一般而言，10 人以下的团体，场地面积应不小于 20 m^2；30 人以上的团体，应当有 70 m^2 以上的活动空间。场地中还应配备舒适的座椅沙发以及与之相关的物品。

2. 团体辅导时间

团体辅导的时间因咨询内容不同而有所不同，但一般应控制在 90～120 分钟。团体辅导的时间不宜过长，以免造成团体成员之间的疲劳；但也不应过短，以免使得限制团体成员之间的分享受到限制，要为团体成员留出相互学习的时间。团体活动应当安排在每周固定的时段，这样能够帮助团体成员尽早地安排自己的时间。就团体进行的次数而言，一般体验式团体为 1～2 次，干预与治疗式团体为 6～8 次，必要时可以再延长。

3. 团体辅导道具

团体辅导的道具可由团体的性质、团体活动的内容所决定。报纸、画笔、学员名牌、纸巾、音响与音乐是较为常见的团体辅导道具。辅导者可根据自身团体的特点进行选择。

第二节　　大学生团体心理辅导实践展示

一、"感悟生命，花艺育心"大学生生命教育团体辅导

(一) 团体辅导开设背景

2020 年春季新冠疫情突如其来，给同学们带来了紧张焦虑等负性情绪，同时，因为在家线上上课，这使得同学们的人际交往活动减少。部分同学开始出现作息不规律、封闭自己等问题。因此，团体设计者希望通过采用充满生命力的鲜花，为同学们的生活注入活力，

帮助他们在感受生命张力与生机的同时，认识到自己的独特性，并尝试恢复与他人的正常的人际交往和联系。

(二) 团体活动目的

本次活动的目的在于通过实际接触充满生命力的花草，运用美丽的园艺材料，帮助同学们来感悟大自然的力量，缓解压力、体验花艺疗愈的放松。

(三) 团体活动时间

2020 年 6 月，团体进行一次活动，90 分钟。

(四) 参与人数

团体成员采用海报招募的形式，邀请到 30 位在校大学生参加。组织者有指导者 1 人、助教 2 人。

(五) 所需道具

鲜花及配叶花材：百合、红玫瑰、黄玫瑰、向日葵、紫色雏菊、黄色雏菊、白色雏菊、白色非洲菊、黄色非洲菊、红色非洲菊、黄色康乃馨、红色康乃馨等若干。(在花材选择上，应保证鲜花的种类和颜色的不同)。

其他材料：水桶(用于盛放花材)5 个，园艺剪刀 30 把，8 寸花艺陶盘 30 个，剑山(插花器)30 个，桌子 30 张，大花瓶 2 个，音响设备 1 套，便笺纸及笔若干。

(六) 团体辅导流程(案例实录节选)

本次团体活动由个体创意展示活动和团体互动展示活动两个阶段共同组成。在正式的团体活动开始前，由团体组织者(以下简称组织者)带领参与者(以下简称成员)制作并佩戴自己的铭牌。讲解本次团体所要应用的各项材料与团体活动方式。

组织者：让花香点缀生活，让艺术照亮心情。欢迎大家来到本次花艺育心的团体活动之中。请同学们为自己找到一个喜欢的称呼，并将它写在纸上作为自己的铭牌佩戴于自己的胸前。我们的团体活动大约进行 90 分钟，在此期间请大家关闭手机，或调为静音状态。团体是一个平等的环境，请大家彼此尊重，注意倾听，并在需要发言时向组织者示意，在我的左、右两边分别是担任此次团体活动助教的两位老师。在团体活动中，如果您有任何疑问，请及时向他们进行询问并获得帮助。再次感谢大家的到来。

1. 个体创意阶段

(以舒缓的音乐作为背景)

组织者：请同学们依次来到教室前方，这里呈现了我们今天活动所用的所有花材，请大家仔细地观察，并从中选择出"那一朵(支)让你印象最为深刻的花材"并将它带回到自己座位上。

成员依次对花材进行挑选(5 分钟)。

组织者：现在每一个同学都拥有了一朵(支)让自己非常心仪的花朵。我们发现有些同学的选择相同，有些同学的选择不同。下面我想邀请同学们与大家分享做出这个选择的理由。

来自成员的分享1：我选择了向日葵，因为我特别喜欢它旺盛的生命力。

来自成员的分享2：我选择的是一支百合花，因为我特别喜欢百合的香气。

来自成员的分享3：和其他同学不同，我选择了一朵小小的还没有绽放的雏菊。因为我觉得，虽然它没有前面同学选择的花那样耀眼，但是它就是在做它自己，只是安静地开放。这一点跟我很像。

……

组织者：感谢同学们为大家带来的分享。可以看出，在每个同学的心中，大家都给自己选择的花材赋予了特殊的意义。为了很好地体现出大家所选花材的价值，我们邀请同学们围绕它来产生自己的插花作品。请同学们将自己选择的花材作为主角，在接下来的30分钟时间内，搭配其他的花朵和材料，创作出属于自己的插花作品。

成员开始创作各自的园艺作品(30分钟)。

组织者：我被同学们的作品所惊艳到！下面我们邀请同学们为自己的作品起一个响亮的名字，并和大家分享一下自己创作的过程。

来自成员的分享1：我的这个作品叫作盛世容颜。因为当时我选择了红色的玫瑰作为主要的花材，我想生活就应该像玫瑰一样热烈，为此我又在我选择的这朵花的周围增加了一些相同的红色玫瑰。这样它们就能够一同热烈地绽放了。

来自成员的分享2：我把自己的作品叫作积极向上。因为我采用了向日葵作为主要的材料，它给我一种阳光照耀的感觉。不过我也有一些小小的遗憾，那就是当我试图为它增加一些装饰的花朵时，总觉得不是很协调。最后我选择了一些叶子作为它的衬托。

……

组织者：同学们的作品深深地打动了我，让我感受到了勃勃生机。由于时间有限，我们此次的分享只能暂时到这里。但我相信，同学们肯定还有更多精彩的想法，有机会我们再来一同分享。

2. 团体互动阶段

组织者：下面让我们一同进入到团体互动的环节。下面的任务，我们将分小组进行。在我的面前是两个空着的花瓶，请同学们以15人为一个小组，来共同完成一件插花作品。但需要特别注意的是，每位小组成员只能使用自己最初选择的花作为材料。

成员开始创作小组的园艺作品(30分钟)。

组织者：我看到同学们之间进行着热烈的交流与讨论，也看到了小组成员共同完成的插花作品。下面我们想请每个小组为自己的作品命名并与大家分享一下在小组活动中自己的感受。

来自小组1的成员的分享：我特别喜欢我们小组的作品，虽然我选择的康乃馨看上去很小，在整个作品中看上去并不是很耀眼，但它却提升了整个作品的颜色与层次。就像我们的团体一样，每一个人都有他自身的价值。

来自小组2的成员的分享：刚开始，我会很犹豫，因为我选择的百合和其他人选择的向日葵总是打架，不知道哪一个放得更高才合适一些。后来我让自己稍微缓一缓，拿着我的百合花站在了外围，等到他们基本上都完成之后，我再把我的花放进去。效果一下就不同了。我想这就叫以退为进吧。

……

组织者对本次活动做出总结。

(七) 成员体验与反馈

来自成员的分享 1：每个人都很有参与的积极性，活动很快乐充实，希望越办越好！

来自成员的分享 2：今天是第一次插花，觉得在插花的过程中身心得到了放松！

来自成员的分享 3：很难得的经历，可以用心去感受花的美，每一朵花都有着自己的故事，就像我们每个人一样。

来自成员的分享 4：这是我第一次参加心理团体活动，因为活动的主题恰巧是我最喜欢的花，所以我特别期待。活动中见到了这么多的花，非常开心。在剩下的大学时光里，我会越来越享受我的大学生活。

来自成员的分享 5：这次插花活动让我看到了不同人的选择以及对美的不同理解，大家的作品都很美丽。活出自己最好的样子便是为这个世界增添了光彩。

……

二、"春田花花同学会"大学生人际关系团体辅导

(一) 团体辅导开设背景

在日常的心理咨询工作中我们发现，人际关系问题常常成为引发同学出现心理困扰的常见因素。尽管每位同学所抱怨的具体内容有所不同，但通过对来访者所谈内容进行总结却能发现其普遍的问题是同学们缺乏成熟的人际沟通能力与技巧。

上述问题的出现与大学生本身的年龄阶段特点有密切的关系。首先，大学生处于青年后期到成年早期的转变过程。此时他们要面临的心理成长任务是进一步加深对自我心理的理解，这在一定程度上加深了他们思考问题时的自我中心性。其次，许多同学在开始大学生活之前都没有住校经历，这使得他们来到学校后，在与他人的交往中，自然以自我为中心，很难设身处地地理解他人，做事总是从自己的角度出发，要求他人配合自己，往往出现"好心办坏事"的局面。

为此我们设计了此次团体活动，将花卉作为一个伙伴，来帮助同学们增加自己对他人的共情能力，从而达到建立和谐人际关系的目的。

(二) 团体活动目的

通过认领养植花卉帮助同学们理解自己在人际关系中的付出与获得，体验不同的人际交往模式从而达到缓解人际矛盾，构建良好人际关系的目的。

(三) 团体活动时间

活动每次 90 分钟，每两周一次，共进行 4 次，共 8 周。

(四) 参与人数

团体成员采用海报招募的形式，邀请到 12 位在校大学生参加。组织者有指导者 1 人、助教 2 人。

(五) 所需道具

盆栽花卉 15 盆(应保证盆栽种类和颜色不同)。

(六) 团体辅导流程(案例实录节选)

1. 第 1 次活动

团体首次活动的主要任务是进行破冰运动，构建团体氛围。由团体组织者(以下简称组织者)带领参与者(以下简称成员)制作并佩戴自己的铭牌。讲解本次团体所要应用的各项材料与团体活动方式。

组织者：请同学们为自己找到一个喜欢的称呼，并将它写在纸上作为自己的铭牌佩戴于自己的胸前。这次活动大约 90 分钟，在此期间请大家关闭手机或调为静音状态。团体是一个平等的环境，请大家彼此尊重，注意倾听，并在需要发言时向组织者示意。在我的左、右两边分别是担任此次团体活动助教的两位老师，如果您有任何疑问，请及时向他们进行询问并获得帮助。再次感谢大家的到来。

组织者带领成员进行一对一的自我介绍，以便成员之间相互熟悉。在破冰运动完成后，开始正式的团体活动。

小组成员围成圆形，面对面就座。

组织者：在我的手上有编号为 1～12 的纸签，请同学们依次来进行抽签。

成员抽签完成。

组织者：在我们的对面摆放着 15 盆花卉，这也是大家马上所要领养的植物。下面我们请同学们依次按照纸签上的顺序，对花卉进行选择认领。

组织者：请抽到 1 号的成员选择自己所要认领的花卉，并将它带回到自己的座位上。

组织者：请抽到 2 号的成员选择自己所要认领的花卉，并将它带回到自己的座位上。

……

组织者：请抽到 12 号的成员选择自己所要认领的花卉，并将它带回到自己的座位上。

组织者：好的，我看到每一位同学都领到了自己专属的植物。不过在选择的时候，我也观察到了一个细微的现象。由于我们的选择存在着先后顺序，我发现后面的同学会有自己心仪的花卉被他人选走的现象。我特别想知道，当心仪的花卉被他人选走时，你们是一种怎样的心情，我也特别期待自己选到他人想要花卉的人，是一种怎样的心情。

来自成员的分享 1：(第十一个选择)刚开始我还是感觉很沮丧，因为我看上了那个开花的植物，可是看到我的号码后我就心灰意冷了，果不其然它被前面的同学选走了。

来自成员的分享 2：(第三个选择)刚开始选择时也不是很在意，后面看到组织者的提醒，才发现原来后面的同学想要我手里的这盆花，我觉得我更加喜欢它了。

……

组织者：感谢同学们的分享，现在我们每个人的手中都有了自己今天所要认领的植物，让我们来给它起一个好听的名字吧。

来自成员的分享 1：我姓张，所以我想让我领养的植物叫作张小仙儿。我选择它是因为在这些植物中它是唯一一盆已经开花的。(备注品种：仙客来)

来自成员的分享 2：我要叫它村花。(备注品种：小雏菊)

来自成员的分享 3：我特别喜欢我选择的这盆花，虽然我不知道它是什么品种，但我相信它一定会长得很好，我想叫它惜遇，珍惜我们的相遇。(备注品种：绣球)

来自成员的分享 4：我看见它的第一个感觉，就像梦境一样，所以我的花叫作南柯。(备注品种：绣球)

……

组织者：从同学们所起的名字可以看出大家都对我们领养的植物寄予了很多美好的期待。那么就让我们开始尝试与它们交往吧，我们各自带着自己领养的植物回到自己的生活中，两周之后我们再把它们带来一起分享交流。

2. 第 2～3 次活动

第 2～3 次活动主要分享交流对植物进行养护期间的不同感受。

组织者：请同学们与大家一起分享自己和植物之间的趣事。

来自成员的分享 1：经过两周的养护，我的春花开出了很多的小花，这让我非常开心。

来自成员的分享 2：这是我的耗子(备注品种：满天星)，最近学习很忙，我基本上都没有怎么管它，只是把它放在了宿舍的阳台上。没想到它居然开出了这么多的花朵。这让我很有成就感。

来自成员的分享 3：(情绪低落)看到其他同学的分享，此刻的我心里真的很难过。我的植物叫作紫蕊(备注品种：绣球)，我非常喜欢它，当我上次把紫蕊带回宿舍后，室友们也非常喜欢它。我们看到了淡淡的花苞，总是期待着它能够开出非常热烈的花朵。于是我们每天都给它浇水，把它放在宿舍阳光最好的地方。可是当我今天把它带到这里时，我发现其他同学的花要么长高了，要么开放了，而我的紫蕊却掉了很多叶子，感觉它都快死掉了。这让我很伤心。

……

组织者：通过一段时间的养护，我们发现同学们的植物都出现了一些微妙的变化。有的变得更好了，有的却不那么如人意。同时我发现每个同学在处理和自己植物的关系时，也表现出了不同的策略。有的同学置之不理，有的同学悉心关怀。这其中是否有着一定的关联呢？

来自成员的分享 1：有心栽花花不开，无心插柳柳成荫。

来自成员的分享 2：我觉得造成这种差异的原因在于，我们是否按照植物适合的方式对待了它。有时给予他们太多的关注，往往会适得其反。结合我之前的经验，就发现如果总是给花浇水，会把它浇死的。

组织者：所以如果我们对它进行概括，能得出怎样的结论？

来自成员的分享 3：也就是说我们在跟他人进行交往时，需要考虑到对方的感受和需求，而不总是从自我出发，否则给予对方太多往往会适得其反。

组织者：非常好。

组织者：我想对紫蕊的抚养者说，没有太大的关系，第 1 次养花存在经验不足是非常正常的现象，我们不用有太大的压力，也许正是你的过度关注才让它"倍感压力"。接下来的一段时间，让我们试着去调整它，也许会有出其不意的效果。

3. 第 4 次活动

第 4 次活动主要帮助成员总结先前团体中所获得的各项人际交往技巧，并做好团体辅导结束的相关工作。

(七) 成员体验与反馈

来自成员的分享 1：真的特别开心，自己能够参加这样的团体，我在团体中收获了很多的知识，谢谢大家。

来自成员的分享 2：一次难忘的养花经历，这是我第一次养花，在养花中得到了很多的感受，希望今后能够开展更多类似的活动。

来自成员的分享 3：在养花的过程中体验到了满满的成就感。

来自成员的分享 4：虽然我的花在第 2 次活动时就已经被我养死了，但是能够参加这样的活动，我感到非常开心，同学们和老师给予了我很大的温暖。

……

三、"鼓舞飞扬，放飞自我"大学生情绪调节团体辅导

(一) 团体辅导开设背景

面对新冠肺炎疫情引发的严峻考验，同学们经历了居家上网课学习的种种挑战，遭遇了亲子相处的矛盾冲突，以及毕业、找工作等各类压力。

为帮助同学们缓解压力，调控负面情绪，我们尝试以"鼓舞飞扬，放飞自我"为主题，组织同学们体验非洲鼓的魅力，释放压力，展现自我，创造属于自己的音乐节奏，感受团队协作的快乐，以更加积极的心态面对学习和生活。

(二) 团体活动目的

本次活动旨在用艺术升华的方法来释放压力、改善情绪。通过带领同学们击打非洲鼓，体验音乐的魅力，用欢快热情的节奏让身心得到放松，同时用音乐表达自我，释放自我，并且在协奏中逐渐打破与他人的隔阂，感受心灵的共振、团队的凝聚！

(三) 团体活动时间

本次团体活动为一次单元团体辅导，活动持续 90 分钟，共一次。

(四) 参与人数

团体成员采用海报招募的形式，邀请到 15 位在校大学生参加。组织者有指导者 1 人、助教 2 人。

(五) 所需道具

非洲鼓 15 个，摇铃 15 个，音箱 1 个，彩纸、胶棒若干，引导音乐若干。

(六) 团体辅导流程(案例实录节选)

本次团体活动由个体创意展示活动和团体互动展示活动两个阶段共同组成。在正式的团体活动开始前，团体活动组织者讲解本次团体活动所要应用的各项材料与团体活动方式。

1. 活动介绍

首先带队老师进行自我介绍，并介绍此次团体活动的主题为"鼓舞飞扬，放飞自我"。本次活动的目的在于激发生命力，释放压力，展现个性，感受团队协作的快乐。然后，订立团体规范，向参与者说明我们的团体活动大约进行 90 分钟，在此期间请大家关闭手机，或调为静音状态。团体是一个平等的环境，请大家彼此尊重，注意倾听，并在需要发言时向组织者示意。在我的左、右两边分别是担任此次团体活动助教的两位老师，在团体活动中，如果您有任何疑问，请及时向他们进行询问并获得帮助。再次感谢大家的到来。

2. 暖身

音乐是世界上共通的语言。带队老师会鼓励团体成员用鼓声介绍自己，展现自己的个性。团体成员在带队老师的鼓励下，勇敢地敲出代表自己个性和特点的鼓点，介绍自己的姓名、专业，以及能留给他人深刻印象的一个特点。

3. 认识非洲鼓

带队老师给团体成员简单讲解非洲鼓的来历、特点、击鼓基本技巧和注意事项。同时鼓励参与者实际体验非洲鼓的质感和音色，让团体成员随心而动，拍打出鼓点和节奏。

4. 以鼓乐交流，展现自我

在带队老师的带领下，团体成员跟随引导音乐的节奏拍打非洲鼓。首先一起聆听一首慢节奏的曲子，团体成员依次模仿引导音乐的节奏拍打鼓点。紧接着聆听一首快节奏的曲子，团体成员两人一组，合作拍打出鼓点。然后带队老师播放几首大家耳熟能详的曲子，鼓励成员跟随着引导音乐拍打出鼓点，体会音乐的韵律和情感，感受音乐与灵魂的碰撞，找到属于自己的节奏，感受并认识自我，将情绪诉诸激昂的鼓点之中。

5. 合奏

带队老师鼓励团队成员志愿充当乐队指挥，为其他成员引导音乐节奏，带领成员们共同合作，敲打出一个乐章。

6. 感恩自己

团体成员用彩纸制作一个花环奖励给自己，感恩自己，感恩艺术，并分享自己的体验。

(七) 成员体验与反馈

来自成员的分享 1：非常开心，在活动中感受到了鼓声和音乐的魅力，体验到了放松和欢乐，希望活动越办越好！

来自成员的分享 2：这是我第一次玩非洲鼓，很嗨，很释放，当我在使劲拍鼓的时候，感受到了一个全新的自我！

来自成员的分享 3：我很喜欢这次活动，感觉每一个鼓点都有自己的独特魅力，还体会到了与团队合作的乐趣，每个人都在发挥着自己的才华，为团队创造着独特的价值。

来自成员的分享 4：今天不仅尝试了非洲鼓，还认识了新朋友，下次要带室友来一起参加活动，太开心了，希望多办一些类似的活动。

……

组织者通过观察、聆听的方式来理解参与者的情绪和体验，适度做出回应，对本次活动做出总结。

四、认识自我：我的自画像的设计与实施团体辅导

(一) 团体辅导开设背景

认识自我是人类的重要任务之一，对我是谁的回答，反映了个体身份认同。个体在成长的过程，就是一个在不断增强对自我的认识的过程。中国有句名言叫作"知人者智，自知者明"。一个人若是没有充分地认识自己，可能会阻碍自我发展，例如出现对自我价值的怀疑、对人生目标的迷茫、或者对人生意义的困惑，有时甚至出现心理疾病。

既然自我意识如此之重要，那么我们该如何提升自我意识呢？现在就让我们一起踏上自我探索的旅程吧。

(二) 团体活动目的

促进对自我的了解和觉察，探索自我，提升健康自我意识塑造的技能，学会与他人沟通。

(三) 团体活动时间

每次 90 分钟，一周一次，共进行 2 次，共 2 周。

(四) 参与人数

团体成员采用海报招募的形式，邀请到 10 位在校大学生参加。组织者有指导者 1 人、助教 2 人。

(五) 所需道具

每人一张纸，一支笔，高帽子若干。

(六) 团体辅导流程(案例实录节选)

首先带队老师进行自我介绍，然后订立团体活动规范，向参与者说明我们的团体活动有两次，今天进行的第一次心理绘画活动，大约 90 分钟。在此期间请大家关闭手机，或调为静音状态。团体是一个平等的环境，请大家彼此尊重，注意倾听，并在需要发言时向组织者示意。在我的左、右两边分别是担任此次团体活动助教的两位老师，在团体活动中，如果您有任何疑问，请及时向他们进行询问并获得帮助。再次感谢大家的到来。

1. 第一次活动

(1) 破冰。先邀请参与者进行自我介绍，并对成员分组，介绍团体规则。

(2) 呼吸调整。今天给大家分享一种呼吸放松技巧，叫作正方形呼吸法。这是一个常用的呼吸练习，可以帮助我们学会慢慢地、深深地呼吸，同时缓慢地吐气，通过在控制呼吸的过程中，让我们安静下来。首先，请大家舒服地坐在椅子上面，身体坐直，背挺起来，双脚平放在地面上。现在我一起练习，第一步，请大家缓慢地吸气，同时数数到 4，想象自己在画一条向上的直线，画正方形的一条边(此处带队老师使用辅助演示图片)。第二步，屏住呼吸，同时数到 4，想象自己在正方形的上方，从左到右再画一条直线，画出正方形的第二条边。第三步，缓慢吐气，同时数到 4，想象在正方形的右边画一条向下的直线，作为正方形的第三条边。第四步，屏住呼吸数到 4，在正方形的底部从右到左画一条直线，作为正方形的第四条边。假如你觉得很难集中注意力在呼吸上，那么你可以一边呼吸，一边数数，同时想象如何画出一个正方形。

(3) 自画像"现在的我"。绘画作品的创作是个体的心理投射的过程，带领者首先以画家梵高的著作《梵高自画像》为例，为参与者讲解绘画对表达作者内心的感受、自我认识的作用，对绘画艺术在心理辅导中的作用进行简单的讲解，启发来访者对画作的欣赏和思考。然后带队老师给参与者讲解自画像的规则：① 可以用任何形式画出当下的自己，可以是抽象的、写实的、动物的、植物的、单色的、彩色的；② 要按照自己的第一感觉，画出当下最真实的自己，把自己心目中最能代表自己的东西画出来；③ 不必注重绘画技能，此次活动重在让画的内容反映出对自我的认识。通过自由地描绘自己，帮助学生重新审视自己，认识自己。

(4) 分享。鼓励参与者谈谈自己赋予此自画像的意义，每位成员通过自画像的形式向他人展示一个自己心目中的我，从"公开的我""秘密的我"两个方面进行分享，然后听取小组成员的反馈，记录下"盲目的我"，最后进行自我总结，你对自己有什么新的认识，想一想"未知的我"是什么。

同时，带队老师针对分享的作品进行适度询问，引导作者深入思考，加深参与者对自我的认识，针对典型性的作品进行点评、指导，回答参与者的问题，并预告第二次团体活动的主题、开展的时间和地点等信息。

2．第二次活动

(1) 活动介绍。我们的团体体验共有两次活动。在上一周开展了我的自画像，帮助同学们从"公开的我""秘密的我""盲目的我"和"未知的我"四个方面来促进对自我的认识和了解。今天我们所进行的是第二次心理绘画团体活动，旨在帮助同学们思考人生目标、人生意义，以及行动策略。

(2) 破冰游戏。首先带领团体成员玩一个高帽子游戏，通过他人的反馈来更好地认识自己。具体做法：请一人坐在中间，戴上高帽，其他人轮流说出他的优点及令人欣赏之处(如性格、相貌、处世、特长等)，本人记录。每名同学三分钟，依次进行。然后请成员分享，当被他人称赞时，自己的感受如何？在这些优点中，哪些优点是自己以前察觉的，哪些是以前没有意识到的？有什么心得？

(3) 暖身。首先，邀请参与者做一个"三圈"游戏，请参与者在纸上画三个圈，分别标注我最喜欢做的事、我最擅长做的事、我认为最有价值的事情。

接着带队老师讲解：当我们画的三个圈能够完美重叠、合一的时候，意味着我们的职业发展与我们的兴趣爱好、个人优势高度契合。在这种状态下的个体可以去用自己擅长的技能去做自己感兴趣，且有意义的事情。当个体的人格整合达到完美时，他会是一个成功且幸福的人。

(4) 自画像"未来的我"。刚刚我们一起通过高帽子游戏更好地认识到了自己的特点和优势，那么现在请同学们再画一幅自画像"未来的我"。你可以给自己设定一个时间，在未来某个时间点里，自己会是什么的状态(例如自己的外貌、成就、人际)。自画像的规则角是：① 可以用任何形式画出未来的自己，抽象的、写实的、动物的、植物的、单色的、彩色的都可以；② 要按照自己的期待，画出想象中未来的自己；③ 不必注重绘画技能，重点是让画的内容反映出对自我的期待。

(5) 分享。鼓励参与者分享赋予此自画像的意义，谈一谈自己对未来的期待，自己的学业、人生规划。

(6) 对自己的感恩赠言。针对此次活动的总结，让每位参与者写下一句对自己的感恩语。

(七) 成员体验与反馈

来自成员的分享 1：很有意思的活动，原来绘画可以有这么神奇的作用，我本来只是画着玩儿的，但是听到老师说要反映出自己的心理状态，我就开始思考自己是什么样的人，让我发现了很多我之前没有意识到的特点。

来自成员的分享 2：本次活动让我对自己的态度有了更多明显的变化，现在我意识到了自己是独一无二的存在，我学会了如何去欣赏我自己。

来自成员的分享3：意犹未尽，下次我还要来画一个。

来自成员的分享 4：每次我们都会分享参加活动后的感受，这样的团体活动使我乐于在其中表达自己。我变得好像没有那么害羞。

来自成员的分享 5：通过他人对我的夸奖，我发现自己原来还蛮优秀的，竟然有这么多的优点，对自己的未来充满希望。

来自成员的分享 6：通过这个活动，我开始思考自己的人生目标和人生意义了，而且发现周边的同学们也有很多有意思的梦想。这次谈话非常有趣，希望经常能这样与周边的人聊聊天。

……

组织者对本次活动做出总结。

 **积极心理效应**

　　心理效应是社会生活当中较常见的心理现象和规律；是某种人物或事物的行为或作用，引起其他人物或事物产生相应变化的因果反应或连锁反应。同任何事物一样，它具有积极与消极两方面的意义。因此，正确地认识、了解、掌握并利用积极心理效应，在人们的日常生活、工作当中具有非常重要的作用和意义。我们整理了一些与大学生活适应、自我成长、人际交往、情绪等有关的积极心理学的理论成果，供大家学习了解。

一、与大学生活适应有关的积极心理学的理论成果

1．二八定律：集中精力抓主要矛盾

　　"二八定律"又名 80/20 定律、帕累托法则(定律)，也叫巴莱特定律、最省力的法则、不平衡原则等，被广泛应用于社会学及企业管理学等。

　　1897 年，意大利经济学家帕累托偶然注意到 19 世纪英国人的财富和收益模式。在调查取样中，他发现大部分的财富流向了少数人手里。同时，他还从早期的资料中发现，在其他国家，都发现有这种微妙关系一再出现，而且在数学上呈现出一种稳定的关系。于是，帕累托从大量具体的事实中发现：社会上 20% 的人占有 80% 的社会财富，即：财富在人口中的分配是不平衡的。

　　同时，人们还发现生活中存在许多不平衡的现象。因此，二八定律成了这种不平等关系的简称，不管结果是不是恰好为 80% 和 20%(从统计学上来说，精确的 80% 和 20% 出现的概率很小)。

　　习惯上，二八定律讨论的是顶端的 20%。而非底部的 80%。

　　心理学中与日常生活中的二八定律：

　　20% 的人身上集中了人类 80% 的智慧，他们一出生就鹤立鸡群；

　　20% 的人成功——80% 的人不成功；

　　20% 的人正面思考——80% 的人负面思考；

　　20% 的人做事业——80% 的人做事情；

　　20% 的人有目标——80% 的人爱瞎想；

　　20% 的人明天的事情今天做——80% 的人今天的事情明天做；

　　20% 的人相信自己会成功——80% 的人不愿改变环境；

　　20% 的人会坚持——80% 的人会放弃；

　　20% 的人敢于面对困难——80% 的人逃避现实。

　　80/20 定律不仅在经济学、管理学领域应用广泛，它对我们自身的发展也有重要的现实意义：学会避免将时间和精力花费在琐事上，要学会抓主要矛盾。一个人的时间和精力都是非常有限的，要想真正"做好每一件事情"几乎是不可能的，要学会合理分配时间和精力。要想面面俱到还不如重点突破。把 80% 的资源花在能出关键效益的 20% 的方面，而这 20% 的方面又能带动其余 80% 的发展。

2．破窗效应

　　美国心理学家詹巴斗曾经做过一个"偷车实验"，将两辆一模一样的轿车分别放在一个环境很好的中产阶级社区和环境比较脏乱的贫民区，结果发现贫民区的车很快被偷走了，而另一辆车几天后仍然完好无

损；如果将中产阶级社区的那辆车的天窗玻璃打破，几个小时后，那辆车也被偷了。后来，在此实验基础上，美国政治学家威尔逊和犯罪学家凯林提出了有名的"破窗理论"：如果有人打坏了一栋建筑上的一块玻璃，又没有及时修好，别人就可能受到某些暗示性的纵容，去打碎更多的玻璃。

破窗理论体现的是细节对人的暗示效果，以及细节对事件结果不容小视的重要影响。事实证明，破窗理论也能够指导我们的生活。

18世纪的纽约以脏、乱、差闻名，环境恶劣，同时犯罪猖獗，地铁上尤其是罪恶的延伸地，平均每7个逃票的人中就有一个通缉犯，每20个逃票的人中有一个携带武器者。1994年，新任警察局长布拉顿开始治理纽约。他从地铁的车厢开始治理：车厢干净了，站台跟着也变干净了，阶梯也随之整洁了，随后街道也干净了，然后旁边的街道也干净了，后来整个社区干净了，最终整个纽约变了样，变整洁漂亮了。现在纽约是全美国治理最出色的都市之一，这件事也被称为"纽约引爆点"。

还有一个被称为校园里的破窗现象：班里新来了一个留级生，由于他的勤奋努力，使得原本想混日子的同学受到震动，学习气氛开始转好。有时老师反复强调的重点，有的人不以为然，但是他的一句话"这个内容要考试"便会立即引起同学们的高度重视，留级生的话比老师的话还有效！这说明及时修好第一扇被打破的玻璃，能有效阻止破窗现象于萌芽状态。

每件大事都由无数小事——也就是细节构成，将细节尽量做到完美，将来的结果才有可能完美。人的一生也由无数细节组成，将小事做好，将来才会更美好。

3. 布里丹毛驴效应：在环境中学会有限理性抉择

布里丹是大学教授，他的出名主要在于他证明了两个相反而又完全平衡的推力下，要随意行动是不可能的。他举的实例就是一头驴在两捆完全等量的草堆之间是完全平衡的。既然驴无理由选择吃其中哪一捆草，那么它永远无法作出决定，最终只能饿死。

📖 故事赏析

布里丹养了一头小毛驴，他每天要向附近的农民买一堆草料来喂它。

这天，送草的农民出于对哲学家的敬仰，额外多送了一堆草料放在旁边。这下子，毛驴站在两堆数量、质量和与它的距离完全相等的干草之间，可为难坏了。它虽然享有充分的选择自由，但由于两堆干草价值相等，客观上无法分辨优劣，于是它左看看，右瞅瞅，始终无法分清究竟选择哪一堆好。

于是，这头可怜的毛驴就这样站在原地，一会儿考虑数量，一会儿考虑质量，一会儿分析颜色，一会儿分析新鲜度，犹犹豫豫，来来回回，在无所适从中活活地饿死了。

那头毛驴最终之所以饿死，导致它悲剧的原因就在于它左右都不想放弃，不懂得如何决策。人们把这种决策过程中犹豫不定、迟疑不决的现象称之为"布里丹毛驴效应"。

俗话说："鱼和熊掌不可兼得"。布里丹效应产生的根源之一恰恰是违背这条目标定律，既想得到鱼，又想得到熊掌，其行为结果是鱼和熊掌皆失。这种思维与行为方式，表面上看是追求完美，实际上是贻误良机，是在可能与不可能、可行与不可行、正确与谬误之间错误地选择了后者，是最大的不完美。

每个人在生活中经常面临着种种抉择，如何选择对人生的成败得失关系极大，因而人们都希望得到最佳的结果，常常在抉择之前反复权衡利弊，再三仔细斟酌，甚至犹豫不决，举棋不定。但是，在很多情况下，机会稍纵即逝，并没有留下足够的时间让我们去反复思考，反而要求我们当机立断，迅速决策。如果我们犹豫不决，就会两手空空，一无所获。

二、与大学生自我成长有关的积极心理学的理论成果

1. 巴纳姆效应：人贵在自知，难在自知

"巴纳姆效应"又称福勒效应，星相效应，是 1948 年由心理学家伯特伦·福勒通过试验证明的一种心理学现象。人们常常认为一种笼统的、一般性的人格描述十分准确地揭示了自己的特点，当人们用一些普通、含糊不清、广泛的形容词来描述一个人的时候，人们往往很容易就接受这些描述，却认为描述中所说的就是自己。正如一位名叫肖曼·巴纳姆的著名杂技师在评价自己的表演时说，他之所以很受欢迎是因为节目中包含了每个人都喜欢的成分，所以他使得"每一分钟都有人上当受骗"。20 世纪 50 年代，心理学家保罗·米尔以著名的美国马戏团艺人菲尼亚斯·泰勒·巴纳姆的名字，将福勒的实验结果命名为巴纳姆效应。

心理学家福勒(Bertram Forer)于 1948 年对学生进行一项人格测验，并根据测验结果进行分析。试后学生对测验结果与本身特质的契合度评分，0 分最低，5 分最高。事实上，所有学生得到的"个人分析"都是相同的：

"你祈求受到他人喜爱却对自己吹毛求疵。虽然人格有些缺陷，大体而言你都有办法弥补。你拥有可观的未开发潜能，尚未就你的长处发挥。看似强硬、严格自律的外在掩盖着不安与忧虑的内心。许多时候，你严重地质疑自己是否做了对的事情或正确的决定。你喜欢一定程度的变动并在受限时感到不满。你为自己是独立思想者自豪并且不会接受没有充分证据的言论。但你认为对他人过度坦率是不明智的。有些时候你外向、亲和、充满社会性，有些时候你却内向、谨慎而沉默。你的一些抱负是不切实际的。"

结果平均评分为 4.26，在评分之后才揭晓，福勒是从星座与人格关系的描述中搜集出这些内容。从分析报告的描述可见，很多语句是适用于任何人，这些语句后来以巴纳姆命名为巴纳姆语句。

在巴纳姆效应测试的另一个研究当中，学生们用的是明尼苏达多项人格问卷(MMPI)，随后研究者对报告进行了评价。研究者们先写下了对学生们个性的正确评估，但却给了学生们两份评估，其中一份是正确的评估，另一份是假造的，也就是使用一些模糊的泛泛而谈的评估。在之后，学生们被问他们相信哪一份评估报告最能够切合自身，有超过一半的学生(59%)，相对于那一份真实的，选择了那份假的评估报告。

在心理学上，巴纳姆效应产生的原因被认为是"主观验证"的作用。主观验证能对我们产生影响，主要是因为我们心中想要相信。如果想要相信一件事，我们总可以搜集到各种各样支持自己的证据。就算是毫不相干的事情，我们也可以找到一个逻辑让它符合自己的设想。在我们的头脑中，"自我"占据了大部分的空间，所有关于"我"的东西都是很重要的。

2. 塞利格曼效应：没有绝望的环境，只有绝望的心态

"塞利格曼效应"是美国心理学家塞利格曼在一组实验中得到的。他在 1967 年用狗做了一项经典实验。起初把狗关在笼子里，只要蜂音器一响，就给狗以难受的电击，狗被关在笼子里逃避不了电击。多次实验后，蜂音器一响，在给电击前先把笼门打开，此时狗不但不逃，反而是不等电击出现就先倒在地上开始呻吟和颤抖。本来可以主动地逃避却绝望地等待痛苦的来临，狗的这种绝望心理状态在心理学上被称为"习得性无助"。随后的很多实验也证明了这种习得性无助在人身上也会发生。后来许多人将此说法归纳为塞利格曼效应。

塞利格曼效应旨在告诉人们：世上没有做不好的事情，只有态度不够积极的人。每个人在生活中都会遭受不同程度的挫折或者失败，有的人遭遇的时间长、次数多，有的人经历的时间短、次数少，这是很正常的事情，所以，不能对挫折产生习得性无助心理，要有永不放弃、坚持到底的心态，才能为自己创造有意义的生活。

塞利格曼说：只要自己不跪着，没有人会比你高——态度决定人生的高度。挫折人人皆有，如果将挫折看成倒霉、苦难而无法撑过难关的话，你就有可能颓废、消极；如果把挫折看成是人生的暴风雨，自己能保持积极乐观的心态，像海燕一样去经受磨难和困苦，你终将成长。不战胜困难，怎么知道你有战胜困难的能力。

3．手表定律：更多标准会让你无所适从

故事赏析

森林里生活着一群猴子，每天太阳升起的时候它们外出觅食，太阳落山的时候回去休息，日子过得平淡而幸福。一名游客穿越森林，把手表落在了树下的岩石上，被猴子猛可拾到了。聪明的猛可很快就搞清了手表的用途，于是，猛可成了整个猴群的明星，每只猴子都向猛可请教确切的时间，整个猴群的作息时间也由猛可来规划。猛可逐渐建立起威望，当上了猴王。做了猴王的猛可认为是手表给自己带来了好运，于是它每天在森林里寻找，希望能够拾到更多的表。功夫不负有心人，猛可又拥有了第二块、第三块表。但出乎猛可的意料，得到了三块手表的猛可有了新的麻烦，因为每块手表显示的时间都不相同，猛可不能确定哪块手表上显示的时间是正确的。群猴也发现，每当有猴子来问时间时，猛可总是支支吾吾回答不上来。猛可的威望大降，整个猴群的作息时间也变得一塌糊涂。

只有一块手表，可以知道时间；拥有两块或两块以上的手表并不能告诉人更准确的时间，反而会让看表的人失去对准确时间的信心。这就是著名的手表定律。

手表定律带给我们一种非常直观的启发：对于任何一件事情，不能同时设置两个不同的目标，否则将无所适从。

4．最后通牒效应：设定最后期限，你的效率会更高

人们在面对一项工作或任务时，往往迟迟不肯开始着手工作，一再拖延，直到实在不能再拖的情况下，才会努力去完成。在从事某一活动时，总觉得准备不足。一再拖延，但在不能拖的情况下，例如条件不允许或到了规定时间，人们基本上也能完成任务，这在心理学上叫作"最后通牒效应"。

心理学认为，人们拖拉的真正原因其实就是恐惧。而驱除恐惧的唯一办法就是迎向它，行动起来，尽早完成任务，才能脱离恐惧。做好时间管理，将任务与时间很好地匹配，限定完成任务的最后时间，你的效率会更高，也更有时间将大学生活过得丰富多彩。

三、与大学生人际交往有关的积极心理学的理论成果

1．罗森塔尔效应：人们会成为你想象中的样子

"罗森塔尔效应"是美国心理学家罗森塔尔和雅克布森1968年通过实验研究提出来的。美国心理学家罗森塔尔考查某校，随意从每班抽3名学生共18人写在一张表格上，交给校长，极为认真地说："这18名学生经过科学测定全都是智商型人才。"事过半年，罗森塔尔又来到该校，发现这18名学生的确超过一般学生，进步很大，再后来这18人全都在不同的岗位上干出了非凡的成绩。这一效应就是期望心理中的共鸣现象。指人们基于对某种情境的知觉而形成的期望或预言，会使该情境产生适应这一期望或预言的效应。

你期望什么，你就会得到什么，你得到的不是你想要的，而是你期待的。只要充满自信地期待，只要真地相信事情会顺利进行，事情一定会顺利进行。相反来说，如果你相信事情不断地受到阻力，这些阻力就会产生，成功的人都会培养出充满自信的态度，相信好的事情一定会发生。这就是心理学上所说的罗森

塔尔效应。

罗森塔尔效应给我们这样一个启示：赞美、信任和期待具有一种能量，它能改变人的行为，当一个人获得另一个人的信任、赞美时，他便感觉获得了社会支持，从而增强了自我价值，变得自信、自尊，获得一种积极向上的动力，并尽力达到对方的期待，避免使对方失望，从而维持这种社会支持的连续性。

2. 留面子效应：先大后小的人际要求

1975 年，心理研究者查尔迪尼等人曾做过一项被称为"导致顺从的互让过程"的研究。研究人员将参与实验的大学生分成两组，对于第一组大学生，研究要求他们带领少年们去动物园玩一次，需要两个小时，但只有 1/6 的学生答应了这个请求。对于第二组大学生，研究人员首先请求他们花两年时间担任一个少年管教所的义务辅导员，这是一件费时费力的工作，几乎所有的大学生都谢绝了。他们接着提出了一个小的要求，让大学生带领少年们去动物园玩两个小时，"不就两个小时嘛，太容易了！"一大半学生都答应了这个请求！

造成这种现象的原因，心理学称之为"留面子效应"。原来，人们都有给对方保留面子的心理倾向。如果对某人提出一个很大的、会被拒绝的要求，接着向他提出一个小一点的要求，那么他接受这个小要求的可能性比直接向他提出这个小要求而被接受的可能性大得多，这种现象称作留面子效应。

很显然，由于人际相互作用，当人们拒绝了别人的一个要求后，会愿意作出一点让步，给别人一个面子，使别人获得满足。在人际交往中，人会自然地倾向于选择给交往双方都带来最大满足的行为。出于补偿心理，拒绝别人后对别人的接受性出现了增加。

留面子效应是一把双刃剑，善加利用可以使沟通、交流事半功倍。但应切记：己所不欲，勿施于人。不要为了一己之私，轻易利用他人的心理。

另外，留面子效应不是放之四海皆准的，它是否会发生作用，关键在于双方关系的亲密程度以及你的需求和合理程度。如果既无责任，又无义务，双方素昧平生，却向别人答应一些有损自身利益的事情，这时候"先大后小"也是没有用的。

3. 角色效应：角色不同，心理或行为不同

有位心理学家通过观察发现：两个同卵双生的女孩，她们的外貌非常相似，生长在同一个家庭中，从小学到中学，直到大学都是在同一个学校，同一个班内读书。但是她俩的性格却大不一样：姐姐性格开朗，好交际，待人主动热情，处理问题果断，较早地具备了独立工作的能力。而妹妹遇事缺乏主见，在谈话和回答问题时常常依赖于别人，性格内向，不善交际。

是什么原因造成姐妹俩性格上这样大的差异呢？

主要是他们充当的"角色"不一样。在生下来后，她们的父母在对待她俩的态度上大不一样。尽管她们是孪生姐妹，但她们的父母就责成先出生的为"姐姐"，后出生的为"妹妹"。姐姐必须照顾妹妹，要对妹妹的行为负责，同时也要求妹妹听姐姐的话，遇事必须同姐姐商量。这样，姐姐不但要培养自己独立处理问题的能力，而且还扮演了妹妹的"保护人"的角色；妹妹则充当了被保护的角色。可见，充当何种角色是形成孪生姐妹性格差异的关键因素。

其实，并非只是孪生子才有"角色效应"，正常的人都会受到角色的影响。充当"知识分子"这个角色，就会受到"文质彬彬"等一些角色要求的影响；充当"教师"这个角色，就会有"为人师表"等角色要求。角色效应就像"魔绳"一样，把你紧紧地捆束在这个角色之中。

同样，学生在校、班、组中所充当的角色也影响他的性格。日本心理学家长岛真夫等人，研究了班级指导对"角色"加工的意义。他们在小学五年级的一个班上进行了实验。这个班有 47 名学生，他们挑选

了在班级中地位较低的 8 名学生，任命他们为班级委员，在他们完成工作任务的过程中给予适当的指导。一个学期过后进行测定，发现他们在班级中的地位有显著的上升，第二学期选举班干部时，这 8 名学生中有 6 名又被选为班级委员。另外，也观察到这 6 名新委员在性格方面，诸如自尊心、安定感、明朗性、活动能力、协调性、责任心等特征都有所变化。从全班的统计来看，原来不积极参加班级活动的孤独、孤僻儿童的比例也大大下降了，整个班级的风气也有所改善。

大学生多参加班级、社团、社会实践活动，并力争在活动中发挥作用，对大学生走向成熟、能力提升、个性培养具有一定的积极意义。

四、与大学生的情绪有关的积极心理学的理论成果

1. 齐加尼克效应：有些压力很正常，不必为此太紧张

法国心理学家齐加尼克曾做过一次颇有意义的实验：他将自愿受试者分为两组，让他们去完成 20 项工作。其间，齐加尼克对一组受试者进行干预，使他们无法继续工作而未能完成任务，而对另一组则让他们顺利完成全部工作，实验得到不同的结果。虽然所有受试者接受任务时都显现出一种紧张状态，但顺利完成任务者，紧张状态随之消失；而未能完成任务者，紧张状态持续存在，他们的思绪总是被那些未能完成的工作所困扰，心理上的紧张压力难以消失。一个人在接受一项工作时，就会产生一定的紧张心理，只有任务完成，紧张才会解除。如果任务没有完成，则紧张持续不变。

脑力劳动者容易产生齐加尼克效应。随着当代科学技术的飞速发展、知识信息量的快速增长，脑力劳动者的工作量亦相应增加，工作节奏随之加快。

由于脑力劳动是以大脑的积极思维为主的活动，其特殊性在于大脑的积极思维是持续而不间断地活动，所以紧张也往往是持续存在的。紧张的工作节奏和各种竞争，使脑力劳动者易产生紧迫感、压力感和焦虑感，若处理不当或不能适应，则对很多心身疾病的发生发展起着推波助澜的作用。因此，脑力劳动者必须学会自我心理调适，缓解精神上的紧张状态。

2. 野马结局：控制你的坏情绪

非洲草原上有一种吸血蝙蝠，常叮在野马的腿上吸血。它们依靠吸食动物的血生存，不管野马怎样暴怒、狂奔，它们毫不理会，而是从容地吸饱再离去，不少野马被活活折磨死。动物学家发现吸血蝙蝠所吸的血量极少，远不足以使野马死去，野马的死因是暴怒和狂奔。对于野马来说，吸血蝙蝠只是一种外界的挑战，一种外因，而野马对这一外因的剧烈情绪反应才是造成它死亡的最直接原因。

人在生活中难免会遇到不顺心的事，如不能宽容待之，一时情绪激动，甚至暴跳如雷，大发脾气，会严重危害自身健康。动辄生气的人很难健康、长寿，很多人其实是"气死的"。于是人们把因芝麻小事而大动肝火，以致因别人的过失而伤害自己的现象，也称为"野马结局"。大学生要善于管理情绪，不要因小事而影响全局。

3. 踢猫效应：别成为坏情绪的传递者

一位父亲在公司受到了老板的批评，回到家就把沙发上跳来跳去的孩子臭骂了一顿。孩子心里窝火，狠狠去踢身边打滚的猫。猫逃到街上，正好一辆卡车开过来，司机赶紧避让，却把路边的老板撞伤了。

这就是心理学上著名的"踢猫效应"，描绘的是一种典型的坏情绪的传染所导致的恶性循环。人的不满情绪和糟糕心情，一般会沿着等级和强弱组成的社会关系链条依次传递。由金字塔尖一直扩散到最底层，无处发泄的最弱小的那一个元素，则成为最终的受害者。其实，这是一种心理疾病的传染。

一般而言，人的情绪会受到环境以及一些偶然因素的影响，当一个人的情绪变坏时，潜意识会驱使他

选择下属或无法还击的弱者发泄。受到上司或者强者情绪攻击的人又回去寻找自己的出气筒。这样就会形成一条清晰的愤怒传递链条，最终的承受者，即"猫"，是最弱小的群体，也是受气最多的群体，因为也许会有多个渠道的怒气传递到他这里来。

现代社会中，工作与生活的压力越来越大，竞争越来越激烈。这种紧张很容易导致人们情绪的不稳定，一点不如意就会使自己烦恼、愤怒起来，如果不能及时调整这种消极因素带给自己的负面影响，就会身不由己地加入到"踢猫"的队伍当中——被别人"踢"或者去"踢"别人。

正　念

The real meditation is how you live your life.

——Jon　Kabat　Zinn

一、正念

"正念"这个概念最初源于佛教禅修，是从坐禅、冥想、参悟等发展而来，是一种自我调节的方法。乔恩·卡巴金(Jon Kabat Zinn)博士是正念减压疗法(Mindfulness Based Stress Reduction，MBSR)的创始人。他是美国麻省大学荣誉退休医学教授，麻省大学医学院医学、保健和社会正念中心的创立执行主任，麻省大学医学院减压门诊的创立主任。他于 20 世纪 70 年代创立的正念减压疗法已成为美国医疗体系内历史最悠久、规模最庞大的减压疗法；截至 2004 年，美国、加拿大、英国等西方发达国家已经有超过 240 家的医学中心、医院或诊所开设正念减压疗法。他著有多本在西方影响深远的正念畅销著作，包括《不分心——初学者的正念书》《多舛的生命》《此刻是一枝花》等。卡巴金将正念定义为一种精神训练的方法。在这种精神训练中，强调的是有意识地觉察、将注意力集中于当下，以及对当下的一切观念都不做评判。因此，正念就是有目的、有意识地关注、觉察当下的一切，而对当下的一切又不作任何判断、任何分析、任何反应，只是单纯地觉察它、注意它。"保持对体验的觉察，将自己与通常所强烈依赖的信念、想法和情绪分离，从而获得更好的情绪平衡，促进健康"(Ludwig ＆ Kabat Zinn，2008)。

正念因为对于人们的心理问题具有很好的疏通作用，"能帮助我们从这种惯性又无知无觉的睡眠状态中醒过来，从而能触及生活里自觉与不自觉的所有可能性。"因此，在现代心理学中，正念被发展成为了一种系统的心理疗法，即正念疗法。所谓正念疗法，就是以正念为基础的心理疗法。正念疗法并不是一种心理疗法的特称，而是一系列心理疗法的合称，这一系列心理疗法都具有一个共同的特征，那就是以"正念"为方法基础。

二、正念疗法的源起与发展

以下内容摘自祝卓宏的相关著作。

20 世纪以来，随着东西方文化交流的不断扩展和加深，佛教文化逐渐在美国流行。 二战后，日本禅学大师铃木大拙及其弟子在美国长期讲学，使得"不立文字，教外别传"的禅宗在美国生根；其后，东南亚上座部佛教的修行传统也开始进入美国，"观呼吸""正念进食""行禅""身体扫描"等原始佛教的禅修方法，通过依循缅甸马哈西尊者和印度葛印卡居士教导所建立的禅修中心在美国传播流行开来(温宗堃，2006)。

在这种背景下，卡巴金博士于 1979 年在美国麻省大学医学中心创立"减压门诊"，专为慢性疼痛病人开设"正念减压疗法(Mindfulness-Based Stress Reduction，MBSR)"，课程内容主要为"身体扫描""正念瑜伽""静坐冥想"以及将正念融入日常生活的"正念行走"和"正念进食"等。在长期的实践中，MBSR因其疗效显著而获得极大成功，越来越受到医学界和临床心理学界的关注。

1992 年,牛津大学的 John Teasdale、Mark Williams 和多伦多大学的 Zindel Segal 三位心理学家为了探索预防抑郁症复发的方法,首次来到麻省大学医学院学习正念减压疗法,他们将传统的认知行为疗法和 MBSR 结合,于 1995 年发展出正念认知疗法(Mindfulness- Based Cognitive Therapy,MBCT)(Z. Segal,Williams & Teasdale,2002),该疗法在临床实践中也显示出显著疗效。

在MBCT的影响下,又有其他临床心理学家发展出针对进食障碍的正念饮食觉察训练(Mindfulness-Based Eating Awareness Training,MB-EAT)(Kristeller & Wolever,2010)、针对物质滥用的正念复发预防(Mindfulness-Based Relapse Prevention,MBRP)(Witkiewitz,Marlatt & Walker,2005)、增加情侣关系满意度的正念关系促进(Mindfulness-Based Relationship Enhancement,MBRE)(Carson,Carson,Gil & Baucom,2004)等。

目前,基于正念的临床干预已被应用于治疗多种心理障碍,例如成瘾和物质滥用、注意缺陷多动障碍、焦虑障碍、冲动和愤怒控制、抑郁症、进食障碍、人格障碍、自杀与自伤行为、创伤后应激障碍和精神病性障碍等(Keng, et al.,2011);同时,正念训练也被作为多种躯体疾病的辅助疗法,例如脑外伤、风湿病、癌症、糖尿病、艾滋病和多处硬化等(Ludwig & Kabat Zinn,2008)。

20 世纪 70 年代,在禅宗思想的影响下,针对传统心理治疗过分关注症状改变的弊端,Marsha M. Linehan(Linehan,1987)发展了平衡接纳与改变的辩证行为疗法(Dialect Behavior Therapy,DBT),该疗法主要用于治疗自杀行为和边缘型人格障碍,其干预技术也主要是基于正念思想的情绪管理策略;90 年代,Hayes 等(Hayes,Strosahl & Wilson,2012)在情境行为科学(Contextual Behavioral Science,CBS)和关系框架理论(Relational Frame Theory,RFT)的影响下,结合正念、接纳、认知解离和聚焦当下等新的治疗理念,于 1999 年创立接纳与承诺疗法(Acceptance and Commitment Therapy,ACT)。这两种疗法的干预技术虽然不包括直接的正念训练,但其主要内涵仍是正念的思想,因此也被纳入正念疗法的体系。

也有学者(Ronald D Siegel,Christopher K Germer & Andrew Olendzki,2009)认为,20 世纪 60 年代受灵修热潮影响的青年,在多年的专注和投入后,其灵性成长在 90 年代后逐渐成熟,其中的一批临床心理学者在灵修中获得的正念领悟和临床实务的整合上也渐趋成熟,促进了近年来正念疗法的快速流行。

(人物简介:祝卓宏,中国科学院心理研究所教授、博士生导师,注册督导师,中国科学院心理健康重点实验室教授,中国科学院心理研究所应急心理行为应用研究中心主任,国家公务员心理健康应用研究中心主任,中央国家机关职工心理健康咨询中心主任。主要研究心理灵活性、压力管理、应急心理行为、公务员接纳承诺疗法(ACT)、心理健康、抑郁症及孤独症临床心理治疗等。)

三、正念生活

以下内容摘自童慧琦的接纳承诺疗法(ACT)相关著作。

正念需要我们不耽于阅读或思考,而要去亲身实践、体验,尤其当你心有所动之时。正念不仅仅是咨询室里的治疗技术,更是一种生活方式,正念生活主要包含以下内容。

(1) 正念坐姿:双腿自然地接触地面,身体直而不僵,头部端然,目光温和内敛,双手轻放于大腿/双膝,掌心可以朝上(有一种开放和接纳的感觉)或朝下(有一种安然、稳定的感觉)。

(2) 正念呼吸:正念坐姿,把你的注意力放在你呼吸最明显的地方,如鼻端、胸部、腹部或者身体别的地方。你吸气时,意识到你是在吸气;呼气时,意识到你是在呼气。不需要去数、臆想、分析你的呼吸,也不需要刻意操纵它,无论呼吸长短深浅,自然即可,只需觉察气息流动、身体起伏。当意识到注意力飘移的时候，确认一下注意力去了哪里，然后轻柔地把它重新带回到呼吸上来。当我们这样呼吸的时候，我们处在身心合一的状态。我们可以在任何地方进行正念呼吸，如地铁上、公交上、开会时、等人时。

(3) 正念行走：试着把觉知融入行走中。选择一个安静、安全的地方，一个到两个身长的距离。自然、放松地站立，平视，然后开始行走，注意行走时候身体如何转移重心、抬腿、伸展关节、脚落地，平衡、转移重心、转身……体验行走时身体(肌肉、关节等)的感觉。可以尝试不同的速度行走：比平时缓慢、与平时相似或者比平时更快的速度。正念与快慢没有关系。"不需要到哪里去，也没有别的事情可做"，只为在此时此地安然地行走。

(4) 正念进食：我们可以正念吃饭，食物入口之前，细察食物的颜色、形状，闻闻食物的气味，食物入口，细品食物的质地、温度、滋味。咀嚼食物时，感觉口中唾液的分泌、吞咽的冲动、食物被咀嚼时食物本身形状、质地、滋味等的变化。这正是我们常说的"一口一口，细嚼慢咽"。同时也关照好涌现的情感和念头。

(5) 正念聆听：正念坐姿，微阖双眼，或者将视线下移。把注意力放在声音上——你所在的房间里有什么声音？房间外有什么声音？不需要费劲地去寻找声音，而只是让它自然地来。你听到的声音可能令人愉悦，可能是噪音，可能比较中性，没有关系，无须对声音有特别的喜欢或者不喜欢。声音只是声音，是声波通过我们的耳朵，又传到我们的听觉中枢，然后被我们听到。请继续聆听并注意一下声音与声音之间是否有间歇或者停顿，也就是静默的时刻。把注意力放在静默上。可能很快这份静默就被新的声音打破了。一切都在变——声音以及静默。注意在聆听的时候，是否有什么想法、情感或者躯体感觉涌现上来，占据了你的注意力？如果有的话，不用否认也不用批评自己，然后把这些想法、情感或者躯体感觉放下，接下来把注意力放到自己身上来，看看有没有身体发出的内在的声音。随着正念练习的加深，有时我们会听到来自内在的声音：空气进出鼻腔的声音、心跳声、血脉搏动声、肠鸣声、耳鸣声等。聆听一下有什么内在的声音，这些声音是否也在变化？

(6) 正念人际：试着去把身边每个人(父母、伴侣、孩子、同学、同道、上司)看作本身就是完美的。看看你是否能够对每一刻他们的自主权和视角保持觉知，努力善意地接纳他们，特别是你最难以这样做到的时候。记住这与你是否喜欢或赞成他们的行为无关，而是你对他们的存在的接纳。进一步：练习利他，对别人的福祉无私的关切。

(人物简介：童慧琦，复旦大学医学院(原上海医科大学)医学硕士毕业。赴美后先在哈佛作遗传学基础研究，后在 Tufts 大学医学院精神科作临床研究。现就读于美国太平洋心理研究生院(Pacific Graduate School of Psychology) 临床心理学哲学博士(Ph.D.)课程，同时在斯坦福大学医学院老人和家庭中心以及 Palo Alto 退伍军人保健系统做临床实践。)

心 理 测 验

一、社会适应能力自测表

社会适应能力，指的是一个人心理上适应社会生活和社会环境的能力。社会适应能力的高低，从某种意义上说，表明一个人的成熟度。下面的测验题目可以帮助你更好地了解自己的社会适应能力。请用"√""×"或"？"回答。

题号	题　目	选项
1	我最怕转学、转班级、换单位，因为每到一个新环境，我总要经过很长一段时间才能适应	
2	每到一个新的地方，我很容易同别人接近	
3	在陌生人面前，我常无话可说，以至感到尴尬	
4	我最喜欢学习新知识、新技术，它给我一种新鲜感，能调动我的积极性	
5	每到一个新地方，我第一天总是睡不好，就是在家里，只要换一张床，有时也会失眠	
6	不管生活条件有多大变化，我也能习惯	
7	越是人多的地方，我越感到紧张	
8	在正式比赛或考试时，我的成绩多半会比平时差	
9	我最怕在会上讲话，大家都看着我，心都快跳出来了	
10	即使同学、同事对我有看法，我仍能正常同他(她)交往	
11	老师、领导在场的时候，我做事情有些不自在	
12	和同学、同事、家人相处，我很少固执己见，乐于采纳别人的意见	
13	同别人争论时，我常常感到语塞，事后才想起该怎样反驳对方，可惜已经太迟了	
14	我对生活条件要求不高，即使生活条件很艰苦，我也能过得很愉快	
15	有时自己明明把考试内容背得滚瓜烂熟，可在考场上还是会出差错	
16	在决定胜负成败的关键时刻，我虽然很紧张，但总能很快地使自己镇定下来	
17	我不喜欢的东西，不管怎么学也学不会	
18	在嘈杂混乱的环境里，我仍能集中精力学习或工作，并且效率不减	
19	我不喜欢陌生人来家里做客，每逢这种情况，我就有意回避	
20	我很喜欢参加社交活动，我感到这是交朋友的好机会	

评分规则：

根据下表，可以计算出每一项的得分，累计即为自己的总分。

题号	1	2	3	4	5	6	7	8	9	10
√	0	2	0	2	0	2	0	0	0	2
?	1	1	1	1	1	1	1	1	1	1
×	2	0	2	0	2	0	2	2	2	0
题号	11	12	13	14	15	16	17	18	19	20
√	0	2	0	2	0	2	0	2	0	2
?	1	1	1	1	1	1	1	1	1	1
×	2	0	2	0	2	0	2	0	2	0

分析说明：

38～40 分：社会适应能力很强。你能很快地适应新的学习、工作、生活环境，与人交往轻松、大方，给人的印象良好。你无论进入什么样的环境，都能应付自如，左右逢源。

34～37 分：社会适应能力良好。你能较好地适应环境的变化，态度积极，乐于与外界交往，有较强的调适能力。

29～33 分：社会适应能力一般。当你进入新环境后，经过一段时间的努力，基本上就能适应。

23～28 分：社会适应能力较差。你习惯于依赖较好的学习、生活环境，一旦遇上困难则怨天尤人，甚至消沉、退缩。

22 分以下：社会适应能力很差。你在各种新环境中，即使经过一段时间的努力，还不一定马上能够适应，常常感到与周围事物格格不入而十分苦恼。在与他人的交往中，总是显得拘谨、羞怯、手足无措。

如果你在本测验中得分较低，也不必忧心忡忡，因为一个人的社会适应能力是随着年龄增长，知识、经验的丰富而不断增强的。只要你有信心，努力学习，加强锻炼，一定会成为适应社会的成功者。

二、社会支持评定量表(SSRS)

一个人人际关系好坏的重要标准是看这个人能获得多少有效的社会支持，下面是常用的社会支持评定量表，请按各个问题的具体要求，让我们自己来估测一下我们的社会支持吧。

1. 您有多少个关系密切、可以得到支持和帮助的朋友？(   )

(1) 一个也没有   (2) 1～2 个

(3) 3～5 个   (4) 6 个或 6 个以上

2. 近一年来您：(   )

(1) 远离家人，且独居一室   (2) 住处经常变动，多数时间和陌生人住在一起

(3) 和同学、同事或朋友住在一起   (4) 和家人住在一起

3. 您和邻居：(   )

(1) 相互之间从不关心，只是点头之交   (2) 遇到困难可能稍微关心

(3) 有些邻居很关心您   (4) 大多数邻居都很关心您

4. 您和同事或者同学：(   )

(1) 相互之间从不关心，只是点头之交

(2) 遇到困难可能稍微关心

(3) 有些同事很关心您

(4) 大多数同事或者同学都很关心您

5. 从家庭成员得到的支持和照顾(在合适的框内划"√")

	无	极少	一般	全力支持
A. 夫妻(恋人)				
B. 父母				
C. 儿女				
D. 兄弟姐妹				
E. 其他成员(如嫂子)				

6. 过去，在您遇到急难情况时，曾经得到的经济支持和解决实际问题的帮助的来源有：

(1) 无任何来源

(2) 下列来源(　　　)(可选多项)

A. 配偶；B. 其他家人；C. 亲戚；D. 同事；E. 工作单位；F. 党团工会等官方或半官方组织；G. 宗教、社会团体等非官方组织；H. 其他(请列出)

7. 过去，在您遇到急难情况时，曾经得到的安慰和关心的来源有：

(1) 无任何来源

(2) 下列来源(可选多项)

A. 配偶；B. 其他家人；C. 亲戚；D. 同事；E. 工作单位；F. 党团工会等官方或半官方组织；G. 宗教、社会团体等非官方组织；H. 其他(请列出)

8. 您遇到烦恼时的倾诉方式：(　　　)

(1) 从不向任何人诉讼　　　　　　　(2) 只向关系极为密切的1～2个人诉说

(3) 如果朋友主动询问您会说出来　　(4) 主动诉说自己的烦恼，以获得支持和理解

9. 您遇到烦恼时的求助方式：(　　　)

(1) 只靠自己，不接受别人帮助　　　(2) 很少请求别人帮助

(3) 有时请求别人帮助　　　　　　　(4) 有困难时经常向家人、亲友、组织求援

10. 对于团体(如党组织、工会、学生会等)组织活动，您：(　　　)

(1) 从不参加　　　　　　　　　　　(2) 偶尔参加

(3) 经常参加　　　　　　　　　　　(4) 主动参加并积极活动

评分规则：

(1) 第1～4，8～10条，选择1、2、3、4项分别计1、2、3、4分。

(2) 第5条分A，B，C，D四项计总分，每项从"无"到"全力支持"分别计1～4分。

(3) 第6、7条分别如回答"无任何来源"则计0分，回答"下列来源"者，有几个来源就计几分。

社会支持评定量表分析方法：

(1) 总分：即十个条目计分之和。

(2) 客观支持分：第2、6、7条评分之和。

(3) 主观支持分：第1、3、4、5条评分之和。

(4) 对支持的利用度：第8、9、10条评分之和。

量表解释：

客观支持分代表的是那些客观可见的或实际的支持，包括物质上的直接援助，社会网络、团体关系的存在和参与，如家庭、婚姻、朋友、同事等，分数高就代表这方面的支持较高；另一类是主观体验到的情

感上的支持，指的是个体在社会中受尊重，被支持和理解的情感体验和满意程度，与个体的主观感受密切相关，分数高则代表你这方面的支持比较高；对社会支持的利用度，包括个体对支持的利用情况，有些人虽可获得支持，却拒绝别人的帮助。其实人与人的支持是两个相互的过程，一个人在支持别人的同时，也为获得别人的支持打下了基础。

三、气质测量

下面 60 道题可以帮助你大致确定自己的气质类型。在回答这些问题时，你认为：

A. 很符合自己的情况　　　记 +2 分　　　　B. 比较符合自己的情况　　记 +1 分

C. 介于符合与不符合之间　记 0 分　　　　　D. 比较不符合自己的情况　记 –1 分

E. 完全不符合自己的情况　记 –2 分

(1) 做事力求稳妥，一般不做无把握的事。

(2) 遇到可气的事就怒不可遏，想到的心里话全说出来才痛快。

(3) 宁可一个人干事，也不愿意很多人在一起。

(4) 到一个新环境很快就能适应。

(5) 厌恶那些强烈的刺激，如尖叫、噪音、危险镜头等。

(6) 和人争吵时，总是先发制人，喜欢挑衅。

(7) 喜欢安静的环境。

(8) 善于和人交往。

(9) 羡慕那种善于克制自己感情的人。

(10) 生活有规律，很少违反作息制度。

(11) 在多数情况下情绪是乐观的。

(12) 碰到陌生人觉得拘束。

(13) 遇到令人气愤的事，能很好地自我克制。

(14) 做事总是有旺盛的精力。

(15) 遇到问题总是举棋不定、优柔寡断。

(16) 在人群中从不觉得过分拘束。

(17) 情绪高昂时，觉得干什么都有趣；反之，又觉得什么都没有意思。

(18) 当注意力集中于一事物时，别的事很难使自己分心。

(19) 理解问题总比别人快。

(20) 碰到危险情景，常有一种极度恐怖感。

(21) 对学习、工作、事业怀有很高的热情。

(22) 能够长时间做枯燥、单调的工作。

(23) 符合兴趣的事情，干起来劲头十足，否则就不想干。

(24) 一点小事就能引起情绪波动。

(25) 讨厌做那种需要耐心细致的工作。

(26) 与人交往不卑不亢。

(27) 喜欢参加热烈的活动。

(28) 喜爱感情细腻、描写人物内心活动的文学作品。

(29) 工作、学习时间长了，常感到厌倦。

(30) 不喜欢长时间谈论一个问题，愿意实际动手干。

(31) 宁愿侃侃而谈，不愿窃窃私语。

(32) 别人总是说我闷闷不乐。

(33) 理解问题常比别人慢些。

(34) 疲倦时只要短暂的休息就能精神抖擞重新投入工作。

(35) 心里话宁愿自己想，不愿说出来。

(36) 认准一个目标，就希望尽快实现，不达目的誓不罢休。

(37) 学习、工作同样一段时间后，常比别人更疲倦。

(38) 做事有些莽撞，常常不考虑后果。

(39) 老师讲授新知识时，总希望他讲得慢些，多重复几遍。

(40) 能够很快忘记那些不愉快的事情。

(41) 做作业或完成一件工作总比别人花时间多。

(42) 喜欢运动量大的剧烈体育运动或参加各种文艺活动。

(43) 不能很快地把注意力从一件事情转移到另一件事情上去。

(44) 接受一个任务后，就希望把它迅速解决。

(45) 认为墨守成规比冒风险强些。

(46) 能够同时注意几件事物。

(47) 当自己烦闷时，别人很难使自己高兴起来。

(48) 爱看情节起伏跌宕、激动人心的小说。

(49) 对工作抱认真严谨、始终一贯的态度。

(50) 和周围人的关系总是相处不好。

(51) 喜欢复习学过的知识，重复做熟练的工作。

(52) 希望做变化大的花样多的事。

(53) 小时候会背的诗歌，自己似乎比别人记得清楚。

(54) 别人说我"出口伤人"，可我并不觉得这样。

(55) 在体育活动中，常因反应慢而落后。

(56) 反应敏捷，头脑机智。

(57) 喜欢有条理而不甚麻烦的工作。

(58) 兴奋的事常使自己失眠。

(59) 老师讲新概念，常常听不懂，但是弄懂后很难忘记。

(60) 假如工作枯燥无味，马上就会情绪低落。

确定气质类型的方法：

(1) 将每题得分填入下表相应得分栏内。

(2) 计算每种气质类型的总分。

确定气质类型：

(1) 如果某类气质类型得分明显高出其他三种且均高出 4 分以上，可定为该类型气质(超 20 分，则为典型型；得分在 10～20 分，则为一般型)。

(2) 两种气质类型得分接近，其差异低于 3 分，而且明显高于其他两种 4 分以上，则可定为这两种气质的混合型。

(3) 三种气质得分均高于第四种，而且接近，则为三种气质的混合型。

气质类型	题 项	总分
胆汁质	2、6、9、14、17、21、27、31、36、38、42、48、50、54、58	
多血质	4、8、11、16、19、23、25、29、34、40、44、46、52、56、60	
黏液质	1、7、10、13、18、22、26、30、33、39、43、45、49、55、57	
抑郁质	3、5、12、15、20、24、28、32、35、37、41、47、51、53 59	

四、抑郁自评量表(SDS)

请仔细阅读下表，根据你最近一星期的感受选择适合的答案。

抑郁自评量表(SDS)

	偶或无	有时	经常	持续
1. 我感到情绪沮丧、抑郁	1	2	3	4
2. 我感到早晨心情好	4	3	2	1
3. 我要哭或想哭	1	2	3	4
4. 我夜间睡眠不好	1	2	3	4
5. 我吃饭像平时一样多	4	3	2	1
6. 我性功能正常	4	3	2	1
7. 我感到体重减轻	1	2	3	4
8. 我为便秘烦恼	1	2	3	4
9. 我的心跳像比平时快	1	2	3	4
10. 我无故感到疲劳	1	2	3	4
11. 我的头脑像平时一样不感到困难	4	3	2	1
12. 我做事情像平时一样不感到困难	4	3	2	1
13. 我坐卧不安，难以保持平静	1	2	3	4
14. 我对未来感到有希望	4	3	2	1
15. 我比平时更容易激怒	1	2	3	4
16. 我觉得决定什么事很容易	4	3	2	1
17. 我觉得自己是有用的和不可缺少的人	4	3	2	1
18. 我的生活很有意义	1	2	3	4
19. 假如我死了别人会过得更好	1	2	3	4
20. 我仍旧喜爱自己平时喜爱的东西	4	3	2	1

分析说明：

评定采用1～4分制计分，评定时限为过去一周内，主要统计指标为总分。你可将各项分数相加，得到粗分，再乘以1.25，四舍五入，转换为标准分。50分以上者有抑郁症的可能，分数越高则越严重。你可将填妥的抑郁自评表交给医生一同讨论，这对医生了解你的情况会有帮助。

五、情商测验

你知道自己的情绪商数(EQ)有多高吗?

对下列 20 个题目,请你作出"是"或"否"的选择。

(1) 你认为大多数人必须更加努力而不要轻易放弃。

(2) 当学习碰到困难时,你认为这是对未来的警告。

(3) 在你最好的朋友开始说话以前,你就能分辨出他(她)处于何种情绪状态。

(4) 当你的情况不妙,你认为到了你该改变的时候了。

(5) 与你的同学或者朋友发生争吵后,你能在他人面前掩饰住你的沮丧。

(6) 尽管你知道自己是正确的,你也会转换这一话题,而不愿引来一场争论。

(7) 当你担忧某件事时,你在夜里几个小时难以入睡。

(8) 你经常想知道别人是怎样看待你的。

(9) 你对自己几乎能使每一个人高兴起来而感到自豪。

(10) 你厌烦讨价还价,尽管你知道讨价还价能使你少花很多钱。

(11) 你十分直率地说话,而且认为这样能使一切事情变得更容易。

(12) 与你最好的朋友告诉你一些好消息相比,你更易受一部浪漫影片的感染。

(13) 你在学习中作出一个决定后,会担心它是否正确。

(14) 你认为你的家人或朋友对你寄予厚望。

(15) 你似乎是这样一个人:对于周末去做什么,你总是能够提出有趣的设想。

(16) 假如你有一根魔棒的话,你将挥动它来改变你的外貌和个性。

(17) 你会把任何事情都告诉你最好的朋友,即使是个人隐私。

(18) 你不会担心环境的改变。

(19) 你认为一点小小压力不会伤害任何人。

(20) 不管你学习(工作)多么尽心尽力,你的老师(老板)似乎总是在催促着你。

评分规则:

每题选"是"记 1 分,选"否"记 0 分。各题得分相加,统计总分。

分析说明:

16 分以上:你对你的能力很有自信,因此,当处于强烈情感边缘时你不会被击垮。即使你在愤怒时,也能进行有效的自我控制,保持彬彬有礼的君子风度。在控制你的情感方面,你是非常出色的,与他人相处也很融洽。

7～15 分:你能意识到自己和他人的情感,但有时却忽视它们,不明白这对你的幸福是多么重要。你对下一步升学和就业等诸如此类的事情的关心支配着你的生活。然而,无论实现多少物质目标,你仍然感到不满足。

6 分以下:你过分注重自己,对别人关心不够。你喜欢打破常规,并且不会担心通过疏远别人来得到自己想得到的东西。你可能在短期内就会取得一定成果,但人们不久就将开始抱怨你。

六、焦虑自评量表(SAS)

下面有 20 道题目,请仔细阅读每一道题,然后根据你最近一星期的实际情况选择 A、B、C、D,其分别表示:A 没有或很少时间;B 小部分时间;C 相当多时间;D 绝大部分或全部时间。

(1) 我觉得比平常容易紧张或着急。

(2) 我无缘无故感到害怕。

(3) 我容易心里烦乱或觉得惊恐。

(4) 我觉得我可能将要发疯。

(5) 我觉得一切都很好，也不会发生什么不幸。

(6) 我手脚发抖打颤。

(7) 我因为头痛、颈痛和背痛而苦恼。

(8) 我感觉容易衰弱和疲乏。

(9) 我觉得心平气和，并且容易安静坐着。

(10) 我觉得心跳很快。

(11) 我因为一阵阵头晕而苦恼。

(12) 我有晕倒发作，或觉得要晕倒似的。

(13) 我吸气呼气都感到很容易。

(14) 手脚麻木和刺痛。

(15) 我因为胃痛和消化不良而苦恼。

(16) 我常常要小便。

(17) 我的手脚常常是干燥温暖的。

(18) 我脸红发热。

(19) 我容易入睡并且一夜睡得很好。

(20) 我做噩梦。

评分规则：

A、B、C、D 分别记 1、2、3、4 分。其中 5，9，13，17，19 为反向计分项目，即 A、B、C、D 分别记 4、3、2、1 分。将所有得分相加，再将总分乘以 1.25，取整数即可得到标准分。

分析说明：

以 50～55 分为界，超过 55 分为异常，说明你的情绪处于焦虑状态。

七、A 型性格测试

这是美国心理学家编制的 A 型性格测试问卷。根据你的实际情况，对所提问题回答"是"或"否"。

(1) 你说话时会刻意加重关键字的语气吗？

(2) 你吃饭和走路时都很急促吗？

(3) 认为孩子自幼就该养成与人竞争的习惯吗？

(4) 当别人慢条斯理做事时你会感到不耐烦吗？

(5) 当别人向你解说事情时你会催他赶快说完吗？

(6) 在路上挤车或餐馆排队时你会感到生气吗？

(7) 聆听别人谈话时你会一直想你自己的问题吗？

(8) 你会一边吃饭一边写笔记吗？

(9) 你会在休假之前先赶完预定的一切工作吗？

(10) 与别人闲谈时你总是提到自己关心的事么？

(11) 让你停下工作休息一会儿时你会觉得是浪费时间吗？

(12) 你是否觉得全心投入工作而无暇欣赏周围的美景？

(13) 你是否觉得宁可务实而不愿从事创新或改革的事？

(14) 你是否尝试在时间限制内做出更多的事？

(15) 与别人有约时你是否绝对遵守时间？

(16) 表达意见时你是否握紧拳头以加强语气？

(17) 你是否有信心再提升你的工作业绩？

(18) 你是否觉得有些事情等着你立刻去完成？

(19) 你是否觉得对自己工作效率一直不满意？

(20) 你是否觉得与人竞争时非赢不可？

(21) 你是否经常打断别人的话？

(22) 看见别人迟到时你是否会生气？

(23) 用餐时你是否一吃完就立刻离席？

(24) 你是否经常有匆匆忙忙的感觉？

(25) 你是否对自己近来的表现不满意？

分析说明：

如果你回答"是"的题目超过半数，你就应该改变生活习惯，放慢生活节奏，改善你的性格，也有助于你的身心健康。

八、心理健康自测表

对下列各题作出"是"或"否"的回答，可大致看出你的心理健康情况。

(1) 每当考试或提问时，会紧张和出汗。

(2) 看见不熟悉的人会手足无措。

(3) 心里紧张时，头脑会不清醒。

(4) 常因处境艰难而沮丧气馁。

(5) 身体经常发抖。

(6) 会因突然的声响而跳起来，全身发抖。

(7) 别人做错了事，自己也会感到不安。

(8) 经常做噩梦。

(9) 经常有恐怖的景象浮现在眼前。

(10) 经常会发生胆怯和害怕。

(11) 常常稍不如意就会怒气冲冲。

(12) 当被别人批评时就会暴跳如雷。

(13) 别人请求帮助时，会感到不耐烦。

(14) 做任何事都松松垮垮，没有条理。

(15) 你的脾气暴躁焦急。

(16) 一点也不能宽容他人，甚至对自己的朋友也是这样。

(17) 你被别人认为是个好挑剔的人。

(18) 你总是会被别人误解。

(19) 常常犹豫不决，下不了决心。

(20) 经常把别人交办的事搞错。

(21) 会因不愉快的事缠身，一直闷闷不乐，解脱不开。

(22) 有些奇怪的念头老是浮现脑海，自己虽知其无聊，却又无法摆脱。

(23) 尽管四周的人在快乐地取闹，自己却觉孤独。

(24) 常常自言自语或独自发笑。

(25) 总觉得父母或朋友对自己缺少关爱。

(26) 你的情绪极其不稳定，很善变。

(27) 常有生不如死的想法或感觉。

(28) 半夜里经常听到声响难以入睡。

(29) 你是一个感情很容易冲动的人。

评分规则：

每题回答"是"记 1 分，回答"否"记 0 分，各题得分相加，统计总分。

分析说明：

1～5 分：可算一般正常的人。

6～15 分：你的心里有些疲倦了，最好能合理安排学习，劳逸结合，让神经得到松弛。

16～30 分：你的心理健康程度不佳，有必要求助心理咨询，相信你会很快从烦恼不安中走出来。

九、非理性情绪测量

你对自己、他人、周围和事物的看法是什么？你同意以下看法吗？同意答"是"，不同意答"否"。

(1) 一个人应该被周围的每一个人所爱和称赞。

(2) 一个人必须非常能干、完美及成功，如此他才有价值。

(3) 有一些人是不好的、邪恶的、卑鄙的，他们应该被责备、被惩罚。

(4) 期待的不能得到或计划不能实现，是一件可怕的灾祸。

(5) 任何问题都有正确、完善的解答。我们必须找到它，不然，结果相当可怕。

(6) 历史是现实的主宰，过去的经验与事件影响目前，过去的影响是无法消除的。

(7) 人应该依赖他人，尤其是依赖强者。

(8) 人应该为别人的问题与困扰而感到难过。

(9) 逃避困难及责任，比面对它容易。

(10) 不幸与快乐是由外界引起的，我们无法控制。

(11) 人应该时刻警惕是否有危险、可怕的事情将发生。

分析说明：

以上 11 种对人对事的看法都是非理性的观念，也许在许多人的脑海里已经生根。你答"是"越多，说明你的非理性观念越多，在现实生活中，持有这种想法的你就越容易发生情绪困扰，觉得心情不舒畅。你的得分越低，就越不易受这种非理性想法的困扰，情绪问题也相对较少。

十、心理健康症状自评量表 SCL-90

心理健康症状自评量表是为了评定个体在感觉、情绪、思维、行为直至生活习惯、人际关系、饮食睡眠等方面的心理健康症状而设计的。请仔细阅读每一条问题，然后根据该句话与你自己的实际情况相符合的程度(最近一个星期或现在)，选择一个适当的数字填写在后面的选项框中。

对每一个问题均采取 1～5 级评分，具体说明如下：

1—从无；2—很轻；3—中等；4—偏重；5—严重。

序号	问　　题	选项
1	头痛	
2	神经过敏，心中不踏实	
3	头脑中有不必要的想法或字句盘旋	
4	头晕或晕倒	
5	对异性的兴趣减退	
6	对旁人责备求全	
7	感到别人能控制你的思想	
8	责怪别人制造麻烦	
9	忘性大	
10	担心自己的衣饰整齐及仪态的端正	
11	容易烦恼和激动	
12	胸痛	
13	害怕空旷的场所或街道	
14	感到自己的精力下降，活动减慢	
15	想结束自己的生命	
16	听到旁人听不到的声音	
17	发抖	
18	感到大多数人都不可信任	
19	胃口不好	
20	容易哭泣	
21	同异性相处时感到害羞不自在	
22	感到受骗，中了圈套或有人想抓住你	
23	无缘无故地突然感到害怕	
24	自己不能控制地大发脾气	
25	怕单独出门	
26	经常责怪自己	
27	腰痛	
28	感到难以完成任务	
29	感到孤独	
30	感到苦闷	
31	过分担忧	

序号	问　　题	选项
32	对事物不感兴趣	
33	感到害怕	
34	你的感情容易受到伤害	
35	旁人能知道你的私下想法	
36	感到别人不理解你、不同情你	
37	感到人们对你不友好，不喜欢你	
38	做事必须做得很慢以保证做得正确	
39	心跳得很厉害	
40	恶心或胃部不舒服	
41	感到比不上他人	
42	肌肉酸痛	
43	感到有人在监视你、谈论你	
44	难以入睡	
45	做事必须反复检查	
46	难以做出决定	
47	怕乘电车、公共汽车、地铁或火车	
48	呼吸有困难	
49	一阵阵发冷或发热	
50	因为感到害怕而避开某些东西、场合或活动	
51	脑子变空了	
52	身体发麻或刺痛	
53	喉咙有梗塞感	
54	感到前途没有希望	
55	不能集中注意力	
56	感到身体的某一部分软弱无力	
57	感到紧张或容易紧张	
58	感到手或脚发重	
59	想到死亡的事	
60	吃得太多	
61	当别人看着你或谈论你时感到不自在	
62	有一些不属于你自己的想法	
63	有想打人或伤害他人的冲动	

序号	问 题	选项
64	醒得太早	
65	必须反复洗手、点数	
66	睡得不稳不深	
67	有想摔坏或破坏东西的想法	
68	有一些别人没有的想法	
69	感到对别人神经过敏	
70	在商店或电影院等人多的地方感到不自在	
71	感到任何事情都很困难	
72	一阵阵恐惧或惊恐	
73	感到公共场合吃东西很不舒服	
74	经常与人争论	
75	单独一人时神经很紧张	
76	别人对你的成绩没有做出恰当的评价	
77	即使和别人在一起也感到孤单	
78	感到坐立不安、心神不定	
79	感到自己没有什么价值	
80	感到熟悉的东西变成陌生或不像是真的	
81	大叫或摔东西	
82	害怕会在公共场合晕倒	
83	感到别人想占你的便宜	
84	为一些有关性的想法而很苦恼	
85	你认为应该因为自己的过错而受到惩罚	
86	感到要很快把事情做完	
87	感到自己的身体有严重问题	
88	从未感到和其他人很亲近	
89	感到自己有罪	
90	感到自己的脑子有毛病	

量表说明:

本测验共 90 个自我评定项目。测验的九个因子分别为:躯体化、强迫症状、人际关系敏感、抑郁、焦虑、敌对、恐怖、偏执及精神病性。

(1) 躯体化:包括 1、4、12、27、40、42、48、49、52、53、56 和 58,共 12 项。主要反映主观的身体不适感。

(2) 强迫症状:包括 3、9、10、28、38、45、46、51、55 和 65,共 10 项,反映临床上的强迫症状群。

(3) 人际关系敏感：包括 6、21、34、36、37、41、61、69 和 73，共 9 项。指某些个人不自在感和自卑感，尤其是在与其他人相比较时更突出。

(4) 抑郁：包括 5、14、15、20、22、26、29、30、31、32、54、71 和 79，共 13 项。反映与临床上抑郁症状群相联系的广泛的概念。

(5) 焦虑：包括 2、17、23、33、39、57、72、78、80 和 86，共 10 个项目。指在临床上明显与焦虑症状群相联系的精神症状及体验。

(6) 敌对：包括 11、24、63、67、74 和 81，共 6 项。主要从思维，情感及行为三方面来反映病人的敌对表现。

(7) 恐惧：包括 13、25、47、50、70、75 和 82，共 7 项。它与传统的恐惧症状态或广场恐惧症所反映的内容基本一致。

(8) 偏执：包括 8、18、43、68、76 和 83，共 6 项。主要是指猜疑和关系妄想等。

(9) 精神病性：包括 7、16、35、62、77、84、85、87、88 和 90，共 10 项。指幻听、思维播散、被洞悉感等反映精神分裂样症状项目。

(10) 其他 19、44、59、60、64、66 及 89 共 7 个项目，未能归入上述因子，它们主要反映睡眠及饮食情况。

评分规则：

SCL-90 的统计指标主要为两项，即总分和因子分。总分项目包括以下内容：

(1) 总分：90 个项目单项分相加之和，能反映其病情严重程度。

(2) 总均分：总分/90，表示从总体情况看，该受检者的自我感觉位于 1～5 级间的哪一个分值程度上。

(3) 阳性项目数：单项分≥2 的项目数，表示受检者在多少项目上呈"有症状"。

(4) 阴性项目数：单项分=1 的项目数，表示受检者"无症状"的项目有多少。

(5) 阳性症状均分：(总分－阴性项目数)/阳性项目数，表示受检者在"有症状"项目中的平均得分。反映受检者自我感觉不佳的项目，其严重程度究竟介于哪个范围。

因子分共包括 10 个因子，即所有 90 个项目分为 10 大类。每一因子反映受检者某一方面的情况，因而通过因子分可以了解受检者的症状分布特点，并可作廓图(Profile)分析。

分析说明：

• 基本解释

量表作者未提出分界值，按全国常模结果，总分超过 160 分，或阳性项目数超过 43 项，或任一因子分超过 2 分，需考虑筛选阳性，需进一步检查。

• 得分症状详解

总症状指数(总均分)：是指总的来看，被试的自我症状评价介于"没有"到"严重"的哪一个水平。总症状指数的分数在 1～1.5，表明被试自我感觉没有量表中所列的症状；在 1.5～2.5，表明被试感觉有点症状，但发生得并不频繁；在 2.5～3.5，表明被试感觉有症状，其严重程度为轻到中度；在 3.5～4.5，表明被试感觉有症状，其程度为中到严重；在 4.5～5 表明被试感觉有，且症状的频度和强度都十分严重。

阳性项目数：是指被评为 2～5 分的项目数分别是多少，它表示被试在多少项目中感到"有症状"。

阴性项目数：是指被评为 1 分的项目数，它表示被试"无症状"的项目有多少。

阳性症状均分：是指个体自我感觉不佳的项目的程度究竟处于哪个水平。其意义与总症状指数的相同。

因子分：SCL-90 包括 10 个因子，每一个因子反映出个体某方面的症状情况，通过因子分可了解症状分布特点。因子分等于组成某一因子的各项总分除以组成某一因子的项目数。当个体在某一因子的得分大于 2 时，即超出正常均分，则个体在该方面就很有可能有心理健康方面的问题。

(1) 躯体化：主要反映身体不适感，包括心血管、胃肠道、呼吸和其他系统的不适，和头痛、背痛、肌肉酸痛，以及焦虑等躯体不适表现。

该分量表的得分在 12~60 分。得分在 36 分以上，表明个体在身体上有较明显的不适感，并常伴有头痛、肌肉酸痛等症状。得分在 24 分以下，躯体症状表现不明显。总的来说，得分越高，躯体的不适感越强；得分越低，症状体验越不明显。

(2) 强迫症状：主要指那些明知没有必要，但又无法摆脱的无意义的思想、冲动和行为，还有一些比较一般的认知障碍的行为征象也在这一因子中反映。

该分量表的得分在 10~50 分。得分在 30 分以上，强迫症状较明显。得分在 20 分以下，强迫症状不明显。总的来说，得分越高，表明个体越无法摆脱一些无意义的行为、思想和冲动，并可能表现出一些认知障碍的行为征兆。得分越低，表明个体在此种症状上表现越不明显，没有出现强迫行为。

(3) 人际关系敏感：主要是指某些人际的不自在与自卑感，特别是与其他人相比较时更加突出。在人际交往中的自卑感，心神不安，明显的不自在，以及人际交流中的不良自我暗示，消极的期待等是这方面症状的典型原因。

该分量表的得分在 9~45 分。得分在 27 分以上，表明个体人际关系较为敏感，人际交往中自卑感较强，并伴有行为症状(如坐立不安，退缩等)。得分在 18 分以下，表明个体在人际关系上较为正常。总的来说，得分越高，个体在人际交往中表现的问题就越多，自卑，自我中心越突出，并且已表现出消极的期待。得分越低，个体在人际关系上越能应付自如，人际交流自信、胸有成竹，并抱有积极的期待。

(4) 抑郁：苦闷的情感与心境为代表性症状，还以生活兴趣的减退，动力缺乏，活力丧失等为特征。还表现出失望、悲观以及与抑郁相联系的认知和躯体方面的感受，另外，还包括有关死亡的思想和自杀观念。

该分量表的得分在 13~65 分。得分在 39 分以上，表明个体的抑郁程度较强，生活缺乏足够的兴趣，缺乏运动活力，极端情况下，可能会有想死的思想和自杀的观念。得分在 26 分以下，表明个体抑郁程度较弱，生活态度乐观积极，充满活力，心境愉快。总的来说，得分越高，抑郁程度越明显，得分越低，抑郁程度越不明显。

(5) 焦虑：一般指那些烦躁，坐立不安，神经过敏，紧张以及由此产生的躯体征象，如震颤等。

该分量表的得分在 10~50 分。得分在 30 分以上，表明个体较易焦虑，易表现出烦躁、不安静和神经过敏，极端时可能导致惊恐发作。得分在 20 分以下，表明个体不易焦虑，易表现出安定的状态。总的来说，得分越高，焦虑表现越明显。得分越低，越不会导致焦虑。

(6) 敌对：主要从三方面来反映敌对的表现：思想、感情及行为。其项目包括厌烦的感觉，摔物，争论直到不可控制的脾气暴发等各方面。

该分量表的得分在 6~30 分。得分在 18 分以上，表明个体易表现出敌对的思想、情感和行为。得分在 12 分以下表明个体容易表现出友好的思想、情感和行为。总的来说，得分越高，个体越容易敌对，好争论，脾气难以控制。得分越低，个体的脾气越温和，待人友好，不喜欢争论、无破坏行为。

(7) 恐惧：恐惧的对象包括出门旅行，空旷场地，人群或公共场所和交通工具。此外，还有社交恐惧。

该分量表的得分在 7~35 分。得分在 21 分以上，表明个体恐惧症状较为明显，常表现出社交、广场和人群恐惧，得分在 14 分以下，表明个体的恐惧症状不明显。总的来说，得分越高，个体越容易对一些场所和物体发生恐惧，并伴有明显的躯体症状。得分越低，个体越不易产生恐惧心理，越能正常地交往和活动。

(8) 偏执：主要指投射性思维，敌对，猜疑，妄想，被动体验和夸大等。

该分量表的得分在 6～30 分。得分在 18 分以上，表明个体的偏执症状明显，较易猜疑和敌对，得分在 12 分以下，表明个体的偏执症状不明显。总的来说，得分越高，个体越易偏执，表现出投射性的思维和妄想，得分越低，个体思维越不易走极端。

(9) 精神病性：反映各式各样的急性症状和行为，即限定不严的精神病性过程的症状表现。

该分量表的得分在 10～50 分。得分在 30 分以上，表明个体的精神病性症状较为明显，得分在 20 分以下，表明个体的精神病性症状不明显。总的来说，得分越高，越多地表现出精神病性症状和行为。得分越低，就越少表现出这些症状和行为。

(10) 其他项目(睡眠、饮食等)。

作为附加项目或其他，作为第 10 个因子来处理，以便使各因子分之和等于总分。

参 考 文 献

[1] (美)克里斯托弗·彼得森,史蒂文·迈尔,马丁·塞利格曼. 习得性无助[M]. 戴俊毅,屠筱青,译. 北京:机械工业出版社,2011.

[2] (美)马丁·塞利格曼. 学习乐观[M]. 洪兰,译. 北京:新华出版社,1998.

[3] 刘儒德. 教育中的心理效应[M]. 上海:华东师范大学出版社,2013.

[4] 谭洪岗,汪冰,张茵萍. 积极思维:5种方式让乐观成为习惯[J]. 心理月刊,2013. 4:68-72

[5] 周国韬,盖笑松. 积极心理学与教师的心理调适[M]. 北京:中国轻工业出版社,2012.

[6] 向毅斌. 激发转变,挑战自我的思维谬误[M]. 上海:华东师范大学出版社,2012.

[7] 王玉强. 智慧背囊:第六辑[M]. 广州:南方出版社,2005.

[8] 胡佳. 360°全方位情商训练[M]. 北京:地震出版社,2011.

[9] 李中莹. NLP简快心理疗法[M]. 北京:世界图书出版公司,2003.

[10] 刘勇. 教师专业发展团体心理辅导学[M]. 广州:中山大学出版社,2011.

[11] 章志华,金盛华. 社会心理学[M]. 北京:人民教育出版社,2008.

[12] 李献华. 大学生心理健康教育与咨询工作指导手册[M]. 北京:当代中国音像出版社,2004.

[13] 马建青. 大学生心理危机干预的理论与实务[M]. 杭州:杭州出版社,2011.

[14] 教育部思想政治工作司. 最新大学生心理干预及健康训练方案全集[M]. 北京:中国高等教育出版社,2012.

[15] FREDRICKSON B. 积极情绪的力量[M]. 王珺,译. 北京:中国人民大学出版社,2010.

[16] 宿文渊. 好心态好情绪决定你的一生[M]. 北京:中国华侨出版社,2013.

[17] 朱彤. 如何掌控自己的情绪和生活[M]. 北京:金城出版社,2007.

[18] CARR A. 积极心理学:关于人类幸福和力量的科学[M]. 郑雪,译. 北京:中国轻工业出版社,2008.

[19] 郝宁. 积极心理学:阳光人生指南[M]. 北京:北京大学出版社,2009.

[20] 苗元江. 心理学视野中的幸福[M]. 天津:天津人民出版社,2009.

[21] 郑雪. 幸福心理学[M]. 广州:暨南大学出版社,2008.

[22] 姚本先. 学校心理健康教育[M]. 合肥:安徽大学出版社,2008.

[23] 南京师范大学教育系. 教育学[M]. 北京:人民教育出版社,1984.

[24] 王树茂. 现代科技与人的心理[M]. 天津:天津科学技术出版社,2000.

[25] 郑希付. 网络成瘾的心理学研究:认知和情绪加工[M]. 广州:暨南大学出版社,2009.

[26] 胡凯. 大学生心理健康概论[M]. 长沙:中南大学出版社,2004.

[27] 张秀芳,周桂霞. 心理健康教育导读[M]. 北京:北京师范大学出版社,2011.

[28] 张大均,陈旭. 中国大学生心理素质调查[M]. 北京:北京师范大学出版社,2009.

[29] 张满堂. 心灵之路:大学生心理健康教育[M]. 天津:南开大学出版社,2012.

[30] 马建青. 大学生心理健康教程[M]. 杭州:浙江大学出版社,2012.

[31] 王淑兰. 大学生心理健康教育教程[M]. 西安:世界图书出版公司,2008.

[32] 孟娟,周华忠. 自助与成长:大学生心理健康教育[M]. 北京:国家行政学院出版社,2014.

[33]　宋宝萍. 大学生心理健康教育[M]. 西安：西安电子科技大学出版社，2007.

[34]　宋宝萍，魏萍. 创新思维心理学：培养与训练[M]. 北京：电子工业出版社，2012.

[35]　高玉祥. 个性心理学[M]. 北京：北京师范大学出版社，2002.

[36]　中国就业培训技术指导中心，中国心理卫生协会. 心理咨询师(基础知识)[M]. 北京：民族出版社，2012.

[37]　孙煜明. 动机心理学[M]. 南京. 南京大学出版社，1993.

[38]　葛宝岳，宋英. 大学生心理健康教程[M]. 长春：吉林大学出版社，2013.

[39]　CARR A. 积极心理学[M]. 丁丹，等，译. 北京：中国轻工业出版社，2013.

[40]　刘墉. 肯定自己[M]. 南宁：接力出版社，2010.

[41]　高正亮，童辉杰. 积极情绪的作用：拓展-建构理论[J]. 中国健康心理学杂志，2010，18(2)：246-248.

[42]　王艳梅，汪海龙，刘颖红. 积极情绪的性质和功能[J]. 首都师范大学学报(社会科学版)，2006，(1)：119-122.

[43]　薛本洁，张静. 自我和谐的相关研究进展[J]. 全科护理，2010.

[44]　薛蕾. 工读学校学生自我和谐及其影响因素研究[D]. 华东师范大学，2011.

[45]　李锐，凌文辁. 自我刻板化及其影响因素与效果[J]. 心理科学发展，2008.

[46]　张颖，刘幸娟，祝敏. 浅析如何增进大学生的心理幸福感[J]. 高教研究，2010.

[47]　王登峰，黄希庭. 自我和谐与社会和谐：构建和谐社会心理学解读[J]. 西南大学学报，2007.

[48]　钟艳兰，赖小林. 汕头大学硕士研究生自我和谐状况及其与主观幸福感的相关[J]. 中国健康心理学杂志，2009，17.

[49]　武志红. 感谢自己的不完美[M]. 北京：中国华侨出版社，2017.

[50]　刘梅，刘静洋，赵楠，等. 大学生心理健康教育[M]. 2版. 北京：清华大学出版社，2018.

[51]　段鑫星，赵玲. 大学生心理健康教育[M]. 3版. 北京：科学出版社，2016.

[52]　文书锋，胡邓，俞国良. 大学生心理健康通识[M]. 3版. 北京：中国人民大学出版社，2019.